Edith Verweyen-Hackmann
Bernd Weber (Hrsg.)

Methodenkompetenz im Religionsunterricht

Edith Verweyen-Hackmann
Bernd Weber (Hrsg.)

Methodenkompetenz im Religionsunterricht

Unterrichtspraktische Konkretionen von Fach- und Arbeitsmethoden

religionsunterricht konkret 4
Aufbauendes Lernen –
Materialien und Reflexionen
zum Unterricht in den Sekundarstufen

Herausgeber:
Edith Verweyen-Hackmann / Bernd Weber

Wissenschaftliche Beratung:
Prof. Dr. Norbert Mette
(Praktische Theologie / Religionspädagogik)

Prof. Dr. Jürgen Werbick
(Systematische Theologie)

Verlag Butzon & Bercker Kevelaer

Die Deutsche Bibliothek – CIP-Einheitsaufnahme

Methodenkompetenz im Religionsunterricht : unterrichtspraktische Konkretionen von Fach- und Arbeitsmethoden / Edith Verweyen-Hackmann ; Bernd Weber (Hrsg.). Wiss. Beratung : Norbert Mette ; Jürgen Werbick. – Kevelaer : Butzon und Bercker, 1999
(Religionsunterricht konkret ; 4)
ISBN 3-7666-0237-3

e verlags gruppe engagement

ISBN 3-7666-0237-3

Umschlaggestaltung: Astrid Leson, Münster
Druck und Bindung: WILCO, Amersfoort (NL)

Inhalt

Zur Konzeption der Reihe

Die Reihe *religionsunterricht konkret* richtet sich primär an Lehrerinnen und Lehrer der Fächer *Kath. und Ev. Religionslehre*, ist aber im Sinne der fächerübergreifenden Zusammenarbeit auch für Lehrerinnen und Lehrer von Interesse, die die Bereiche *Geschichte/Kunst/Literatur/Deutsch/Ethik u. ä.* vertreten. Alle Bände sind *aus der Praxis erwachsen* und daher eine wirkliche Hilfe *für die tägliche Unterrichtspraxis*.
Die Reihe *religionsunterricht konkret* bietet:

- Hinweise zum aktuellen Stand der fachwissenschaftlichen Diskussion (Theologie, Anthropologie, Ethik u. a.),
- fachdidaktische Reflexionen,
- ein umfangreiches Angebot an Unterrichtsmaterialien (Bausteine), das stringent mit den fachwissenschaftlichen und -didaktischen Gesichtspunkten verknüpft ist,
- Anregungen zur methodischen und inhaltlichen Erschließung dieser Materialien.

Durchgängig sind folgende Prinzipien leitend:

- Schüler-/Erfahrungsorientierung
- eine ökumenisch-offene Konzeption
- aufbauendes Lernen innerhalb der Jahrgangsstufen der Sek. I mit Hinweisen für Sek. II
- fächerübergreifende Aspekte (v. a. Geschichte/Kunst/Literatur)
- Handlungsorientierung

Vorwort

„Methodenlernen fördert Mündigkeit.“[1] In dieser provozierenden These zeigt Klippert den spezifischen Bildungswert des Methodenlernens auf: In dem Maße, wie sich das Methodenrepertoire des Schülers/der Schülerin erweitert, wächst auch seine/ihre Selbststeuerungs- und Selbstbestimmungsfähigkeit, und damit seine/ihre Mündigkeit. Nicht nur das Lehren, jede pädagogische Tätigkeit muss „in der Selbständigkeit des Zöglings oder Schülers“ münden, d. h. sie hat „sich selbst überflüssig zu machen, sich selbst zurückzunehmen“.[2] Zu Recht macht W. Klafki in diesem Kontext darauf aufmerksam, dass Mündigkeit nur dann möglich ist, wenn es gelingt, „jene Einstellungen und jene methodischen Fähigkeiten zu entwickeln, die es dem jungen und dem erwachsenen Menschen ermöglichen, in einer Welt, deren Erkenntnisbestände, Anforderungen, Chancen und Gefahren sich schnell wandeln, selbständig oder mit fremder Hilfe immer neue Lernprozesse zu vollziehen.“[3] Zudem dürfte gelten, was eine Untersuchung zum Religionsunterricht in Österreich feststellt, dass der Unterricht umso beliebter ist, je aktiver Schüler/Schülerinnen sein können (A. Bucher).

„Schüler müssen lernen, im Unterricht methodisch bewußt, zielstrebig und ökonomisch zu handeln.“ Dieses Ziel wird von Hilbert Meyer als Methodenkompetenz der Schüler definiert.[4] „Methodenkompetenz“ geht über die Fähigkeit zur Reproduktion der im Unterricht aufgebauten Sach-, Sozial- und Sprachkompetenzen hinaus und meint das bewusste Wahrnehmen des methodischen Handelns. Darüber hinaus ist sie mehr als eine bloße Addition abrufbarer Arbeits- und Verfahrenstechniken. Sie soll Schüler befähigen, Handlungssituationen zu *begreifen*, zu *beurteilen* und zu *bewältigen*. Zu beachten ist weiterhin, dass Methodenkompetenzen der Schüler nicht isoliert von inhaltlichen Fragestellungen und Aufgaben Thema des Unterrichts sein können: Sie sind vielmehr aufeinander bezogen und greifen ineinander im Sinne einer Verschränkung. Hierbei ist zu beachten, dass der methodische Gang des Unterrichts einen regen Wechsel von inhaltlicher Vertiefung und methodischer Besinnung erfordert.

Als ordentliches Lehrfach ist der Religionsunterricht dem Bildungs- und Erziehungsauftrag verpflichtet, Schülerinnen und Schüler zur Mündigkeit zu befähigen, die Selbst- und Mitbestimmung ebenso einschließt wie Selbstverantwortung und die Befähigung zur Solidarität. Mündigkeit ist ohne eigenständiges Lernen nicht denkbar. Daher müssen Schüler auch hier Methodenkompetenz erwerben, die Selbstständigkeit und Selbsttätigkeit in den Lernfeldern des Religionsunterrichts ermöglicht.

Der vorliegende Band ruk 4 bietet in diesem Sinne *unterrichtspraktisch erprobte Bausteine* zur Entfaltung der methodischen Dimension des Faches in der Sekundarstufe I und II. Ebenso wird in *Arbeitsmethoden der Lernenden* eingeführt. Dies sind keine spezifischen Methoden für den Religionsunterricht; sie zeigen Übereinstimmungen mit anderen Fächern und bauen in der Sekundarstufe II auf Kenntnisse und Fähigkeiten aus der Sekundarstufe I auf. Hier wird fächerübergreifende Kooperation zwingend notwendig.

Da Schulprogramme die Möglichkeit bieten, im Rahmen einer pädagogischen Konsenfindung u. a. den Erwerb von Methodenkompetenz zu akzentuieren, ist es geboten, auch den *Aspekt der Schulprogrammentwicklung* in dem vorliegenden Band zu berücksichtigen, zumal auf diese Weise die Fachkonferenzen kath. und ev. Religionslehre an ihre Chancen erinnert werden, Beiträge des Religionsunterrichts in das jeweilige Schulprogramm einzubringen.

Der einführende Beitrag von *M. Gerwing* entfaltet grundlegend die methodischen Dimensionen des Religionsunterrichts hinsichtlich der Formen religiösen Sprechens und der von der Theologie angewandten Methoden. Alle in den weiteren Beiträgen vorgestellten und erläuterten Methoden werden an inhaltlichen Dimensionen des Religionsunterrichts praktisch verdeutlicht. Besonders die hier vorgestellten *produktions- und handlungsorientierte Verfahren* fördern die Aktivität der Lernenden. Die Reihenfolge der Beiträge folgt im Wesentlichen dem Aufbau des Kapitels „Lern- und Arbeitsorganisation“ des Lehrplans Kath. Religionslehre Sek. II (NRW). Auf diese Weise bietet ruk 4 insgesamt auch Hilfen zur Umsetzung der neuen Lehrpläne für die Sekundarstufe II.

Münster, im September 1999 *Edith Verweyen-Hackmann/Bernd Weber*

[1] Heinz Klippert, Methodentraining. Übungsbausteine für den Unterricht, Weinheim und Basel, (Beltz-Verlag), ^{7}1998, S. 27.
[2] Zit. Hartmut von Hentig, Bildung. Ein Essay, Weinheim 1999, S. 149.
[3] Vgl. Klafki, W., Neue Studien zur Bildungstheorie und Didaktik. Zeitgemäße Allgemeinbildung und kritisch-konstruktive Didaktik, Weinheim, Basel ^{2}1991, S. 70f.
[4] Vgl. Hilbert Meyer, Unterrichtsmethoden Bd. 2. Praxisband, Berlin (Cornelsen) ^{8}1997, S. 153.

___*Manfred Gerwing*

Dass Gott gesprochen hat

Formen religiösen Sprechens, von der Theologie angewandte Methoden und hermeneutische Reflexionen – eine Einführung

1. Ein Gespräch zu Beginn

„Auch diesmal saßen die beiden Freunde Tag um Tag am Bette Rabbi Israels und unterredeten sich mit ihm. Sie sprachen von hohen und höchsten Dingen, aber auch von den Ereignissen der Tage. Von den hohen Dingen sprachen sie wie von etwas, was sich in ihrer Nähe begab, und von den irdischen Ereignissen, als wären sie aus himmlischem Stoff gewoben. Dazwischen schwiegen sie, aber miteinander.“[1]

Mit dieser Episode will Martin Buber etwas von dem verdeutlichen, was auch im Folgenden, wenn auch nur allzu kurz, bedacht werden soll: die Sprache des Glaubens, der Religion und der Theologie (2). Im Blick auf die Theologie kommen dabei auch schlaglichtartig einige ihrer spezifischen Methoden zu Wort (3), um schließlich den Grund und das Ziel zumindest der meisten sprachlichen Äußerungen zu bedenken: „anzukommen“ und „verstanden zu werden“. Genauer: Es wird Einblick in die Hermeneutik genommen (4).

2. Die Sprache des Glaubens

2.1 Die Sprache des Glaubens: paradox und an der Grenze zum Schweigen

Kommen wir zurück auf die von Buber erzählte Episode. Sie weist nicht zuletzt darauf hin, dass zur Sprache des Glaubens, der Religion und der Theologie, kurz überall dort, wo es um „hohe und höchste Dinge“ geht, notwendig das Schweigen gehört.

Doch das Schweigen, von dem hier die Rede ist, ist nicht irgendein Schweigen, kein Schweigen jedenfalls, das nur verstummen lässt, auch kein Schweigen, das zwischenmenschliche Kommunikation vernichtet, sondern – im Gegenteil – allererst eröffnet: denn sie schwiegen, „aber miteinander“. Es handelt sich hier also nicht um ein „tödliches Schweigen“, um ein Schweigen, das andere oder anderes „schweigend übergeht“ und damit als schon oder bald nicht mehr existent behandelt. Vielmehr handelt es sich in der Episode um ein Schweigen, das Freunde verbindet und, als bezeichnendes „Dazwischen“ in das Sprechen eingefügt, geradezu verzaubernde Kräfte freisetzt: Die „hohen und höchsten Dinge“ rücken vor Augen, „wie etwas, was sich in ihrer Nähe begab“. Während das sonst Nahe, Alltägliche und Niedrige plötzlich hoch und erhaben erscheint, „wie aus himmlischem Stoff gewoben“.

Aber klingt das nicht paradox: das Hohe und Höchste wird nah und niedrig, und das Nahe und vor Augen Liegende wird hoch und himmlisch? In der Tat: Glaubenssprache ist paradox; und zwar im wahrsten Sinne des Wortes: Sie spricht gegen (griech.: para) allen Schein (griech.: doxa). Sie spricht nicht deswegen, weil sie das zur Rede Stehende aussagen zu können oder gar zu müssen meint, sondern weil sie – gerade umgekehrt – klarzumachen sucht, dass das, was sie zu sagen hat, eben nicht voll und ganz *aus*-sagbar ist (*aus*-sagbar im Sinne von restlos sagbar). In seiner Sprache weiß sich der Glaubende auf ein Reden angewiesen, das im Verhältnis zu dem, was es auszusagen gilt, nur ein Stammeln ist, ein Sprechen und Schweigen zugleich: ein Schweigen, das beredtes Schweigen, und ein Reden, das hörendes Reden ist. Solch ein Sprechen zerredet nicht, sondern sucht – immer wieder „dazwischen“ schweigend und „miteinander“ hörend – das wahrzunehmen, was nicht restlos zu artikulieren ist.

Damit rückt die Glaubenssprache in die Nähe der Liebessprache. Auch die Liebenden sprechen gern paradox, auch sie schweigen beredt:

[1] Buber, Martin: Gog und Magog. Eine Chronik. In: Werke Bd. 3. München 1963, 999–1261, hier 1065.

„Mein Herz, ich will dich fragen:
Was ist denn Liebe, sag?
Zwei Seelen und ein Gedanke,
Zwei Herzen und ein Schlag!
Und sprich, woher kommt Liebe?
Sie kommt, und sie ist da!
Und sprich, wie schwindet Liebe?
Die war's nicht, der's geschah!
Und was ist reine Liebe?
Die ihrer selbst vergisst!
Und wann ist Lieb am tiefsten?
Wenn sie am stillsten ist!
Und wann ist Lieb am reichsten?
Das ist sie, wenn sie gibt!
Und sprich, wie redet Liebe?
Sie redet nicht, sie liebt!"[2]

Die Paradoxie der Glaubenssprache ist Reflex dessen, worüber in Religion und Theologie gesprochen und woran geglaubt wird: über bzw. an Gott. Mit „Gott" wird gewöhnlich nicht nur jene Wirklichkeit bezeichnet, „über die hinaus", wie schon Anselm von Canterbury (+ 1109) wusste, „nichts Größeres gedacht werden" kann (id quo maius cogitari nequit), sondern die auch „größer als alles ist, was gedacht werden kann" (quiddam maius quam cogitari possit).[3] Mit Gott wird also eine Wirklichkeit bezeichnet, die unser Denken weit übersteigt. Dabei bestand bereits Anselm darauf, dass hier ein Gottesverständnis artikuliert werde, das keineswegs ausschließlich von Christen, sondern auch von „Juden und Heiden", d. h. von anderen Religionen geteilt werde.[4]
Doch ist damit nicht bereits eine Aussage über Gott getroffen? Wird hier nicht versucht, das Undenkbare und Unsagbare doch zu denken und auszusprechen? Fest steht jedenfalls, dass, wenn wir sagen, „es gibt Gott" oder formulieren, „es gibt Computer", es sich hier um zwei Sätze handelt, die nicht als gleichwertig empfunden werden. Auch wer noch nie etwas vom Gottesverständnis des Anselm von Canterbury gehört hat, weiß, dass etwas anderes als sonst gemeint ist, wenn gesagt wird: „Es gibt Gott". Gemeint ist etwas, was nicht unter unsere Begriffe fällt, ja überhaupt nicht unter einen Begriff zu fassen ist. Gerade das macht es ja so schwer, von Gott zu reden, übrigens nicht nur heute, sondern zu allen Zeiten. Ohne „jene Herausforderungen" leugnen zu wollen, „die sich angesichts der gesellschaftlichen Wandlungen und geschichtlichen Katastrophen unseres Jahrhunderts für die christliche Traditionen, speziell für deren Gottesrede, unabweisbar aufdrängen"[5], muss grundsätzlich festgehalten werden: Die Schwierigkeit von Gott zu reden, ergibt sich aus jener Wirklichkeit selbst, die wir Gott nennen. Diese Wirklichkeit ist nicht die Wirklichkeit der Welt, schon gar nicht eine Teilwirklichkeit innerhalb der Weltordnung. Gott ist, wenn es ihn gibt, vielmehr der ganz Andere, der Absolute und Unaussagbare. Die mit „Gott" bezeichnete Wirklichkeit sprengt all unser Begreifen und unsere Begriffe. Sie ist jenseits all unseres differenzierenden und definierenden Sprechens.
Sollen wir aber dann tatsächlich nicht lieber von Gott schweigen, ganz so wie es der frühe Wittgenstein (+ 1951) gefordert hatte mit seinem berühmten Satz: „Wovon man nicht sprechen kann, darüber muß man schweigen"?[6] Abgesehen davon, dass der, der solches fordert, bereits gegen sein von ihm selbst aufgestelltes Verbot verstoßen hat, und zwar genau indem er solches fordert, kommt Wittgenstein dem sehr nahe, wovon die Sprache des Glaubens von ihrem Thema her signiert ist, was die Reli-

[2] Gedicht von Friedrich Halm zitiert nach: Beinert, Wolfgang: Wenn Gott zu Wort kommt. Einführung in die Theologie. Freiburg/Basel/Wien 1978, 113f.
[3] Anselm von Canterbury: Proslogion 2 und 15. Hrsg. von Franz S. Schmitt. Stuttgart – Bad Cannstatt 1968, 89–139, hier 101 und 112 (= S. Anselmi opera omnia 1). Dazu Gerwing, Manfred: Theologie im Mittelalter. Personen und Stationen theologisch-spiritueller Suchbewegungen im mittelalterlichen Deutschland. Paderborn/München/Wien/Zürich 1999, Kap. 5.2.
[4] Unter „Heiden" sind – laut Anselm – alle die zu verstehen, die keine Juden oder Christen sind, durchaus aber religiös sein können.
[5] Metz, Johann Baptist/ Reikerstorfer, Johann/ Werbick, Jürgen: Gottesrede. Vorwort. Münster 1996, 1.
[6] Wittgenstein, Ludwig: Tractatus Logico-philosophicus 7. Frankfurt ^{3}1960, 188; Schmidinger, Heinrich: Thesen zur philosophischen Theologie. In: Erfahrung, Geschichte, Identität. Zum Schnittpunkt von Philosophie und Theologie. Festschrift für Richard Schaeffler. Hrsg. von Matthias Laarmann und Tobias Trappe. Freiburg/Basel/Wien 1997, 11–30, hier 27.

gion zu kultivieren und die Theologie zu reflektieren sich bemühen: dass der Mensch nur „an der Grenze zum Schweigen“ von Gott zu sprechen vermag.[7]

Ebenso wie die Sprache der Liebe zeichnet sich die Sprache des Glaubens durch paradoxe Redeweise aus. Beide handeln von einer Wirklichkeit, die unser Denken übersteigt. „Gott ist das, was nicht gesagt werden kann, wenn es gesagt wird; was man nicht abschätzen kann, wenn man es schätzt, was unvergleichbar ist, wenn man es vergleicht; was in der Definition alle Grenzen überschreitet.“[8] Dieses Grenzüberschreitende ist das Unaussagbare, ist der Mehr-Wert aller Gottesrede, die immer wieder ins Schweigen stößt und, wie Meister Eckhart formulierte, denjenigen „am schönsten von Gott sprechen“ lässt, „der aus der Fülle inneren Reichtums vor allen Dingen von ihm zu schweigen vermag.“[9]

2.2 Die Sprache des Glaubens: ein erschließendes Sprachspiel besonderer Art

Die religiöse Sprache ist die Sprache des Glaubens. Der Glaube aber bezieht sich auf Gott und damit auf eine Wirklichkeit, die gerade nicht Teil dieser Welt-Wirklichkeit (wie etwa ein Computer), sondern als eine Wirklichkeit in Sicht kommt, die alle Welt-Wirklichkeit begründet und, wie gesagt, all unser Denken weit übersteigt. Solch eine Wirklichkeit aber, die selbst alle Welt-Wirklichkeit transzendiert, vermag durchaus nicht mittels bloßer Beobachtungssprache zu Wort gebracht zu werden, sondern bedarf eines so genannten erschließenden Sprachspiels.[10] Erschließende Sprachspiele versuchen genau das, was in der religiösen Sprache ebenfalls zu beobachten ist: Einerseits wird der empirische Bereich der Welt-Wirklichkeit artikuliert, andererseits zugleich transzendiert. Das Gedicht „Der Panther“ von R. M. Rilke bietet dafür ein beeindruckendes Beispiel:

Der Panther

Sein Blick ist vom Vorübergehen der Stäbe
so müd geworden, dass er nichts mehr hält.
Ihm ist, als ob es tausend Stäbe gäbe
und hinter tausend Stäben keine Welt.

Der weiche Gang geschmeidig starker Schritte,
der sich im allerkleinsten Kreise dreht,
ist wie ein Tanz von Kraft um eine Mitte,
in der betäubt ein großer Wille steht.

Nur manchmal schiebt der Vorhang der Pupille
sich lautlos auf. – Dann geht ein Bild hinein,
Geht durch der Glieder angespannte Stille –
und hört im Herzen auf zu sein.[11]

Beobachtet wird ein Panther, der in einem mit Gitterstäben versehenen Käfig hin und her geht. Das Tier macht insgesamt einen recht schlaffen Eindruck, der so gar nicht zu der natürlichen Kraft und Wendigkeit eines Raubtieres passt. Nichts Aufregendes geschieht. Ja, man muss sich sogar fragen, ob die Situation, die beschrieben wird, überhaupt der Rede wert ist. Der Dichter aber greift diese beobachtete Situation auf – man spricht von „Beobachtungssituation“ – und bringt sie als so genannte „Erschließungssituation“ zur Sprache. Das heißt, das bloß Beobachtete wird sprachlich dergestalt ver-

[7] Werbick, Jürgen: Prolegomena. In: Handbuch der Dogmatik. Bd. 1. Hrsg. von Theodor Schneider. Düsseldorf 1992, 23–26; Hoff, Gregor Maria: Aporetische Theologie. Skizze eines Stils fundamentaler Theologie. Paderborn/München/Wien/Zürich 1997.

[8] Augustinus: Sermo 113,1 (PL 39, 1970).

[9] Meister Eckhart: Die deutschen Werke. Bd. 5: Meister Eckhart Traktate. Hrsg. und übers. von Josef Quint. Stuttgart 1963, 292, Traktat 2; Fischer, Norbert: Die philosophische Frage nach Gott. Ein Gang durch ihre Stationen. Paderborn 1995, 31–35 (= Amateca Bd. 2).

[10] Beinert, Wolfgang: Von der Notwendigkeit und Schwierigkeit über Gott zu reden. In: Vom Finden und Verkünden der Wahrheit in der Kirche. Beiträge zur theologischen Erkenntnislehre. Hrsg. von Georg Kraus zum 60. Geburtstag Wolgang Beinerts. Freiburg/Basel/Wien 1993, 158–172, hier 166.

[11] Rilke, Rainer Maria: Werke I. Frankfurt a. M. 1980, 261.

dichtet, dass es geradezu um ein Unendliches überstiegen wird und sein Mehr-Wert von der Leserin und vom Leser erschlossen werden kann: Für den, der für Poesie empfänglich ist, spricht das Gedicht womöglich nicht nur von einem ermüdeten Tier hinter Gittern. Vielmehr lässt es auch die Tragik jener Menschen erahnen, deren Blick für das Ganze getrübt und deren Wille gelähmt ist. Kurz: Das Gedicht vermag an diejenigen zu erinnern, die, wodurch auch immer, daran gehindert werden, zu sich selbst zu finden.[12]

In der religiösen Sprache, die eine besondere Form der erschließenden Sprachspiele darstellt, richtet sich der angezielte Mehr-Wert auf Gott. Gott ist, um mit dem Dichter Joseph Freiherr von Eichendorff zu sprechen, das „Zauberwort“, das, wie „ein Lied in allen Dingen“ ruht und, einmal gesprochen, lebendige Stimmigkeit bewirkt:

> „Schläft ein Lied in allen Dingen,
> Die da träumen fort und fort.
> Und die Welt fängt an zu singen,
> Triffst Du nur das Zauberwort.“[13]

Der Glaubende, zumal der Christ, sucht und findet Gott in allen Dingen.[14] Alles Geschaffene, ja die Schöpfung insgesamt spricht ihm vom Schöpfer, ist ihm Symbol, Sinnbild der Nähe Gottes. Insofern trägt religiöse Rede symbolischen Charakter.[15] Da nach gläubiger Überzeugung des Christen Gott in Jesus von Nazareth Mensch geworden ist (Inkarnation) und er, der Mensch, die Menschheit sowie die gesamte Schöpfung zu Jesus Christus gehören und von seinem Heiligen Geist erfüllt sein dürfen (vgl. Hebr. 3,14 und 6,4), vermag in allem, was ist, etwas vom göttlichen Geheimnis aufzuleuchten. Und genau darin besteht der Symbolcharakter religiöser Sprache: dieses göttliche Geheimnis im Blick auf die konkreten Dinge und/oder die Schöpfung insgesamt zur Sprache zu bringen. Gerade darin liegt auch der Wert von Metaphern. Die Metapher erzeugt im Bildhaften nicht selten eine Spannung, die „unendlich treffend spricht; treffender, als der Begriff“.[16] So wundert es nicht, wenn gegenwärtig versucht wird, die Sprache des Glaubens überhaupt „als metaphorischen Prozess zu beschreiben“.[17]

Damit ist ebenfalls klar, dass der Wahrheitsgehalt solch religiöser Rede nicht unbedingt mit der Historizität der zur Sprache gebrachten Situation korrespondiert.[18] Insofern ist die symbolische Redeweise durchaus mit der mythologischen vergleichbar.[19] Der zumeist in Erzählform, als Sage und als Göttergeschichte formulierte Mythos will eben auch nicht so sehr vom konkret Beobachtbaren, sondern vom das Beobachtbare Übersteigenden, es letztlich Begründenden Kunde geben. Der Mythos will gar nicht wortwörtlich verstanden werden. Wer z. B. die mythische Erzählung vom Totengericht, die uns Platon in seinem Werk „Georgias“ überliefert,[20] wie das Protokoll eines Strafprozesses läse, der hätte überhaupt nicht verstanden, worum es in dieser Erzählung geht: etwas zur Sprache zu bringen, was zwar in einem einzigartigen Sinn wahr ist, uns zweifellos betrifft, aber außerhalb des uns Fasslichen liegt, und deswegen sprachlich adäquat überhaupt nicht auszudrücken ist.[21]

Das, was aber in der uneigentlich-eigentlichen, in der symbolischen Rede zur Sprache kommt, ist, wie alle Symbole, kontextgebunden und kulturell bestimmt. Symbole, verstanden als Sinnbilder verdichteter Lebenssituationen und bestimmter Erfahrungen, können, ebenso wie die Metaphern, auch nur

---

[12] Langemeyer, Georg: Theologische Anthropologie. In: Glaubenszugänge. Lehrbuch der Katholischen Dogmatik. Bd. 1. Hrsg. von Wolfgang Beinert Paderborn/München/Wien/Zürich 1995, 499–620, hier 597f.

[13] Zit nach Greshake, Gisbert: An den drei-einen Gott glauben. Ein Schlüssel zum Verstehen. Freiburg/Basel/Wien 1998, 121.

[14] Gerwing 1999, 234ff.

[15] Schneider, Theodor: Zeichen der Nähe Gottes. Grundriss der Sakramententheologie. Mainz ^{6}1992, 17ff.; zum Sprachverständnis „Symbol“ vgl. Halbfas, Hubertus: Religionsunterricht in Sekundarschulen. Lehrerhandbuch 6. Düsseldorf 1993, 69–178.

[16] Werbick 1992, 30; zum Begriff Metapher ders.: In: LThK VII. Hrsg. von Walter Kasper. Freiburg/Basel/Wien ^{3}1998, 189f.

[17] Werbick 1992, 33, Meurer, Hermann-Josef: Die Gleichnisse Jesu als Metaphern. Paul Ricoeurs Hermeneutik der Gleichniserzählung Jesu im Horizont des Symbols „Gottesherrschaft – Reich Gottes“. Bedenheim 1997 (= Bonner biblische Beiträge 111).

[18] Landmesser, Christof: Wahrheit als Grundbegriff neutestamentlicher Wissenschaft. Tübingen 1999 (= Wissenschaftliche Untersuchungen zum Neuen Testament 113).

[19] Vgl. dazu im Blick auf das AT z. B. Sekine, Seizo: Transcendency and symbols in the Old Testament. A genealogy of the hermeneutical experiences. Berlin/New York 1999 (= Zeitschrift die alttestamentliche Wissenschaft Beihefte 275).

[20] Platon: Georgias 524 a.

[21] Menke, Karl-Heinz: Mythos. In: LThK VII. Hrsg. von Walter Kasper. Freiburg/Basel/Wien ^{3}1998, 602ff. Pannenberg, Wolfhard: Die weltbegründende Funktion des Mythos und der christliche Offenbarungsglaube. In: Mythos und Rationalität. Hrsg. von H. H. Schmidt. Göttingen 1988, 108–122; Berger, Klaus: Darf man an Wunder glauben? Stuttgart 1996.

dort verstanden werden, wo ähnliche Erfahrungen gemacht und vergleichbare Lebenssituationen vorherrschen, die zur Entstehung des Symbols oder der Metapher geführt haben. Deswegen ist es oft mühsam, die Glaubenssprache aus anderen Epochen und fremden Kulturkreisen zu verstehen.

Die religiöse Sprache gehört zu den erschließenden Sprachspielen. Innerhalb dieser bildet sie aber eine Besonderheit, da sie sich auf Gott bezieht. Neben den schon erwähnten Paradoxa bevorzugt sie die symbolische, metaphorische und mythologische Redeweise.

2.3 Die Sprache des Glaubens: erinnernd und bekennend

Der Glaube begegnet uns historisch und seine Sprache bezieht sich auf Geschichte, genauer auf das, was und wie Gott zu den Menschen – in Raum und Zeit – gesprochen hat. „Viele Male und auf vielerlei Weise hat Gott einst zu den Vätern gesprochen durch die Propheten; in dieser Endzeit aber hat er zu uns gesprochen durch den Sohn, den er zum Erben des Alls eingesetzt und durch den er die Welt erschaffen hat" (Hebr 1,1f). Sofern der Glaube sich auf Geschichte bezieht, nimmt seine Sprache die Grundform des Berichts und der Erzählung an. Erzählt und berichtet wird von dem, woran in der „heilige Überlieferung" erinnert wird: an die einst ergangene Rede Gottes, die Offenbarung „durch den Sohn". An diese soll erzählend erinnert werden, so dass die Sprache der Glaubensüberlieferung anamnetisch-narrative Struktur aufweist.[22]
Der christliche Glaube geht überdies davon aus, dass Gott nicht nur etwas, sondern sich selbst in Jesus Christus geoffenbart hat, und zwar als Liebe. Der Spitzensatz des Neuen Testaments lautet: „Gott ist die Liebe" (1 Joh 4,16). Für den Christen ist also Jesus Christus *das* geschichtliche Ereignis der Selbstoffenbarung Gottes, in dem der Glaube seinen Ursprung und seinen Grund, die christliche Glaubenssprache aber ihren primären Inhalt findet. „Liebe" ist somit für den Christen nicht nur ein Wort, das er, um den Inflationseffekt zu vermeiden, in der Alltagssprache nur zögernd und zurückhaltend verwendet, sondern Tat Gottes, ein Geschehen, von dem sich der Christgläubige angesprochen weiß, das ihn verändert und seine Wahrheit allererst im bekennenden Zeugnis und in der am Leben Jesu orientierten Praxis geltend macht. Insofern weist die Glaubenssprache nicht nur anamnetisch-narrative Struktur, sondern auch performative Dynamik auf. Mit performativen (engl. perform = ausführen, erfüllen) Äußerungen will der Sprechende nicht primär informieren, sondern Wirklichkeit verändern. Deutlich wird das an dem Beispielsatz: „Die Versammlung ist geschlossen".[23] Sobald dieser Satz von der oder dem Vorsitzenden (und nicht bloß von einer x-beliebigen Teilnehmerin oder irgendeinem Teilnehmer) der Versammlung gesprochen wird, ist die Versammlung tatsächlich geschlossen. Die performative Dynamik der religiösen Sprache aber zeigt sich besonders deutlich in der Liturgie, vor allem im sakramental wirkenden Wort. Auch hier ist entscheidend, wer dieses Wort spricht. Nach gläubiger Überzeugung der Christen ist es im Sakrament letztlich Christus selbst, der sprechend handelt und handelnd spricht und z. B. in der Eucharistie die zentralen Zeichen der Mahlgemeinschaft, Brot und Wein, zu „Verkörperungen" seiner Gegenwart werden lässt.[24] Indem also der Glaubende nicht nur erzählend-berichtend an die Geschichte Jesu wie an ein Ereignis der Vergangenheit erinnert, sondern sich von diesem Wort Gottes in Anspruch nehmen lässt, sucht auch er dieses Ereignis im praktischen Handeln zu vergegenwärtigen und zu bezeugen. Insofern äußert sich die Sprache des Glaubens nicht distanziert-neutral, sondern in der Form des Bekenntnisses.
Die Glaubenssprache offenbart als bekennendes Sprechen das existentielle Engagement des Sprechers. Dieser weiß sich von der Liebe Gottes angesprochen und in Anspruch genommen. Antwortend sucht er diese Liebe in seinem Leben zu artikulieren, sich zu dieser Liebe zu bekennen, sie in Wort und Tat bezeugend, im lobenden wie klagenden Gebet.[25] Insofern zeigt sich auch die gemeinschaftsbildende

---

[22] Griech. anamnesis = Erinnerung, Bekenntnis; lat. narrare = erzählen; Essen, Georg/Pröpper, Thomas: Aneignungsprobleme der christologischen Überlieferung. Hermeneutische Vorüberlegungen. In: Gottes ewiger Sohn. Die Präexistenz Christi. Hrsg. von Rudolf Laufen. Paderborn/München/Wien/Zürich 1997, 163–178, hier 167.
[23] Zu performativen Äußerungen vgl. Austin, John L.: Gesammelte philosophische Aufsätze. Übers. und hrsg. von Joachim Schulte. Stuttgart 1986, 305–312. Gute Übersicht (mit Textbeispielen) über den gegenwärtigen Diskurs in der Sprachphilosophie bietet Braun, Edmund (Hrsg.): Der Paradigmenwechsel in der Sprachphilosophie. Studien und Texte. Darmstadt 1996, hier 235–240.
[24] Nocke, Franz-Josef: Sakramententheologie. Ein Handbuch. Düsseldorf 1997, 176.
[25] Werbick, Jürgen: Was das Beten der Theologie zu denken gibt oder: Ein Versuch über die Schwierigkeit, ja zu sagen. In: Gottesrede. Hrsg. von Johann Baptist Metz, Johann Reikerstorfer, Jürgen Werbick. Münster 1996 (= Religion, Geschichte, Gesellschaft Bd. 1).

Kraft der Glaubenssprache. Sie spricht zwar zunächst vom Wort Gottes, das den Einzelnen anspricht, „beim Namen" ruft und den Einzelnen bis in die letzten Fasern seiner Existenz betrifft, mithin also von hoher Intimität zeugt, will aber gerade als Wort der Liebe weitergegeben werden. Die Weitergabe des Glaubens geschieht durch das menschliche Wort, gesprochen von einem Menschen zum anderen, sowie durch die Tat, die das, wovon gesprochen und was bekannt wird, praktiziert, handelnd präsentiert und so allererst praktisch „bekannt macht". So führt der Glaube von sich aus, genauer: von seinem Inhalt her: zur Liebe, die Liebe aber drängt zur Gemeinschaft: zur Gemeinschaft mit Gott und zur Gemeinschaft von Menschen untereinander.[26]

Sofern sich die Glaubenssprache auf Geschichte bezieht, weist sie anamnetisch-narrative Struktur auf. Kraft ihres „Inhalts" gewinnt sie performative Dynamik, bekennenden Charakter und gemeinschaftsbildende Kraft.

3. Methoden der Theologie: einige Schlaglichter

3.1 Theologie als Wissenschaft

Das Fach „Katholische Religionslehre" an der gymnasialen Oberstufe orientiert sich prinzipiell an der Theologie.[27] „Theologie" (griech.: theos = Gott; logos = Rede, Wort, Wissenschaft) wird dabei als wissenschaftliche Reflexion über den christlichen Glauben verstanden. Aufgabe der in diesem zur Debatte stehenden Sinne verstandenen Theologie ist es, einerseits das zu tun, wozu der christliche Glaube von sich aus drängt: an jedermann weitergegeben zu werden und von ihm, dem Glauben, Rechenschaft abzulegen (vgl. 1 Petr 3,15); andererseits dies aber in bestimmter, nämlich *in wissenschaftlicher Weise* zu tun. Indem Theologie den christlichen Glauben wissenschaftlich zu verantworten sucht und ihn im Zusammenhang mit dem gesamten Selbst-, Welt- und Wirklichkeitsverständnis reflektiert, stellt sie sich nicht außerhalb des Glaubens, sondern setzt ihn vielmehr voraus.[28]
Ohne an dieser Stelle in die Kontroverse über das, was „Wissenschaft" überhaupt ist, was sie zu leisten und was sie nicht zu leisten vermag, eingreifen zu wollen (eine Diskussion übrigens, die so alt ist wie die Wissenschaft selbst), besteht heute doch weitgehend Einigkeit darüber, dass sich ein „wissenschaftliches Verfahren" von einem „unwissenschaftlichen Vorgehen" darin unterscheidet, dass jenes methodisch geordnet, rational nachvollziehbar und überprüfbar Wirklichkeit zu erkennen sucht. Für die wissenschaftlich betriebene Theologie bedeutet das zumindest zweierlei:
- *Erstens* hat sie *methodisch* gesichert festzustellen, *was* die geschichtlich, in den Kategorien von Raum und Zeit begegnende christliche Botschaft konkret verkündet.
- *Zweitens* ist es Aufgabe der Theologie zu fragen, *wie* das, was die christliche Botschaft behauptet, konsistent zu *verstehen* ist, oder, anders formuliert, wie es um die Wahrheit dieser Behauptung bestellt ist.[29]

Überdies muss sich die Theologie – als wissenschaftliche Disziplin – anderen Wissenschaften öffnen, muss sich ihren Anfragen und Einwänden stellen wie auch in der Lage sein, selbst die anderen Wissenschaften aufmerksam zu bedenken und kritisch zu befragen. Sie muss Dialogkompetenz besitzen, also befähigt und bereit sein, in einen kritisch-konstruktiven Dialog mit anderen Wissenschaften zu treten. Insofern darf die Theologie nicht nur selbst eine Fachsprache entwickeln, sondern hat sich auch möglichst um das Verständnis der Fachsprachen anderer Wissenschaften zu bemühen. Die Fachsprache aber, die die Theologie – wie jede andere Wissenschaft auch – im Verlauf ihrer Geschichte entwickelt, muss von der Theologie selbst wiederum stets in Frage gestellt, immer wieder reduziert und auf eine anzuzielende Allgemeinverständlichkeit hin korrigiert werden. Schließlich darf die Theologie nicht vergessen, dass sie es mit einem Thema zu tun hat, das alle angeht: *dass Gott durch den Sohn zu uns gesprochen hat (vgl. Hebr. 1,1)*. Das aber, was alle angeht, soll auch allen bekannt werden. Darin kommt das Proprium christlicher Theologie zum Ausdruck. Es besteht in der Heilsbotschaft, auch

---

[26] Zweites Vatikanisches Konzil: Dogmatische Konstitution über die Kirche. Lumen Gentium 1.
[27] Lehrplan. Gymnasiale Oberstufe. Katholische Religionslehre. Düsseldorf 1999, Nr. 1.1.2.
[28] Beinert, Wolfgang: Theologische Erkenntnislehre. In: Glaubenszugänge. Lehrbuch der Katholischen Dogmatik. Bd. 1. Hrsg. von dems.. Paderborn/München/Wien/Zürich 1995, 155–167; ders.: Theologie. In: Lexikon der Katholischen Dogmatik. Hrsg. von dems. Freiburg/Basel/Wien 1997, 494–502.b.
[29] Müller, Gerhard Ludwig: Katholische Dogmatik. Für Studium und Praxis der Theologie. Freiburg/Basel/Wien [2]1996, 12–35.

Kerygma (griech. keryttein = als Herold verkündigen) genannt: dass Gottes Wort in Jesus Christus erschienen ist, uns anspricht und unsere Tat-Antwort, genannt Glauben, herausfordert.
Insofern gilt in besonderer Weise für die Theologie das, was – mutatis mutandis – für sämtliche Geisteswissenschaften, zum Beispiel auch für die Philosophie gilt: sich einerseits keiner elitären Sprache zu bedienen, sondern sich allgemein verständlich auszudrücken, andererseits das, worüber zu sprechen ist, so genau und wahrheitsgemäß wie möglich zu formulieren.[30] Und genau hier liegen oft genug die Schwierigkeiten, die es aber sprachlich zu meistern gilt: Ein komplex-komplizierten Sachverhalt, der von sich aus schon den Betrachter intellektuell fordert, kann mittels schlichter Alltagssprache mitunter nicht präzis genug formuliert werden, vor allem dann nicht, wenn die Aussage jeder auch noch so kritischen Prüfung standhalten soll. Allerdings: Es ist oft genug die natürlich-geschichtliche, lebendig gesprochene Sprache, die mehr Realität zu Wort bringt als der künstliche Fachterminus. Wenn etwa im medizinischen Bereich von „Exitus" die Rede ist, dann kommt damit zwar ein nüchtern und eindeutig definiertes Phänomen, nicht aber jener unerschöpflicher Bedeutungsraum in Sicht, den das Wort „Tod" konnotiert.[31]
Ein anderes Problem kommt hinzu: Da es sich bei der Theologie um einer der ältesten Wissenschaften überhaupt handelt, gibt es zahlreiche Begrifflichkeiten aus früheren Versuchen, den Glauben zu verantworten. Heutige Theologinnen und Theologen müssen diese Begrifflichkeit früherer Glaubensverantwortung nicht nur kennen und verstehen, sondern auch in die gegenwärtige Sprache hinein zu übersetzen versuchen. Ziel dabei ist es, das, was den christlichen Glauben auch in seinen geschichtlichen Bewegungen ausmacht, sachlich richtig wahrzunehmen, kritisch zu analysieren und im Blick auf die Menschen heute verständlich darzulegen.

Theologie ist die erste Bezugswissenschaft des Faches Katholische Religionslehre. Dabei soll unter „Theologie" das spezifische Bemühen verstanden werden, den christlichen Glauben wissenschaftlich zu verantworten.

3.2 Einige Postulate

Gegenstand theologischer Reflexion ist der Glaube. Insofern hat sich die Theologie nicht zuletzt um die Sprache des Glaubens zu bemühen; und zwar zuerst und vor allem um die des eigenen Glaubens, sodann aber auch – nach Möglichkeit – um die der Religionen überhaupt; denn es gilt, Vergleiche zwischen den Religionen zu ziehen, Übereinstimmungen wie Abweichungen zu benennen und Eigentümliches zu erkennen; nicht zuletzt geht es heute mehr denn je darum, mit anderen Religionen ins Gespräch zu kommen.[32]
Dabei darf aber die Sprache des Glaubens und der Religion nicht verwechselt werden mit jener der Theologie. Diese kann als wissenschaftliche Disziplin nur analog, nur hinweisend, von Gott sprechen. Mit „analog" ist dabei aber nichts Schwammiges, nichts Diffuses, sondern ein Sprechen gemeint, das, in Spannungseinheit zur oben skizzierten Sprache der Glaubens, ein bestimmtes Verhältnis zu jener Wirklichkeit artikuliert, von der gesprochen werden soll, eben von Gott. Es geschieht dank eines Verfahrens, das drei Momente aufweist: das Moment der Bejahung, das der Verneinung und das der Steigerung. Sie werden traditionell als „via affirmativa", „via negativa" und als „via eminentiae" bezeichnet.[33]
Die „Bejahung" (via affirmativa) besteht darin, dass zunächst auf die Wirklichkeit geblickt wird, auf das, was positiv ist und zugleich als wahr erkannt und als gut gewollt wird, z. B. Weisheit. Das als wahr und gut erkannte und gewollte Wirkliche kommt dabei als etwas in den Blick, das „erst recht"

---

[30] Pieper, Josef: Missbrauch der Sprache – Missbrauch der Macht. In: Ders.: Kulturphilosophische Schriften. Hrsg. von Berthold Wald. Hamburg 1999, 132–151 (= Josef Pieper. Werke in acht Bänden Bd. 8).
[31] Dazu vgl. – am Beispiel des Wortes „Heimat" – die erhellende Untersuchung von Brantzen, Hubertus: Gemeinde als Heimat. Integrierende Seelsorge unter semiotischer Perspektive. Freiburg (Schweiz) 1993, hier 251f.
[32] Zur Pluralistischen Religionstheologie vgl. Internationale Theologenkommission: Das Christentum und die Religionen. Hrsg. vom Sekretariat der Deutschen Bischofskonferenz. Bonn 1996 (= Arbeitshilfen 136); Gerwing, Manfred: Der verdunkelte Gott? Was wir in der Christologie unbedingt vermitteln müssen: In: Kirche und Schule 102 (1997) 1–10; 103 (1997) 1–16, bes. 102 (1997) 4–8.
[33] Thomas von Aquin: Quaestiones disputatae. De potentia q 7, a 5 ad 2.

und „vor allem" von Gott ausgesagt wird. Wirklichkeit, Wahr-Sein und Gut-Sein beziehen sich auf Gott. Sie weisen auf Gott hin.[34]
Die „Verneinung" (via negativa) besteht darin, dass das Geschaffene sich zwar auf Gott bezieht und auf Gott hinzuweisen vermag, ihm in diesem Sinne „ähnlich" ist, nicht aber Gott selbst ist. So weist die Weisheit eines Menschen auf Gott hin, sie ist aber nicht die Weisheit Gottes. Gottes Weisheit ist anders. Das Geschaffene ist so auf Gott bezogen, dass es sich gerade in seiner Bezogenheit ganz und gar von Gott unterscheidet, ihm also zugleich „unähnlich" ist.
Die „Steigerung" (via eminentiae) nimmt noch einmal eigens in den Blick, dass die Verneinung „nur auf die unendliche und alle Geschöpflichkeit übersteigende Wirklichkeit aufmerksam machen" will.[35] Um bei unserem Beispiel zu bleiben: Sie betont, dass Gott *unendlich weise* ist, und bringt damit die berühmte und von Karl Rahner wenige Tage vor seinem Tod noch einmal in Erinnerung gebrachte Analogieformel des IV. Laterankonzils (1215) in Erinnerung: „Zwischen Schöpfer und Geschöpf kann keine noch so große Ähnlichkeit erkannt werden, ohne daß zwischen ihnen nicht eine je größere Unähnlichkeit festzustellen wäre."[36]
In der analogen Rede, in der die drei genannten „viae" stets miteinander gegangen werden müssen, wird Gott nicht definiert, wohl aber unser Erkennen und Sprechen von ihm konkretisiert. Da „die viae negativa die Seele des Verfahrens"[37] bildet, ist gesichert, dass unsere Aussagen über Gott *unter* Gott fallen, genauer noch: dass wir sie „immer auch hineinfallen lassen in die schweigende Unbegreiflichkeit Gottes selbst."[38]
Dabei weiß sich die kritische Theologie als Arbeit an der oben skizzierten Glaubenssprache, zunehmend auch als „Arbeit an den Metaphern". Es geht nicht darum „die Metapher in den Begriff" aufzuheben, sondern um die zentralen Metaphern unseres Glaubens „aufeinander zu beziehen und im Erfassen dieses ihres Zusammenhangs die Unmissverständlichkeit des Gott-Logos deutlich zu machen. Sie versucht, die metaphorischen Verweisungen soweit zu ‚kontrollieren', dass sie nicht in die Irre führen – aber auch nur ‚so weit', damit nicht der Beziehungsreichtum der Metaphern der platten Eindeutigkeit der Begriffsschablone geopfert wird."[39] Ohne die Bildlichkeit der biblischen Metaphern gleitet die theologische Sprache der Analogie „in eine Begrifflichkeit ab, die sich der Sprache des Mysteriums und ihrer Bildlichkeit und Bildwirklichkeit entfremdet und zum sprachlichen und sachlichen Leerlauf der Verkündigung führt."[40]
Bei all dem weiß die Theologie – wie jede wissenschaftliche Disziplin – um ihre Selbstbeschränkung. Diese äußert sich etwa in dem klar zu definierenden und anzugebenden Material- (Gegenstand, den es zu untersuchen gilt) und Formalobjekt (Perspektive, unter der jener Gegenstand untersucht werden soll) und in ihrem selbstkritisch begründeten systematischen Vorgehen (Methode), äußert sich nicht zuletzt auch darin, dass sie selbst Sätze formuliert, die wissenschaftlichen Forderungen genügen und etwa

- dem „Satzpostulat",
- dem „Kohärenzpostulat" und
- dem „Kontrollierbarkeitspostulat" entsprechen.

Im *Satzpostulat* wird gefordert, dass nur solche Aussagen wissenschaftlichem Anspruch standhalten, die in sich logisch widerspruchsfrei sind und entweder Fragen, Definitionen oder Behauptungen artikulieren. Dabei hat in den *Fragen* zum Ausdruck zu kommen, was die Wissenschaftlerin oder den Wissenschaftler konkret interessiert, z. B.: „Was ist Theologie?" In den *Definitionen* müssen die verwandten Begriffe geklärt werden, damit gesichert ist, dass alle die, die am Wissenschaftsprozess beteiligt sind, die gleichen Worte verwenden, wenn sie die gleiche Sache meinen. Das heißt natürlich

[34] Hödl, Ludwig: Welt-Wissen und Gottes-Glaube in der Synthese des Thomas von Aquin. In: Welt-Wissen und Gottes-Glaube in Geschichte und Gegenwart. Hrsg. von Manfred Gerwing. St. Ottilien 1990, 11–17.
[35] Breuning, Wilhelm: Analogie. In: Lexikon der Katholischen Dogmatik. Hrsg. von Wolfgang Beinert. Freiburg/Basel/Wien 1997, 14–16, hier 16.
[36] DH 806.
[37] Breuning 1997, 16.
[38] Rahner, Karl: Erfahrungen eines katholischen Theologen. In: Vor dem Geheimnis Gottes den Menschen verstehen. Karl Rahner zum 80. Geburtstag. Hrsg. von Karl Lehmann. Freiburg/Zürich 1984, 105–119, hier 107; erhellend auch Knauer, Peter: Ein anderer Absolutheitsanspruch ohne exklusive oder inklusive Intoleranz. In: Hermeneutics of Encounter. Essays in Honour of Gerhard Oberhammer on the Occasion of his 65th Birthday. Hrsg. von Francis X. D'Sa und Roque Mesquita. Wien 1994, 153–173, hier 163f.
[39] Werbick 1992, 34; gutes Beispiel für die Arbeit mit und an Metaphern (einsetzbar im RU) bietet ders.: Auf der Spur der Bilder. In: Bibel und Kirche 54 (1999) 2–9.
[40] Werbick 1992, 34; zitiert wird Söhngen, Gottlieb: Die Weisheit der Theologie durch den Weg der Wissenschaft. In: Mysterium Salutis. Bd. 1. Hrsg. von J. Feiner und M. Löhrer. Einsiedeln 1965, 905–980, hier 929f.

nicht, dass alle Beteiligten die gleiche Sprache sprechen müssen, obgleich es zweifellos die wissenschaftliche Diskussion erheblich erleichtern würde. So wurde in früheren Zeiten an allen westlichen Universitäten Latein gesprochen, während sich heute auf internationalen wissenschaftlichen Kongressen immer mehr Englisch durchsetzt (Noch heute ist Latein *die* Sprache der römisch-katholischen Kirche). *Behauptungen* indes sind Aussagen, die einen gegebenen Sachverhalt intendieren und die, sofern sie mit dem intendierten Sachverhalt übereinstimmen als wahr, sofern sie damit nicht übereinstimmen, aber als falsch bezeichnet werden können; z. B.: „Franz von Assisi starb am 3. Oktober 1226". Anders verhält es sich mit sprachlichen Gebilden, die nicht einen gegebenen Sachverhalt intendieren, sondern z. B. einen neuen Sachverhalt bewirken. Der Satz eines Lehrers vor seiner Klasse zum Beispiel: „Hiermit beende ich den Unterricht", stellt eine „explizit performative Redeweise" dar. Er löst zweifellos bei nicht wenigen Schülerinnen und Schülern eine erfreuliche Veränderung aus, ist aber keineswegs ein wissenschaftlicher Satz.
Im *Kohärenzpostulat* wird gefordert, dass sich sämtliche wissenschaftliche Sätze auf einen einheitlichen Gegenstand beziehen, auf das anzugebende Materialobjekt. Wissenschaft will nicht alles und jedes wissen, sondern Aussagen über einen zuvor definierten Gegenstand formulieren können. Diese Aussagen müssen miteinander in Zusammenhang stehen, müssen „kohärieren".
Im *Kontrollierbarkeitspostulat* wird verlangt, dass der Wahrheitsanspruch von wissenschaftlichen Sätzen überprüfbar ist. In einer Wissenschaft dürfen also nur Sätze auftreten, „für die irgendwelche Kriterien existieren, mit deren Hilfe der Wahrheitsanspruch, mit welchem diese Sätze belastet sind, nachgeprüft werden kann."[41]

Die wissenschaftliche Theologie sucht in analoger Rede und zunehmend auch in der Arbeit an den Metaphern der Sprache des Glaubens und der Religion gerecht zu werden. Die Theologie stellt sich dabei den Forderungen, die für Wissenschaft allgemein gelten. So formuliert sie Sätze, die in sich logisch widerspruchsfrei sind, miteinander in Zusammenhang stehen und kritisch überprüft werden können.

3.3 Ein Beispiel: die historisch-kritische Methode

Theologie hat es vielfach mit Texten zu tun, die wissenschaftlich erforscht und interpretiert werden müssen. Vor allem um die Texte der Heiligen Schrift methodisch geordnet zu untersuchen, greift die Theologie u. a. auf die so genannte historisch-kritische Methode zurück, auf eine Methode, die auch in der Geschichtswissenschaft und der Philologie angewandt wird. Diese ist zwar nicht der Einzige, wohl aber ein unverzichtbarer Weg der wissenschaftlich betriebenen Schriftauslegung (Exegese).[42] Sie umfasst mindestens vier Schritte; die Hinweise in den Klammern beziehen sich auf Aspekte, die auch bislang schon im RU thematisiert worden sind:
Erstens: Textkritik. Notwendig ist zunächst die kritische Prüfung des vorliegenden Textes; und zwar unter der Fragestellung: Ist der Text, mit dem ich es hier zu tun habe, überhaupt der Richtige, d.h. der Originaltext oder zumindest ein Text, der dem Original weitgehend entspricht? (Hierzu bedarf es der Kenntnis des Hebräischen und des Griechischen. Daher ist der RU auf Ergebnisse der Bibelwissenschaften angewiesen.)
Zweitens: Literarkritik. Es muss die literarische Eigenart des Textes festgestellt und gefragt werden: Wann und unter welchen Verhältnissen ist er entstanden? Wer hat ihn verfasst? Wie ist der Autor zu seinem Material gekommen? Wie hat er es angeordnet und den Text aufgebaut? Was sind seine Quellen? Wie müssen diese Quellen näher bestimmt und differenziert werden? (Quellenscheidung; Zwei-Quellen-Theorie / Synoptische Frage; Überlieferungsströme des Pentateuch („Quellen") am Beispiel der Schöpfungsgeschichten.
Drittens: Gattungs- und Formkritik. Hier wird gefragt, zu welcher literarischen Gattung der Text gehört, aus welchem Milieu er ursprünglich stammt („Sitz im Leben") und was seine spezifischen Merkmale sind. So gehören z. B. die neutestamentlichen Schriften verschiedenen literarischen Gattun-

---

[41] Scholz, Heinrich: Wie ist eine evangelische Theologie als Wissenschaft möglich? In: Theologie als Wissenschaft. Aufsätze und Thesen. Hrsg. von Gerhard Sauter. München 1971, 221–264, hier 231ff.
[42] Päpstliche Bibelkommission: Die Interpretation der Bibel in der Kirche. Hrsg. vom Sekretariat der Deutschen Bischofskonferenz. Bonn ^{2}1996, 90; Söding, Thomas: Wissenschaftliche und kirchliche Schriftauslegung. In: Verbindliches Zeugnis. Bd. 2. Hrsg. von Wolfhard Pannenberg und Theodor Schneider. Göttingen/Freiburg i. Br. 1995, 72–121. Hempelmann, Heinzpeter: Grundfragen der Schriftauslegung. Ein Arbeitsbuch. Wuppertal ^{2}1998 (= Bibelwissenschaftliche Monographie 2).

gen an: Evangelien, Apostelgeschichte, Briefe, Apokalypse. Innerhalb der Gattung sind verschiedene Formen und Formeln zu unterscheiden (z. B. innerhalb der Evangelien Gleichnisse und Wundererzählungen). Sie sind Ausdruck eines vielgestaltigen Überlieferungs- und Interpretationsprozesses (Traditionskritik). Für das Verständnis eines Textes ist der vom Verfasser aufgegriffene und gegebenenfalls veränderte Traditionshintergrund von erheblicher Bedeutung.
Viertens: Redaktionskritik. Hier geht es darum, die Endredaktion z. B. eines Evangeliums zu erforschen. In diesem letzten Schritt der historisch-kritischen Methode sollen die verschiedenen Ergebnisse der vorangegangenen Untersuchungen nicht mehr als Einzelelemente, sondern in ihren gegenseitigen Bezügen in den Blick kommen; und zwar unter der Fragestellung: Warum schreibt der Evangelist so, wie er schreibt? Was ist sein leitendes Interesse, was sein konkreter Kontext, was seine Botschaft, die er seinen Zeitgenossen vermitteln will? Kurz: Was ist sein theologisches Profil? (z. B. Vergleich Synoptiker und Johannesevangelium)
Doch darf nicht vergessen werden: die historisch-kritische Methode ist nur *eine,* wenngleich unverzichtbare Methode, die biblischen Texte wissenschaftlich zu untersuchen. Es gibt andere, z. B. die existentiale, strukturanalytische, linguistische, tiefenpsychologische, interaktionale, semantische, feministische, intertextuelle „Methode".[43] Dabei ist mit „Methode" jeweils eine „Perspektive" gemeint, die durch das ihr vorangestellte Adjektiv näher gekennzeichnet wird, in sich aber nochmals mehrfach strukturiert ist. Dadurch wird insgesamt deutlich, worum es letztlich geht: um das spannende Ringen, der in den Texten zu Wort gebrachten vieldimensionalen Wirklichkeit auf die Spur zu kommen. Der heftig diskutierte Methodenwandel in der Theologie (nicht nur in der Exegese) scheint mir, konkreter und korrekter ausgedrückt, ein „Wandel der Perspektiven" zu sein.

Die historisch-kritische Methode ist nicht der Einzige, aber ein unverzichtbarer Weg der wissenschaftlich betriebenen Schriftauslegung. Sie umfasst die Text- und Literar-, die Gattungs- und Formsowie die Redaktionskritik.

4. Zur Hermeneutik

4.1 Fragen der Hermeneutik

Nehmen wir die angeschnittenen Fragen noch einmal auf: Wie können wir heute jene Schriften verstehen, die – im Extremfall des Alten Testaments – bis zu dreitausend Jahre alt sind? Wie kann die Distanz zwischen der Epoche, in der der Autor des Textes lebte, und unserer heute überbrückt werden? Wie können die Texte von damals den Glaubenden und die Glaubensgemeinschaft heute ansprechen und beleben?
Um diese Fragen zu beantworten, muss die wissenschaftlich betriebene Theologie die Ergebnisse der gegenwärtigen philosophische Hermeneutik geltend machen. Die Hermeneutik (griech. hermeneuein = auslegen) fragt als eigene Wissenschaft nach der Möglichkeit des Verstehens und des Verständnisses.[44] Sie sucht nach angemessenen Verstehens- und Interpretationszugängen zu Kunstwerken, Texten, Ideen und Personen sowie zu früheren geschichtlichen Epochen. Und nicht zuletzt: Hermeneutische Fragen machen uns darauf aufmerksam, dass es allgemein, schon im geschichtlich-philosophischen, geschweige denn theologischen Erkennen, nicht genügt, nur empirische Daten zu erheben, historische Fakten zu eruieren und Texte – z. B. nach der historisch-kritischen Methode – zu analysieren, sondern dass es überdies darum geht, sie zu verstehen, auf ihren Wahrheitsgehalt und ihre Bedeutung hin für uns heute zu befragen.[45] An der Entwicklung einer „Lehre des Verstehens" waren, historisch betrachtet, zuerst jene Wissenschaften beteiligt, die es mit normativen Texten zu tun haben: die Rechtswissenschaften und die Theologie. Sodann gab namentlich Friedrich Schleiermacher (1768–1834) der hermeneutischen Frage neues Profil, während seit Wilhelm Dilthey (1833–1911) Hermeneutik immer mehr zur Methodenlehre der Geisteswissenschaften avancierte und Martin Heidegger (1889–1976) die Frage nach der Möglichkeit des Verstehens zu einer Grundfrage seiner Fundamentalontologie erklär-

---

[43] Dazu etwa Berg, Horst Klaus: Ein Wort wie Feuer. Wege lebendiger Bibelauslegung. München 1991; Söding, Thomas: Wege der Schriftauslegung. Methodenbuch zum Neuen Testament. Freiburg/Basel/Wien 1998.
[44] Schürmann, Volker: Zur Struktur hermeneutischen Sprechens. Eine Bestimmung im Anschluss an Josef König. Freiburg im Br. 1999 (= Alber-Reihe Philosophie).
[45] Scholz, Oliver R.: Verstehen und Rationalität. Untersuchungen zu den Grundlagen von Hermeneutik und Sprachphilosophie. Frankfurt a. M. 1999 (= Philosophische Abhandlungen Bd. 76).

te.[46] Im besonderen Blick auf theologische Texte haben etwa Rudolf Bultmann, Hans-Georg Gadamer und Paul Ricoeur die hermeneutische Theorie vorangebracht.[47]

Hermeneutik, eine eigene Wissenschaft, macht darauf aufmerksam, dass es nicht genügt, nur Fakten, Daten und Analysen zu kennen, sondern dass es darauf ankommt, sie zu verstehen. So fragt Hermeneutik nach der Möglichkeit des Verstehens und des Verständnisses. Sie sucht nach angemessenen Verstehenszugängen zu Kunstwerken, Texten, Ideen und Personen sowie zu früheren geschichtlichen Epochen.

4.2 Einige Momente der Hermeneutik

Zur Hermeneutik gehört notwendig die Kunst des *Unterscheidens*. So muss in der Theologie z. B. differenziert werden zwischen der Offenbarung Gottes, den Texten der Bibel und denen, die das von der Heiligen Schrift bezeugte Wort Gottes für ihre jeweilige Zeit und in ihrem jeweiligen Kontext zu verdeutlichen und zu vertiefen suchen. Diese stehen unter dem Vorbehalt der Schriftgemäßheit und entsprechen mit ihrer dogmatischen „Hilfssprechweise", die im Verlauf der Kirchen- und Dogmengeschichte gemäß dem herrschenden Paradigma variiert, hermeneutisch einer Dritten oder gar weiteren Reflexionsstufe. Die biblischen Texte haben normative Kraft, die für alle Zeit gilt, sie bilden die Ur-Kunden des Glaubens und bewegen sich mit ihrer so genannten „Referenzsprache" hermeneutisch auf einer ersten Reflexionsstufe. Damit ist gemeint, dass die Texte der Heiligen Schrift die Ersten geschichtlich-menschlichen Reflexionen bezeugt, die das Wort Gottes bei jenen auslöste, die es gläubig angenommen haben. Die erste Reflexionsstufe hat für alle weiteren Reflexionsstufen Normcharakter. Hinter sie kann nicht mehr zurückgegangen werden, ohne aufzuhören, christliche Theologie zu betreiben. So haben auch biblische „Referenzsprache" und dogmatische „Hilfssprechweise" keineswegs „denselben Wert": „Um das ‚Absolute der Offenbarung' in der Relativität der Sprache zu erfassen und dabei die Kontinuität zwischen der Gründungserfahrung der apostolischen Kirche und der ihr folgenden kirchlichen Erfahrung zu beachten, können und dürfen die notwendigen Unterscheidungen und Analysen die wörtlichen Aussagen der Schrift nicht aufheben."[48]
Es gilt, das in der Heiligen Schrift Bezeugte herauszukristallisieren und in die gegenwärtige Situation hineinzuübersetzen. Bei diesem Übersetzungsvorgang darf die gegenwärtige Theologie aber nicht die Glaubenstradition überspringen. Im Gegenteil: Weil zwischen dem von uns historisch Entdeckten und uns heute nicht nur eine *Theologiegeschichte*, sondern die *Glaubensgeschichte* der Kirche liegt, ist auch diese von der Theologie systematisch zu bedenken. Dabei fungiert die *Dogmengeschichte* gleichsam als kritisches Gewissen der systematischen Theologie.[49]
Um den erwähnten Übersetzungsvorgang aber überhaupt leisten zu können, muss der „Übersetzer", zunächst einmal selbst das, was er übersetzen will, verstanden haben. Dabei macht die Hermeneutik darauf aufmerksam, dass beim Verstehensprozess bestimmte Voraussetzungen erfüllt sein müssen, wenn überhaupt so etwas wie Verstehen möglich sein soll. So bedarf es etwa eines *gemeinsamen Daseinshorizonts* zwischen Sprecher und Hörer bzw. zwischen Autor und Leser. Es wurde bereits oben, als über die Sprache der Glaubens nachgedacht wurde, darauf hingewiesen: Ohne eine gemeinsame Grundsituation zwischen beiden, vermag das, was vermittelt werden soll, überhaupt nicht „anzukommen" und vom Empfänger aufgenommen, geschweige denn verstanden und vom ihm wiederum weitergegeben zu werden. Bei historischen Texten muss diese adäquate Grundsituation oft erst mühsam

[46] Heidegger will in seiner Radikalisierung der hermeneutischen Frage „dem Werke Diltheys dienen". Heidegger, Martin: Sein und Zeit. Tübingen 1972, 403f. Zur Hermeneutik Diltheys jetzt Rütsche, Johannes: Das Leben aus der Schrift verstehen. Wilhelm Diltheys Hermeneutik Bern 1999 (= Europäische Hochschulschriften Reihe XX). Zum Begriff und Geschichte von „Hermeneutik" Wieland, Georg: Hermeneutik. In: LThK V. Hrsg. von Walter Kasper ^{3}1996, 2f.

[47] Wachterhauser, Brice R.: Beyond being. Gadamer's post-Platonic hermenutical ontology. Evanston, Ill. (USA) 1999 (= Northwestern University studies in phenomenology and existential philosophy); Gerhard Maier: Biblische Hermeneutik. Wuppertal ^{3}1998.

[48] Bibel und Christologie. Ein Dokument der Päpstlichen Bibelkommission. Deutsche Übersetzung und Hinführung von Paul-G. Müller. Stuttgart 1987; Landmesser, Christof (Hrsg.): Jesus Christus als die Mitte der Schrift. Studien zur Hermeneutik des Evangeliums. Berlin/New York 1997 (= Zeitschrift: Die neutestamentliche Wissenschaft und die Kunde der älteren Kirche Beiheft 86).

[49] Rahner, Karl: Rez. Hans Küng. Christ sein. In: Theologie der Gegenwart 2 (1975) 80–87, hier 86; Gerwing, Manfred: Zur Bedeutung der Mediävistik für die systematische Theologie. In: Freiburger Zeitschrift für Philosophie und Theologie 43 (1996) 65–83; Kaes, Dorothee: Theologie im Anspruch von Geschichte und Wahrheit. Zur Hermeneutik Joseph Ratzingers. St. Ottilien 1997 (= Diss./Theologische Reihe 75).

und vorsichtig suchend vom Interpreten „präpariert" werden, und zwar so, dass es offen bleibt für weitere Korrekturen.[50]

Insofern ist mit dem gemeinsamen Daseinshorizont als Voraussetzung für Verstehen eine weitere Voraussetzung eng verbunden: Der Adressat einer Mitteilung muss ein gewisses *Vorverständnis* von jener „Sache" haben, die ihm mitgeteilt wird. Auf wissenschaftstheoretischer Ebene entspricht dieses Vorverständnis der ersten Arbeitshypothese, die derjenige aufstellt, der etwas wissenschaftlich untersuchen möchte. Im Verlauf seiner Untersuchung wird seine Arbeitshypothese über den Weg von bereits differenzierenden Zwischenhypothesen schließlich durch die Endhypothese entweder erhärtet, teilweise korrigiert oder vollends widerlegt. Ein hermeneutischer Zirkel entsteht, der, bedingt durch die allgemeine Zirkelstruktur menschlichen Erkennens, den Verstehensfortschritt signiert. Gerade darauf kommt es im Zuge des Verstehensprozesses an: Sich über sein eigenes „Vorverständnis" klar zu werden, es im Blick auf die Sache zu erproben und zu vertiefen, gegebenenfalls aber zu verändern und zu korrigieren und so insgesamt dafür zu sorgen, nicht dem Subjektivismus zu verfallen und das Vorverständnis zum Vorurteil entarten zu lassen.

Ein weiteres Moment des Verstehensprozesses, auf das die hermeneutische Theorie gerade im Blick auf historische Texte und geschichtliches Verstehen aufmerksam zu machen sucht, bildet die so genannte *„hermeneutische Differenz"*. Damit ist jene Differenz gemeint, die dadurch entsteht, dass jemand etwas hier und heute zu verstehen sucht, was bereits ein anderer dort und damals zum Ausdruck gebracht hat. Je mehr dem Interpret diese hermeneutische Differenz – dank kritischer Gegenwartsanalyse und sorgfältiger Untersuchung der Entstehungsbedingungen und Überlieferungsbedingtheiten des dort und damals zum Ausdruck Gebrachten – bewusst wird, desto weniger wird er sich damit begnügen, einfach den Quellentext, z. B. die neutestamentlichen Aussagen, schlicht zu paraphrasieren. Möglicherweise wird er feststellen, dass er, gerade wenn er dem dort und damals Gesagten treu bleiben will, es hier und heute anders formulieren muss.[51]

Damit klingt bereits ein weiteres wichtiges Moment hermeneutischen Verfahrens an: *das leitende Interesse*. Der Interpret eines Textes muss nach dem leitenden Interesse des Autors des zu verstehenden Textes fragen. Er hat aber auch – selbstkritisch – über sein eigenes Interesse an diesem Text Rechenschaft abzulegen; denn dieses könnte, ob bewusst oder unbewusst, die Fragerichtung, die Forschungserwartung und – womöglich – das Forschungsergebnis beeinflussen. Das leitende Interesse der Bibel ist es, vom Wort Gottes Zeugnis abzulegen und den Glauben zu vertiefen. Wer also z. B. im Schöpfungsbericht Auskunft über astro-physikalische Phänomene zu erhalten sucht, stellt Fragen an den Text, die sich aus einem leitenden Interesse ergeben, das keineswegs mit dem leitenden Interesse der Bibel übereinstimmt. Er erhält deswegen keine oder nur falsche Auskunft vom Text.[52]

Das leitende Interesse des christlichen Theologen, z. B. mit Hilfe der historisch-kritischen Methode einen biblischen Text zu analysieren, sollte darin bestehen, dass nicht nur er für sich die Heilige Schrift besser versteht, sondern dass sein Fragen und Forschen auch zum vertieften Glaubensverständnis der jetzt lebenden Glaubensgemeinschaft beiträgt. Dabei wird am Beispiel der Theologie aber nur besonders deutlich, was auch für jede Interpretation gilt, und worauf die Hermeneutik ebenfalls nachdrücklich aufmerksam macht: Was immer der Interpret für ein Interesse verfolgt, es ist stets *von der Gegenwart mitbestimmt*.[53] Mit anderen Worten: Zum Verstehen auch und gerade eines historischen Textes gehört nicht nur die Frage: Was bedeutete das, was dort und damals artikuliert wurde, für die dortigen und damaligen Menschen? Vielmehr gilt es auch zu fragen: Was bedeutet das dort und damals Artikulierte für die jetzt und hier Lebenden? Erst wer so fragt, eröffnet Verstehen ermöglichende Begegnung. Ob sodann ein Verstehen tatsächlich zu Stande gekommen ist, muss noch einmal kritisch untersucht werden. Das vermeintlich oder tatsächlich Verstandene steht selbst noch einmal unter dem so genannten „hermeneutischen Vorbehalt". Das heißt: Wir müssen stets damit rechnen, dass Verstehen, trotz aller subtiler Anstrengung und raffiniert-kritischer Methoden, schlicht und einfach misslingen, auf halbem Wege stecken bleiben, nicht ans Ziel kommen oder ganz und gar in die Irre geht.

[50] Pieper, Josef: Was heißt Interpretation? In: Josef Pieper. Schriften zum Philosophiebegriff. Hrsg. von Berthold Wald. Hamburg 1995, 212–235 (= Josef Pieper. Werke in acht Bänden Bd. 3); Gerstenberger, Erhard S. (Hrsg.): Hermeneutik. – sozialgeschichtlich. Kontextualität in den Bibelwissenschaften aus der Sicht (latein)amerikanischer und europäischer Exegetinnen und Exegeten. Münster 1999 (= Exegese in unserer Zeit 1).

[51] Wiedenhofer, Siegfried: Hermeneutik. Systematisch-theologisch. In: LThK V. Hrsg. von Walter Kasper ^{3}1996, 6f.

[52] Berger, Klaus: Hermeneutik des Neuen Testaments. Göttingen 1988; Söding, Thomas: Biblische Hermeneutik. In: LThK V. Hrsg. von Walter Kasper ^{3}1996, 4ff.

[53] Vgl. dazu Eco, Umberto: Zwischen Autor und Text. Interpretation und Überinterpretation. München 1996 (= dtv 4682); ders.: Die Grenzen der Interpretation. München 1995 (= dtv 4644).

Doch ungeachtet dieses Vorbehalts: Gerade für die Begegnung, für die lebendige Auseinandersetzung mit fremden Texten ist die eigene Perspektive unverzichtbar. Wenn wir zur Begegnung bereit sind, werden wir beschenkt; und zwar umso mehr, je ernsthafter die Texte sich den großen Fragen der Menschheit zuwenden und je wahrhaftiger sie diese zu beantworten versuchen. Das Geschenk dieser Texte liegt darin, dass sie zu denken geben, uns verwandeln und neue Perspektiven eröffnen. Wir überschreiten das bloß Eigene und selbst Erdachte, hören auf das ergangene Wort und lassen uns ansprechen. Dazwischen schweigen wir, „aber miteinander".

Zu den wichtigen Momenten eines Verstehensprozesses gehört der gemeinsame Daseinshorizont (vermutete, gemeinsame Grundsituation) zwischen dem, der etwas zum Ausdruck bringt und dem, der das zum Ausdruck Gebrachte interpretieren will. Überdies bedarf es eines gewissen Vorverständnisses von dem, was zum Ausdruck gebracht wurde. Zudem gilt es, die hermeneutische Differenz zu beachten zwischen dem, der dort und damals etwas artikuliert hat, und dem, der hier und heute das Artikulierte zu verstehen sucht. Bei der theologischen Textinterpretation muss nicht nur der Text gründlich analysiert, sondern auch nach dem leitenden Interesse des Autors gefragt und ebenso das des Interpreten in seiner Gegenwart kritisch wahrgenommen werden. Insgesamt kommt es darauf an, eine Begegnung zu ermöglichen, die verstehen lässt, zu denken gibt und neue Perspektiven eröffnet.

__Andrea Middelberg

Die Tempelreinigung (Mk 11,15–19) – sozialgeschichtliche Interpretation der Eskalation des Konfliktes Jesu mit der Obrigkeit als Auftakt zu Passion und Kreuzigung

Zentrales Thema der Evangelien, der vornehmlichen Quelle jeder Beschäftigung mit Jesus als dem Christus, sind Passion und Tod Jesu. In diesem Sinne charakterisiert u. a. G. Theißen die Evangelien als „Passionsgeschichte[n] mit ausführlicher biographischer Einleitung“[1].
Im Sinne einer Theologie nach Auschwitz sollte dabei eine sachangemessene, nicht-antijudaistische Darstellung und Deutung der Ereignisse angezielt werden. Dazu eignet sich als exegetische Methode eine sozialgeschichtliche Auslegung (von H. K. Berg auch als ursprungsgeschichtliche Auslegung gekennzeichnet[2]), die sich einer Hermeneutik der Befreiung[3] verpflichtet weiß. Denn indem die wirtschaftlichen und sozialen, politischen und religiösen Zusammenhänge, in denen Jesus der Nazarener lebte, sichtbar gemacht werden, kann zum einen die Brisanz seiner Botschaft deutlichere Konturen gewinnen und zugleich die Eingebundenheit seiner Person in die jüdische Gesellschaft erkennbar werden. Beides unablässige Voraussetzungen, um einer antijudaischen Lesart der Passionsgeschichte begründet entgegentreten zu können.
Eine solche sozialgeschichtliche Auslegung soll im folgenden Beitrag exemplarisch an der Tempelreinigungsszene vorgestellt werden.

1. Inhaltliche Voraussetzungen

Als inhaltliche Voraussetzungen für ein angemessenes Verständnis der gesamten Passionsgeschichte sollten die SchülerInnen in vorhergehenden Unterrichtsreihen den historischen Kontext (Hellenisierung, römische Fremdherrschaft, Apokalyptik und prophetischer Messianismus, politische und religiöse Gruppen) und die Botschaft Jesu vom Reich Gottes (v. a. Wunder und Gleichnisse) erarbeitet haben.[4] Vor diesem Hintergrund kann dann die Passion Jesu in ihrem historischen Zusammenhang sowie ihre Wirkungsgeschichte im Christentum thematisiert werden.

2. Reihenkontext

Am Beginn dieser Unterrichtsreihe zur historischen Rekonstruktion und theologischen Reflexion der Passion und Kreuzigung Jesu bietet sich eine erste orientierende Übersicht über die Ereignisse an, die den meisten SchülerInnen in sehr groben Zügen bekannt sein wird. Zugleich können und sollten hier auch lerngruppenspezifische Schwerpunkte der Reihe festgelegt werden.
In der sich anschließenden Unterrichtseinheit ist dann inhaltlich die Tempelreinigung als Ausgangsszenario für die Passion zu erarbeiten. Wird hier doch überdeutlich, dass die gesellschaftskritische und prophetische Botschaft Jesu das religiöse und politische Establishment, also die jüdische *und* römische Obrigkeit, provozierte und zum Handeln zwang: So nahmen Teile der jüdischen Tempelaristokratie vornehmlich Anstoß an seiner Tempelkritik, und die römischen Fremdherrscher misstrauten seinem messianischen Anspruch. Beide Gruppen hatten also aus unterschiedlichen Beweggründen Interesse daran, Unruhen durch die jesuanische Bewegung zu vermeiden. Nur wenn diese Geschehnisse *vor* der Verurteilung und Kreuzigung Jesu differenziert vermittelt werden, kann einer antijudaistische Darstellung der Passion entgegengewirkt werden. Eine abschließende Einordnung der Tempelkritik Jesu

---

1 Theißen, G. / Merz, A.: Der historische Jesus. Ein Lehrbuch, Göttingen ²1997, 43.
2 Vgl. Berg, H. K.: Grundriss der Bibeldidaktik. Konzepte-Modelle-Methoden, München 1993, 61f.
3 Vgl. u. a. Stegemann, E. W. / Stegemann, W.: Urchristliche Sozialgeschichte. Die Anfänge im Judentum und die Christusgemeinde in der mediterranen Welt, Stuttgart ²1997. Schottroff, L. / Stegemann, W.: Jesus von Nazareth – Hoffnung der Armen, Stuttgart 1978, 11–13f. Theißen, G. / Merz, A., Der historische Jesus, 380–410.
4 Hierzu bieten sich z. B. die von E. Breit erarbeiteten Materialien an: Neumüller, G. (Hg.): Jesus der Nazarener, Im Dialog Bd. II, München 1995, 76–88.

in die Tradition der prophetische Tempelkritik lässt deutlich werden, dass Jesus nicht als kontextloser Held und Kritiker des Judentums agierte, sondern sehr wohl in der jüdischen Tradition stand.
Davon ausgehend kann dann in der nächsten Unterrichtseinheit zunächst das Verhör vor dem Synedrium als innerjüdischer Konflikt verstanden werden, an das sich der folgenschwere Prozess vor Pilatus anschloss, in dem Jesus zur Kreuzigung verurteilt wurde. Hier sollte zur Einbettung in den historischen Kontext der Aspekt der Kreuzigung als Todesstrafe der Antike Berücksichtigung finden.
Mit diesem Wissen ausgerüstet können die SchülerInnen in einer als Exkurs eingefügten Unterrichtseinheit nun den Gottesmordvorwurf in seiner historischen Haltlosigkeit und zugleich wirkungsgeschichtlichen Tragweite erfassen. Hier könnte z. B. der Satz „Von der These der jüdischen Schuld am Tod Jesu führt ein direkter Weg in die Gaskammern von Auschwitz!“ leitend sein.
Nach diesem Exkurs in die Wirkungsgeschichte kann im Folgenden der Aspekt der jüdischen Tradition Jesu wieder aufgenommen werden, wenn Jesu Sterben am Kreuz in der Tradition des Leiden des Gerechten (Ps 22) gedeutet wird. Hier lässt sich sehr gut das Arbeiten mit innerbiblischen Vergleichen vertiefen. Abschließend ist es z. B. denkbar, auf der Grundlage der historischen Kenntnisse christliche und jüdische Deutungen des Kreuzestodes aus der darstellenden Kunst zu thematisieren.

3. Zielsetzung

Mit der skizzierten Unterrichtsreihe sollen die SchülerInnen also Passion und Tod Jesu zunächst als ein historischen Ereignis kennen lernen, hinter dem verschiedene Interessen und Konflikte standen. Dieses ist im Kontext einer Erziehung nach Auschwitz (Th. W. Adorno) zu verstehen: Der christliche Judenhass, dessen Wirkungsgeschichte bis in die Gaskammern von Auschwitz reicht, nahm letztlich seinen Anfang im fatalen Gottesmordvorwurf der Christen an die Juden. Daher ist es unerlässlich, dass SchülerInnen heute zunächst die noch rekonstruierbaren Begebenheiten um den Tod Jesu kennen lernen, damit sie diesen verheerenden Vorwurf entkräften und ein differenzierteres Bild vom Judentum, der religiösen und nationalen Heimat des Nazareners, gewinnen können. Auf dieser Grundlage können die SchülerInnen dann auch die Wirkungsgeschichte vieler christlicher antijudaistischer Stereotype (und auch die Entstehung von Kreuzestheologien, die das Leiden apolitisch idealisieren) verstehen und beurteilen.
In der im Folgenden dargelegten Unterrichtseinheit zur Tempelreinigung sollen die SchülerInnen konkret mit Hilfe von sozialgeschichtlichen Analysen die Tempelreinigung als den Auslöser für den unauflösbaren Konflikt zwischen Jesus und den Herrschenden erarbeiten und so erkennen, dass der Tod Jesu logische Konsequenz seines Wirkens war. Die in dieser Stunde zu erarbeitende Vielschichtigkeit der politischen, religiösen und wirtschaftlichen Zusammenhänge soll die SchülerInnen darüber hinaus für eine differenzierte Betrachtung der Passion sensibilisieren.

4. Möglicher Unterrichtsverlauf

Hausaufgabe zur Stunde: Wiederholung der politischen Verhältnisse und der religiösen Gruppen zur Zeit Jesu

Unterrichtsphase	Handlungsschritte	Handlungs-muster	Medien
Aufbau der Lernsituation	Präsentation des ersten Teils der Perikope (Mk 11,15–17) Sammlung erster Eindrücke Fokussierung: Tempelreinigung innerhalb der Chronologie der Passionsgeschichte	LB SB UG	M 2
Problemformulierung	Kann die Tempelreinigung (Mk 11,15–19) der Anlass für den Prozess Jesu sein? bzw. Warum steht die Tempelreinigung am Beginn der Passionsgeschichte? (o. Ä.)	SB/UG	Tafel (M 1)
Überlegungen zur Problemlösung	ggf. Hypothesenbildung (Tempelreinigung als Provokation o. Ä.) Präsentation des zweiten Teils der Perikope (Vv.	SB/UG LB	Tafel (M 1) M 2

	18–19) und Überleitung zur Forderung, sich mit der Bedeutung des Zweiten Tempels zur Zeit Jesu zu beschäftigen	UG	
Problemlösung/ Erarbeitung	Kurze allgemeine Einführung zum Zweiten Tempel zur Zeit Jesu Erarbeitung der politischen, religiösen und wirtschaftlichen Bedeutung des Zweiten Tempels Präsentation der Ergebnisse Interpretation der Perikope und Beantwortung der Ausgangsfrage, Überprüfung der Hypothesen	LB aGA SB SG/UG	M 3 M 4, Bibeln, Easy-Flip, Stifte Tafel (M 1)
ggf. Sicherung	Übernahme des Tafelbildes ins Heft	EA	

Hausaufgabe aus der Stunde (Weiterführung): M 5

Kürzel: AB = Arbeitsblatt, aGA = arbeitsteilige Gruppenarbeit, LB = Lehrerinnenbeitrag, SB = SchülerInnenbeitrag, SG = SchülerInnengespräch, UG = Unterrichtsgespräch

Hinweise zur Durchführung:
Zu Beginn werden die SchülerInnen direkt mit der zu behandelnden Perikope konfrontiert. Dabei wird zunächst nur Mk 11,15–17 (M 2) präsentiert, da der zweite Teil der Perikope (Vv. 18–19) bereits die Antwort des Evangelisten auf die noch zu stellende Problemfrage formuliert. Nach einer Sammlung erster Eindrücke wird es wichtig sein, den Kontext der Passion in den Fragehorizont der SchülerInnen zu rücken, da die Tempelreinigung im weiteren als Auslöser des Prozesses interpretiert werden soll.
Damit für die Gruppenarbeit ausreichend Zeit ist, sollte eine *Doppelstunde* eingeplant werden. Bei der Einteilung der Gruppen kann eine innere Differenzierung vorgenommen werden, da die Erarbeitung der religiösen Bedeutung des Tempels (M 4b) gegenüber den beiden anderen Themenkomplexen wesentlich anspruchsvoller ist. Sollen die drei Gruppen vom Niveau her gleich gehalten werden, kann M 4b auch um die Zeilen 31–44 gekürzt werden und zur Erarbeitung der prophetischen Tempelkritik auf M 6, das dann von der gesamten Lerngruppe bearbeitet werden kann, zurückgegriffen werden. Im Anschluss an die Präsentation der Gruppenergebnisse ist u. U. mit einem entsprechenden Impuls die immanente Bedrohung für die römischen Fremdherrscher deutlich herauszustellen, um zur Gesamtdeutung kommen zu können.
Soll die Thematik aus Zeitgründen nur in einer Einzelstunde verhandelt werden, können die Materialien entsprechend gekürzt und die Bearbeitung z. B. in eine arbeitsteilige Einzelarbeit verlegt werden. Der innerbiblische Vergleich mit Jer 7,1–15 (M 6) könnte dann eine alternative Hausarbeit darstellen. Der als eigentliche Hausaufgabe vorgeschlagene Bericht von Josephus (M 5) kann den SchülerInnen nochmals an einem weiteren Beispiel das für die damalige Zeit übliche Zusammenspiel von Besatzungsmacht und kollaborierenden Institutionen verdeutlichen und somit das Vorgehen gegen Jesus in den Alltag der Zeit einordnen helfen. Sollte die Methode der sozialgeschichtlichen Bibelauslegung noch nicht bekannt sein oder theoretisch vertiefend behandelt werden, kann ggf. M 7 mit einem entsprechenden Arbeitsauftrag zur Vor- oder Nachbereitung der Analyse der Tempelreinigung herangezogen werden.

5. Schlüsselwissen

- Einübung sozialgeschichtlicher Bibelauslegung
- Einübung innerbiblischer Vergleiche

6. Materialien

M 1: Mögliches Tafelbild
M 2: Die Tempelreinigung (Mk 11,15–19)
M 3: Der Zweite Tempel zur Zeit Jesu
M 4a: Der Zweite Tempel zur Zeit Jesu und seine politische Bedeutung
M 4b: Der Zweite Tempel zur Zeit Jesu und seine religiöse Bedeutung
M 4c: Der Zweite Tempel zur Zeit Jesu und seine wirtschaftliche Bedeutung
M 5: Die Unheilsprophetie des Josua ben Ananja
M 6: Prophetische Tempelkritik
M 7: Die sozialgeschichtliche Fragestellung

M 1: mögliches Tafelbild (nach den Erträgen der arbeitsteiligen Gruppenarbeit auf Easy-Flip)

Kann die Tempelreinigung (Mk 11,15–19) der Anlass für den Prozess Jesu sein?

Hypothese
Jesus provozierte die Obrigkeit
und musste daher sterben.
...

a) Die Bedeutung des Tempels zur Zeit Jesu

politisch	religiös	wirtschaftlich

Sitz des Synedriums (= oberste Behörde der jüdischen Selbstverwaltung):
– Leitung und Vertretung des Volkes – Verwaltung und Organisation der Zusammenarbeit mit den Römern
– höchste politische Instanz
– Gesetzgeber
– Oberstes Gericht
– Höchstes Lehramt
	– Allerheiligstes
	– zentrale nationale Kultstätte
	– Vollzug von Opferriten und Gebeten
	– zentrales religiöses Lehrhaus
	– Pflichten des Volkes:
	  – Wallfahrten zum Tempel
	  – jährliche Tempelsteuer
	– Gefahr von Fehlentwicklungen wurde von Propheten kritisiert
		– Nationalbank
		– Profit für:
		  – Unterschicht: Bettel
		  – Mittelschicht (Händler, Viehzüchter, Gastronomen): Kult- und Opferbetrieb und Wallfahrer
		  – Priesteradel: Spenden und Weiheabgaben

b) Deutung der Tempelreinigung durch Jesus

→ Das politische Zentrum Israels wird kritisiert. Die Obrigkeit fühlt sich bedroht.	→ Das religiöse Zentrum wird von Jesus kritisiert und soll reformiert werden. Er beruft sich dabei auf die Propheten.	→ Das wirtschaftliche Zentrum, die Existenzgrundlage aller wird angegriffen.

→ Jesus kritisiert wie bereits andere jüdische Propheten den Tempel, die zentrale Instanz der Nation.
Sein Verhalten provoziert die jüdische und römische Obrigkeit gegen ihn einzuschreiten.
→ Prozess Jesu

M 2 (Folie): Die Tempelreinigung (Mk 11,15–19, Einheitsübersetzung)

M 3 (Folie): Der Zweite Tempel zur Zeit Jesu

Der Zweite Tempel zur Zeit Jesu – Übersicht

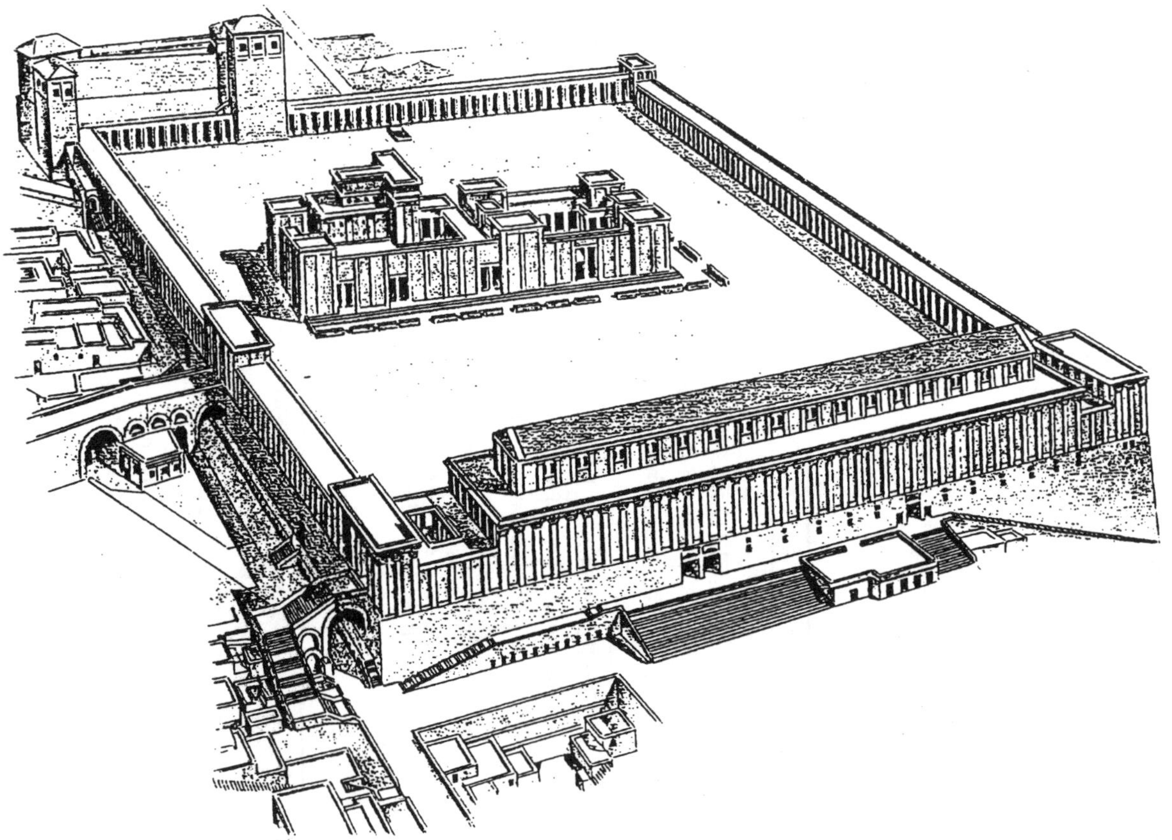

Entnommen: Willibald Bösen, Der letzte Tag des Jesus von Nazaret, Verlag Herder, Freiburg [4]1999, 92.

Stichpunkte für die allgemeine Einführung zum Tempel (LehrerInnenvortrag):
- Der Tempel in Jerusalem wurde 961 von König Salomon erbaut und wurde im Laufe der Zeit zum zentralen Heiligtum.
- Um 600 v. Chr. Zerstörung des Tempels durch die Babylonier und Deportation einer Gruppe von Juden (• Babylonisches Exil).
- Nach der Rückkehr aus dem Babylonischen Exil zur Zeit der Perser erfolgte der Wiederaufbau des Tempels (• 2. Tempel).
- Prunkvoller Ausbau des Tempels unter König Herodes.
- 70 n. Chr. Zerstörung des Tempels durch die Römer im jüdisch-römischen Krieg.
- Zum Aufbau: Zentrales Heiligtum in der Mitte des Plateaus mit Vorhöfen für jüdische Männer, Frauen und Kinder. Heiden haben nur Zugang zum riesigen Vorhof mit der umlaufenden Säulenhalle, wo sich auch die Marktstände befanden.

M 4a (Arbeitsblatt): Der Zweite Tempel zur Zeit Jesu und seine politische Bedeutung

Der Zweite Tempel zur Zeit Jesu und seine politische Bedeutung

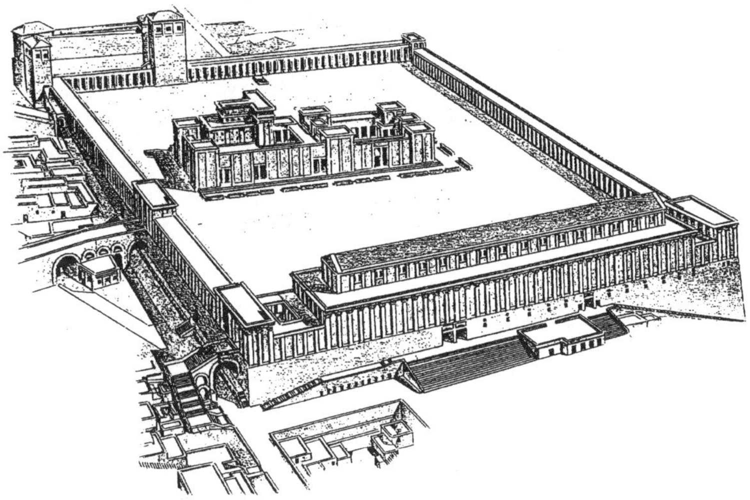

Abb. 1: Der Zweite Tempel zur Zeit Jesu

Der Tempel kann insofern als politisches Zentrum des jüdischen Volkes bezeichnet werden, als dass er der Sitz des *Synedriums* war. Die 71 Mitglieder des Synedriums setzten sich aus dem Hohenpriester, Priestern, Schriftgelehrten sowie den Ältesten, d. h. der Vertreter der Städte im Lande, zusammen. Die Kompetenzen des Synedriums erstreckten sich über mehrere Bereiche des Lebens:
Auch in Zeiten der römischen Fremdherrschaft hatte das Synedrium als oberste Behörde der jüdischen Selbstverwaltung die Leitung und Vertretung des jüdischen Volkes inne. Dazu gehörte die innere Verwaltung und die Organisation der Zusammenarbeit mit den Römern. Ferner war es Gesetzgeber und Oberstes Gericht in religiösen Belangen sowie Zivil- und Strafrecht – die Todesstrafe konnte dieser Gerichtshof allerdings nicht verhängen – und Höchstes Lehramt.
Der Hohepriester, der an der Spitze des Tempelkultes stand, war damit de facto auch ausübendes politisches Oberhaupt und Repräsentant des ganzen jüdischen Volkes. Dieses Amt war seit der Zeit des Königs Herodes ein beliebtes Spekulationsobjekt: Denn wer am meisten für das Amt zahlte, wurde vom Prokurator bzw. Präfekten (zur Zeit Jesu war dies Pontius Pilatus) ernannt und damit letztlich von den Römern gekauft. (s. Abb.2)
Die politische Macht des Tempels fand auch ihren Ausdruck in der sich ständig ausdehnenden Tempelbürokratie. Zur Zeit Jesu war diese schätzungsweise auf 18000 Funktionäre angewachsen.

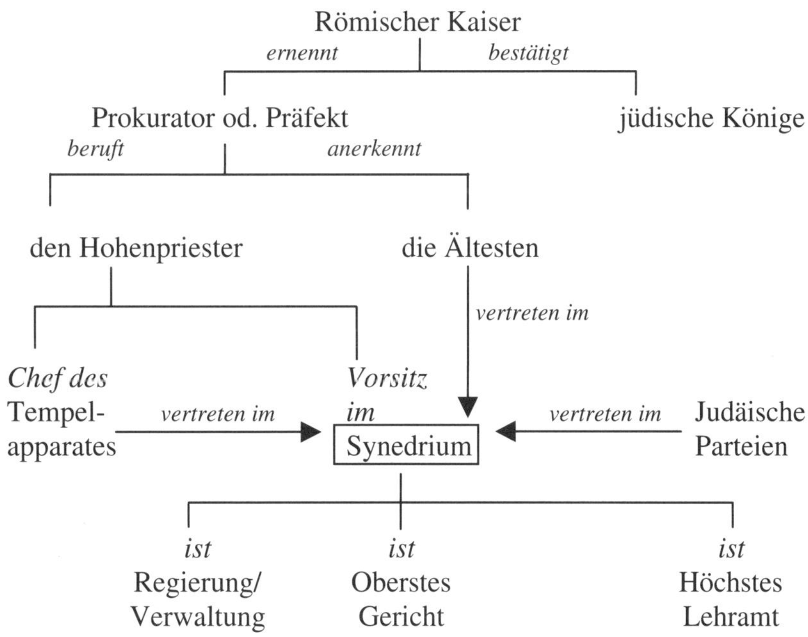

Abb. 2: Schaubild zur Machtstruktur

Zusammengestellt nach: Willibald Bösen, Der letzte Tag des Jesus von Nazaret, Verlag Herder, Freiburg [4]1999, 92; Füssel, K.: Drei Tage mit Jesus im Tempel, Münster 1987, 37ff.; Neumüller, G. (Hg.): Jesus der Nazarener, Im Dialog Bd. II, München 1995, 76.

Arbeitsaufträge

1. Stellen Sie die politische Bedeutung des Tempels zur Zeit Jesu stichwortartig dar!
2. Deuten Sie vor diesem Hintergrund die Tempelreinigung!

M 4b (Arbeitsblatt): Der Zweite Tempel zur Zeit Jesu und seine religiöse Bedeutung

Der Zweite Tempel zur Zeit Jesu und seine religiöse Bedeutung

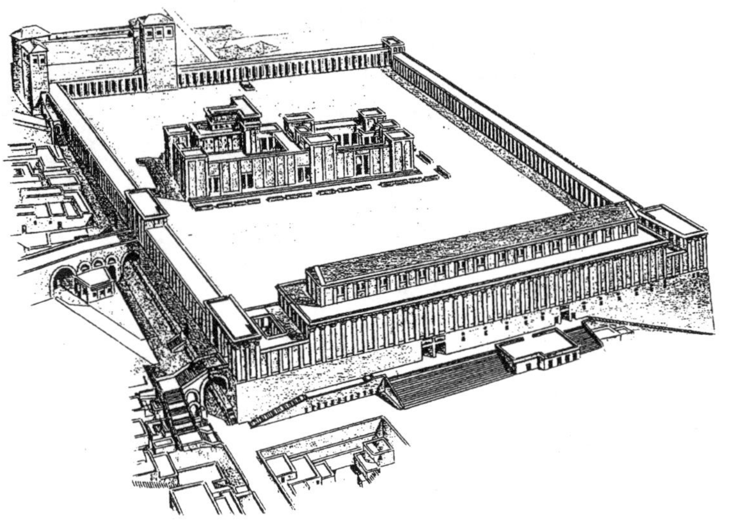
Abb. 1: Der Zweite Tempel zur Zeit Jesu

Seine zentrale religiöse Bedeutung erhielt der Tempel durch die Vorstellung, dass das Allerheiligste die Stätte der göttlichen Gegenwart sei. Dabei nahm man aber nicht an, dass Gott eine irdische Wohnstätte brauche, sondern es stand der Gedanke dahinter, dass der Mensch ein Heiligtum benötige, um sich der Gegenwart Gottes bewusst zu werden und sich auf seine Gebete konzentrieren zu können.

Der Gottesdienst im Tempel bestand aus Opferkulten zur Sühne von Sünden, zur Reinigung von ritueller Unreinheit und zur Erfüllung von Gelübden sowie Gebeten und weiteren rituellen Handlungen. Gottesdienste waren zu dieser Zeit nicht nur Sache der persönlichen Frömmigkeit. Vielmehr geschahen sie im Interesse der Gesamtheit, stellten sie doch die gottgewollte Ordnung zwischen den Menschen bzw. Mensch und Natur wieder her.

Der Tempel war bereits seit 600 Jahren die einzige und zentrale Kultstätte Israels und wurde im Laufe der Zeit auch zentrales religiöses Lehrhaus der Nation. Hier wurden die heiligen Schriften aufbewahrt und für Gottesdienst und Studium vervielfältigt, hier forschten Schriftgelehrte und unterrichteten ihre Schüler in der Tora und den heiligen Schriften. Die enge Beziehung des gesamten jüdischen Volkes zum Tempel wurde dokumentiert in der jährlichen Abgabe der Tempelsteuer (eines Halbschekels) für die Kosten des Kultes und die Wahrnehmung der vorgeschriebenen Wallfahrten zum Tempel an den hohen Festtagen.

Von den Propheten Israels sind Fehlentwicklungen im religiösen Leben schon Jahrhunderte zuvor scharf kritisiert worden. So klagt Jeremia:

[3]So spricht ... der Gott Israels: Bessert euer Verhalten und euer Tun, dann will ich wohnen hier an diesem Ort ... [9]Stehlen, morden, die Ehe brechen, falsch schwören, dem Baal opfern und anderen Göttern nachlaufen, die ihr nicht kennt ... [11]Ist denn in euren Augen dieses Haus, über dem mein Name ausgerufen ist, eine Räuberhöhle geworden? ... (Jer 7,1–15 par)

Zugleich formulierten die Propheten aber auch Forderungen und Visionen bezüglich des Tempels. So ist bei Jesaja zu lesen:

[6]Die Fremden, die sich dem Herrn angeschlossen haben ... , alle die ... an meinem Bund festhalten, [7]sie bringe ich zu meinem heiligen Berg und erfülle sie in meinem Bethaus mit Freude. Ihre Brandopfer und Schlachtopfer finden Gefallen auf meinem Altar, denn mein Haus wird ein Haus des Gebets für alle Völker genannt. (Jes 56,6f)

Die Propheten wirkten so durch ihre öffentliche Kritik und ihre Visionen als notwendiges Korrektiv zu den politischen und kultischen Institutionen.

Zusammengestellt nach: Die Bibel. Einheitsübersetzung, Stuttgart 1984; Willibald Bösen, Der letzte Tag des Jesus von Nazaret, Verlag Herder, Freiburg [4]1999, 92; Neumüller, G. (Hg.): Jesus der Nazarener, Im Dialog Bd. II, München 1995, 76f.; Jakob J. Petuchowski/Clemens Thoma, Lexikon der jüdisch-christlichen Begegnung. Herder/Spektrum Bd. 4581. Verlag Herder, Freiburg [3]1997, 400ff.

Arbeitsaufträge

1. Stellen Sie die religiöse Bedeutung des Tempels zur Zeit Jesu stichwortartig dar!
2. Deuten Sie vor diesem Hintergrund die Tempelreinigung! Beziehen Sie die prophetische Kritik mit ein!

M 4c (Arbeitsblatt): Der Zweite Tempel zur Zeit Jesu und seine wirtschaftliche Bedeutung

Der Zweite Tempel zur Zeit Jesu und seine wirtschaftliche Bedeutung

Der Tempel war um die Zeitenwende ein wirtschaftliches Machtzentrum mit ungeheuren Einlagen aus Steuern, Spenden, Zinsen, Vermietungen und Verkäufen, das man gern mit einer „Nationalbank" vergleichen darf. An ihm verdiente ganz Jerusalem.

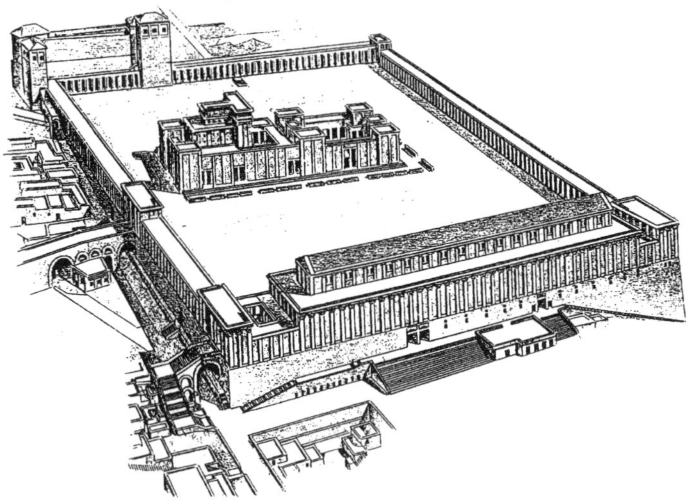

Abb. 1: Der Zweite Tempel zur Zeit Jesu

Vom Tempel und seinem Wallfahrtsbetrieb profitierte die Unterschicht, da nach jüdischen Überzeugungen Almosen für die Armen verdienstvoll sind. Besonders großzügig war man in der Zeit des Pascha, um auch den Armen ein festliches Paschamahl zu ermöglichen. Damit wird Jerusalem zu einem „Zentrum des Bettels".

Vom Tempel abhängig war aber auch die gesellschaftliche Mittelschicht. Ein komplizierter Kult- und Opferbetrieb beschäftigt ganzjährig ca. 7.000 Priester und rund 10.000 Leviten (als Sänger, Musikanten, Diener und Wächter) aus dem ganzen Land. Am Opferdienst mit seinen regelmäßigen und außerplanmäßigen Opfern verdienten viele Viehzüchter und -händler ihren Lebensunterhalt. Noch Jahrzehnte nach der offiziellen Fertigstellung im Jahre 9 v. Chr. war das Heiligtum Arbeitgeber für Hunderte von Maurern und Zimmerleuten. Ohne die ganzjährigen Ströme der Wallfahrer wären viele Jerusalemer brotlos, die Bauern und die Gärtner, die Gastronomen und die Lebensmittelproduzenten, die Weber und die Schneider, die Gerber und die Töpfer, die Andenkenhersteller, die Geldwechsler und die Schreiber.

Erster und größter Nutznießer des Tempels aber war der sadduzäische Priesteradel mit dem Hohenpriester an der Spitze. Durch Beteiligung an den Einnahmen aus den kontinuierlich fließenden Steuern (Halbschekelsteuer, Zehntabgaben), aus Spenden und Weiheabgaben aus Konzessionsgebühren für den Verkauf von Opfertieren, aus Grundbesitz in ganz Israel und zinsgünstigen Anlagen sicherte er sich Wohlstand und Luxus.

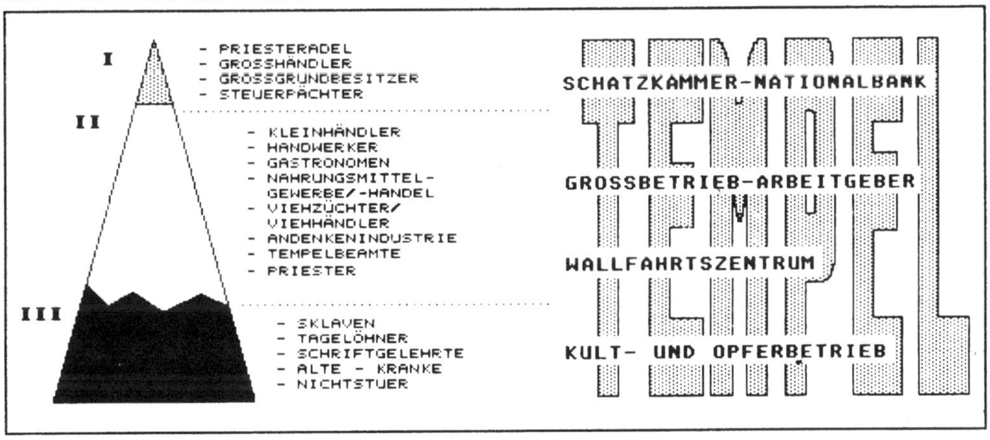

Abb. 2: Der Tempel als Wirtschaftsfaktor

Verändert nach: Willibald Bösen, Der letzte Tag des Jesus von Nazaret, Verlag Herder, Freiburg [4]1999, 92, 177ff.

Arbeitsaufträge

1. Stellen Sie die wirtschaftliche Bedeutung des Tempels zur Zeit Jesu stichwortartig dar!
2. Deuten Sie vor diesem Hintergrund die Tempelreinigung!

M 5 (Arbeitsblatt): Die Unheilsprophetie des Josua ben Ananja (Hausaufgabe)

Die Unheilsprophetie des Josua ben Ananja

Vier Jahre vor dem Krieg, als die Stadt noch im höchsten Maße Frieden und Wohlstand genoss, kam ein gewisser Josua, der Sohn des Ananias, ein ungebildeter Mann vom Lande, zu dem Fest, beim dem es Sitte ist, dass alle Gott eine Hütte bauen, in das Heiligtum und begann unvermittelt zu rufen: „Eine Stimme vom Aufgang, eine Stimme vom Niedergang, eine Stimme von den vier Winden, eine Stimme gegen Jerusalem und den Tempel, eine Stimme gegen Bräutigam und Braut, eine Stimme gegen das ganze Volk!" So ging er in allen Gassen umher und schrie Tag und Nacht. Einige von den vornehmen Bürgern, die sich über das Unglücksgeschrei ärgerten, nahmen ihn fest und misshandelten ihn mit vielen Schlägen. Er aber gab keinen Laut von sich, weder zu seiner Verteidigung noch eigens gegen die, welche ihn schlugen, sondern stieß beharrlich weiter die selben Rufe aus wie zuvor. Da glaubten die Machthabenden, was ja auch zutraf, dass den Mann eine übermenschliche Kraft treibe und führten ihn zu dem Landpfleger, den die Römer damals eingesetzt hatten. Dort wurde er bis auf die Knochen durch Peitschenhiebe zerfleischt, aber er flehte nicht und weinte auch nicht, sondern mit dem jammervollsten Tone, den er seiner Stimme geben konnte, antwortete er auf jeden Schlag: „Wehe dir, Jerusalem!" Als aber Albinus – denn das war der Landpfleger – fragte, wer er sei, woher er komme und weshalb er ein solches Geschrei vollführe, antwortete er darauf nicht das Geringste, sondern fuhr fort, über die Stadt zu klagen und ließ nicht ab, bis Albinus urteilte, daß er wahnsinnig sei, und ihn laufen ließ.

Josephus Flavius

Entnommen: Neumüller, G. (Hg.): Jesus der Nazarener, Im Dialog Bd. II, München 1995, 83.

Arbeitsauftrag

Vergleichen Sie das Vorgehen der Machthabenden gegen Josua ben Ananja mit dem der Obrigkeiten gegen Jesus, wie es im Markus-Evangelium geschildert wird!

M 6 (Arbeitsblatt): Prophetische Tempelkritik (Alternative, s. Anm. zur Durchführung)

Prophetische Tempelkritik

Die jüdische Religion war und ist stark ethisch geprägt. So genügte es auch in biblischen Zeiten nicht, dem Tempelkult nachzukommen, die moralischen Gebote aber zu vernachlässigen. Jüdische Propheten haben daher in allen Jahrhunderten Fehlentwicklungen im sozialen Zusammenleben scharf kritisiert. Sie wirkten so als notwendiges Korrektiv zu den politischen und kultischen Institutionen.
Die folgende Tempelrede wird dem Propheten Jeremia zugeschrieben, der 600 v. Chr. gelebt hat.
[1]Das Wort, das vom Herren an Jeremia erging: [2]Stell dich an das Tor des Hauses des Herren! Dort ruf dieses Wort aus und sprich: Hört das Wort des Herren ganz Juda, alle, die ihr durch diese Tore kommt, um dem Herrn zu huldigen. [3]So spricht der Herr der Heere, der Gott Israels: Bessert euer Verhalten und euer Tun, dann will ich wohnen hier an diesem Ort. [4]Vertraut nicht auf die trügerischen Worte: Der Tempel des Herren, der Tempel des Herren, der Tempel des Herrn ist hier! [5]Denn nur wenn ihr euer Verhalten und euer Tun von Grund auf bessert, wenn ihr gerecht entscheidet im Rechtsstreit, [6]wenn ihr die Fremden, die Waisen und Witwen nicht unterdrückt, unschuldiges Blut an diesem Ort nicht vergießt und nicht anderen Göttern nachlauft zu eurem eigenen Schaden, [7]dann will ich bei euch wohnen hier an diesem Ort, in dem Land, das ich euren Vätern gegeben habe für ewige Zeiten. [8]Freilich, ihr vertraut auf die trügerischen Worte, die nichts nützen. [9]Wie? Stehlen, morden, die Ehe brechen, falsch schwören, dem Baal opfern und anderen Göttern nachlaufen, die ihr nicht kennt –, [10]und dabei kommt ihr und tretet vor mein Angesicht in diesem Haus, über dem mein Name ausgerufen ist, und sagt: Wir sind geborgen!, um dann weiter alle Greuel zu betreiben. [11]Ist denn in euren Augen dieses Haus, über dem mein Name ausgerufen ist, eine Räuberhöhle geworden? Gut, dann betrachte auch ich es so – Spruch des Herren. [1]Geht doch zu meiner Stätte in Schilo, wo ich früher meinen Namen wohnen ließ, und schaut, was ich ihr angetan habe wegen des Bösen, das mein Volk Israel verübt hat. [13]Nun denn, ihr habt genau das Gleiche getan – Spruch des Herren. Als ich immer wieder zu euch redete habt ihr nicht gehört; als ich euch rief, habt ihr nicht geantwortet. [14]Deshalb werde ich mit dem Haus, über dem mein Name ausgerufen ist und auf das ihr euch verlaßt, und mit der Stätte, die ich euch und euren Vätern gegeben habe, so verfahren, wie ich mit Schilo verfuhr. [15]Verstoßen werde ich euch von meinem Angesicht, wie ich alle eure Brüder, alle Nachkommen Efraims, verstoßen habe.

Jer 7,1–15

Anmerkung: Das Heiligtum von Schilo wurde um 1050 v. Chr. zerstört.

Zusammengestellt nach: Die Bibel. Einheitsübersetzung, Stuttgart 1984; Zenger, E (u. a.): Einleitung in das Alte Testament, Stuttgart ^{2}1996, 302f.

Arbeitsaufträge
1. Fassen Sie die Hauptaussagen der Tempelkritik Jeremias zusammen!
2. Deuten Sie vor diesem Hintergrund die Tempelreinigung!

M 7 (Arbeitsblatt): Die sozialgeschichtliche Fragestellung

Die sozialgeschichtliche Fragestellung

Jesusbilder – als Bilder des historischen Jesus – haben oft durch ihre Variabilität je nach Standort des Betrachters zu einer Art historischen Zynismus geführt. Dies kann zur Folge haben, daß man den Umgang mit der historischen Vergangenheit für sinnlos und vergeblich hält. Das in der Kirche verbreitete Desinteresse an der Bibelwissenschaft ist sicher auch von Bibelwissenschaftlern verschuldet, aber das ist nicht das entscheidende Problem. Entscheidend ist, daß der Umgang mit der biblischen Tradition für etwas Sekundäres gehalten wird. Ob man nun bestimmte humanitäre Ziele hat und diese nachträglich in der Bibel wiederfindet, oder ob man ein bestimmtes Bild vom Glauben hat und seine entsprechenden religiösen Interessen aus der Bibel rechtfertigt, beidemal kommt der Bibel nur eine sekundäre Bedeutung zu, beidemal nimmt man zunächst nur sich ernst, um dann auch noch die Bibel für seine Anliegen einzuspannen.
Die Resignation gegenüber historischer Arbeit und gegenüber der Bedeutung der biblischen Inhalte für heute ist falsch, vorschnell, unbegründet, letztlich ist sie gottlos, weil man durch diese Resignation anderen Menschen nichts mehr zutraut: Den Menschen z. B. der ältesten Jesusbewegung, von deren Hoffnung wir heute lernen könnten, wenn wir uns nur auf sie einlassen würden.

...

Doch um die Nachfolge Jesu in den verschiedenen historischen Stadien zu verstehen, muß man auch die Welt kennen, in der sie sich abspielt. Dazu gehört: Die religiöse Umwelt, die politische Situation – aber auch die soziale Situation der entsprechenden Gesellschaft. Während für den religionsgeschichtlichen Vergleich und für die politische Einordnung in den meisten Fällen ausgezeichnete Hilfsmittel zur Verfügung stehen, ist die Kenntnis der sozialen Verhältnisse in vieler Hinsicht ein offenes Problem. In diesen Fragen sind noch so viele Aufgaben zu bewältigen, daß man nur hoffen kann, daß sich immer mehr Menschen für diese Arbeit begeistern.

...

Die sozialgeschichtliche Fragestellung hat nicht nur das Ziel, das Bild der Vergangenheit bunter zu machen. Ihr eigentlicher Grund ist ein theologischer. Jesusnachfolge ist ein Weg, der Menschen zusammengeführt hat, die in Not waren. Diese Not ist damals wie heute auch die Not, die Unterdrückung, Haß, Gewalt und Ausbeutung erzeugen. Wer Jesusnachfolge auf ein Geschehen in den Herzen, den Köpfen und den privaten zwischenmenschlichen Beziehungen konzentriert, beschränkt die Jesusnachfolge, verharmlost Jesus. F. Belo hat ein anschauliches Bild für die Nachfolge Jesu gebraucht: Sie sei eine Praxis der Hände, der Füße und der Augen. Die Praxis der Hände ist die tätige Liebe, sie nimmt die ökonomische Situation der Menschen und ihre Ursachen ernst. Die Praxis der Füße ist die Brüderlichkeit, sie drückt die politische Dimension der Hoffnung aus. Die Brüderlichkeit erträgt es nicht, wenn Menschen unfrei gehalten werden. Die Praxis der Augen ist die Kritikfähigkeit und Hellsichtigkeit des Glaubens, die die vielfältigen Lügen der Ideologien der Macht durchschaut.

Quelle: Schottroff, L. / Stegemann, W.: Jesus von Nazareth – Hoffnung der Armen, Stuttgart 1978, 1–13f. zit. nach: Böhm, G. (u. a.): Zugänge – Entfaltungen – Perspektiven. Religion im Sekundarbereich II. Neubearbeitung, Hannover 1989, 36f.; der Titel des Arbeitsblattes stammt von der Autorin dieses ruk-Beitrags.

__*Anke Roß*

Gewaltverzicht bis zur Selbstaufgabe – innerbiblische und sozialgeschichtliche Auslegungen von Mt 5,38–42

Vorgestellt wird hier eine Unterrichtsstunde und ihre Einbindung in den thematischen Zusammenhang mit dem methodischen Schwerpunkt der innerbiblischen und sozialgeschichtlichen Auslegung einer neutestamentlichen Textstelle. Die Stunde ist Teil einer Unterrichtsreihe zur Reich-Gottes-Botschaft Jesu in der Sekundarstufe II, Jahrgangsstufe 12.
Zunächst soll ein Überblick über die gesamte Unterrichtsreihe und die thematischen Schwerpunkte gegeben werden. Im zweiten Schritt wird die zentrale bibelwissenschaftliche Methode der vorzustellenden Stunde fachdidaktisch beleuchtet, sodann die Stunde in ihrem Verlauf vorgestellt. Im Anhang sind die Materialien – einschließlich der Vorstunde und der Hausaufgabe zur Folgestunde – zu finden.

1. Einbindung der Stunde in den Gesamtzusammenhang der Unterrichtsreihe

Die Unterrichtsreihe mit dem Thema „die Gewaltlosigkeitsforderung der Bergpredigt im Spiegel der Reich-Gottes-Botschaft Jesu; Annäherungen an einen hohen Anspruch und seine Lebbarkeit in historischer und heutiger Perspektive" ist eingebettet in den größeren Zusammenhang der Bergpredigt Jesu, die an ausgewählten Texten (Seligpreisungen, ausgewählte Antithesen, Vaterunser) im Kontext der Reich-Gottes-Botschaft Jesu erschlossen wird.
Die Bergpredigt, die „Rede der Reden"[1], (Mt 5–7) bildet eine der „drei Säulen" (zusammen mit den Wundern und den Gleichnissen) der Reich-Gottes-Botschaft Jesu, wie sie uns heute überliefert ist. Kaum ein Text des Neuen Testamentes wurde so oft diskutiert und in Politik und Gesellschaft zitiert. Gerade der in der Stunde vorliegende Text Mt 5,38–42 enthält ein geflügeltes Wort[2], das immer wieder Widerspruch und Anstoß erregt, weil es anscheinend in Politik und Gesellschaft nicht umsetzbar ist[3] und daher nur für ‚Verrückte' taugt, andererseits in seiner absoluten Forderung nach Gewaltlosigkeit immer wieder als das „Zentrum der christlichen Botschaft und des christlichen Lebens"[4] galt und gilt. An diesem Wort und somit der gesamten Textstelle berühren sich in besonderer Weise Fachrelevanz, Schülerrelevanz und Gesellschaftsrelevanz der Unterrichtsreihe.
Schülerinnen und Schüler sind heute in vielfältiger Weise Zeugen, Akteure und Opfer von Gewalt. Nicht nur die Gewalt in den Medien wie Fernsehen, Computerspiele und Internet nimmt ständig zu, sondern sie erleben sie auch tagtäglich im eigenen Leben. Subtil-strukturell bis offen-körperlich wird Gewalt ausgetragen, eingesetzt; wer sich nicht wehrt, bleibt eben auf der Strecke. Die Gewalt an Schulen nimmt ständig zu.
Sicherlich sind alle Schülerinnen und Schüler, die wir heute unterrichten, schon einmal selber mit Gewalt konfrontiert gewesen in ihrem Leben; sie kennen die damit verbundenen Gefühle von Rache, Wut, Trauer, Angst. Die erfahrungsorientierte Thematisierung dieser Gefühle stand in der Vorstunde (erste Stunde der Unterrichtsreihe) mittels einer Bildbetrachtung[5] im Vordergrund mit dem Ergebnis, dass das Bild den Betrachter zum gewalttätigen Eingreifen geradezu aufruft, um die Opfer von Gewalt zu schützen und zu retten (in Zeiten des Kriegs- und Friedenseinsatzes deutscher Soldaten im Kosovo eine äußerst aktuelle Diskussion). Die sich daraus ergebende Fragestellung, wie als Christin und Christ

[1] Weder, Hans: Die „Rede der Reden". Eine Auslegung der Bergpredigt heute. Zürich ³1994.
[2] „Wer dich auf die rechte Wange schlägt, dem halte auch die andere hin." (Mt 5,39b).
[3] Vgl. z. B. Helmut Schmidt: „Die Idee, die Bergpredigt unmittelbar auf die Außenpolitik unseres Staates zu übertragen, (...) sind in ihrer Naivität absurde Vorstellungen, die völlig abstrahieren von der konkreten geschichtlichen Erfahrung." Helmut Schmidt, in: EK 14/1981. 209–216. 214, oder Max Weber: „... man muß ein Heiliger sein in allem, zum mindesten dem Wollen nach, man muß leben wie Jesus, die Apostel, der heilige Franz und seinesgleichen, dann ist diese Ethik sinnvoll und Ausdruck einer Würde. Sonst nicht." Max Weber: Politik als Beruf. In: Ders.: Wissenschaft als Beruf (1917/1919). Hg. von Wolfgang J. Mommsen und Wolfgang Schluchter in Zusammenarbeit mit Birgitt Morgenbrod, Tübingen 1992. 156–252.
[4] Venetz, Hermann-Josef: Die Bergpredigt. Biblische Anstöße. Düsseldorf ³1995. 83.
[5] P. Picasso: Massaker in Korea. In: I. F. Walther (Hg.): Pablo Picasso 1881–1973. Zwei Bände. Band I. Köln 1995. 500–501. Das Bild wurde in der Vorstunde ausführlich in einer verzögerten Bildbetrachtung besprochen, wobei zunächst die Gewalttäter, dann die Frauengruppe abgedeckt wurde. Am Ende stand die Botschaft an den Betrachter des Bildes: Eingreifen, die Gewalt notfalls mit Gewalt stoppen, die Frauen und Kinder verteidigen.

mit Gewalt umgegangen werden soll, war dann die logische Konsequenz für den fortlaufenden Unterricht. Dazu steht in der vorliegenden Unterrichtsstunde als Konfrontation mit der Bildbetrachtung zunächst der Text Mt 5,38–42 im Mittelpunkt. Diesen Text angemessen zu verstehen, ohne ihm gleichzeitig seine Provokation zu nehmen und ihn ‚handzahm' zu machen, dazu soll hier der Grundstein gelegt werden. Dies bedeutet notwendigerweise einen bibelwissenschaftlichen Textzugang; hier die sozialgeschichtliche und innerbiblische Auslegung des Textes.

Erst im Anschluss an den sorgfältigen historischen Zugang wird es dann möglich, die Diskussion zu führen um die Umsetzbarkeit und die mit dem Text an jeden auch heute lebenden Christen gehende Herausforderung. Dazu ist es notwendig, dass die Schülerinnen und Schüler den Text verstehen als Botschaft innerhalb der Reich-Gottes-Botschaft Jesu. Die Aufforderung, vollkommen gewaltfrei zu leben, ist dabei so ernst zu nehmen, wie wir das in Jesus Christus bereits angebrochene Reich Gottes ernst nehmen. Dabei ist der Text gleichzeitig als eine ethische Forderung und ein Ideal, ein Indiz der Verwirklichung des Reiches Gottes zu sehen. Dies arbeitet der ausgewählte Text von Hans Weder „Jesu Ethik des Gewaltverzichts im Licht seiner Reich-Gottes-Botschaft", der anschließend an diese Stunde besprochen werden soll, heraus. Die Grenzen dieses Zugangs liegen sicher wieder in der besonderen Auslegungsmethode Weders („Schriftauslegung als Sprachgeschehen und Wortereignis"[6]). Diskutiert und vertieft werden können die Grenzen dieser Auslegung anhand zweier Zitate von Helmut Schmidt, die deutlich machen, dass Menschen nach einer handgreiflicheren, direkter umsetzbaren und alltagstauglicheren Ethik suchen und diese möglicherweise in der ausgewählten Textstelle nicht finden:

„Die Idee, die Bergpredigt unmittelbar auf die Außenpolitik unseres Staates zu übertragen, kann man leicht bewerten, indem man sie auf den extremen Fall anwendet: Was hätte es dem Frieden genützt, wenn ein ausländischer Staat Hitler oder Stalin auch noch die andere Backe hingehalten hätte? Das sind in ihrer Naivität absurde Vorstellungen, die völlig abstrahieren von der konkreten geschichtlichen Erfahrung."

„Ich war und bin allerdings der Meinung, daß es ein Irrtum wäre, die Bergpredigt als einen Kanon für staatliches Handeln aufzufassen. So ist sie nicht gemeint gewesen; sie war in einer anderen Zeit für eine andere Gemeinde in einer anderen Lage gesprochen."[7]

Als weitere Diskussionsgrundlage für eine adäquate Auslegung der Textstelle für heute – eine auch für die Kreativität der Schülerinnen und Schüler ausgesprochen attraktive Methode[8] – kann die Verfremdung dienen. Gerade zu dieser Textstelle liegen interessante und für Schülerinnen und Schüler nahe liegende Verfremdungstexte vor: zum Beispiel das Gedicht von Bettiner Wegener: „Über die Unmöglichkeit von Gewaltlosigkeit".[9]

Ziel der Unterrichtsreihe kann insgesamt nicht sein, das Problem der Gewaltlosigkeitsforderung Jesu für damals und heute ein für alle Mal zu klären. Dafür spricht schon der eingesetzte Bibelmethodenpluralismus, der unterschiedliche Zugänge ermöglicht und damit ein festgeschriebenes Ergebnis, das gleichermaßen für alle gültig ist, unmöglich macht. Ziel soll vielmehr die Fähigkeit der Schülerinnen und Schüler zur begründeten Argumentation sein und nicht zuletzt das Nachdenken über den eigenen Zugang und die eigene Legitimation von Gewalt im politischen und privaten Kontext.

Steht mehr Zeit zur Verfügung, sollten die Antithesen im Kontext der Seligpreisungen (Mt 5,3–12) ausgelegt werden. In jedem Falle ist auf die vorgängige Heilszusage Gottes und ein entsprechendes Vertrauen hinzuweisen. Denn verständlich sind die zentralen Forderungen der Bergpredigt nur aus dem Glauben an den Gott der vorbehaltlosen Liebe, von dem Jesus gesprochen und von dem her sein Weg und seine Botschaft bestimmt sind. Dieser Gott steht auf der Seite der Armen, der Hungernden und der friedfertig Barmherzigen. Die Erfahrung Gottes, die Initiative Gottes, wie sie sich in den Seligpreisungen der Bergpredigt ausspricht, entlastet von jeder Selbstüberforderung und jedem Fanatismus. Wer sich auf diesen Gott glaubend und hoffend einlässt, der kann den tödlichen Kreislauf von Gewalt und Gegengewalt zu durchbrechen versuchen, der kann im Gegner, im ‚Feind' den Nächsten sehen, der kann eigene Vorurteile und Schwächen eingestehen. Dabei sagt uns die Bergpredigt nicht, wie politische Entscheidungen heute im Einzelnen aussehen. Sie bietet aber eindeutige Zielorientierungen für alle Christen und ihre Kirchen sowie für alle Gruppen und Parteien, die sich auf Jesus Christus ernsthaft berufen.

---

[6] So formuliert von M. Oemig: Biblische Hermeneutik. Eine Einführung. Darmstadt 1998. 82.
[7] Helmut Schmidt, in: EK 14/1981. 209–216. 214.
[8] Die Schülerinnen und Schüler sollten in jedem Fall die Möglichkeit erhalten, am Ende der Unterrichtseinheit selber eine solche Verfremdung zu schreiben, um sich über ihre eigene Auslegung der Textstelle klar zu werden.
[9] In: F. Büchner: Der Jude Jesus und die Christen. Studienbuch Religionsunterricht 3. Göttingen 1993. 131.

2. Zur Methodenwahl – fachdidaktische Gesichtspunkte

Der Text Mt 5,38–42 bietet für heutige Oberstufenschülerinnen und Schüler eine echte Provokation. In einer Welt lebend, in der sich jeder vor allem auf sich selbst verlassen muss und in der jeder bekommt, was er sich selber verdient, kommt es für die meisten von ihnen nicht in Frage, die linke Wange hinzuhalten. Damit kommt man nicht weiter. Wie also an einen solchen Text herangehen, ohne mit dem moralischen Zeigefinger heutigen Jugendlichen etwas weiszumachen, vorschnell festzuschreiben und zu moralisieren?

In seiner ursprünglichen Sprechsituation verstanden und von dort aus für heute fruchtbar gemacht, sollte es möglich sein, die dem Text innewohnende Kraft, eine Gegenwelt[10] zur eigenen Welt zu entwerfen, nicht von vornherein an der Wirklichkeit als gescheitert zu erklären (und dabei plakativ und oberflächlich zu bleiben). Damit ist das didaktische Ziel der Methode benannt, das Horst Klaus Berg in Bezug auf die ursprungsgeschichtliche Auslegung[11] folgendermaßen formuliert: „Ursprungsgeschichtliche Auslegung fragt konsequent nach den realen Lebensverhältnissen, in denen ein Text entstanden sein könnte – in der Erwartung, daß er dann auch unter den realen Lebensverhältnissen der Gegenwart zu sprechen beginnt."[12] Wenn der Text zu den Jugendlichen und ihren eigenen Erfahrungen mit Gewalt sprechen soll, müssen sie ihn begreifen aus der geschichtlich-sozialen Situation, in die er gesprochen bzw. geschrieben ist. Dann können sie verstehen, dass dieser Text nur innerhalb der Reich-Gottes-Botschaft Jesu fruchtbar zu machen ist als Anfrage und Stachel für das eigene Leben, unter dessen Anspruch man sich stellen kann, ohne dabei immer und in jeder denkbaren Situation auf Gewalt verzichten zu können. Die mögliche Erkenntnis, dass dort, wo ich auf Gewalt verzichte und mehr ertragen kann als ich austeile, ein Stück Reich Gottes verwirklicht ist, wird sich dabei erst nach und nach einstellen können. Von außen aufgedrückt und verpflichtend nützt diese Erkenntnis nichts und erzeugt für eine Auseinandersetzung nur berechtigte Widerstände. Diese Erkenntnis wird aber umso eher gelingen, je mehr Schülerinnen und Schüler sich selbst auf die Suche nach der Auslegung einer Textstelle machen, Bezüge herstellen und Hintergründe erkunden und im fortlaufenden Unterricht eine eigene Auslegung versuchen. Dabei geht es zunächst „darum, die Erfahrungen, die in einer historischen ‚Sprechsituation' wichtig waren und zu einer Auseinandersetzung drängten, zu rekonstruieren und die damals entstandenen Texte als Antworten auf diese Erfahrungen, Probleme und Konflikte hin zu interpretieren. Dieser didaktische Ansatz wird vor allem von Methoden des Recherchierens wirkungsvoll unterstützt."[13] Dabei werden in der vorliegenden Stunde sozialgeschichtliche Hintergrundinformationen und innerbiblische Bezüge genutzt, um die Provokation des Textes im damaligen jüdischen Kontext richtig einschätzen zu können.

Richtig einschätzen bedeutet dabei, die im Wort „Antithesen" anklingende und immer wieder in die Reich-Gottes-Botschaft Jesu hineingepredigte „völlige Andersartigkeit" seines Reden und Handelns im Verhältnis zum Judentum der Zeit adäquat zu bestimmen, dabei „Antijudaismusfallen christlicher Theologie"[14] aufzudecken und dennoch die Provokation der Rede angemessen zu würdigen. Erst danach muss die Frage gestellt werden, wie wir (kollektives wir, das die damaligen Hörer miteinschließt) mit dieser Provokation umgehen können.

In seinen sozialgeschichtlichen Kontext gebracht, erweitert und verengt sich die auf den ersten Blick schon sichtbare Provokation gleichermaßen: die näheren Erläuterungen, was es in der damaligen Zeit bedeutete, seinen Mantel und sein Hemd wegzugeben, eine Meile mit dem Besatzer mitzugehen und ihn damit als „Gast" anzuerkennen verstärken die Provokation des Textes; die ihm aus christlicher Perspektive zunächst – auch schon durch die Begrifflichkeit „Antithese" – angedichtete Gegenbewegung gegen das damalige Judentum wird aufgeweicht durch die Erkenntnis, dass chronologisch eine Annäherung an die Botschaft Jesu herauszulesen ist und Jesus damit im Kontext des zeitgenössischen Judentums steht.

---

[10] Vgl. H. K. Berg: Methoden biblischer Texterschließung. In: G. Adam, R. Lachmann (Hg.): Methodisches Kompendium für den Religionsunterricht. Göttingen ^{2}1996. 163–186.: „Die Bibel hält auf Lebensfragen heutiger Menschen nicht einfach Glaubensantworten bereit; oftmals stellt sie ‚Gegenwelten' vor Augen, Modelle gelungenen Lebens, die unsere eigenen Erfahrungen kritisch beleuchten und Neuanfänge anstoßen." (167).

[11] H. K. Berg beschreibt die hier vorgestellte Methode unter der Begrifflichkeit „Ursprungsgeschichtliche Auslegung". Vgl. Ders.: Ein Wort wie Feuer. München 1991. 196ff. Zur Terminologie 197.

[12] Ebd. 197.

[13] Horst Klaus Berg: Methoden biblischer Texterschließung. In: Gottfried Adam, Rainer Lachmann (Hg.): Methodisches Kompendium für den Religionsunterricht. 163ff. 166.

[14] F. Büchner: Der Jude Jesus und die Christen. 110.

3. Thema der Stunde

Gewaltverzicht bis zur Selbstaufgabe – innerbiblische und sozialgeschichtliche Auslegung von Mt 5,38–42.

4. Ziele der Stunde

4.1 Schwerpunktziel

Die Schülerinnen und Schüler sollen mit Hilfe innerbiblischer Bezüge und sozialgeschichtlichen Informationen eine Detail- und Gesamtauslegung der Textstelle Mt 5,38–42 selbstständig erarbeiten.

4.2 Feinziele

Kognitiv: Die Schülerinnen und Schüler sollen die ausgewählten Textstellen des Alten Testamentes bzw. die sozialgeschichtlichen Erläuterungen für die Detailauslegung auswerten und ihre Arbeitsergebnisse in einem prägnanten Gesamtergebnis (siehe geplantes Tafelbild) formulieren.
Methodisch: Die Schülerinnen und Schüler sollen ihre methodischen Kenntnisse erweitern, indem sie innerbiblische Querverweise und sozialgeschichtliche Informationen zur Textauslegung nutzen.
Affektiv: Die Schülerinnen und Schüler sollen sich von der in Mt 5,38–42 formulierten Problematik – wie auf Gewalt zu reagieren sei – ansprechen und provozieren lassen.
Sozial: Die Schülerinnen und Schüler sollen die erarbeiteten Ergebnisse miteinander diskutieren, und sich dabei gegenseitig zuhören und aufeinander eingehen.

5. Geplanter Stundenverlauf

Unterrichtsphase	Unterrichtsgeschehen	Material/Methoden
Hinführung/ Provokation	Schüler lesen Text von in der Klasse verteilten Textblättern vor. Möglicherweise Spontanreaktionen auf den Text Lehrer projiziert die Textstelle am Overheadprojektor	Textblätter der Textstelle Mt 5,38–42 Schüleraktion Schüleräußerungen L. Folie
Problematisierung	Weitere Kommentare von Schülern möglich. Daraus sich ergebende Problemstellung: „eine Provokation?“ wird an der Tafel notiert als Überschrift. Schüler werden aufgefordert, – sich zur Textstruktur zu äußern – Verständnisfragen an den Text zu formulieren.	Schüleräußerungen Folie LSG
Planung des Lösungsweges	Um die Verständnisfragen zu klären, fordern die Schüler weitere Hintergrundinformationen zum Text.	LSG
Erarbeitung	In Gruppenarbeit erarbeiten die S. das Textblatt *arbeitsteilig* (entweder Vers 38–39 oder 40–42) und füllen einen Teil des Arbeitsblattes aus, indem sie die im Mt-Text enthaltene Provokation auf den Punkt bringen und verschriftlichen. Dann übertragen sie die Ergebnisse auf Folie, wobei jede Gruppe einen Satz auf Folie schreiben kann.	Gruppenarbeit mit Folien Textblatt Arbeitsblatt

<table>
<tr><td>Präsentation und Formulierung des Ergebnisses</td><td>S. stellen ihre Ergebnisse vor (jeder Satz von einem anderen Arbeitsteam).

Die Ergebnisse werden im Einzelnen durchgegangen:
S. erläutern, wie sie zu dem Ergebnis gekommen sind und geben die Informationen, die die anderen brauchen, um den Vers und damit die Provokation zu verstehen.
Andere Gruppen, die denselben Vers bearbeitet haben, kommentieren, ergänzen, verbessern, bis ein Konsens über den Satz getroffen ist, der dann möglicherweise verbessert wird. (vgl. geplantes Folienbild).
Aus den Einzelergebnissen wird ein Gesamtergebnis für die Textstelle formuliert (siehe geplantes Tafelbild). L. notiert auf der Folie.</td><td>Schüleraktion
Folien Tageslichtprojektor
Schülerdiskussion/
LSG

LSG
Folie</td></tr>
<tr><td colspan="3">Mögliches Stundenende.
Dann Hausaufgabe: Vergleichen Sie die Aussage des Textes mit der Aussage des Bildes.[15] Welche Gemeinsamkeiten und Unterschiede entdecken Sie?</td></tr>
<tr><td>Diskussion</td><td>Auf der Grundlage der Erarbeitung mögliche Diskussionspunkte:
➢ Beurteilung des Ergebnisses im Hinblick auf die Anfangseindrücke.
➢ Diskussion der These: Jesus schafft mit seiner Ethik das AT ab.
➢ Vergleich mit Perspektive des Bildes[16]
➢ Was geschieht, wenn jemand plötzlich die rechte Wange hinhält? – Offenbarwerden der eigenen Gewalt.
➢ Wie ist es möglich, dass Matthäus seiner Gemeinde diese Textstelle zumuten konnte?</td><td>Schülerdiskussion
Lehrerimpulse</td></tr>
</table>

Hausaufgabe: Text: Jesu Ethik des Gewaltverzichtes im Licht seiner Reich-Gottes-Botschaft.

6. Zum Stundenverlauf

Naturgemäß muss sich der RU in der Sek II verstärkt mit den Schriften des Neuen Testamentes befassen und ebenso Schriften des Alten Testamentes einbeziehen, um die Bezüge Jesu zu Theologie und Denken seiner Zeit herauszuarbeiten und damit jedes antijudaistische Ausspielen des Neuen gegen das Alte (= Überholte) von vornherein zu vermeiden. Diesem Anspruch kommt diese Stunde mit ihrer Themen- und Materialwahl nach und dies spiegelt sich auch im geplanten Stundenverlauf.
Die Phase des Stundenbeginns habe ich mit Konfrontation/Provokation überschrieben. Diese Bezeichnung erhält durch das unkommentierte Vortragen der Textstelle ihre Berechtigung, zumal die Schülerinnen und Schüler noch die Vorstunde und die sich aus der Bildbetrachtung ergebene Anfrage, wie man denn mit Gewalt umgehen müsse, im Kopf haben. Um stärker den Textaufbau und seine deutliche Gliederung in den Vordergrund zu rücken, besteht alternativ auch die Möglichkeit, die Schülerinnen und Schüler den Text an der Tafel rekonstruieren zu lassen, um dann von selbst auf die Gliederung: These – Antithese zu kommen. Jedoch wird durch diesen kognitiven Zugang die emotionale Ansprache verhindert. Die Schüleräußerungen sollen zusammengefasst werden in der Problemstellung der Stunde: „Eine Provokation?“. Möglicherweise haben die Schülerinnen und Schüler in dieser Phase – wider Erwarten – nicht das Bedürfnis, sich spontan zu äußern. Dann kann die Problemfrage, als stummer Impuls an die Tafel geschrieben, als Motivation genutzt werden, sich dazu zu äußern.
Der Text wird den Schülerinnen und Schülern inhaltlich zunächst als in sich verständlich und schlüssig erscheinen. Dass er an verschiedenen Punkten Äußerungen enthält, die ohne eine Detailkenntnis der innerbiblischen und sozialgeschichtlichen Bezüge nicht verstehbar sind, muss den Schülerinnen und Schülern mit einer gezielten Frage bewusst gemacht werden. Die Formulierung von Verständnis-

[15] Picasso: Massaker in Korea a.a.O.
[16] Picasso: Massaker in Korea a.a.O.

fragen macht den Schülerinnen und Schülern dann transparent, was in dieser Stunde nötig ist und kann einmünden in die gemeinsame Arbeitsplanung.
Mit dem Arbeitsmaterial (Textblatt und Arbeitsblatt[17]) erhalten die Schülerinnen und Schüler die Informationen, die sie für eine Antwort auf die Problemfrage benötigen. Dabei bietet das Material Anhaltspunkte, die die Einordnung des Textes in den innerbiblischen und sozialen Kontext ermöglichen. So vermeiden die Schülerinnen und Schüler einen antijudaistischen Zugang zu den so genannten „Antithesen" von vornherein, indem sie erkennen können, dass Jesus mit seiner Botschaft nicht verwirft und überholt, was „die Alten" sagten, sondern vertieft und weiterführt. Ganz im Sinne der Tora. Möglicherweise erhalten sie auch den Eindruck, dass die Regelungen des Alten Testamentes ihnen lebenstauglicher erscheinen, als die Weiterführungen, die Jesus einfordert.
In arbeitsteiliger Gruppenarbeit erarbeiten die Schülerinnen und Schüler dann einzelne Abschnitte des Textes und des Materials. Die übereinander gelegten Folien aus den Gruppen präsentieren die Erträge der Gruppenarbeit. Präsentation und Diskussion der Ergebnisse sollen, so weit es geht, von den Schülerinnen und Schülern geleistet werden, wobei ein Eingreifen und Lenken nicht immer vermieden werden kann und soll.
Die Inhalte der anschließenden Diskussion richten sich nach verbleibender Zeit und Motivationslage der Schülerinnen und Schüler (zu *den möglichen* Diskussionspunkten siehe Verlaufsplan).

[17] Das Arbeitsblatt ist für einen Oberstufenkurs sehr stark vorstrukturiert. Unter unterrichtsökonomischen Aspekten kann dies jedoch gerechtfertigt werden. Langfristig sollten Schülerinnen und Schüler auf diese Weise zu einem selbstständigen Umgang mit innerbiblischen Bezügen bzw. Querverweisen befähigt werden.

7. Materialien

M 1: Geplantes Folienbild

Mt 5,38–42

Eine Provokation?	Provokation des Textes
38 Ihr habt gehört, daß gesagt worden ist: „Aug um Aug und Zahn um Zahn.“	Aufforderung zur Verhältnismäßigkeit der Mittel.
39 Ich aber sage euch: Leistet dem, der euch etwas Böses antut, keinen Widerstand, sondern wenn dich einer auf die rechte Wange schlägt, dann halt ihm auch die andere hin.	Fortführung der sich im AT bereits entwickelnden Tendenz, auf Rache zu verzichten, hin zu: Gewalt hinnehmen und erdulden
40 Und wenn dich einer vor Gericht bringen will, um dir das Hemd wegzunehmen, dann laß ihm auch den Mantel.	Die Existenz anbieten, obwohl man schon zu Unrecht vor Gericht steht.
41 Und wenn dich einer zwingen will, eine Meile mit ihm zu gehen, dann geh zwei mit ihm.	Kollaboration um der Nächstenliebe willen – Feindesliebe
42 Wer dich bittet, dem gib, und wer von dir borgen will, den weise nicht ab.	Freigebigkeit für jeden, der bittet.

Absolutheit des Gewaltverzichtes und Hingabe zum Anderen bis hin zur Selbstaufgabe

Von der Vergeltung
Mt 5,38-42

38 Ihr habt gehört, daß gesagt worden ist: „Aug um Aug und Zahn um Zahn.“	
39 Ich aber sage euch: Leistet dem, der euch etwas Böses antut, keinen Widerstand, sondern wenn dich einer auf die rechte Wange schlägt, dann halt ihm auch die andere hin.	
40 Und wenn dich einer vor Gericht bringen will, um dir das Hemd wegzunehmen, dann laß ihm auch den Mantel.	
41 Und wenn dich einer zwingen will, eine Meile mit ihm zu gehen, dann geh zwei mit ihm.	
42 Wer dich bittet, dem gib, und wer von dir borgen will, den weise nicht ab.	

M 2: Jesu Ethik des Gewaltverzichtes im Licht seiner Reich-Gottes-Botschaft

Die Forderung Jesu manifestiert insofern eine eschatologische Ethik, als sie ganz ausschließlich der Gottesherrschaft verpflichtet ist. So wie es der Grundzug der ganzen Verkündigung und Existenz Jesu ist, die Gottesherrschaft ins Jetzt hereinzuziehen, macht die Forderung Jesu die „Ethik" der Gottesherrschaft jetzt maßgebend. Die Forderung sagt, wie ein Verhalten aussieht, das ganz auf die Gottesherrschaft eingestellt ist. Demzufolge befindet sich die Ethik der Bergpredigt in einem gewissen Abstand zur gesetzlichen Regelung gesellschaftlichen und persönlichen Zusammenlebens. Diese Fremdheit der Forderung Jesu verhindert es, daß sie unmittelbar für die Regelung menschlicher Verhältnisse ausgewertet wird. Sie kommt dieser Regelung gerade insofern zugute, als sie einen Zug zum radikalen Verhalten in das Vernünftige weltlicher Verhaltensweisen einbringt.
(...) Die Forderung Jesu überwindet, gerade weil sie ganz auf die Gottesherrschaft eingestellt ist, die Finalität des Ethischen. Sie macht für das Verhalten geltend, es habe sich ganz von Gott bestimmen zu lassen (und damit frei zu werden von allen finalen Überlegungen): Söhne und Töchter Gottes sind eben die, die im Bereich Gottes sind und sich deshalb von diesem ganz bestimmen lassen. Damit entsteht ein Verhalten, das seine Lebenskraft nicht aus dem Erfolg des Praktikablen oder des Lohnenden erhält. Ein solches Verhalten ist – so selten es auch gelingen mag – darin schöpferisch, daß es nicht nur das Gute, das da ist, erhält, sondern vielmehr das Gute vermehrt (...).
Die Forderung Jesu ist überhaupt nur als eine denkbar, die in das Herz des Menschen gelegt ist. Gehorsam ihr gegenüber ist nicht mit gesetzlichen Mitteln herzustellen. Dadurch, daß sie den Willen Gottes in das Herz des Menschen legt, hebt sie jeden Abstand auf, den dieser zum Willen Gottes haben könnte. Sie entzieht ihm jede Möglichkeit, das Gute zu bemessen (wie es weltlich notwendig und vernünftig ist).
Das bedeutet aber: sie setzt den Menschen ganz dem Anspruch des Gegebenen aus. Dieser Anspruch soll ihn gerade dort nicht loslassen, wo er mit verantwortlicher Weltgestaltung beschäftigt ist. Die irritierende Kraft der Forderung Jesu verhindert die Selbstzufriedenheit des vernünftigen Verhaltens.

Aus: Hans Weder: Die Rede der Reden. Eine Auslegung der Bergpredigt heute. © Theologischer Verlag Zürich [3]1994. 154f.

M 3: Über die Unmöglichkeit von Gewaltlosigkeit

Nein wenn einer meine linke Wange schlägt
halte ich ihm nicht noch die rechte hin
und es hat mich immer wieder aufgeregt
wenn ich irgendwann erniedrigt worden bin.

Und ich seh nicht ein, daß ich meinen Feind noch lieben soll
wenn der seine Waffe auf mich richtet.
Und ich halte es durchaus für würdevoll
wenn ein Sklave seinen Peiniger vernichtet.

Mensch, solange wir die Welt mit unsern Feinden teilen
darf man nicht mit bloßen Händen stehn
daß die Wunden der Erfahrung uns nicht heilen
und nicht schlimmre Wunden uns entstehn.

Glaub doch nicht, daß Götter Unschuld je bewachten
Deine Feinde werden so ihr Ziel erreichen
Wenn sie heute andre Völker schlachten
Mensch, begreif doch endlich, das sind deinesgleichen.

Wenn du glaubst, Verzicht auf Kampf wär höhere Gerechtigkeit
Und du trägst dies alles mit Geduld
Sollst du wissen, an der schlimmsten Grausamkeit
Trägst du selber ja die größte Schuld.

Aus: Bettina Wegener: Wenn meine Lieder nicht mehr stimmen, Hamburg 1979, 119.

M 4: Innerbiblische Verweise und sozialgeschichtliche Hintergrundinformationen zu Mt 5,38–42

Die Texte sind entsprechend ihrer Entstehungszeit chronologisch angeordnet.

Zu den Versen 38 und 39:
Gen 4,23: Lamech sagte zu seinen Frauen:
Ada und Zilla, hört auf meine Stimme, ihr Frauen Lamechs, lauscht meiner Rede! Ja, einen Mann erschlage ich für eine Wunde und einen Knaben für eine Strieme.
Ex 21,22–24: Wenn Männer miteinander raufen und dabei eine schwangere Frau treffen, so daß sie eine Fehlgeburt hat ohne daß ein weiterer Schaden entsteht, dann soll der Täter eine Buße zahlen, die ihm der Ehemann der Frau auferlegt. Er kann die Zahlung nach dem Urteil von Schiedsrichtern leisten. Ist weiterer Schaden entstanden, dann mußt du geben: Leben für Leben, Auge für Auge, Zahn für Zahn, Brandmal für Brandmal, Wunde für Wunde, Strieme für Strieme.
Lev 19,17–18: Du sollst in deinem Herzen keinen Haß gegen deinen Bruder tragen. Weise deinen Stammesgenossen zurecht, so wirst du seinetwegen keine Schuld auf dich laden. An den Kindern deines Volkes sollst du dich nicht rächen und ihnen nichts nachtragen.
Sir 27,30 – 28,7: Groll und Zorn, auch diese sind abscheulich, nur der Sünder hält daran fest. Wer sich rächt, an dem rächt sich der Herr, dessen Sünden behält er im Gedächtnis. Vergib deinem Nächsten das Unrecht, dann werden dir, wenn du betest auch deine Sünden vergeben. (...)
Spr 24,29: Sag nicht: Wie er mir getan hat, so will ich auch ihm tun, einem jedem will ich vergelten wie es seine Taten verdienen.

Zu Vers 40:
Der „Mantel" war für die Obdachlosen Israels, zu denen Jesus und seine Jünger/innen zeitweilig gehörten, nicht nur ein Kleidungsstück, sondern mehr. Es war so etwas wie für uns der Daunenschlafsack, in dem das Übernachten unter freiem Himmel möglich ist. Wird aber einem Obdachlosen dies genommen, ist seine Existenz zerstört. (...)
Ex 22,25–26: Nimmst du von einem Mitbürger den Mantel zum Pfand, dann sollst du ihn bis Sonnenuntergang zurückgeben; denn es ist seine einzige Decke, der Mantel, mit dem er seinen bloßen Leib bedeckt. Worin soll er sonst schlafen? Wenn er zu mir schreit, höre ich es, denn ich habe Mitleid.

Zu Vers 41:
Zu den Regeln orientalischer Gastfreundschaft gehörte es, einen abreisenden Gast so auszustatten, daß er die nächste Wegstrecke gut bewältigen konnte. Manchmal zählte dazu auch, ihn ein Stück zu begleiten. (...)
Diese sowohl im Matthäus- als auch im Talmudtext genannten drei Meilen hatten damals eine aktuelle Bedeutung: Die römischen Besatzungsoffiziere hatten das Recht, jeden jüdischen Bürger aufzufordern, sie *eine* Meile weg- und sprachkundig zu begleiten. Sich dem zu fügen oder sich dem römischen Befehl patriotisch tapfer, aber unter Gefahr fürs eigene Leben zu verweigern, war eine umstrittene Entscheidungsfrage unter den Juden des ersten Jahrhunderts. Durfte auch „dem Römer" das israelitische Gastrecht gewährt werden oder war dies Kollaboration mit dem „Feind"?
Talmud[1] (über einen Zeitgenossen Jesu): „Man erzählt von Hillel, dem Älteren, daß er einem Armen aus einer ehemals guten Familie ein Pferd zum Reiten und einen Sklaven, vor ihm herzulaufen mitgab. Einst aber fand er keinen Sklaven zum Voranlaufen, da lief er selbst drei Meilen vor ihm her." (Ketubbot 64b)

Zu Vers 42:
Ex 22,24: Leihst du meinem Volk, einem Armen, der neben dir wohnt, Geld, dann sollst du dich gegen ihn nicht wie ein Wucherer benehmen. Ihr sollt von ihm keinen Wucherzins fordern.

Literatur: Bibelstellen aus: Neue Jerusalemer Bibel. Einheitsübersetzung mit dem Kommentar der Jerusalemer Bibel. Freiburg 1985. Sachtexte und Talmudzitate aus: Frauke Büchner, Der Jude Jesus und die Christen. Göttingen 1993. 127ff.

Aufgaben:
1. Stellen Sie die wichtigen Informationen zusammen, die nötig sind, die Textstelle besser zu verstehen.
2. Geben Sie – in jeweils einem Satz – für die Verse des Matthäustextes die Provokationen an, die sie enthalten.

[1] Talmud: Ursprünglich die mündliche Tora, die von den Schriftgelehrten (Pharisäer) ausgelegt wurde. Heute umfaßt der Talmud die von 200 v. Chr. bis 500 n. Chr. geführte Diskussion um die Auslegung der Schrift in vielfältiger Weise. Das Studium des Talmud gehört genauso zum Leben des Juden wie das Studium der Tora selbst.

__Andreas Höing

Jesu Predigt in Gleichnissen – Fenster zu Gottes neuer Welt
Hinweise zu einer handlungsorientierten Planung (Jahrgangsstufe 5/6)

1. Einführung

„Jesus verkündet die Herrschaft Gottes. Er redet von ihr immer wieder in Gleichnissen“[1]. Dies sind die beiden Schwerpunkte der hier vorgestellten Reihenplanung (Jgst. 5/6, Sek. I). Anhand verschiedener Gleichnisse Jesu werden zentrale Aspekte der Botschaft Jesu erarbeitet: Welches Verhalten entspricht der Herrschaft Gottes? Wie ist der Gott dieser Herrschaft Gottes charakterisiert? Wann kommt die Herrschaft Gottes? Die Gleichnisse werden durch handlungs- und produktionsorientierte Arbeitsformen erschlossen wie das Bauen eines Standbildes, Rollenspiel, kreatives Schreiben. Indem die Schülerinnen und Schüler (im folgenden mit Sch. abgekürzt) mit dem Text etwas tun, sollen sie über den Text nachdenken. Wenn „Lesen nicht einfach Informationsentnahme aus einem Text ist, sondern der Sinn eines Textes immer vom Leser mitgeschaffen wird“[2], dann vermögen handlungs- und produktionsorientierte Arbeitsformen dieses Mitschaffen gezielt didaktisch zu fördern[3]. Diese Arbeitsformen entsprechen der Spontanität und der Bereitschaft zum Spiel und zum kreativen Arbeiten der Sch. in der Jahrgangsstufe 5/6.
Gleichnisse veranschaulichen in bildhafter Weise den Inhalt der Verkündigung Jesu von der Herrschaft Gottes. Sie schildern Bekanntes, Alltägliches und knüpfen an den Vorstellungen aus der Welt des Hörers der damaligen Zeit an. Doch im Verlauf entfernt sich die Szenenfolge zusehends von den bekannten Verhältnissen, das Erzählte weist „über die alltägliche Verfassung der Dinge hinaus. Die vertraute Lebenswelt ist durch Ereignisse des Ungewohnten und Unerhörten verfremdet“[4] und kontrastiert. In dieser Verfremdung leuchtet die Möglichkeit zu einem Glauben (und Handeln) auf, der „die Sphäre des Möglichen mit der Gottesherrschaft identifiziert“[5]. Ziel der Vermittlung ist daher nicht die Weitergabe einer fertigen überzeitlichen Glaubenswahrheit, die Jesus zum leichteren Verständnis in ein Bildwort kleidete, sondern „die Weitergabe einer Herausforderung als des zentralen Anliegen der Botschaft Jesu … Der Standpunkt des Hörers muss in Frage gestellt, die Sicht der Wirklichkeit umorientiert und ein der Botschaft gemäßes Handeln herausgefordert werden“[6]. Für den Unterricht gilt es daher, das Faktische und Mögliche im Horizont der eigenen Erfahrung und Existenz miteinander ins Gespräch zu bringen, das Neue vor dem Hintergrund des Alten wahrzunehmen und so die Herausforderung der Botschaft Jesu zu bedenken. Die handlungs- und produktionsorientierten Verfahren erweisen ihre Stärke gerade darin, „die Konfrontation der eigenen Erfahrung mit dem Unbestimmtheitsbetrag eines Textes zu verschärfen, die Spannung zwischen eigenen, aus Wirklichkeits- und Poesie-Erfahrungen gespeisten Erwartungen und den im Text gegebenen Irritationen zu erhöhen.“[7] Diese Arbeitsformen motivieren dazu, die eigenen Erfahrungen dem Text gegenüberzustellen und so die Aufmerksamkeit auf das Besondere, das Merkwürdige und Unerhörte der Gleichnisse zu lenken. Die zu rasche Adaption der Textperspektive durch den Sch. wird durch diese Verfahren verzögert. Der Sch. kann so seinen eigenen Standpunkt ins Spiel bringen und sich seiner eigenen Perspektiven und Erwartungen bewusst werden. Die derart freigesetzten Erfahrungen und Ansichten der Sch. können dann umso spannungsreicher mit den – die Gewohnheiten der Alltagswelt durchbrechenden – Handlungen der Gleichnisse konfrontiert und ins Gespräch gebracht werden. Um jeden Sch. in die Auseinandersetzung mit den Gleichnissen einzubeziehen, ist es sinnvoll, im Anschluss an das Spiel Aufga-

[1] Gnilka, Joachim, Jesus von Nazaret. Botschaft und Geschichte. (Herders Theologischer Kommentar zum Neuen Testament. Supplementband 3), Freiburg i.Br./Basel/Wien 1990, 89.
[2] Haas, Gerhard u. a., Handlungs- und produktionsorientierter Literaturunterricht, in: Praxis Deutsch 123 (1994), 17–25, 18.
[3] Vgl. ebd.
[4] Harnisch, Wolfgang, Die Gleichniserzählungen Jesu. Eine hermeneutische Einführung, Göttingen ^{2}1990, 149.
[5] Ebd., 167. Dort heißt es weiter: „Das Wort der Parabel vollendet sich im Hörer, sofern ihm dort ein Glaube korrespondiert, der entdeckt, daß durch die im Medium einer narrativen Fiktion nahegebrachte Möglichkeit Gott auf sich aufmerksam macht“.
[6] Weiser, Alfons, Art. Gleichnis III (Predigt und Katechese), in: LThK 4 (^{3}1995), 744f., 745.
[7] Haas, Literaturunterricht (wie Anm. 2), 22. Der Unbestimmtheitsbetrag eines Textes meint, daß der Sinn literarischer Texte sich erst durch die Verschmelzung mit den Erfahrungen und dem Erwartungshorizont des Lesers konkret ausformt und nicht von vornherein festliegt. Vgl. auch Harnisch, Gleichnisse (wie Anm. 4), 156.

benstellungen zu suchen, welche die Sch. einladen, ihre eigenen Gedanken, Empfindungen und Standpunkte zu formulieren. Dazu eignen sich gut kreative Schreibaufträge.
In der Jahrgangsstufe 5/6 genügt es, Gleichnisse im weiteren Sinn einzuführen, d. h. auf die Unterscheidung von Gleichnis im engeren Sinn, Parabel und Beispielerzählung zu verzichten. Die Behandlung im Unterricht will die Gleichnisse nicht von der Bildsprache in eine abstraktere Sprache übersetzen, sondern die Gleichnisse als Erzählungen interpretieren, die etwas von der Herrschaft Gottes erschließen. Dazu reicht die Einführung des Gleichnisses im weiteren Sinn vollkommen aus.
Hinsichtlich der Richtlinien ist das Thema sowohl dem Bereich „Sprache der Religionen“ als auch dem Bereich „Neues Testament“[8] zuzuordnen.

Thematischer Zusammenhang:
Die Reihe bietet sich thematisch im Anschluss an die Behandlung der Zeit und Umwelt Jesu an. Hilfreich für das Erfassen der Gattung Gleichnis und deren Verständnis ist, wenn die Sch. bereits die Sprachform der Metapher kennen. Bei der Erprobung der Reihe am Ende der Jahrgangsstufe 5 war den Sch. auch die Form des Gleichnisses bekannt. Eingeführt wurde sie im Rahmen des Themenfeldes David und der Nathans-Erzählung (2 Sam 12,1–14), in der der Prophet Davids Verhalten Urija gegenüber tadelt[9]. Die Begriffe Metapher und Gleichnis können so in der Jahrgangsstufe 6 wiederholt und vertieft werden.

2. Aufbau der Reihe – Erläuterung der Einzelstunden

2.1 „Ist das nicht Josefs Sohn?“ – Jesu Auftreten und Predigt in der Synagoge von Kafarnaum (Mk 1,21–28) (1. Stunde)

Didaktischer Kommentar:
Falls die Reihe nicht im Anschluss an die Behandlung von Zeit und Umwelt Jesu durchgeführt wird, dient diese Stunde als Einführung und Hinführung zum Thema. Die Sch. sollen sich das, was sie bereits von Jesus wissen, in Erinnerung rufen, wesentliche Aspekte der Predigt Jesu von der Herrschaft Gottes wahrnehmen und eigene Erwartungen und Bedenken formulieren. Die *basileia tou theou* wird für die Sch. als „Gottes neue Welt“ übersetzt. Auch wenn theologisch die Übersetzung mit ‚Herrschaft Gottes‘ zu bevorzugen ist[10], erscheint für die Sch. der Jahrgangsstufe 5/6 die Bezeichnung als „Gottes neue Welt“ griffiger. Textgrundlage für die Stunde ist die Predigt Jesu in der Synagoge von Kafarnaum[11]. Die Aspekte der Herrschaft Gottes, die in der Predigt genannt werden, verdeutlichen das allumfassende Heil dieser Herrschaft, das in der Gegenwart aber noch nicht vorhanden ist. Indem die Sch. sich in den blinden Ruben oder die arme Witwe Debora hineinversetzen, können sie die Erwartung an ein allumfassendes Heil, aber auch ihre Skepsis gegenüber dieser Verheißung formulieren. Der Fortgang der Reihe zeigt dann, dass die Herrschaft Gottes dort anfänglich Wirklichkeit wird, wo Menschen sich auf die Botschaft Jesu einlassen. Am Ende der Reihe können diese beiden Pole des „schon“ und „noch nicht“ zusammengeführt werden. Für die Sch. wird so ersichtlich, dass die Menschen an der Herrschaft Gottes mitarbeiten können, deren endgültige Verwirklichung aber von Gott erwarten müssen.[12]

Aufbau der Stunde:
Zu Anfang der Stunde bietet sich eine Sammlung dessen an, was die Sch. bereits zur Person Jesus wissen. Daraus ergeben sich Anknüpfungspunkte für die Überleitung zur Textarbeit. Anhand des Textes wird die Botschaft Jesu erarbeitet, die sich mit seinem Auftreten zu erfüllen beginnt. Diese Botschaft wird zusammengefasst unter dem Begriff von „Gottes neuer Welt“. Das Neue an der Welt Gottes sollen die Sch. dann am Text erläutern. Als Tafelanschrieb bietet sich Folgendes an: Unter der

[8] Beide: Richtlinien und Lehrpläne Katholische Religionslehre. Gymnasium. Sekundarstufe I, 44.
[9] Die Stelle eignet sich gut für die Einführung der Form des Gleichnisse, insofern deutlich wird, daß das Gleichnis auf etwas im Leben des Hörers hinweisen will und ihn zur Veränderung herausfordert.
[10] Vgl. Knapp, Markus, Art. Herrschaft Gottes III (Systematisch-theologisch), in: LThK 5 (^{3}1996), 34–37, 34. Ebenso Gnilka, Jesus, 88.
[11] Ein für den Sch. angemessener Text findet sich in Kursbuch Religion 2000, Arbeitsbuch für den Religionsunterricht im 5./6. Schuljahr, 153 (M 1).
[12] Vgl. Helmut Merklein, Art. Herrschaft Gottes I,3 (Biblisch-theologisch, Neues Testament), in: LThK 5 (^{3}1996), 29–31, 29.

Überschrift „Die Botschaft Jesu von Gottes neuer Welt“ vervollständigen die Sch. den Satz nach eigenem Ermessen: „Jesus verkündet Gottes neue Welt, in der …“ Anschließend oder als Hausaufgabe versuchen die Sch., sich in eine der verschiedenen Personen, Debora, Ruben oder Maria hineinzuversetzen, und überlegen, was sie über Predigt und Auftreten Jesu denken. (Strichmännchen mit Name der Person und Gedankenblase).

2.2 Die Parabel vom unbarmherzigen Gläubiger (Mt 18,23–34) – Gottes/Jesu Güte will den Menschen zu eigener Güte befreien (2. Stunde)

Didaktischer Kommentar:
Kern dieser Stunde ist die Parabel vom erbarmungslosen Gläubiger (Mt 18,23–34)[13], die mit Hilfe eines Rollenspiels interpretiert werden soll. War in der ersten Stunde von der neuen Welt Gottes die Rede, welche das Heil aller Menschen will, so wird an diesem Gleichnis deutlich, dass das Heil Gottes den Empfänger zu eigener Güte verwandeln will. Die Parabel wird vom Lehrer oder der Lehrerin (im folgenden mit L. abgekürzt) bis zu dem Punkt erzählt, an dem der erbarmungslose Gläubiger vor den König geführt wird (V. 32a)[14]. An dieser Stelle ergibt sich die Frage: Wie soll der König reagieren? Die Sch. werden nun eingeladen, verschiedene Fortsetzungen zu spielen. In den Jahrgangsstufen 5/6 ist den Sch. das Spiel noch derart vertraut, dass es keiner besonderer Vorbereitungen oder genauer Rollenanweisungen bedarf. Der König ist der Hauptakteur, der das Handlungsgeschehen bestimmt. Die anderen Akteure sind der erbarmungslose Gläubiger und Diener, welche diesen vor den König führen. Zuerst wird gemeinsam überlegt, wie die Szene aussehen könnte, wo sie spielt und wie die Personen zueinander stehen. Dann darf der ‚König‘ agieren. Es können mehrere Möglichkeiten durchgespielt werden. Die übrigen Sch. fassen die einzelnen Varianten stets kurz zusammen. Der Text wird anschließend gemeinsam zu Ende gelesen. Anschließend werden die verschiedenen Lösungsmöglichkeiten besprochen und verglichen. Das großzügige Verhalten des Königs (V. 27) und seine Strenge (V. 34) werden interpretiert und nach Motiven für die jeweiligen Handlungen sowohl des Textes als auch der Spielvarianten gesucht. Der L. sollte dabei den eigenständigen Wert der von den Sch. gespielten Varianten hervorheben, sodass nicht der Eindruck erweckt wird, diejenige Variante sei die beste, die der biblischen am nächsten kommt. Gute schauspielerische Leistungen sind vom L. durchaus zu loben. Ziel des Spiels ist aber nicht „die gelungene Inszenierung, sondern die Interpretation des Textes durch die Handlungen der Sch., die sich dabei eigene Haltungen bewusst machen können“[15]. Das Spiel kann dazu verhelfen, sich mit dem König zu identifizieren und so wahrzunehmen, dass die erfahrene Güte Gottes weitergegeben werden will. Der biblische Ausgang der Erzählung dürfte dabei durchaus dem Gerechtigkeitsempfinden der Sch. dieser Jahrgangsstufe entsprechen. Um den Sch. ein noch besseres Einfühlen in die Rollen zu ermöglichen, wäre es alternativ denkbar, die Parabel von Anfang an zu spielen.

Aufbau der Stunde:
Zu Anfang der Stunde zeigt der L. ein Herz aus Pappe mit einem Stein. Die Sch. benennen und erläutern die Metaphern „ein Herz aus Stein“ und „ein Stein fällt vom Herzen“. Dann erzählt der L. die Parabel vom unbarmherzigen Gläubiger bis zu V. 32a. Die Szene wird aufgebaut (z. B. Thron des Königs), und verschiedenen Sch. spielen ihre Lösungsvarianten. Dann wird der Text (evtl. mit verteilten Rollen) gemeinsam gelesen und die biblische Lösung mit den gespielten verglichen. Auch das unterschiedliche Verhalten des Königs in V. 27 und V. 34 wird untersucht. Falls von den Sch. noch nicht selbständig eingebracht, können nun auch die Herzmetaphern vom Stundenbeginn auf die Parabel bezogen werden. Die Sch. identifizieren die Erzählung als Gleichnis und versuchen, eine Beziehung zur Botschaft Jesu von Gottes neuer Welt herzustellen. Das Ergebnis wird an der Tafel festgehalten. Falls die Form des Gleichnisses noch nicht eingeführt ist, könnte das jetzt geschehen. Als mögliche Hausaufgabe bietet sich an, die Sch. aus folgenden Aufgaben wählen zu lassen: eine Szene

---

[13] Mt 18,35 wird weggelassen, da dieser Vers sekundär ist und die Interpretation der Parabel zu schnell auf die Vergebung einengen würde. Vgl. Joachim Gnilka, Das Matthäusevangelium, 2 Bde. (Herders Theologischer Kommentar zum Neuen Testament 1,1f), Freiburg i.Br./Basel/Wien 1988–1993, Bd. 1, 143.

[14] Es ist für das Spiel und für die spätere Besprechung hilfreich, dem unbarmherzigen Gläubiger und dem Diener konkrete Namen zu geben, z. B. Laban und Eli. Textvorschlag M 2 in Anlehnung an Laubi, Werner, Geschichten zur Bibel. Jesus von Nazaret, 2 Bde., Düsseldorf 1988, Bd. 1, 132f.

[15] Scheller, Ingo, Szenische Interpretation, in: Praxis Deutsch 136 (1996), 22–32, 22.

des Gleichnisses malen, einen Brief an den Verwalter oder eine Tagebucheintragung des Königs oder des Verwalters oder einen Artikel in der königlichen Zeitung „Morgenpost“ u. ä. m. zu verfassen.

2.3 Das Gleichnis vom verlorenen Schaf (Lk 15,1–7) – Jesus geht dem Verlorenen nach (3. Stunde)

Didaktischer Kommentar:
Die Sch. sollen vor dem Hintergrund eigener erfundener Geschichten am Gleichnis vom verlorenen Schaf wahrnehmen, dass Jesus die Sünder nicht aufgibt, sondern ihnen nachgeht und sich über ihre Umkehr freut. Die Sch. schreiben zuerst eine eigene Geschichte aus den Schlüsselworten der Perikope: HABEN; VERLIEREN; SUCHEN; FINDEN; FREUEN. Auf diese Weise formulieren sie ihre eigenen Erfahrungen. Das bereitet sie auf die Interpretation des Gleichnisses vor, steigert ihre Aufmerksamkeit und regt zu einer vertieften Textwahrnehmung an.

Aufbau der Stunde:
Der L. schreibt die o.g. Begriffe an die Tafel und die Sch. verfassen daraus eine frei erfundene oder selbst erlebte Geschichte. Die Geschichten werden miteinander verglichen, evtl. danach beurteilt, welche die realistischste, phantastischste o. Ä. ist. Möglicherweise zeigt sich durch die vorgegebenen Worte eine gemeinsame Grundstruktur der Geschichten, die der des Gleichnisses entspricht. Dann wird Lk 5,1–7 gelesen[16] und vor dem Hintergrund von Gottes neuer Welt gedeutet. Als Impuls könnte der L. darauf hinweisen, dass es doch unverantwortlich sei, dass der Hirt die 99 Schafe zurücklässt, nur um ein verlorenes zu suchen. Die Ergebnisse können gemeinsam an der Tafel festgehalten oder individuell zusammengefasst werden. Dafür bietet sich an, jedem Sch. z. B. den Satz vervollständigen zu lassen: „Jesus erzählt dieses Gleichnis, um …“.

2.4 Die Parabel vom verlorenen Sohn (Lk 15,11–32) – Die Güte Gottes ermöglicht einen Neuanfang (4. Stunde)

Didaktischer Kommentar:
Während das Gleichnis vom verlorenen Schaf stärker betont, dass Jesus dem Verlorenen nachgeht, setzt die Parabel vom verlorenen Sohn den Akzent auf die verwandelnde Güte Gottes und bringt die Reaktion der „alten Welt“ in dem älteren Sohn zur Sprache. Ziel der Stunde ist, die verwandelnde Güte Gottes als sein und der neuen Welt Charakteristikum vor dem Hintergrund des Althergebrachten, des Faktischen wahrzunehmen. Das überraschende Moment der Parabel ist die Reaktion des Vaters. Diese Kernstelle gilt es in den Blick zu nehmen und intensiv zu bearbeiten. Eine Möglichkeit ist das Bauen eines Standbildes.[17] Der Text wird vom L. bis zur Rückkehr des Sohnes (V. 20a) erzählt (oder vorgelesen). Daraus ergibt sich die Frage, wie der Vater und wie der ältere Sohn reagieren. Die Sch. versuchen dann, ein Standbild zu bauen, das die Reaktion des Vaters und des älteren Bruders ausdrückt: An welchem Ort treffen die Personen aufeinander? Welche Körperhaltungen nehmen die drei Personen bei der Rückkehr des jüngeren Sohnes ein? Wie stehen sie zueinander?[18] Welche Gestik und Mimik haben sie? Der Sch., der seine Vorstellungen zeigen will, sucht sich drei Personen aus und bringt sie in die vorgestellte Position, formt Körperhaltung und Gestik. Die Mimik der Personen wird vom Erbauer vorgemacht, die Sch., die geformt werden, übernehmen diese, bleiben aber selbst passiv. Beim Bauen des Standbildes sollte nicht gesprochen werden. Ist das Standbild fertig, „frieren“ die Spieler ihre Haltungen ein. Nun beschreiben und interpretieren die anderen Sch. das Standbild, die einzelnen Gesten und die Mimik der Personen. Bei der Interpretation sollte der L. darauf achten, dass die Darsteller nicht mit ihrem Namen, sondern nur mit ihrer Rolle angeredet werden, sodass sie sich von ihrer im Standbild eingenommenen Position distanzieren können. Als Auswertungsfragen bieten sich an: Welchen Eindruck macht die Szene auf euch? Wie stehen die Personen zueinander? Was drücken die Gesten aus? Anschließend erläutert der Erbauer sein Standbild und beurteilt, ob die vorge-

[16] Zuvor sollten die Begriffe Zöllner, Pharisäer, Schriftgelehrte geklärt bzw. wiederholt werden.
[17] Es böten sich auch andere Methoden an, wie z. B. ein Rollenspiel. Ein Rollenspiel bedürfte hier jedoch intensivere Vorbereitungen und genauere Rollenanweisungen, da mit Vater und älterem Sohn mehrere Akteure eigenständig agieren.
[18] Falls das Standbild als Methode neu eingeführt wird, ist es für die Sch. hilfreich, sich die Erzählung als Film vorzustellen, der genau in dem Moment angehalten wird, wenn der jüngere Sohn zu Hause ankommt.

schlagenen Deutungen mit seiner Intention übereinstimmen.[19] Zum Schluß können auch die geformten Personen berichten, wie sie sich in ihrer Pose gefühlt haben. Es können mehrere Standbilder hintereinander gebaut werden. Auch hier muss der L. darauf hinweisen, dass es kein ‚richtiges' oder ‚falsches' Standbild gibt und jedes Standbild seinen Eigenwert hat. Es geht nicht darum, das Ende des Gleichnisses zu erraten. Da das Gleichnis wahrscheinlich einigen Sch. bekannt ist, können diese am Ende das Standbild gemäß der biblischen Lösung bauen, was dann zum Lesen des Gleichnisses hinführt.

Aufbau der Stunde:
Zu Beginn der Stunde erzählt der Lehrer die Parabel vom verlorenen Sohn bis zu der Stelle, an der der Sohn sich zur Rückkehr zu seinem Vater aufmacht.[20] Die Sch. bauen dann Standbilder, welche die verschiedenen Reaktionsmöglichkeiten des Vaters und des älteren Sohnes ausdrücken. Als Überleitung zum Text bauen diejenigen, die die Parabel bereits kennen, das Standbild, das dem Text entspricht. Dann wird der biblische Text gelesen und die Handlungen des Vaters erklärt, mit denen er den Status der Sohnschaft wiederherstellt. Anschließend werden die verschiedenen Lösungsvorschläge verglichen, erörtert und in Beziehung gesetzt zu Gottes neuer Welt. Die Ergebnisse können an der Tafel festgehalten werden. Da die Parabel offen lässt, ob der ältere Sohn an dem Fest teilnimmt oder nicht, und dies den Leser herausfordert, bietet sich eine Aufgabe an, bei der die Sch. die Perspektive des älteren Sohnes übernehmen, z. B. eine Tagebucheintragung oder einen Brief an einen Freund, in denen er den ganzen Vorgang einschließlich seiner Entscheidung darstellt. Alternativ ist möglich, die Mutter als bisher nicht genanntes Familienmitglied ins Spiel zu bringen und die Handlung aus ihrer Sicht nacherzählen zu lassen.

2.5 Das Gleichnis vom Senfkorn (Mk 4,30–32) – Die neue Welt Gottes wächst (5. Stunde)

Didaktischer Kommentar:
Die Sch. sollen mit diesem Gleichnis entdecken, dass die neue Welt Gottes zwar schon präsent, aber in ihrer Fülle noch nicht verwirklicht ist. Das Gleichnis wendet sich gegen Resignation und Zweifel angesichts enttäuschter Hoffnungen und stärkt die Zuversicht, dass sich aus kleinen Anfängen Großartiges entwickeln kann.

Aufbau der Stunde:
Die Sch. schließen die Augen und der L. teilt die Senfkörner mit dem Kommentar aus, dass er etwas Großartiges und Wunderschönes austeilt. Die Sch. versuchen, zu ertasten und zu erraten, was sie in der Hand haben. Im anschließenden Gespräch können die Sch. mögliche Enttäuschungen äußern aufgrund des einführenden Kommentars und über die mit dem Samenkorn verbundenen Hoffnung sprechen. Der L. erzählt dann das Gleichnis vom Senfkorn, das in Bezug zu den anderen Gleichnissen gedeutet wird: Wie weit ist das in den anderen Gleichnissen angesprochene Verhalten bereits verwirklicht? Gibt es Beispiele dafür? Wo müsste es weiter verwirklicht werden? Die Ergebnisse können an der Tafel festgehalten werden. Weitere Fragen wären: Wie könnte der „Samen" zu dem, was wir uns unter der neuen Welt Gottes vorstellen, aussehen? Was wollte Jesus mit diesem Gleichnis den Menschen sagen, die dazu meinen: „Es hat doch alles keinen Sinn!"?

2.6 Gleichnisse Jesu – Fenster zu Gottes neuer Welt. Meine Vorstellung von Gottes neuer Welt gestalten (6. Stunde)

Didaktischer Kommentar:
Die letzte Stunde der Reihe sollte die Ergebnisse noch einmal bündeln und den Sch. die Gelegenheit bieten, die Wünsche und Hoffnungen, die sie mit Gottes neuer Welt verbinden, kreativ zu gestalten. Dazu ist es sinnvoll, die Predigt Jesu von Gottes neuer Welt, die Gleichnisse und die ihnen zugrunde

---

[19] Es besteht auch die Möglichkeit, die Figuren zum Sprechen zu bringen. Ein Sch. stellt sich hinter eine Figur, legt ihr die Hand auf die Schulter und äußert in der Ichform, was diese Figur gerade denkt, fühlt oder sagt. Allerdings sollte das in der Jahrgangsstufe 5/6 nicht bereits beim ersten Mal eingeführt werden, um die Sch. nicht zu überfordern.
[20] Die freie Lehrererzählung ermöglicht, das Weggehen des Sohnes und das Auszahlen des Erbteiles nicht als undankbar, sondern als normales Verhalten der damaligen Zeit darzustellen.

liegenden Fragestellungen zu wiederholen. Welches Verhalten entspricht der neuen Welt Gottes? Wie ist der Gott in Gottes neuer Welt charakterisiert? Wann kommt Gottes neue Welt? Wo ist Gottes neue Welt? Um die Schülerarbeiten zu bündeln und die Mannigfaltigkeit des Begriffs der Herrschaft Gottes sichtbar zu machen, bietet sich an, ein großes Fenster zu malen, in dem alle Sch. ihre Arbeiten einkleben können. (Eine Möglichkeit besteht darin, das Fenster (M 3) auf eine Folie zu kopieren. Mit Hilfe eines Tageslichtprojektors wird das Fenster an die Wand projiziert, an der zuvor Papier (Tapete) angebracht wurde. Nun können die Konturen des Fensters bequem übertragen werden.)

Aufbau der Stunde:
Zu Beginn werden die besprochenen Gleichnisse und die Predigt (mit Hilfe der Aufzeichnungen in den Heften) wiederholt und deren Aussagen kurz unter der Überschrift „Gleichnisse Jesu – Fenster zu Gottes neuer Welt" an der Tafel festgehalten. Dann können die Sch. zwischen mehreren Gestaltungsmöglichkeiten wählen: Eine eigene Erzählung (Gleichnis) zu Gottes neuer Welt schreiben, die auch in der Bibel stehen könnte oder eigene Vorstellungen zu Gottes neuer Welt malen oder Satzanfänge vervollständigen, wie: Gottes neue Welt ist, wie wenn ...; Gottes neue Welt ist dort, wo ...
Die Sch. fertigen ihre Arbeiten auf Blättern an, die sie dann in das Fenster kleben. Zwei Sch. können das Fenster mit dem Tageslichtprojektor malen.

3. Schlüsselwissen

Die Schüler können folgende Arbeitsmethoden erwerben:
- Szenisches Interpretieren durch freies Rollenspiel und Bauen von Standbildern
- Kreatives Schreiben durch Texttransformationen

4. Materialien

M 1: Jesu Predigt in der Synagoge

Es ist Sabbat. Ephraim, der Färber, und Judith gehen in die Synagoge. In der Synagoge trennen sich Ephraim und Judith. Judith setzt sich neben Debora, die arme Witwe. Ephraim schaut sich um. Er sieht Jakob und Amos, aber auch Ruben, den blinden Bauern. Ephraim zählt die Männer. „Ein Glück, es sind schon zehn. Jetzt kann der Gottesdienst beginnen", sagt er sich. Bei seinem Zählen entdeckt er auch einen, der früher immer da war, aber in der letzten Zeit fehlte. Es ist Jesus. Ephraim freut sich, Jesus wiederzusehen. Sie haben früher häufig miteinander gespielt. Jetzt zieht Jesus durch das Land und begeistert die Leute mit seiner Lehre. Was er wohl zu sagen hat?

Der Gottesdienst beginnt. Der Synagogenvorsteher ruft: „Höre Israel, der Herr ist unser Gott, der Herr allein." Darauf antworten alle: „Gepriesen seist du Herr, heiliger Gott." Danach nickt der Synagogenvorsteher Ephraim zu. Er darf heute das Gebet sprechen. Ephraim erhebt sich und betet: „Mache uns einsichtig Herr, unser Gott, für die Kenntnis deiner Wege. Vergib uns, damit wir erlöst werden. Halte uns fern von Schmerzen. Sättige uns auf den Wiesen deines Landes. Gepriesen seist du Herr, der das Gebet erhört." Alle antworten mit einem lauten „Amen". Nachdem Ephraim sich gesetzt hat, wird aus der Tora gelesen. David, der Schmied, liest aus dem Buch Levitikus, 25,8–13. Jetzt kommt die Lesung aus den Propheten. Ephraim reckt den Kopf. Wer liest heute? Er schaut sich um. Da sieht er, wie Jesus aufsteht und zu dem Lesepult geht. Der Synagogendiener bringt ihm die Jesajarolle. Jesus rollt sie auf und beginnt zu lesen:

„Der Herr hat mich mit seinem Geist erfüllt. Er hat mir den Auftrag gegeben, von Gottes neuer Welt zu erzählen: den Armen gute Nachricht zu bringen, den Gefangenen zu verkünden, daß sie frei sein sollen, den Blinden, daß sie sehen werden, den Mißhandelten, daß das Unrecht ein Ende hat. Es kommt das Jahr, in dem Gott alle Lasten wegnimmt und ihr alle wieder in Freiheit leben werdet."

Als Jesus geendet hat, rollt er die Jesajaschrift zusammen, gibt sie dem Synagogendiener und setzt sich. Alle schauen erwartungsvoll auf ihn. Was wird er in seiner Predigt sagen? Jesus schaut sie an und erhebt sich wieder. Er sagt nur einen einzigen Satz: „Dieses Wort ist heute in Erfüllung gegangen." Dann setzte er sich wieder. Da wird es auf einmal unruhig. Die einen rufen: „Amen. So ist es!" Andere: „Halleluja. Gelobt sei Gott!" Wieder andere sagen verwundert: „Ist das nicht Josefs Sohn?" Ephraim hört aber auch murrende Stimmen. „Das ist Gotteslästerung!" Er schaut auf Jakob, auf Amos, auf Ruben, den Blinden, auf Debora, die arme Witwe und schließlich auf Maria, die Mutter Jesu. Was die wohl sagen werden?

Aus: Kursbuch Religion 2000 5/6 Schülerbuch, S. 153 leicht verändert.

M 2: Das Gleichnis vom unbarmherzigen Gläubiger

Jesus erzählte den Menschen, die um ihn versammelt waren, folgende Geschichte: Mit Gottes neuer Welt ist es wie mit einem König, der mit den Verwaltern seiner Güter abrechnet. Da steht sein Verwalter Laban vor ihm, der ihm einen Millionenbetrag schuldet. Weil Laban aber nicht bezahlen kann, sagt der König zu einem seiner Minister: „Verkauf alles, was Laban hat: sein Haus, seine Schätze, seine Kleider samt seiner Frau und seinen Kindern. Mit dem Geld kann dann ein Teil der Schulden abgegolten werden." Da wirf sich Laban vor dem König auf die Erde. Er bittet: „Hab doch Geduld mit mir Herr! Ich will dir ja alles zurückzahlen. Laß mir nur noch etwas Zeit!" Da hat der König Erbarmen und sagt: „Steh auf! Ich schenke dir deine ganze Schuld. Du kannst gehen." Voller Freude geht der Laban hinaus. Seine ganze ungeheure Schuld ist ihm geschenkt! So leicht und gut ist ihm schon lange nicht mehr zumute gewesen. Kaum ist er draußen, da trifft er Eli, einen kleinen Beamten seiner Behörde. Eli schuldet ihm einen geringen Geldbetrag. Laban packt Eli an der Kehle. Er würgt ihn und ruft: „Zahl mir sofort meine Schulden!" Da wirft sich Eli auf die Erde und fleht: „Hab doch Geduld mir! Ich will dir ja alles zurückzahlen. Nur laß mir ein wenig Zeit!" Aber Laban kennt keine Gnade. Er ruft einen Soldaten und befiehlt: „Werft ihn ins Gefängnis. Dort soll er bleiben, bis er mir seine Schuld bezahlt hat!"

Einige Diener des Königs, die alles mitangesehen haben, gehen zum König und erzählen es ihm. Da läßt der König den Laban zu sich kommen. „Was bist du für ein gemeiner Mensch!" sagt der König zu ihm. „Ich habe dir deine unermeßliche Schuld erlassen, weil du mich darum gebeten hast. Hättest du nicht Eli die kleine Schuld schenken können? Los!" befiehlt er der Wache. „Ins Gefängnis mit ihm. Und dort bleibst du, bis du mir alles zurückbezahlt hast."

Nach: Werner Laubi, Geschichten zur Bibel. Jesus von Nazaret 1, Düsseldorf 1988, S. 132f.

M 3: Fensterrahmen

Gleichnisse Jesu -
Fenster zu Gottes neuer Welt

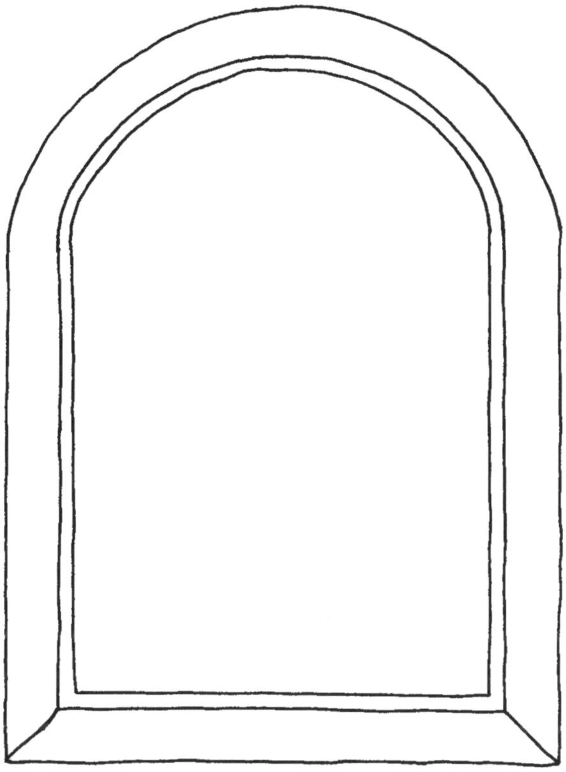

__*Bernd Weber*

Zum Verständnis und zur Analyse der Gleichnisse Jesu

1. Vorbemerkung

Die hier vorgestellten Arbeitsschritte, die Schülerinnen und Schülern eine weithin selbstständige Analyse und Auslegung von Gleichnissen Jesu ermöglichen, wurden in einem Grundkurs ‚Christus erkennen' (12.Jg.) mehrfach erprobt. Vorgängig wurden u. a. folgende Themenfelder erarbeitet:

- Die Frage nach dem historischen Jesus und dem Christus des Glaubens
- Außerbiblische Quellen über Jesus – Stufen der Überlieferung und Entstehung der Evangelien
- Was können wir mit welchen Methoden über den historischen Jesus wissen?
- Reich-Gottes-Erwartungen im Judentum zur Zeit Jesu
- Zum unaufhebbaren Jude-Sein Jesu
- Aspekte der Reich-Gottes-Botschaft Jesu

In diesem Kontext standen Analyse und Interpretation zahlreicher Gleichnisse. Selbstverständlich blieb im Unterricht nach Lektüre der jeweiligen Gleichnisse Raum für Spontanäußerungen der Schülerinnen und Schüler, bevor eine Analyse und Interpretation im Sinne der hier vorgestellten Arbeitsschritte erfolgte.

2. Hinweise zum Verständnis und zur Analyse der Gleichnisse Jesu

2.1 Nähe zum historischen Jesus

Weil Jesus möglichst alle Menschen ansprechen wollte – nicht nur schrift- und lesekundige Gelehrte seiner Zeit –, erzählte er Geschichten. Weil der Gott der Bibel niemals einfachhin Objekt unserer Erkenntnis ist, sind Erzählungen zudem eine der angemessensten Ausdrucksformen der Erfahrung der Nähe Gottes. Das Erzählen von Geschichten war im antiken Orient als das Medium der Mitteilung des Gesprächs schlechthin geradezu selbstverständlich. Jesus muss ein auffallend guter Erzähler gewesen sein. Gerade weil man annehmen darf, dass die Gleichniserzählungen Jesu in den frühen christlichen Gemeinden von Anfang an weitererzählt und in kleinen schriftlichen Sammlungen festgehalten wurden, begegnen wir in den neutestamentlichen Gleichnissen dem „Urgestein der Jesusüberlieferung; bei den Gleichnissen kommen wir dem historischen Jesus am nächsten".[1] Mit diesen Gleichniserzählungen wollte Jesus mit seinen Zuhörerinnen und Zuhörern in ein Gespräch darüber eintreten, was es konkret heißt, vom Reich Gottes, von der hier und jetzt beginnenden Herrschaft Gottes zu reden, was Jesus meinte, wenn er Gott in Kindersprache ‚Abba' nannte, was mit diesem Sprechen von Gott und seiner ‚Herrschaft' im Blick auf Einstellungen und Verhaltensweisen, im Blick auf Vertrauen und Hoffnung auf den Gott der Bibel konkret gemeint war (bzw. heute gemeint ist).

2.2 Stufen der Überlieferung der Gleichnisse

Jesus hat Gleichnisse erzählt; zu ihrem Verständnis heute müssen wir uns die historisch-gesellschaftliche Situation verdeutlichen, in die hinein Jesus erzählt hat. Die frühchristlichen Gemeinden und/oder die neutestamentlichen Autoren haben sicher den einen oder anderen Akzent in den Gleichnissen neu oder anders gesetzt, da diese ja in ihre Situation bzw. die ihrer Gemeinden weitergegeben wurden. Wenn wir die Gleichnisse heute verstehen und auf unsere Situation beziehen wollen, müssen wir zunächst in einen Dialog mit der frühen Christenheit der neutestamentlichen Zeit bzw. den Zuhörerinnen und Zuhörern Jesu treten. Der katholische Bibelwissenschaftler H.-J. Venetz fasst diese Fragen wie folgt zusammen: „1. Welches waren die Schwierigkeiten, die Stimmungen, die Fragestellungen, die Nöte usw. jener Menschen, die als erste die Gleichnisse Jesu hörten? 2. Wie haben die

---

[1] Zit. H.-J. Venetz, Von Klugen und Dummen ..., Gleichnisse Jesu für heute, Düsseldorf 1991, S. 11.

ersten Christinnen und Christen unter veränderten Umständen und Problemen diese Gleichnisse verstanden, und wie haben sie mit ihnen gelebt? 3. Wie können wir heute die Gleichnisse verstehen, und – vor allem – wie können wir heute mit ihnen leben?"[2]

2.3 Die traditionelle Gleichnisinterpretation

Bis vor kurzem favorisierte die kirchliche Gleichnisinterpretation eine allegorische Deutung. „Allegorie (ist) eine fiktionale Erzählung ..., die etwas und zugleich etwas anderes besagt."[3] Dies bedeutet z. B. in Bezug auf das Gleichnis von den Arbeitern im Weinberg (Mt 20,1–16):

Bildhälfte	Sachhälfte
Weinbergbesitzer	wird mit Gott identifiziert
Weinberg	Gottesherrschaft
Arbeiter der ersten Stunde	Israel, jüdische Hörer Jesu
Arbeiter der letzten Stunde	‚Heiden' (usw.)

oder das Gleichnis vom Sämann (Mk 4,3–9)

Sämann	Gott / Jesus
säen	predigen
Saat, schlechter Boden	Jesus wird von seinen Gegnern missverstanden
guter Boden	Menschen, die zur Nachfolge Jesu bereit sind

2.4 Die neuere bibelwissenschaftliche Gleichnisinterpretation

Die neuere Gleichnisforschung gibt diese allegorische Gleichnisinterpretation als *unhaltbar* auf!
Denn: das Reich Gottes, von dem Jesus spricht, ist nicht einfach eine unmittelbar objektivierbare Wirklichkeit, die Jesus lediglich aus didaktischen Gründen in eine Bildgeschichte kleidet. Der Referenzrahmen (Verweisungsbezug) der Gleichniserzählungen liegt nicht in einer außerhalb der Erzählung immer schon feststehenden Dogmatik, die Jesus ‚im Kopf hatte'; der Bezugsrahmen ist vielmehr die jeweilige Erzählung selbst. *Daher kommt es darauf an, die erzählte Welt des Gleichnisses genau zu analysieren.* Nur so können wir mit Jesus in ein Gespräch darüber eintreten, worum es ihm ging, wenn er vom Reich Gottes, der in seiner Verkündigung und Praxis anbrechenden Gottesherrschaft sprach. Jesus wollte seine Hörerinnen und Hörer zum Glauben ermutigen, indem er in fiktiven Erzählungen Modelle einer neuen Lebensorientierung und eines neuen Handelns aufzeigte, die eine auf Gott verweisende Möglichkeit zum Ausdruck brachten bzw. bringen. Wer sich auf diesen Gott einließ/einlässt, kann sich selbst und sein eigenes Handeln verändern. Weil glaubwürdiges Sprechen von Gott – damals wie heute – die Alltagswelt und das, was wir als ‚normal' ansehen, *unterbricht*, kommen in Gleichnissen *Kontrasterfahrungen* zur Sprache, in denen neue Möglichkeiten aufgehen: „Gleichnisse ... erzählen so, daß die in ihnen dargestellte ‚Welt' anders funktioniert als der erlebte Alltag. Sie treten in Kontrast zur eigenen Erfahrung und nehmen den Leser/Zuhörer mit in eine ‚andere Welt', die z. B. mit ‚Reich Gottes' bezeichnet wird: Väter handeln anders gegenüber ihren Söhnen und Weinbergbesitzer entlohnen ihre Arbeiter anders."[4] In der Sprache des Möglichen wird Gott erfahren.

2.5 Klassifizierung der Gleichniserzählungen

Traditionelle Forschung:

- Gleichnisse im engeren Sinne (Regelfälle/typische Vorgänge aus dem Alltagsleben, z. B. vom Sämann, der Saat ...)

[2] Zit. H.-J. Venetz, a.a.O., S. 15f.
[3] Zit. W. Harnisch, Die Gleichniserzählungen Jesu. Eine hermeneutische Einführung, 2. überarb. Aufl., Göttingen 1990, S. 49.
[4] Zit. Th. Ahrens, Wie kann man religiöse Texte verstehen? In: rhs, 1991, H.5, S. 312.

- Parabeln (ein überraschender, interessanter Einzelfall, z. B. Vom gütigen Vater/verlorenen Sohn, Lk 15,11–32)
- Beispielgeschichten (eine Geschichte, die bestimmte Verhaltensweisen als Beispiel für Verhalten der Menschen aufzeigt, die dem Rufe Jesu folgen wollen, z. B. Der barmherzige Samariter, Lk 10,25–37)

Neuere Gleichnisforschung:
Im Anschluss an G. Baudler[5] kann man unterscheiden:
- Vorgangsgleichnisse: in kleinen Erzählstücken wird ein Vorgang aus dem Alltagsleben oder der Natur in wenigen Worten erzählt, z. B. Alltagsleben: kostbare Perle; eine Perle wird gefunden und mit Einsatz erworben (Mt 13,45–46); Schatz im Acker: Ein Schatz im Acker wird gefunden und mit Einsatz erworben (Mt 13,44); Naturvorgänge, z. B. Unentwegter Sämann: ein Sämann sät unentwegt und einiges bringt Frucht (Mk 4,3–8; Mt 13,3b–8).
- Handlungsgleichnisse: größere Erzählstücke enthalten eine dramatisch aufgebaute fiktive Einzelhandlung mit mehreren Personen und Dialogpartien, in der von einer bestimmten Situation auf ein überraschendes Ende des Gleichnisses hingeführt wird, z. B. Arbeiter im Weinberg (Mt 20,1–16).

Im Anschluss an W. Harnisch[6] kann man noch einfacher unterscheiden:
- Gleichnisse im engeren Sinne: narrative Miniaturstücke ohne Dialogpartien (bei Baudler: Vorgangsgleichnisse, s. o.)
- Parabeln: größere Gleichniserzählungen mit mehreren Akteuren und Dialogpartien, mit einer Szenenfolge, die sich dramatisch auf eine Lösung am Schluss zuspitzt. Nicht das Alltägliche, sondern das Ungewohnte, Auffällige und Überraschende bilden den Stoff der Parabel. Jede Parabel verweist indirekt auf etwas anderes, das im Gespäch über bzw. in der Reflexion der Geschichte klar werden kann. Damit ist das metaphorische Moment von Parabeln angesprochen; im Zusammenhang der Gleichnisse Jesu bringen Parabeln in diesem metaphorischen Moment das mit Reich Gottes Gemeinte zur Sprache.

In Verbindung dieser einfachen Bestimmung der Formen von Gleichnissen mit den folgenden Arbeitsschritten, die den Schülerinnen und Schülern vorgelegt werden sollten, kann im Religionsunterricht – hier ab Kl. 9 und vor allem Sek II – zu einer methodischen Selbständigkeit im Umgang mit Gleichnissen Jesu hingeführt werden.

3. Arbeitsschritte zur Analyse und Auslegung von Gleichnissen

1. Lektüre des Gleichnisses – Spontanassoziationen usw.
2. Bestimmung der Form der Gleichniserzählung
3. Gliederung des Textes/Aufbau der Erzählung
   - Bei *Parabeln* nahezu immer eine *Szenenfolge in drei Akten* (Situation, Krise, Lösung) – Bestimmen Sie die Szenenfolge und benennen Sie die der Grundgliederung (Situation, Krise, Lösung) in dem Gleichnis entsprechenden Teile durch eine Überschrift! Zum Beispiel: Situation/Raum: Anwerbung von Tagelöhnern auf dem Marktplatz; Zeit: zu jeder 3. Stunde werden Arbeiter angeworben; Auszahlung des Lohnes (vgl. Mt 20,1–16)
4. Bestimmen und erläutern Sie die Figurenkonstellation der Parabel!
   - Welche Person steht im Brennpunkt des Geschehens? Lassen sich Haupt- und Nebenfiguren unterscheiden? Erwartungen der Akteure?
   - Nahezu immer geht es in Parabeln um *drei Personen;* eine überlegene, herausgehobene Person (W. Harnisch, Die Gleichniserzählungen Jesu ..., Göttingen 1990, S. 77f., spricht vom ‚Handlungssouverän') und zwei sich gegenüberstehende Personen bzw. Gruppen, die zu der Hauptperson in Beziehung stehen (z. B. Parabel vom gütigen Vater/verlorenen Sohn: Vater und zwei gegensätzlich agierende Söhne).
5. Bestimmen und erläutern Sie das überwiegende Moment, die Kontrasterfahrung gegenüber dem Alltag, der ‚Normalität', die Störung des Gewohnten, die in der Parabel angesprochen wird!
   - Hier findet sich der Schlüssel zum Verständnis; in der Regel werden hier Zusatzinformationen über die Gegebenheiten z. Zt. Jesu benötigt!

---

[5] Vgl. G. Baudler, Jesus im Spiegel seiner Gleichnisse, Das erzählerische Lebenswerk Jesu – ein Zugang zum Glauben, 2. überarb. Aufl., München 1988, S. 58ff.
[6] Vgl. W. Harnisch, a.a.O., S. 22ff., 67ff.

6. Erläutern Sie von dieser Kontrasterfahrung, dieser Möglichkeitserfahrung her, was Jesus in seiner Gleichniserzählung von seiner Gotteserfahrung, von der schon begonnenen Herrschaft Gottes/Reich Gottes seinen Hörern mitteilt!
   - Bei Parabeln/Handlungsgleichnissen können Sie in diesem Zusammenhang ihre Kenntnisse über Form und Funktion von Parabeln einbringen.
7. Übertragung in unsere Lebenswelt/Verfremdung. Gibt es in unserer Lebenswelt, Alltagserfahrung heute, Bezüge zu der im Gleichnis erzählten Geschichte samt ihrer überraschenden Lösung?
   - Eine Möglichkeit: Versuchen Sie, Handlungsträger und Handlungselemente der Parabel/des Handlungsgleichnisses durch Personen und Motive aus dem gegenwärtigen Leben zu ersetzen! Vor diesem Hintergrund: Wie können Christinnen und Christen heute die Glaubenserfahrungen und –überzeugungen, in und von denen her Jesus erzählt hat (z. B. von der Güte des Vaters ...) so übersetzen und bezeugen, dass ihr herausfordernder Charakter und die hier angelegten Möglichkeiten auch heute deutlich werden? Worin bestehen diese Herausforderungen und Möglichkeiten heute?[7]

---

[7] Soll die Bedeutung der Gleichnisse im Kontext der zweiten Stufe der Überlieferung (vgl. oben) erschlossen werden, so bedarf es dazu in der Regel Zusatzinformationen aus der bibelwissenschaftlichen Literatur!

__Gudrun Lohkemper-Sobiech

Reich-Gottes-Botschaft als Beziehungsgeschehen

Bibliodramatische Elemente im Religionsunterricht – Exemplum handlungsorientierten Lernens

1. Handlungsorientierter Religionsunterricht - einige Grundsätze

Die von der Korrelationsdidaktik angestrebte Verknüpfung von gegenwärtigen Problemen mit der biblischen Überlieferung stellt Schüler und Schülerinnen[1] heute nicht zufrieden, wenn der anzustrebende „Erfahrungsbezug" nicht real zum Tragen kommt. Interesse auf Seiten von Kindern und Jugendlichen ist dann zu spüren, wenn es gelingt, die eigene Erfahrung anzusprechen, Betroffenheit zu wecken und Lebensmodelle vorzustellen, die in den Augen der Schüler Relevanz besitzen. Kinder und Jugendliche sind oftmals nicht mehr bereit, die Wahrheit der Bibel als vorgegebene Norm zu akzeptieren; aber es besteht ein starkes Interesse an einer Unterrichtsgestaltung, die sozial emotionale Bedürfnisse berücksichtigt und die eigene Interaktionsfähigkeit verbessert.

Die Erfahrung zeigt, dass es umso besser gelingt, den Anspruchscharakter der biblischen Überlieferung in Erfahrung zu bringen, je wirkungs- und handlungsorientierter der Unterricht angelegt ist. Eine Möglichkeit ist die Arbeit mit bibliodramatischen Elementen, mit bibliodramatischen Bausteinen.[2]

Methodisch entspricht die Anlage des vorliegenden Konzeptes dem Grundprinzip einer Praktischen Theologie, die den Anspruch erhebt, als reflektierte Theorie zugleich Reflexion von und für Praxis zu sein. Dabei geht es in der konkreten schulischen Wirklichkeit um Identitätsbildung, die auf den Aufbau von Solidarität und auf Veränderung von Wirklichkeit hin ausgerichtet ist, in der gegenseitige Anerkennung Bedingung der eigenen Identität und Ort der Erfahrung jener absoluten befreienden Freiheit ist, die in der christlichen Tradition Gott genannt wird.

Erfahrungsorientierung in der Religionspädagogik und -didaktik findet mit ihrer subjektorientierten, identitätsstiftenden, lebensweltorientierten Fokussierung ihre konsequente Weiterentwicklung in einer handlungsorientierten Konzeption von Religionsunterricht, die sowohl die Entwicklung des einzelnen als auch die Entwicklung von Beziehungsfähigkeit didaktisch ernst nimmt.[3]

Mit der zunehmenden „Überschwemmung des Literaturmarktes" mit theoretisch-begrifflichen Konzepten zum Thema „Handlungsorientierung", die zugleich ein immer größer werdendes Angebot handlungsorientierter Arbeitstechniken und Methoden für den Unterricht impliziert, wird die Reflexion des je eigenen Erkenntnisinteresses für den unterrichtenden Lehrer praxisrelevant. Optisch veranschaulicht im Schaubild kann zwischen folgenden drei verschiedenen Interessensschwerpunkten differenziert werden[4]:

---

[1] Auch wenn die weibliche Form künftig nicht mit aufgeführt wird, ist sie selbstverständlich immer mitgemeint.

[2] Ich habe meine Ausbildung bei A. und W. Möser sowie A. Deupmann absolviert, die eine Bibliodrama-Fortbildung in Aufbauform, wie sie H. Fallner, E. N. Warns und H.-H. Brandhorst im Laufe der Jahre entwickelt haben, speziell für Lehrer anbieten. Es handelt sich bei dieser Ausbildungsreihe um eine grundlegende und prozessuale Einführung und Vertiefung in das ganzheitliche Bibliodrama. Der Schwerpunkt dieser Fortbildung ist das Erleben und Erkennen von Wirkungen und Zusammenhängen aus der Sicht als Teilnehmerin. Der erfolgreiche Verlauf und Abschluss ermöglichen das Arbeiten mit bibliodramatischen Inhalten und Gestaltungselementen im angestammten Arbeitsfeld (Schule, Bildungsarbeit etc.).

[3] Eine verantwortungsvolle Umsetzung impliziert die Entscheidung für klar formulierte Ziele, ausdifferenziert in die verschiedenen Qualifikationen und Kompetenzen. Die Forderung nach gleichzeitiger Überprüfung und eventueller Revidierung einmal gesetzter Ziele auf der Grundlage des konkreten Unterrichtsgeschehens ergibt sich als Selbstverständlichkeit.

[4] Vgl. dazu das von Weinbrenner zitierte Schaubild über die Erkenntnisinteressen und Erkenntnismethoden der Sozialwissenschaften (in: Weinbrenner, P: Welche Methoden fördern einen handlungsorientierten Unterricht? In: Der Berufliche Bildungsweg 5/94, S. 4), die sich auf andere allgemeinbildende Fächer übertragen lassen.

Handlungsorientierter Unterricht für allgemein bildende Fächer
Erkenntnisinteressen

Technisches Interesse (Erklären)	Hermeneutisches Interesse (Verstehen)	Emanzipatorisches Interesse (Befreien)
Empirisch-analytische Methoden	Phänomenologisch-hermeneutische Methoden	Kritisch-emanzipatorische Methoden
Wahrheit durch empirische Überprüfung (Falsifikation, Intersubjektivität); klassische Verfahren empirischer Informations- und Datenbeschaffung	Wahrheit durch Sinn- und Wesenserfassung (Essentialismus, Evidenz); Informationsaufbereitungsanalyse und -präsentation	Wahrheit durch herrschaftsfreien Diskurs (Ideologiekritik, Reflexion); parteiliche Stellungnahme, durchsetzen von und einsetzen für best. Interessen

Das bedeutet konsequent weitergedacht, dass der Unterricht auch jener Ort ist, in dem es zu Interessenkonflikten kommt bzw. in welchem Interessenkonflikte zum Thema werden. Ein solches Unterrichtsverständnis, das als Spezifikum handlungsorientierten Unterrichts zu betrachten ist, impliziert die Frage nach einem normativen Bezugspunkt, den es für die Schüler und Schülerinnen durchsichtig zu machen gilt, und führt konsequenterweise zu einem veränderten Lehr- und Lernverständnis, das folgendermaßen aussehen kann:

Handlungsorientiertes Lernen im allgemein bildenden Bereich

inhaltlich-fachliches Lernen	methodisch-strategisches Lernen	sozial-kommunikatives Lernen
- Wissen (Fakten, Regeln, Begriffe, Definitionen)	- Exzerpieren - Nachschlagen	- Argumentieren - Diskutieren
- Verstehen (Phänomene, Argumente, Erklärungen)	- Strukturieren - Organisieren	- Kooperieren - Integrieren
- Erkennen (Zusammenhänge erkennen)	- Gestalten - Ordnung halten	- Gespräche leiten - Zuhören
- Urteilen (Thesen, Themen, Maßnahmen beurteilen)	- Planen - Entscheiden	- Präsentieren (Vortragen)

Im Kontext des beschriebenen Lehr- /Lernkonzeptes orientiere ich mich an den wesentlichen Grundsätzen handlungsorientierter Unterrichtsgestaltung von Halfpap[5], die er mit fünf grundsätzlichen Aspekten – kurz „STEIG“ genannt – folgendermaßen zusammenfasst: Subjektorientierung/Tätigkeitsorientierung/Erfahrungsorientierung/Interaktionsbetontheit/Ganzheitlichkeit

Hilfreich für die Planung und Reflexion konkreten Unterrichts sind darüber hinaus die ausdifferenzierten Merkmale handlungsorientierten Unterrichts von Weinbrenner[5]:

1. Hohe Kommunikationsdichte
2. Ausgeprägte Problemorientierung
3. Primäre Lernerfahrung
4. Hoher Transfer auf Lebenssituationen
5. Konkrete Produktorientierung
6. Kooperative Arbeitsformen
7. Gesellschaftliche und berufliche Praxisrelevanz
8. Vielfältige Entscheidungmöglichkeiten
9. Selbständige Arbeitsorganisation
10. Ganzheitliches Lernen
11. Projektförmiges Arbeiten
12. Kritische Reflexion
13. Öffnung der Schule nach innen und außen[6]

---

[5] Vgl. Weinbrenner: Methoden, S. 6.

[6] Öffnung nach innen meint z. B. fächerübergreifenden Unterricht, Öffnung des Schullebens u. a. Öffnung nach außen bedeutet den Aufbau eines ‚Lernortenetzes‘, das Elemente wie z. B. die Kirchen- oder Stadtgemeinde miteinbezieht.

Übertragen auf die Religionsdidaktik basieren die weiteren Ausführungen auf folgendem Grundverständnis:

Ein handlungsorienterter Religionsunterricht muss versuchen, den Schülern und Schülerinnen bei der Entfaltung ihrer eigenen Identität zu helfen, die Fähigkeiten der Schüler und Schülerinnen zu fördern, eigenverantwortlich und selbstständig im offenen Miteinander Leben zu bewältigen, d. h. konkret, das den eigenen und dem fremden Verhalten zu Grunde liegende Welt- und Menschenbild im Kommunikationsprozess zu erfassen und kontrastierend mit einer sich dem Zeitgeist widersetzenden Glaubensbotschaft[7] zu beurteilen.

Handlungskompetenz im Religionsunterricht ist die Fähigkeit und Bereitschaft des Menschen, in Alltagssituationen möglichst sach- und fachgerecht, persönlich durchdacht und engagiert, in christlicher Verantwortung und im solidarischen Miteinander gesellschaftskritisch zu handeln, d. h. anstehende Probleme zielorientiert auf der Basis angeeigneter Handlungsschemata weiterzuentwickeln und zu möglichst selbstbestimmten Lösungsansätzen zu gelangen. Religiöse Handlungskompetenz umschließt die Komponenten Sach-, Selbst-, Sozial,- Methoden- sowie Sinnkompetenz.

Die Leistung eines handlungsorientierten Religionsunterrichts liegt darin, noch sehr viel stärker – auch in expressiver Hinsicht – ästhetische Bildung mit zu berücksichtigen, dabei alle Sinneserfahrungen und die ganze Leiblichkeit als Ausdrucksformen des Religiösen einzubeziehen, so dass gerade die verbale und non-verbale Kommunikationskompetenz der Schüler Berücksichtigung findet. D. h.: Der Erwerb von Handlungskompetenz als Zielvorgabe von Religionsunterricht impliziert die Entscheidung für einen am ganzheitlichen Menschenbild orientierten Unterricht, indem die *Emotionalisierung von Erfahrungen* zum *Gegenstand des Unterrichts* erhoben wird.

Wenn der Lehrer die Schüler und Schülerinnen dort abholen will, wo sie stehen und ihre Bereitschaft, ihre eigene Lebenswelt und ihre eigene Religiosität in den Unterricht miteinzubringen, aufzugreifen versucht, bedeutet das, den Schülern wird Zeit gegeben, in dem handlungsorientierten Bewusstsein, dass sie Ziele zuerst als die ihren ansehen müssen, um sie handlungsorientiert einlösen zu wollen und zu können.

Kein anderes Unterrichtsfach nimmt bis jetzt eine solche „Schlüsselfunktion“ beim Aufbau des individuellen Werte- und Normensystems junger Menschen ein, wie der Religionsunterricht, der immer auch in Beziehung zu setzen ist mit gesamtgesellschaftlichen Rahmenbedingungen. Die rein persönlichen Erfahrungen und Reflexionen müssen also altersentsprechend in einen erweiterten Kontext von politischem Interesse, von technologischen und kulturellen Entwicklungen, kommunikativ-medialen Strukturen sowie religiös-christlichen Deutungen von Mensch und Welt gestellt werden.

2. Phasen des Bibliodramas – kein Steinbruch bibliodramatischer Elemente

Selbst wenn der Religionsunterricht definitiv darauf verzichtet, es als sein vorrangiges Ziel zu betrachten, den Schülern und Schülerinnen den christlichen Glauben vermitteln zu wollen, sondern vor allem zum Verstehen von Religion und Glauben beitragen will, muss es gelingen, den Religionsunterricht selbst zu einem Ort des Glaubens, zu einem Ort – zumindest ansatzweise – gelingender Korrelation, d. h. beziehungsstiftender Kommunikation zu machen. Eine so verstandene Zielformulierung findet ihre methodische Entsprechung in den fünf Zielebenen eines Bibliodramaprozesses.[8]

Zielebene	1	2	3	4	5
Handlungsebene	Einlassung/ Sensibilisierung	Berührung/ Konfrontation	Identifikation/ Auseinandersetzung	Differenzierung/Aktualisierung	Zusammenfassung/Ritual/Abschied

Ein bibliodramatisches Konzept ermöglicht den Schülern im bibliodramatisch angelegten Spiel Erfahrungen mit den Konsequenzen der eigenen Lebensentwürfe zu machen und sich im darauf folgenden

[7] Vgl. Englert, R.: Glaubensgeschichte und Bildungsprozeß. Versuch einer religionspädagogischen Kairologie, München 1985, S. 426.

[8] Vgl. Warns, E. N./Fallner, H. (Hrsg.): Bibliodrama als Prozeß, Bielefeld 1994, S. 6. Für detailliertere Ausführungen vgl. auch: Kirche und Schule, Dez. 1999. Ich halte – bei aller Offenheit des Unterrichtsgeschehens – eine ohne Operationalisierungsdruck vom Lehrer zusammengestellte Grobzielformulierung für wichtig, um im Unterrichtsprozess selbst die Sicherheit zu haben und zu vermitteln, dass der Lehrer/Leiter weiß, wohin er will.

Gespräch in der Gruppe kritisch mit der Frage auseinander zu setzen, inwieweit der eingeschlagene Weg dem eigenen Heil bzw. dem der Mitmenschen dienlich ist oder aber im Weg steht.
Deshalb muss der Unterricht selbst der Ort sein, wo die Schüler zumindest punktuell bzw. exemplarisch die konkrete Erfahrung machen (können), dass eine qualitativ veränderte Praxis sich bewährt und sich sowohl individuell als auch gesellschaftlich als heilsrelevant erweist. Ich bin der Meinung, dass die konkrete Praxis im Unterricht selbst die Wahrscheinlichkeit erhöht, die in der Schule gemachten Erfahrungen auch auf die außerschulische Situation zu übertragen.
Im Folgenden geht es um die Vorstellung jener konzeptionellen Prämissen, die ich für die Erstellung bibliodramatisch angelegter unterrichtspraktischer Bausteine für unentbehrlich halte. So impliziert die Einhaltung gruppendynamischer Grundregeln, dass die anwesenden Menschen selbst ernst genommen werden, dass die Schüler spüren: ich bin wichtig und dass dieses Erleben Vorrang hat vor der Würde alter Tradition oder moralischer, ethischer oder politischer Ansprüche.
Unabhängig von der jeweiligen Textstelle hat sich im Hinblick auf den Einsatz bibliodramatischer Elemente im Religionsunterricht folgendes Modell bewährt:

Phasenablauf für eine Doppelstunde mit bibliodramatischen Elementen:

I. Phase der Körperarbeit[9]
1. Warming up
2. Einfühlung in die Thematik
3. Partnerübung
4. Rollenfeedback

II. Kreative Phase[10]
1. Kreative Selbsterfahrung mit indirektem Textbezug (Assoziationssammlung)
2. Vorstellung der Ergebnisse
3. Konfrontation mit dem Bibeltext
4. Stuhltheater

III. Aufarbeitung und Gespräch[11]
1. Rollenfeedback (Gefühle, Eindrücke, Irritationen, Veränderungen der Schüler)
2. Doppeln (Gefühle, Eindrücke, Irritationen, Veränderungen der Zuschauer)
3. Aktualisierung
4. Beurteilung

Die Entscheidung für den Einsatz bibliodramatischer Elemente impliziert, dass folgende Grundparolen des Bibliodramas konsequent auch auf das Unterrichtsgeschehen angewendet werden.
„1. ‚Small is beautiful‘ oder ‚Keine Materialschlacht, kein kreativer Ausverkauf‘“[12].
„2. ‚Slow down‘ oder ‚Verlangsamung des Rezeptionsprozesses‘ (Tim Schramm).“[13].
„3. ‚Small is beautiful‘ und ‚Slow down‘ zusammen befördern und verlangen die Liebe zum Detail.“[14]
„4. Arbeit und Spiel mit dem Detail, im Mikrobereich und in Zeitlupe sind durch *Transposition* (Umsetzung, Übersetzung, Verwandlung) zu charakterisieren.“
Entscheidend für das Gelingen bibliodramatischer Unterrichtsprozesse ist die Sensibilität des Leiters der Gruppe gegenüber und seine Prozesskompetenz. Es lohnt sich zwar sicherlich auch für den Anfänger mit bibliodramatischen Elementen im Religionsunterricht zu arbeiten, aber je erfahrener und souveräner der Lehrer als Moderator von gruppendynamischen Prozessen agieren kann, umso intensiver lernen die Schüler im Verlauf des bibliodramatischen Prozesses sich selber und ihre eigenen (Kom-

---

[9] In dieser ersten Phase werden die Teilnehmenden eingeladen, etwas über die eigene Befindlichkeit mitzuteilen, den eigenen Körper wahrzunehmen, sich auf die sinnliche Erfahrbarkeit des Textes vorzubereiten, mental in der Gegenwart anzukommen, zu entspannen, Nähe zu den anderen Teilnehmenden aufzubauen und sich auf den Text einzustimmen. Zu verweisen ist hier auf die existentielle Notwendigkeit von Sicherheit im bibliodramatischen Prozess!

[10] In dieser zweiten Phase stehen erlebnishafte Zugänge zum Text und der Text selbst im Mittelpunkt. Angestrebt wird ein ganzheitliches Sich-Einlassen auf unterschiedlichste kreative Möglichkeiten zur Erschließung des Textes.

[11] Die dritte und letzte Phase gibt den Schülern Gelegenheit, über ihre Erfahrungen, die im Spiel gemacht worden sind, zu berichten und unter Bezugnahme auf die eigene Lebenswirklichkeit mit den anderen darüber zu sprechen. In der Aktualisierung findet schließlich in besonderer Weise das statt, was ich als Realisation von Gemeinschaft bezeichnen möchte. Wichtige Erfahrungen werden noch einmal bestätigt und in ein gemeinschaftliches Gesamtbild eingebracht.

[12] Martin, G. M.: Bibliodrama – ein Modell wird besichtigt, in: Kiehn, A. u. a. (Hrsg.): Bibliodrama, Stuttgart 1987, S. 44–64, hier: S. 62.

[13] Ebd., S. 63.

[14] Ebd.

munikations-) Verhaltensweisen, ihr Gegenüber, die anderen Mitschüler, den Lehrer/die Lehrerin besser zu verstehen.

3. Methodenkompetenz, die es für die Lehrenden und die zu Unterrichtenden in einem bibliodramatisch angelegten Religionsunterricht zu erwerben gilt

Ein bibliodramatisch angelegter Religionsunterricht setzt *beim Lehrer* die Methoden- und Sozialkompetenz voraus, in der konkreten Praxis zu erkennen,
- ob die Schüler und deren Lebenswirklichkeit im Mittelpunkt stehen;
- ob Schüler hier konkrete – auch sinnliche – Erfahrungen machen oder sich solche erinnernd vergegenwärtigen können;
- ob sie sich mit dem Unterrichtsgeschehen identifizieren und „Gelerntes" daher in ihre Lebenswelt integrieren können;
- ob sie für sich selbst und ihre Mitschüler sensibilisiert werden und lernen können, sich und ihre Gefühle wahrzunehmen und anderen gegenüber zur Sprache zu bringen;
- ob sie verschiedene Wahrnehmungen, Perspektiven und auch sich selbst in allen Widersprüchen akzeptieren und ernst nehmen dürfen;
- ob weder die ‚Heilstat Jesu' noch die Erwartungen widerspruchsfreier Logik und Argumentation zwischen ihrem Leben und dem Unterrichtsgeschehen stehen;
- ob hier Situationen entstehen, in denen Erinnerungen, Ängste, Phantasien und Hoffnungen der Schüler und Schülerinnen zum Bewusstsein und zur Sprache kommen und Erfahrungen als nicht arrangierbar ernst genommen werden;
- ob die Schüler, wenn sie mit einem Text wirklich persönlich in Berührung gekommen sind, neugieriger werden auf andere Auslegungen, geschichtliche Bedingungen usw.;
- ob auf diesem Weg Identitätsfindung, Integrieren des Gelernten in die Lebenswelt, d. h. Körper, Gefühl und Verstand umfassende Ganzheitlichkeit, möglich ist.[15]

Ein bibliodramatisch arbeitender Lehrer gewinnt zunehmend an Sicherheit folgende Fragen zu beantworten:
- Was fühlen, denken und wollen unsere Schüler eigentlich, und was brauchen sie?
- Was interessiert sie an der Bibel?
- Wie erfahren sie Religion, Glaube und Kirche?
- Wo kann ich als Lehrer bzw. Lehrerin ansetzen?
- Wie kann ich als Lehrer bzw. Lehrerin ansetzen?

Bezogen auf die didaktische Reihenplanung und fächerübergreifende Projekte fokussiert ein bibliodramatisch angelegter Religionsunterricht beim Lehrer folgende Fragehaltung:
- Wie können den Schülern im Unterricht Handlungsperspektiven eröffnet werden?
- Inwiefern kann der Religionsunterricht selbst zum Handlungsfeld werden, wo Schüler Gelerntes und Erworbenes, Kognitives wie Affektives, anwenden und sich dadurch aneignen können?
- Welche Felder sollen ihnen eröffnet werden?
- Wie kann die Korrelation von Lebenserfahrung und Glaubensüberlieferung zu einer Handlungsperspektive für praktische Nachfolge werden?
- Auf welcher Ebene ist der Einzelne in Kontakt?
- In welcher Tiefe der Einlassung befindet sich die Person, und wie kommt sie damit zurecht?
- Wie sind die Teilnehmer involviert?
- Welche Aufmerksamkeit, welcher Kontakt und welche Begleitung durch das Leitungsteam sind erforderlich oder notwendig?

Die Konzentration eines bibliodramatisch angelegten Religionsunterricht auf das Stellen von Fragen impliziert zugleich, dass für die Lösung der Fragen immer wieder zu prüfen ist: Welches Thema beginnt zu leben, bekommt Nahrung oder benötigt Nahrung?

[15] Vgl. Pohlmann: Bibliodrama im RU. Unterrichtsversuch über die „Heilung des Gelähmten" Sek. I, in: Religion heute 4/94, S. 118–123, hier: S. 119. Vgl.: Richtlinien und Lehrpläne für berufliche Schulen in Nordrhein-Westfalen. Katholische Religionslehre. Hrsg. v. Kultusminister des Landes Nordrhein-Westfalen Köln 1982; besonders S. 10–12, S. 18–20. Vgl. auch Gemeinsame Synode, Beschluß: Der Religionsunterricht 2.5.

Die Schüler werden befähigt in der konkreten Unterrichtspraxis darauf zu achten, dass die „Grundregeln der Gruppendynamik“ eingehalten werden:

- Entscheide selbst, mitzumachen oder dich zurückzuhalten;
- jeder respektiert jeden;
- Störung soll Vorrang haben;
- Beziehung beeinflusst die sachliche Auseinandersetzung;

Gelingt es mit Hilfe bibliodramatischer Elemente den Unterricht auf Identitätsbildung einerseits und Lebensbewältigung andererseits hin anzulegen, werden für die Schüler

- Begegnungen mit einem biblischen Text, seinen Kontexten, seiner Szene, seinen Botschaften und seinem Evangelium initiiert,
- theologische, historische und gesellschaftliche Zusammenhänge und Richtungen aufgedeckt,
- spirituelle Erlebnisse in existentieller Einbindung und in der Begegnung mit Menschen zugelassen,
- die Konfrontation mit Gotteserfahrungen, dem Gottes- und Menschenbild der Bibel und der Teilnehmer provoziert,
- Erfahrungen und Wahrnehmungserweiterungen mit sich selbst und mit anderen im Textraum als Gemeinde auf Zeit ermöglicht,
- Aktivierungen und Sensibilisierungen für Lebensthemen, Situationen und Perspektiven durch körperorientierte Arbeitsansätze und kreative Methoden provoziert,
- spontane Ausdrucksformen durch kreative Medien hervorgelockt,
- Erfahrungen im Bibliodramaprozess, methodische Zugänge und konzeptionelle Aspekte bewusst reflektiert und im Hinblick auf ihre Relevanz für eine veränderte Lebenspraxis problematisiert bzw. aktualisiert und
- die ästhetische Gestaltung als Aussage ernst genommen

Die Bereitschaft der Schüler, im Unterricht selbst Betroffenheit zuzulassen, sensibilisiert die einzelnen Teilnehmenden zunehmend, sich grundsätzlichen, tief gehenden Fragen zu stellen wie:

- Wer bin ich?
- Bin ich angenommen?
- Hat mein Leben eine Perspektive?
- Worauf vertraue ich?
- Wem bin ich wertvoll?

Die eigene soziale Vorfindlichkeit und ihre Wahrnehmung in der Korrespondenz zu einem Text ist Teil der konkreten Erfahrung im Hier und Jetzt. Dadurch, dass die Verhältnisse und Beziehungen der Gruppe durch den Text dynamisiert werden, gelingt es den Schülern immer besser, Antworten auf folgende Fragen zu finden:

- Wie befinden wir uns zueinander?
- Wer nimmt mich an?
- Wer lehnt mich ab?
- Welchen Stellenwert habe ich?
- Welche Rolle, welche Position möchte ich einnehmen?
- Welche Position wird mir in der Gruppe zugebilligt?

4. Unterrichtsbausteine aus der Reihe Lebendige Erfahrung in einem bibliodramatisch angelegten RU auf der Textgrundlage von Lk 15,11–32

1. Unterrichtseinheit:
Einstieg in bibliodramatisches Arbeiten – Ermittlung der eigenen Erfahrungsbereitschaft

2. Unterrichtseinheit:
Die Eruierung von Emanzipationsprozessen

3. Unterrichtseinheit:
Lk 15,20b–24: Die Bedeutung der Reich-Gottes-Botschaft als Beziehungsgeschehen[16]

Einstieg	Begrüßung
Aufbau der Lernsituation	Sch und L räumen Tische und Stühle (L erinnert: Barrieren) weg. Sch gehen durch den hergestellten Freiraum. Jeder Einzelne versucht sich, so weit wie er kann, auf das bisher noch unbekannte Kommende einzulassen.
Ankommen	Vorbereitung von Plakaten, die später benötigt werden: Sch schreiben mit einer Farbe ihrer Wahl ihren Namen auf die Vorder- und ihren Beruf auf die Rückseite des Plakates. Funktion: Sch sollen wahrnehmen, dass sie als Mensch und als Sch berufsbildender Schulen in den bibliodramatischen Unterrichts-Prozess einsteigen. Die beschrifteten Plakate werden zur Seite gelegt.
Warming-up/ Körperarbeit	Steh-Meditation[17]: Füße parallel, gleichmäßig belastet/Knie durchlässig/Becken in Mittelstellung/Wirbelsäule aufgerichtet/Kinn etwas senken, Hals gestreckt/Atem fließen lassen. 1. Übung: freies Gehen 2. Übung: Zielgerichtetes Gehen 3. Übung: Gehen mit Umwegen auf ein Ziel hin
Rollenfeedback	Erfahrungsaustausch
Kreative Phase	Gestaltung des Plakats: Die Empfindungen beim Durchschreiten der Gasse als Mensch bzw. als Berufsinhaber finden in der Gestaltung des Plakats ihren Ausdruck. Sch hängen sich die Plakate um, gehen durch den Raum und nehmen die Mitschüler und -schüler-innen mit der gestalteten und sichtbaren Plakatseite wahr.
Textbegegnung	L liest den Text zweimal vor. L verteilt im „Freiraum“ mit Begriffen beschriftete Arbeitsblätter: ‚Mutter, Erfahrung, Nachbar, Sünde, Mitleid‘. Die Begriffe ‚Vater und jüngerer Sohn‘ werden in die Mitte gelegt. L fordert die Sch auf, sensibel darauf zu achten, welcher Begriff sie am meisten anspricht, abstößt, provoziert, berührt und sich dorthin zu begeben. Die beiden Arbeitsblätter mit jeweils den meisten Interessenten kommen im Stuhltheater zu denen in der Mitte dazu.
Stuhltheater	Ausgewählte Begriffe: Jüngerer Sohn, Vater, ...[18]
Rollenfeedback	Sch und L sitzen im Kreis und beschreiben ihre Gefühle, Erfahrungen, Eindrücke, Irritationen, evtl. Veränderungen.
Aktualisierung	Je nach Verlauf des Stuhltheaters stellen sich die Schüler und Schülerinnen voraussichtlich den gesamtgesellschaftlichen Herausforderungen der Kleinfamilie heute unter besonderer Berücksichtigung geschlechtsspezifischer Rollenklischees und entwickeln Horizonte einer neuen Vaterschaft.[19]
Hausaufgabe	„Bitte bringt zur nächsten Stunde eine Decke bzw. ein Sitzkissen mit!“

[16] Die vollständige Unterrichtsreihe findet sich in: Lohkemper-Sobiech, G.: Bibliodrama im Religionsunterricht, Bd. 2, S. 222–239.

[17] Meditative Grundübung; vgl. dazu: Lander/ Zohner: Bewegung und Tanz, S. 127.

[18] Die Schüler entscheiden sich fast immer für die Begriffe ‚Mitleid‘, ‚Mutter‘ oder ‚Nachbar‘.

[19] Die frühere Form des Vaterseins war die des Bestimmens und Schützens, eine sogenannte vaterrechtliche oder patriarchalische Form. Die heutige Vaterschaft müßte partnerschaftlich angelegt sein. D. h.: das Kind sollte vom Vater angeregt werden können, wie ein Mann ist und daß es lohnend ist, so ein Mann wie der Vater zu werden oder einen Partner wie den Vater zu suchen. Er sucht in dem Vater ein Vorbild, aber nicht eins, das alles kann und immer Recht hat. Der Kommunikationspartner wird gesucht. Als der Vater selbst Kind war, wurden Gesellschaft, Welt und Familie anders gesehen. Dem Vater fehlen also selbst Vorbilder, seinen Kindern zu helfen, Erwachsene von morgen zu werden. Als Vorbild der Vaterschaft kann nicht mehr ein allgewaltiger Gott, ein Landesvater oder ein Vorgesetzter gelten. Vorbildliche Vaterschaft impliziert heute einerseits, daß „Mann“ eine beziehungsfähige, präsente Bezugsperson ist – auch für die Mutter; erst wenn der Vater Partner der Mutter ist, werden beide zu Partnern der Kinder und die Kinder zu Partnern der Eltern. Andererseits gilt „Mann“ heute als Autorität, wenn er Fachmann in einer Arbeitsgemeinschaft ist und Teamgeist entwickeln kann. Vgl. dazu: Goldstein, M.: Artikel „Vaterschaft“, in: Lexikon der Sexualität, Wuppertal 1970, S. 212f.

4. Unterrichtseinheit:
Lk 15,25–32 – Arbeit als Flucht vor der Möglichkeit gelingender zwischenmenschlicher Beziehungen

Einstieg	Begrüßung
Aufbau der Lernsituation	Sch und L räumen Barrieren weg.
Warming up/ Ankommen	Bibliodramaritual L führt kurz in die gegebene Situation ein (Erinnerung an den Morgen, Aufforderung, ganz anzukommen, tief in den Bauch einzuatmen, die eigene Anwesenheit, den eigenen Körper zu genießen.)
Körperarbeit	Einzelarbeit: - Körper im Stehen lockern, verschiedene Körperteile einzeln (Hände, Ellbogen, Arme, Schultern Körper, Gesicht); Bewegungscrescendo; - durch den Raum gehen, nach Musik (Neil Diamond: Die Möwe Jonathan); - bewegen, wie es der eigenen Befindlichkeit entspricht; - sich den Raum und die Anwesenden vergegenwärtigen; Blick nach unten, nach oben, geradeaus – das Gesichtsfeld bewusst wahrnehmen.
Partnerübung	- A lässt sich locker nach vorne aushängen; - B klopft A den Rücken, die Schultern, die Arme aus; - 3x die Wirbelsäule ausstreichen; - B richtet A auf: eine Hand dazu auf die Stirn, die andere in den Lendenwirbelbereich von A legen - Wechsel! - Austausch der beiden Partner über ihre Erfahrungen
Kreative Phase	L fordert die Schüler auf, sich auf ihr Sitzkissen zu setzen, die Hände zu einer Schale zu formen und zu öffnen. L legt eine Kugel hinein und fordert die Sch auf, sich vorzustellen, ihr ganzer Besitz läge in ihren Händen: „Schaut euch dieses kostbare Gut genau an! Fühlt und bewegt es! Beschäftigt euch in Eurer Phantasie mit den Fragen: - Wie gehe ich mit meinem Besitz um? - Will ich meinen Besitz gestalten? - Will ich für meinen Besitz kämpfen? - Will ich meinen Besitz oder einen Teil davon verschenken, teilen? - Will ich meinen Besitz mit Bedingungen verkaufen? - Will ich meinen Besitz Gewinn bringend anlegen? Ihr könnt aufstehen und mit Eurem Besitz machen, was ihr wollt."
Gemeinsamer Erfahrungsaustausch[20]	
Begegnung mit dem Text	L liest den Text (Lk 15, 25–32) ein erstes Mal vor L bietet zwei Identifikationsmöglichkeiten an: a) älterer Sohn b) ein diesem wohlgesonnener Knecht L liest den Text ein zweites Mal vor. Sch entscheiden sich für eine der beiden Möglichkeiten, L = Knecht[21]
Fakultativer Tafelanschrieb	*ÄLTERER SOHN* - pflichtbewusst - überhäuft Vater mit Vorwürfen - hat sich nichts vorzuwerfen (Einhaltung der Gesetzte) - Workoholic (leistungsorientiert) - kann den Bruder nicht annehmen (seine Sünde?)

[20] Zum Gestalten mit Formen und Farben im Bibliodrama vgl. Warns/Fallner: Bibliodrama als Prozeß, Bielefeld 1994, S. 34ff.

[21] Bei absoluter Ungleichheit der Gruppen, muß eine pragmatische Lösung gesucht werden. Ziel der Übung: der ältere Sohn macht die Erfahrung, sich verstanden zu fühlen.

	- gefangen im eigenen Denken und in eigenen Maßstäben - beziehungsmäßig ist er der Abwartende, der Passive, der Verweigerer L hält die Charakterisierung an der Tafel fest.
Stuhltheater	Vier Stühle werden in die Mitte gestellt. L ordnet jedem Stuhl einen der folgenden Begriffe zu: Vater, älterer Sohn, Angst, Traum. L liest ev. den Text Lk 15,25–32 noch einmal vor. L setzt sich auf den Stuhl des älteren Sohnes: „Ich *habe* Recht! Der Knecht findet das auch. Ich *habe* Recht, aber trotzdem *bin* ich schlecht drauf!"
Reflexion Erfahrungs-austausch	
Fakultativer Tafelanschrieb	L hält die verschiedenen Facetten der Vater-Figur an der Tafel fest, schreibt sie (optisch kontrastiv) neben die des älteren Sohnes: *VATER* - gütig - freundlich - entgegenkommend - offen - stiftet Glück, Freude, Frieden, Vertrauen - spontan, impulsiv - sprengt alle „normalen" menschlichen Verhaltensweisen - überschreitet Normen und Hierarchien - kann loslassen - lässt Entscheidungs- und Handlungsspielräume
Problematisie-rung	Der ältere Sohn befindet sich auch in einer Entscheidungssituation! *Möglichkeit a):* - er beharrt auf seinem Recht - er verweigert sich den anderen Menschen, der Feier, der Zuwendung. *Möglichkeit b):* - ihm ist die Beziehungsebene wichtiger - er geht auf den Bruder zu - er sprengt seine eigene Rüstung - er lässt Gefühle zu, - er gibt einen Vertrauensvorschuss
Aktualisierung/ Transfer	L wendet sich an die Sch: „Stell' dir eine ähnliche Entscheidungssituation vor! Mal' sie uns aus und versuch' dir vorzustellen, du müsstest dich entscheiden!" - Sch sprechen voraussichtlich die „Haben"-Orientierung in Partnerschaften (Partnersuche, Eifersucht, Sexualität etc.) an. - Sie nennen Beispiele für die „Haben"-Orientierung in der heutigen Gesellschaft. - Sie beschreiben Entfremdungsphänomene der Menschen untereinander, ihr Macht- und Leistungsstreben, ihre Frustrationsangst und Verhaltensweisen einer „Wegwerf-Gesellschaft" als Ausdrucksformen der Existenzweise des „Habens". - Sie problematisieren – fakultativ angeregt durch den L – die Frage, ob oder inwiefern eine am „Haben" orientierte Gesellschaft unweigerlich einer Katastrophe zusteuert.
Hausaufgabe	L kündigt für die nächste Woche den Besuch des „Evangelisten" Lukas an. „Der Evangelist Lukas stellt sich euren Fragen! Überlegt euch zu Hause, was ihr ihn fragen möchtet, könntet, und wie ihr das Treffen mit ihm gestalten möchtet." (fakultativ: Erstellung eines Fragenkatalogs) Sch bringen eine Decke oder Isomatte mit

5. Unterrichtseinheit:
Grundlegende Formen kommunikativ religiöser Praxis

- „Besuch des Evangelisten"
- das Erzählen und Verkündigen von Glaubensgeschichten
- Schüler und Schülerinnen auf der Suche nach dem eigenen Gottesbild

Einstieg	Begrüßung
Aufbau der Lernsituation	Sch gestalten den Raum so, wie es ihnen für ein Gespräch mit dem Evangelisten angenehm/passend erscheint. L holt den Religionskollegen ab[22], stellt ihn als Lukas, den Autor des Lukasevangeliums vor, gibt einige Hinweise zur Sch-Gruppe und Zielsetzung der Stunde und ordnet den Besuch in den Gesamtzusammenhang der Reihe ein.
Gesprächs-einstieg	Lukas eröffnet das Gespräch, betont seine Freude über das Interesse an seinem Evangelium, verweist auf die ihm bekannte aktuelle Skepsis, sich mit der Bibel zu beschäftigen; bringt sein Erstaunen über die Ergebnisse der Schülerarbeit mit einem bibliodramatisch angelegten Religionsunterricht zum Ausdruck (nennt konkrete Beispiele); verweist auf den Grund seines Besuches.
Autoreninter-view	Sch und evtl. auch die L stellen Fragen - zur Person des Evangelisten - zu den historischen Verhältnissen der Entstehungszeit - zu den Adressaten - zur Gesamtintention des Evangeliums - zum konkreten Gleichnis - zu den Figuren und wie er sie beurteile - zu seiner Beziehung zu Jesus - zur Überschrift - etc.
Diskussion	Sch diskutieren mit dem Evangelisten die Frage nach Gott, Fragen des Glaubens, den Anspruch des Evangeliums (Besitz, materieller Reichtum ⇔ Beziehungsfähigkeit; Notwendigkeit von Umkehr, wenn Umkehr, dann Freude über jeden wieder gefundenen Verlorenen → Parabel wird nicht nur auf Umkehr und Buße hin ausgelegt! Gottes unbegrenzte und unbedingte Barmherzigkeit, seine Freude über die Umkehr des Sünders stehen im Mittelpunkt. → Erfahrbar für die Menschen ist diese Liebe Gottes schon jetzt und hier im zwischenmenschlichen Miteinander, ihre Vollendung findet sie in der verheißenen Zukunft. Der Evangelist verabschiedet sich.
Aktualisierung	Sch machen sich auf die Suche nach ihrer eigenen Beziehung zu Gott. L bietet einen meditativen Zugang zum Glauben an: Das innere Bild erleben anhand des Psalms 23, mit anschließender Gestaltung (Malen des inneren Bildes).[23] „Ich habe die Augen geschlossen und spüre, wie ich mit meinem ganzen Körpergewicht auf dem Boden liege ... Ich spüre die Grenzen, zwischen denen mein Körper sich ausdehnt: meine Fußsohlen und meine Kopfhaut ..., meine seitlichen Grenzen, auch meine Haut, die nicht den Boden berührt, die mit der Luft oder meiner Kleidung in Verbindung steht ... Ich nehme meine Stimmung wahr, in der ich daliege und nehme mich an, wie ich mich jetzt vorfinde ... Ich fühle die gleichmäßige Bewegung meines Atems. Mein Atem führt mich in eine immer tiefere Ruhe hinein ... Ganz allmählich lasse ich vor meinem inneren Auge das Bild von einem Weg entstehen, auf dem ich wandere und der mich zu einem schöneren Ziel brin-

[22] Der Fachlehrer kann selbstverständlich auch selbst die Rolle des Evangelisten übernehmen, aber dann ist die Herstellung und Beibehaltung der Rollenidentität schwieriger.
[23] Zur detaillierten Beschreibung und Reflexion der methodischen Verfahren vgl. Kapitel 3/3.4 in: Lohkemper-Sobiech: Bibliodrama, Bd. 2.

	gen wird. ... Wie ist mein Weg beschaffen? ... Wie sieht die Landschaft aus? ... Ich werde heute jemanden besuchen, den man den ‚guten Hirten‘ nennt. Nach einiger Zeit taucht auch schon die große Wiese auf, die dem guten Hirten gehört ... Ich spüre das frische, weiche Gras unter meinen Füßen und da erscheint auch die Hütte, in der der gute Hirte wohnt. Ich schaue sie mir an ... Ich weiß: hier bin ich eingeladen, und klopfe an die Tür ... Der gute Hirte kommt heraus und begrüßt mich ... Er führt mich in die Hütte hinein an einen reich gedeckten Tisch. Was ist auf dem Tisch alles zu sehen? Ich esse und trinke mit dem guten Hirten ... Schließlich stehe ich auf, um zu gehen. Zum Abschied schenkt mir der gute Hirte etwas. Was ist es? ... Und er gibt mir ein Wort mit auf den Weg. Was sagt er? ... Nun gehe ich hinaus und suche mir auf der Wiese einen Platz zum Ausruhen ... Ich lasse das Erlebte noch einmal vorüberziehen und entscheide mich für ein Bild, das ich gleich malen werde ... Nun beenden wir das Bilderleben. Wir bewegen uns, recken und strecken uns ... Wir öffnen die Augen und orientieren uns wieder im Raum ... Dann stehen wir langsam auf und gehen ohne zu sprechen zum Malen über. Die Intimität meiner ganz persönlichen Beziehung zu ‚dem guten Hirten‘ bleibt gewahrt. Mein ganz persönliches Bild ist mein Geheimnis, das ich aus dieser Stunde mit nach Hause nehmen kann.“
Alternative	Sch schreiben Gott (anonym) einen Brief, in dem es um die eigene Beziehung zu Gott und den eigenen Glauben geht. L sammelt Briefe ein.

6. Unterrichtseinheit:
Ein Vater und zwei Söhne – Reportage

7. Unterrichtseinheit:
Lk 15, 11–32 – Aktualisierungen
Entwicklungen kleiner Szenen zur Relevanz von Lk 15,11–32 für Schüler und Schülerinnen heute

8. Unterrichtseinheit:
Miteinander feiern und teilen: zwei weitere grundlegende Formen kommunikativ-religiöser Praxis

5. Schlussbemerkung – Sinnstiftung durch Mut zur Lücke

Die radikale Überprüfung pastoraler Vermittlungsstrategien führte zu dem Versuch, über eine Fokussierung der Interaktionsprozesse im Religionsunterricht die Reich Gottes-Botschaft als Beziehungsgeschehen punktuell erfahrbar zu machen – ein viel zu hoher Anspruch? Ja! Ohne Zweifel muss der vorliegende konzeptionelle Vorschlag kritische Bibliodramatiker genauso provozieren wie jene Kollegen in der Schule, für die die Evaluation das entscheidende Kriterium für Lernerfolge darstellt. Die Grenzen der Anwendbarkeit bibliodramatischer Prozesse werden umso deutlicher, je stärker der Religionsunterricht gebunden bleibt an klassischen, institutionellen Vorgaben wie der Stundentafel, Benotungsdruck usw.. Hinzu kommt, dass bei aller Leitungskompetenz die entscheidenden Verantwortlichkeiten, sich auf das Erfahrungsangebot einzulassen oder sich zu verweigern, bei den Schülern selbst liegen. Außerdem laufen initiierte Prozesse weiter, wenn der Unterricht längst vorbei ist und Schüler wie Lehrer werden die Erfahrung machen, dass Gemeinschaftserfahrungen – ausgelöst durch bibliodramatische Elemente – in Unterrichtsprozessen gemacht werden können, ohne dass sie *gemacht* werden können. Die Aufzählung kritischer Anfragen könnte fortgesetzt werden. Letztlich fordern sie jedoch den einzelnen Religionslehrer zur radikalen Glaubensentscheidung heraus: Traue ich der Parteilichkeit und den Handlungsimpulsen von Bibeltexten? Traue ich den Schülern wie mir zu, den Herausforderungen, die Entscheidungssituationen apriori implizieren, gewachsen zu sein? Die theologische Begründung für die notwendige optimistische Gelassenheit der Religionslehrer, die mit bibliodramatischen Elementen arbeiten, liefert der biblische Glaube selbst. Biblische Geschichten sind tradiert worden und können nur tradiert werden im Namen dessen, der seine Gegenwart verspricht – in jeder Situation und in jeder Zukunft, als *Jahwe,* der da war, der da ist und der da kommen wird.

Gerhard Röckel

Grundschritte der Texterschließung

Textaufnahme – Textwiedergabe – Textbeschreibung – Textdeutung – Textbewertung – Textanwendung

1. Didaktische Hinweise

Der Grundsatz, wonach von unseren Schülern nur das als Leistung abverlangt werden kann, was ihnen im Unterricht auch vermittelt worden ist, gilt nicht nur für die Inhalte eines Faches, sondern auch für den Bereich der Methoden. Versteht man „Methode“ ganz anschaulich im Sinne des griechischen „met-hodos“ als „Weg zu etwas hin“, dann handelt es sich bei der Erschließung von Texten um bestimmte Wege, die der Leser mit dem Ziel geht, zum „tieferen Sinn“ eines Textes vorzustoßen.
Diesen tieferen Sinn zu finden, ist leichter gesagt als getan. Denn „Sinn“ ist nicht etwas Substantielles, objektiv Gegebenes, das vom Leser mit ausgeklügelten Methoden exakt aus einem Text herauszuholen wäre. Zudem erfährt der vom Autor intendierte „Sinn“ im Text „keine verläßliche Konservierung“ (Scherner). Zwischen der Intention des Autors, die sich auf den Adressaten richtet, und dem Verstehen des Lesers, der den Text rezipiert, besteht eine unvermeidliche „hermeneutische Differenz“ (Schutte 22f.), die es zu beachten gilt.
Nicht ohne Grund empfinden deshalb viele den „Weg“ des Verstehens von Texten als schwierig und unübersichtlich. Ihn überschaubar zu machen, wäre eine große Hilfe. Das kann dadurch geschehen, dass dieser Weg – bildlich gesprochen – in mehrere „Etappen“ eingeteilt, in Teil„strecken“ zerlegt und wenn möglich bis in Einzel„schritte“ hinein verdeutlicht wird. Durch eine solche Elementarisierung können auch komplizierte „Wege“ einfacher beschrieben, leichter nachvollzogen und vermittelt werden, sodass sie auch selbstständiger zu gehen sind.
In der gymnasialen Oberstufe gibt es kein Fach ohne Textgrundlagen, die bearbeitet werden müssen. Daher kommt auch kein Fach aus ohne Einsicht in grundlegende hermeneutische Fragestellungen und ohne Beherrschung eines methodischen Repertoires – verbunden mit einer entsprechenden Fachsprache. Die Tendenz geht zunehmend dahin, in der Schule den Bereich der Methoden gegenüber den Inhalten stärker zu betonen, die Notwendigkeit eines Methodenbewusstseins bei den Schülern zu unterstreichen und noch mehr als bisher den Aspekt des fachübergreifenden und fächerverbindenden Vernetzens von Methoden und Inhalten herauszustellen, weil man sich davon eine bessere Qualifikation der Schüler für die zukünftigen Anforderungen der Arbeitswelt verspricht.[1]
Von dieser Entwicklung ist auch der Religionsunterricht im Kanon der Fächer betroffen. Hinsichtlich der Erschließung von Texten kann er sich auf die methodische Vorarbeit und Begleitung der sprachlichen Fächer und vor allem des Deutschunterrichts stützen, ohne dass der Religionsunterricht dadurch an „Profil“ verlieren würde, wie manche allen Ernstes befürchten.[2] Für das Verstehen von Sachtexten und von literarischen Texten (die als Textsorten seit Jahren im Religionsunterricht ihren selbstverständlichen Platz gefunden haben), gibt es keine grundsätzlich eigenen, exklusiven, von diesem Fach für sich selber entwickelte „spezifische“ Verfahren.[3] Es ist daher unverzichtbar, auf bewährte und den

[1] Besonders deutlich ist diese Tendenz an den neuen Lehrplänen für die gymnasiale Oberstufe des Landes Nordrhein-Westfalen abzulesen, die ab dem Schuljahr 1999/2000 in Kraft treten (Verlagsgesellschaft Ritterbach mbH, Frechen 1999).

[2] So Georg Langenhorst: Vom Umgang mit Texten im Religionsunterricht: Notwendiges Übel oder Chance zur kreativen Gestaltung? In: ru 4/98, 142. Auf dem Hintergrund der Entwicklung am Gymnasium erscheint es mir reichlich naiv, die Anwendung bewährter Arbeitstechniken und Methoden der Textanalyse des Deutschunterrichts im Religionsunterricht negativ zu werten mit der Begründung, eine solche Textarbeit führe „zu einem Profilverlust im Vergleich zu anderen, gerade so arbeitenden Fächern“! Was Langenhorst hier unter der Überschrift „Textanalyse“ (S. 142f.) darbietet, entbehrt für die gymnasiale Oberstufe mit ihrer Vorbereitung auf Abitur und Studium nicht einer gewissen Komik, z. B. „Das Heraussuchen von Schlüsselbegriffen kann etwa in Form eines Kreuzworträtsels oder eines Lösungsspruchs erfolgen.“ Vielleicht werden ja die Prüfungsbedingungen in einigen Ländern noch stärker auf einen so gearteten Religionsunterricht in der gymnasialen Oberstufe zugeschnitten und das Abitur etwas „spielerischer“ gestaltet als bisher! Ich fürchte nur: Dies werden viele Zeitgenossen nicht für einen Profilverlust, sondern eher für einen Niveauverlust des Religionsunterrichts halten und noch stärker kopfschüttelnd die Frage stellen, was denn ein solcher Religionsunterricht am Gymnasium im Sinne der Wissenschaftspropädeutik zu suchen habe.

[3] Die Exegeten haben da z. B. im Hinblick auf die Auslegung der Bibel weit weniger Bedenken und ergänzen ihr methodisches Repertoire mit Verfahren der Linguistik, des Strukturalismus u. ä. Auch für die Erschließung biblischer Texte im Un-

Schülern schon aus dem Deutschunterricht vertraute Arbeitstechniken (z. B. Unterstreichungsformen, Gliederungsverfahren, Strukturierungsmöglichkeiten usw.) und Vorgehensweisen bei der Textanalyse mit ihrer entsprechenden Begrifflichkeit zurückzugreifen. *Fachspezifisch* wird diese Textarbeit im Religionsunterricht durch mehrere sich ergänzende Faktoren wie zum Beispiel:

- von bestimmten *Textsorten* her (z. B. Bibeltexte, lehramtliche Dokumente, theologische Sachtexte, kirchengeschichtliche Quellen usw.)
- durch die *Thematik* der ausgewählten Texte (z. B. Darstellung menschlicher Grunderfahrungen[4], besonders verdichtet in literarischen Texten, bildhaften Aussagen der Religionen usw.)
- durch die *Schwerpunktsetzung* bei der Anwendung der Aspekte und Schritte der Texterschließung (z. B. Reduktion der Analysetätigkeit auf wenige ausgewählte formale Besonderheiten als unverzichtbare Bedeutungsträger)

Hier sind so entscheidende Aspekte wie z. B. der Schülerbezug und die Zugänglichkeit einer Thematik usw. als Maßstab nicht genannt, weil sie für alle anderen Fächer ebenso gelten und nicht ein Vorrecht des Religionsunterrichts darstellen.

Die im Folgenden vorgestellten „Schritte" der Texterschließung beziehen sich in erster Linie auf die gymnasiale Oberstufe. Als Grundschritte des Verstehens gelten sie aber im Prinzip auch für andere Schul- und Altersstufen und können auf alle Textarten angewandt werden, wenngleich sich von gattungsspezifischen Besonderheiten her weitere differenzierende Konkretisierungen nahe legen.

In Kurzform dargestellt verläuft eine Texterschließung (nicht nur in der Schule) in folgenden miteinander verflochtenen Schritten:

Durch Lesen oder Zuhören wird zunächst jeder Text auf ganz subjektive Weise mit unterschiedlichen Reaktionen aufgenommen (*Schritt 1*). Der Leser will den Inhalt des Textes genauer kennen lernen und sich (im Gespräch mit anderen) vergewissern, worum es denn geht (*Schritt 2*). Er beobachtet neben inhaltlichen auch formale Besonderheiten als Eigenart des Textes und sieht, wie er „gemacht" ist (*Schritt 3*). Er fragt sich, welcher tiefere Sinn diesem so gearteten Text genauerhin zukommt (*Schritt 4*). Es drängt ihn danach, im Gespräch mit andern den persönlichen Standpunkt ins Spiel zu bringen, sich aufgrund seiner eigenen Erfahrung kritisch wertend mit den Aussagen und der Eigenart des Textes auseinander zu setzen (*Schritt 5*) und schließlich auf ganz subjektiv-kreative Weise „etwas mit dem Text anzufangen" (*Schritt 6*).

Diese Schritte des Verstehens folgen jedoch nicht einfach chronologisch aufeinander und führen nicht in gradliniger Direktheit zum Ziel. Vielmehr wird der Text dabei auf verschiedenen Ebenen mehrfach umkreist („hermeneutische Spirale"), wobei sich Spannungsfelder aufbauen, die den Lese- und Verstehensprozess bestimmen. So wirken sich zum Beispiel aus:

- die Gemeinsamkeiten und Unterschiede zwischen der eigenen subjektiven Wahrnehmung des Textes und den persönlichen Beobachtungen und Eindrücken der anderen Leser (z. B. einer Lerngruppe)
- der Wechsel von lesendem Voranschreiten und zurückblickendem Vergewissern bei der Sinn-Konstitution des Textes
- die Beziehung und Wechselwirkung zwischen dem Textganzen und den einzelnen Aufbauelementen

Auszugehen ist bei der Texterschließung natürlicherweise von der Perspektive des Lesers, das heißt: von seinen primären Wahrnehmungen. Die Konstitution des Textsinns beruht wesentlich auf der subjektiven Verarbeitung des Textes durch den Leser. Im Unterricht bewegt sich die gemeinsame Interpretationsbemühung in einer Mitte zwischen den subjektiven Eindrücken und Empfindungen („Anmutungen") der einzelnen Mitglieder der Lerngruppe und der methodischen Strenge eines rational begründbaren Erschließungsverfahrens, das für möglichst viele nachvollziehbar, überprüfbar und bewertbar sein sollte.

Um bei der folgenden Darstellung dieses Erschließungsvorganges bei Texten unnötige Missverständnisse zu vermeiden, sei betont:

1. Es handelt sich um eine idealtypische Darstellung, bei der die Komplexität des Deutungsgeschehens durch Elementarisierung und Strukturierung in Einzelschritten für die Arbeit im Unterricht inhaltlich und methodisch transparent gemacht werden soll. Dieses dargestellte Verfahren ist jedoch nicht identisch mit einer unterrichtlichen Verlaufsplanung zur „Behandlung" eines bestimmten Textes im Rah-

---

terricht sind solche Verfahren sehr hilfreich. Vgl. etwa die Analyse von Psalmen nach dem sog. Kommunikationsmodell (siehe die Literaturangaben).

[4] Siehe neuer Lehrplan des Landes Nordrhein-Westfalen: Gymnasiale Oberstufe, Katholische Religionslehre 1999, Abs. 1.2.1.

men einer Stunde. Hierfür fehlen wesentliche Elemente, die nur in einem konkreten Planungszusammenhang sinnvoll auszuwählen und zu begründen sind (z. B. Thema der Stunde, Zielsetzung, Lernvoraussetzungen der Schüler, besondere Eigenart des konkret vorliegenden Text-Mediums, beabsichtigte Schwerpunktsetzung, Wahl der geeigneten Einstiegs- und Vorgehensweise). Solche konkreten Entscheidungen fallen in die Kompetenz der einzelnen Lehrkraft und bestimmen dann das Vorgehen im Sinne der Auswahl, Reihenfolge und Gewichtung der Erschließungsschritte.
2. Es wäre verhängnisvoll zu meinen, an jedem Text müsste das gesamte System vollständig durchexerziert werden. Auch hier lässt sich das Vorgehen erst von den konkreten unterrichtlichen Voraussetzungen, Zielsetzungen und gewählten Schwerpunkten her sinnvoll bestimmen.
3. Außer dem Grundsatz, dass der Text in seiner inhaltlich-formalen Eigenart und Intention erst erkannt sein muss, bevor eine fundierte Beurteilung erfolgen kann, gibt es in Bezug auf die Reihenfolge der Schritte kaum verbindliche Festlegungen. Vor allem die als *Schritt 6* des Erschließungsprozesses genannte kreative „Textanwendung“ kann und soll an ganz unterschiedlichen Stellen der Arbeit am Text einsetzen. Welche der kreativen Möglichkeiten (siehe *M 2*) im Einzelfall zu wählen sind, kann erst auf der Grundlage einer didaktischen Analyse der relevanten Bedingungsfaktoren des Unterrichts (s. o.) begründet werden.
4. Wenn heute gegenüber den üblichen analysierenden, interpretierenden und argumentierenden Verfahren der Texterschließung ein *handlungs- und produktionsorientiertes Arbeiten* auch in der Oberstufe stärker ins Spiel gebracht wird, so ist bei aller verständlichen Euphorie zu betonen: Solche Ansätze *ergänzen* die analytischen Verfahren, aber sie können sie *nicht ersetzen*. Aufs Ganze gesehen wäre es bei der Arbeit mit Texten auch im Religionsunterricht wichtig, eine fruchtbare Balance zu halten zwischen den zwei Bereichen von Methoden:

Methoden der Analyse und Interpretation = rational begründbare und in ihrer Tragfähigkeit am Text überprüfbare Möglichkeiten des Textzugangs und des kritisch-distanzierten objektivierten Arbeitens am Text	*handlungs- und produktionsorientierte Verfahren* = subjektive Möglichkeiten eines aktiven, kreativen und spielerischen Zugangs zum Text und einer vertieften Auseinandersetzung mit ihm

5. Bei der Vermittlung von methodischen Schritten der Texterschließung teile ich nicht die skeptische Auffassung, dass „objektiv“ vorgegebene Einzelschritte, Frageraster und Untersuchungsaspekte mit bestimmten Analysetermini als ungeeignet zu erachten seien, weil sie der Fülle der Textsorten, der Besonderheit und Vielschichtigkeit eines jeden Einzeltextes, der „Offenheit“ seines „Sinnes“ und der Eigenart des hermeneutischen Verstehens nicht gerecht werden könnten.

2. Einige begriffliche Vorabklärungen

2.1 Was sind Texte?

Zur Beantwortung der Frage, was die Eigenart eines Textes ausmache, gibt die etymologische Herleitung des Wortes bereits eine erste Auskunft. „Text“ lässt sich zurückführen auf das lateinische „textum“ und bedeutet „Gewebe“, „Geflecht“, „Zusammenfügung“ – ein Sinngehalt, der heute noch im Begriff der „Textilien“ mitschwingt. Von dieser Grundbedeutung her ergibt sich ein Sinnbezug zum „handwerklichen Herstellen“. Der Begriff Text „gründet in der Übertragung dieses Bedeutungsgehaltes auf das Verfertigen von Gebilden aus sprachlichem Material, d. h. von ‚Gewebe‘ aus Rede oder aus Schrift. Die Vorstellung von deren Machart als einem zusammenhängenden Verbund sprachlicher Elemente kann demnach als der prototypische semantische Gehalt des Text-Begriffs gelten, der sich dann geschichtlich in einer Vielfalt von Differenzierungen und Spezifizierungen ausprägt.“[5]
Ein Text ist ein sprachliches Strukturgebilde, bei dessen Entstehung und Formulierung die inhaltlichen, formalen und klanglichen Einzelelemente nach bestimmten Regeln der Grammatik und Stilistik so miteinander verknüpft werden, dass sich ein Sinnzusammenhang ergibt.
In der heute bevorzugten Sicht stellen Texte gesprochene oder schriftlich fixierte sprachlich strukturierte Gefüge und Bedeutungseinheiten dar, die als Teil (d. h. Mittel, Gegenstand, Produkt) eines Be-

[5] Scherner, Maximilian: Art. Text, in: Historisches Wörterbuch der Philosophie, hg. von J. Ritter und K. Gründer, Band 10, Basel 1998, Sp. 1038

ziehungsprozesses zwischen Autor und Publikum auf Mitteilung, Verstehen und Handlung hin angelegt sind. Will der Autor den Text aus seiner Perspektive verfassen, versucht der Leser ihn aus der eigenen Perspektive zu verstehen. Texte sind somit dynamische, prozesshafte Sinn-Gebilde mit zwischen-menschlicher, sozialer, gesellschaftlicher, öffentlicher Bedeutung und Auswirkung, an deren Verwirklichung Verfasser *und* Leser in je besonderer Weise beteiligt sind. Ihrem Umfang nach können Texte eine Zeile, aber auch Hunderte von Seiten umfassen.

2.2 Was sind Textsorten?

Die moderne Literaturwissenschaft versucht die Fülle der Texte nach funktionalen, sozialen u. a. Kriterien zu klassifizieren und gegeneinander abzugrenzen. Als „Textsorten" werden Gruppen von Texten bezeichnet, denen aufgrund typischer Verwendungssituationen, ähnlicher Intentionen und intendierter Textfunktionen bestimmte inhaltliche, sprachliche und strukturelle Merkmale als typische Gestaltungsformen gemeinsam sind. Die Sprachgemeinschaft hat diese Textsorten als typisierte Formen des schriftlichen Sprachgebrauchs entwickelt, durch Konvention sanktioniert und durch die häufige Wiederverwendung für den Leser in ähnlichen Kommunikationssituationen zu erwartbaren und wiedererkennbaren Textschemata werden lassen.
Die Sprachverwendung ist allerdings nicht einheitlich. Der Begriff der ***Textsorte*** wird häufig eingeschränkt auf „Sachtexte", während für typische Gestaltungsformen im Bereich der literarischen, fiktionalen Texte eher der Begriff der „Gattung" verwendet wird. Nicht selten wird auch der Begriff der ***Textarten*** als umfassender Oberbegriff für alle Texte (Sachtexte und literarische Texte) herangezogen. Um die Fülle der Textsorten überschaubar zu machen und in ein System zu bringen, bietet das sog. Kommunikationsmodell (siehe unten 3.3) mit seinen Beziehungsfaktoren und Grundfunktionen der Sprache eine gute Hilfe zur Klassifikation.

2.3 Was sind literarische (fiktionale) Texte?

Sie gestalten Inhalte, Vorgänge, Ereignisse, die der Vorstellungskraft und Phantasie des Autors entspringen, also erdichtet und erfunden sind, die dem Leser jedoch durchaus als mögliche, denkbare und vorstellbare Wirklichkeit erscheinen. Sie spielen in einer „nicht-wirklichen" Welt, die aber als „wirklich" erscheint („fiktive Welt") und vom Leser als „bereichernd", „schön", „spannend", „unheimlich" usw. (etwa in Romanen, Erzählungen, Gedichten) erlebt werden kann. Diese erfundene Welt der Personen, Ereignisse, Vorgänge ist „fiktiv", aber nicht „fingiert", das heißt: es wird nicht der Eindruck vorgetäuscht, als ob diese Welt „wirklich" konkret im Sinne einer objektiv zugänglichen und identifizierbaren äußeren Realität sei (wie sie z. B. in Sachtexten zum Gegenstand gemacht wird).
Es bestehen zwar Verbindungen zur „realen Außenwelt", aber die gewohnte Welt wird „anders" gesehen, in Einzelheiten abgewandelt und umgedeutet. Die erfahrbare „Wahrheit" literarischer Texte liegt auf einer anderen Eben als die überprüfbare „Richtigkeit" von Sachtexten. Es geht um die Gestaltung einer tieferen Wahrheit und Erfahrung über den Menschen, sein Erleben und Erleiden, sein Verhältnis zum Mitmenschen, zur Natur, zu höheren Mächten (Schicksal, Gott) usw.
Weil das „Besondere" dieser Erfahrungen anders nicht angemessenen Ausdruck finden kann, wird in literarischen („dichterischen") Texten die Sprache „künstlerisch" eingesetzt. Sie entfaltet dabei eine starke Bildhaftigkeit, rhythmische Qualität und eine große Klang- und Bedeutungsfülle als ästhetische Effekte. Eine solche poetische Sprachverwendung weicht in syntaktischer und/oder semantischer Hinsicht ab vom üblichen Sprachgebrauch und entfernt sich weitgehend von der pragmatischen Relevanz der Alltagssprache: Wörter und Formulierungen bedeuten oft „mehr" als wörtlich dasteht. Dabei gibt es vier grundsätzliche Möglichkeiten der Abweichung: sprachlichen Figuren und Bilder können den normalen Ausdruck erweitern, verkürzen, ersetzen oder umstellen. Aufgrund dieser sprachkünstlerischen stilistischen Leistung schafft der literarische Text eine Eigenwelt mit vielfältigen Sinnbezügen, großer Stimmungshaftigkeit und gehaltlicher Verdichtung.
Als Merkmale weisen literarische (fiktionale) Texte auf:
- eine Sinnfülle bis zur Mehrdeutigkeit
- ästhetische Absicht und Gestaltungswille
- Schaffung einer eigenen Wirklichkeit (fantastischer bis realistisch geschilderter)
- weitgehende Zweckfreiheit (im Unterschied zu den Sach- und Gebrauchstexten)

Die sprachlichen Mittel können auch befremdlich wirken gegenüber der gewohnten einfachen Alltagssprache (z. B. in modernen Gedichten). Literarische Texte müssen daher in der Eigenart ihrer formalen, sprachlich-stilistischen und inhaltlichen Gestaltung beschrieben und gedeutet werden. Dabei hat sich gegenüber der Auffassung der 60er-Jahre vom literarischen Text als einem in sich geschlossenen, gleichsam unantastbaren Sinngebilde ein Paradigmenwechsel vollzogen: Im handlungs- und produktionsorientierten Literaturunterricht soll der Leser ausdrücklich in den Text eingreifen und auf kreative Weise mit ihm umgehen (siehe 3.6 und M 1).

2.4 Was sind Sachtexte (Fachtexte, expositorische Texte)?

Im Unterschied zu „fiktionalen" bzw. „literarischen" Texten beziehen sich Sachtexte unmittelbar auf Fakten, dienen vorwiegend praktischen Zwecken und sind in der Regel situationsabhängig. Sie sind vorrangig fachlich orientiert, informieren über Sachverhalte, machen also Aussagen über Dinge und Vorgänge, die es „in Wirklichkeit" gibt, die außerhalb des Textes in der Realität vorkommen und dort als Gegenstand verschiedener wissenschaftlicher Disziplinen erforscht, überprüft und eben in dieser besonderen Textsorte dargestellt werden können. Sie werden auch als „Wirklichkeitsberichte" bezeichnet. Mit den Informationen weisen sie zugleich auf Probleme hin, die sich in Bezug auf die „Wirklichkeit" (Welt, Natur, Wissenschaften, Gesellschaft ...) für den Menschen ergeben, und diskutieren („erörtern") sie.
Die in Sachtexten vermittelten Informationen dienen der Erweiterung unseres Wissens und der Vertiefung unseres Problembewusstseins; sie können gelernt und angewandt werden. Ihr Wirklichkeitsbezug gilt als nachprüfbar, das heißt: die Aussagen, Behauptungen, Argumente und Belege zu den dargestellten Sachverhalten lassen sich durch andere Untersuchungen verschiedener Fachgebiete, eigene Erfahrungen usw. überprüfen und kritisch bewerten. Die außerhalb des Textes existierende Wirklichkeit wird jedoch nicht einfach fotografisch exakt abgebildet; sie erscheint nicht unmittelbar, sondern als durch einen Autor mit Hilfe der Sprache vermittelte „dargestellte Wirklichkeit". Sachtexte sind in einer sachlichen Sprache abgefasst, können aber gleichzeitig sehr anschaulich und spannend sein.

3. Grundschritte der Texterschließung

3.1 Die Textaufnahme (Lesen/Hören/Reagieren)

1. Die *Bedeutung der Erstbegegnung:* Schon die *allererste Begegnung mit einem Text und dessen spontane subjektive Wahrnehmung* ist für den Prozess des Verstehens folgenreich. Die Textaufnahme führt nämlich zu vielfältigen spontanen Reaktionen gefühls- und verstandesmäßiger Art, die sowohl in der Eigenart des Textes ihre Ursache haben (z. B. spannende Handlung und interessante Schauplätze; oder auch lange Landschaftsbeschreibungen, komplexe Satzkonstruktionen, Häufung von Fremdwörtern usw.) als auch in persönlichen Voraussetzungen des Lesers oder Hörers begründet liegen (Erwartungen oder auch Befürchtungen beim Bekanntwerden des Titels, des Autornamens usw.; Lesegewohnheiten, Konzentrationsvermögen, momentane körperliche und psychische Befindlichkeit usw.). Direkte Zustimmung, aber auch Irritation, Langeweile und Ablehnung können eintreten, vielfältige Assoziationen wachgerufen, aber auch Verstehensschwierigkeiten und offene Fragen entdeckt werden. Das Ensemble solcher gefühls- und verstandesmäßiger Reaktionen verschmilzt bei dieser erlebnishaften Annäherung an den Text zu einem ersten, noch *subjektiv-naiven Gesamteindruck* von der Eigenart des Textes. So gefühlsmäßig und vage dieser „Eindruck" zunächst noch erscheint, so wird doch schon deutlich, in welche Richtung der Text inhaltlich und sprachlich auf den Leser wirkt und wie er ihn von daher „versteht" und wertet.
2. Zu überlegen ist daher im Voraus die Weise der *Textpräsentation und ihre mögliche Wirkung*: laut vorgelesen oder in Stilllektüre? vollständig an einem Stück oder in Teilabschnitte zerlegt (z. B. um die Wahrnehmung bewusst zu verzögern)? Die Funktion und Wirkung ist dabei sehr unterschiedlich. Ein geübter Sprecher vermag wohl durch seinen lauten Vortrag die inhaltlichen, formalen und klanglichen Besonderheiten eines literarischen Textes wirkungsvoller zu vermitteln als sie bei einer Stilllektüre in der Regel wahrgenommen würden. Andererseits wird das Bemühen um ein „sinngemäßes", „sinngestaltendes" Lesen bereits eine „persönliche Deutung" des Sprechers mittransportieren, die den wahrnehmenden Blick der Zuhörer beeinflusst – erwünschter oder unerwünschter Maßen. Diese Erfahrung

lässt sich auch methodisch gezielt für einen gemeinsamen Textzugang nutzen: Indem verschiedene Sprecher einen (literarischen) Text oder einen Auszug nacheinander laut vortragen, zeigen sie durch die Art der akustischen Gestaltung ihr spontanes und eventuell unterschiedliches „Erst-Verstehen" des Textes. Daraus kann sich für die weitere Arbeit ein Anstoß ergeben unter der *Fragestellung*:
- Was an dem *Text* ist so geartet, dass diese unterschiedliche Wirkung ausgelöst wird?
- Was als Eigenart unserer *Person* kann die unterschiedliche Wirkung mitverursachen?

3. Werden die spontanen Reaktionen einer Gruppe von Lesern auf den Text versprachlicht, das heißt: anderen mitgeteilt und dadurch bewusst gemacht, so kann auf der Basis dieses momentan wahrgenommenen Besonderen des Textes als erster Verstehensansatz in ein, zwei Sätzen eine *Arbeits- und Interpretationshypothese bzw. eine Leitfrage* formuliert werden, unter der die genaue Textanalyse (Schritt 2) stehen soll. Diese Hypothese bzw. Frage wird sich in der Regel auf einen oder mehrere der folgenden Aspekte beziehen:
- Um welches *Thema* bzw. welche *Fragestellung* geht es wohl?
- Welcher *Hauptinhalt*, welche zentralen Aussagen scheinen im Vordergrund zu stehen?
- Was ist vermutlich die *Intention*, das heißt: was möchte der Autor wohl beim Leser erreichen? (z. B. informieren, Stimmung machen für oder gegen etwas, das Denken und die Einstellung ändern, Handlungen auslösen usw.).

Diese Hypothese soll als selbstgewählte Leitidee den anschließenden systematisch angelegten Textzugriff (Schritt 2–5) steuern, die Vielfalt der möglichen Aspekte bündeln und das Textverstehen insgesamt erleichtern. Versuchsweise können auch mehrere Hypothesen formuliert werden. Die gezielte Arbeit am Text entscheidet dann über den Grad der Richtigkeit der Arbeitshypothese(n). Sie kann aufgrund nachweisbarer Textaussagen auch nachträglich noch differenziert, oder auch umformuliert werden.

3.2 Die Textwiedergabe (Inhaltsangabe)

1. Ihre *Aufgabe* ist es, den Inhalt eines Textes sachlich-objektiv, knapp und mit beschreibenden eigenen Worten zusammenhängend wiederzugeben – unter Verzicht auf kommentierende oder wertende Formulierungen.

2. Bei einem *Sachtext* informiert die Inhaltswiedergabe über das Thema, die wesentlichen Informationen und gedanklichen Schwerpunkte in ihrem inneren Zusammenhang (Gedankengang, Argumentationsstruktur).

Typische Aufgabenstellungen für die Inhaltswiedergabe von Sachtexten lauten etwa (mit wechselnder Begrifflichkeit):
- Geben Sie den Inhalt des Textes mit eigenen Worten wieder.
- Fassen Sie die wichtigsten Aussagen des Textes zusammen.
- Arbeiten Sie die Hauptaussagen/Hauptgedanken/Kernaussagen des Textes heraus.
- Geben Sie die Hauptgedanken/Hauptthesen des Textes in ihrem Argumentationszusammenhang/ihrer gedanklichen Struktur/ihrem gedanklichen Aufbau wieder.

3. Bei einem *literarischen Text* (z. B. einer Kurzgeschichte, einem Roman, einem Drama usw.) hat die Textwiedergabe die Aufgabe, in geraffter Form und mit eigenen Worten den Handlungsverlauf in seinen wichtigsten Stationen und Ergebnissen sachlich zusammenzufassen, die wichtigsten Figuren (Charakter und Motive) und tragenden Konflikte, die Schauplätze und Zeiten vorzustellen und deren inneren Zusammenhang (z. B. Verhältnis Ursache – Wirkung) zu verdeutlichen.

Dieser nacherzählbare *Inhalt* baut sich bei epischen oder dramatischen Werken aus vier Elementen auf, zwischen denen eine innere Verbindung besteht und die dem Leser eine Vorstellung von der „erzählten" Welt ermöglichen:
- die *Handlung* als Abfolge von Ereignissen zur Veränderung einer Ausgangssituation (Was geschieht?)
- die *Personen* (Figuren), die Handlungen ausführen, verursachen oder erleiden (Wer handelt?)
- der *Ort* des Geschehens als Umwelt und Schauplatz der Ereignisse und Handlungen (Wo geschieht etwas?)
- die *Zeit* als Zeitdauer und zeitliche Abfolge, in der etwas geschieht (Wann geschieht etwas?)
- die *Erzählperspektive,* mit der Personen, Ereignisse und Schauplätze präsentiert werden (Wer sieht und erzählt was?)

4. Zur Erleichterung der Inhaltswiedergabe kann bei beiden Textarten als erste Hilfsmaßnahme eine *Einteilung in Sinnabschnitte* vorgenommen werden. Solche „Sinn-Abschnitte" sind eigenständige Bedeutungseinheiten, die daran erkennbar sind, dass inhaltlich etwas Neues beginnt an Gedanken, Ereignissen, Handlungsschritten. Solche Abschnitte können im Text z. B. durch das Zeichen // abgegrenzt und sichtbar gemacht werden. Daran kann auch die inhaltliche Gliederung als Abfolge der Hauptaussagen bzw. Hauptereignisse des Textes abgelesen werden. Wird sodann für jeden der gekennzeichneten Sinn-Abschnitte eine zusammenfassende Formulierung gefunden – sei es in Form einer Überschrift oder in einem kurzen Satz –, dann lässt sich unter Verwendung dieser Kurzaussagen auch leichter eine knappe Inhaltsangabe als zusammenhängender Text erstellen.
Die Textwiedergabe ist in der Regel *Bestandteil einer umfassenderen Aufgabenstellung* (z. B. als erste Teilaufgabe in einer Klausur) und hat dann die Funktion, die Hauptaussagen bzw. Handlungsschritte des Textes inhaltlich zu sichern und damit die Basis zu schaffen für die anschließend zu leistende, meist aspektgeleitete Textbeschreibung (Schritt 3) und Textdeutung (Schritt 4). Da die Inhaltsangabe ihrer Intention nach informieren will, sollte der Schreiber sich einen Adressaten vorstellen, der den Originaltext nicht gelesen hat, dem er aber den Inhalt (gedankliche Schwerpunkte, Handlungsverlauf usw.) verständlich vermitteln will (siehe Beispiel *M 2*).

3.3 Die Textbeschreibung (Analyse)

1. Ihre *Aufgabe* ist es, die inhaltliche, sprachliche und formale Eigenart eines Textes in seinen wesentlichen Merkmalen mit Hilfe von Fachbegriffen zu beschreiben und zu charakterisieren – als notwendige Vorstufe der Textdeutung (Schritt 4). Nicht die Vollständigkeit einer exakten Beschreibung aller Textmerkmale ist dabei das Ziel; sinnvoll ist vielmehr eine Auswahl solcher Merkmale, die auch als wesentliche Grundlage für die Deutung der Aussage, Wirkung und Intention des Textes genutzt werden (können).
2. Bei *Sachtexten* beschreibt und charakterisiert dieser Schritt mit Hilfe von Fachbegriffen die Eigenart des Textes in Inhalt, Aufbau, Sprache und Form: die genaue Textart, den verdichteten Informationsgehalt (als kurze Zusammenfassung; keine Wiederholung der Textwiedergabe!), den gedanklichen Aufbau (Gliederung, Art der Gedankenentwicklung, Argumentationsstruktur), wichtige sprachlich-stilistische Gestaltungsmittel und ihre Wirkung sowie im Rückschluss auf all diese Beobachtungen: die erkennbare Absicht (Intention) des Textes bzw. Autors.
Bei *argumentativen Texten* liegt ein besonderer Schwerpunkt auf der Beschreibung und Kennzeichnung der Eigenart, der Funktion und des inneren Zusammenhangs wichtiger Textteile als Bestandteile einer Beweisführung. Dabei sind „Aufbau-Elemente" und „Argumentations-Elemente" zu unterscheiden:
Aufbau-Elemente sind z. B.: Einleitung, Überleitung, Hauptteil, Höhepunkt, Schlussteil; Einschub, Zusammenfassung, Auswertung, Lösung usw. Durch die Kennzeichnung von Textteilen mit Hilfe dieser Begriffe lassen sich einzelne Aussagen oder ganze Sinnabschnitte in ihrer Funktion für die Entfaltung des Themas und in ihrem inhaltlichen Stellenwert für das Textganze bestimmen und zuordnen.
Argumentations-Elemente sind z. B.: Frage, These (Behauptung), Argument, Gegenbehauptung, Beispiel, Beleg, Schlussfolgerung, Definition, Begriffsklärung, Erläuterung; Voraussetzungen, Konsequenzen, Einschränkungen, Bedingungen usw. Diese Begriffe bezeichnen Bausteine der Argumentation, mit deren Hilfe die Eigenart der „*Argumentationsstruktur*" als Gedankenbewegung (aus Behauptungen, Begründungen und Beispielen u. a.) beschrieben und gekennzeichnet werden kann. Beim Verfahren der „Beweisführung" kann so der gedankliche Weg („Gedankengang") und das gedankliche Verhältnis der Aussagen zueinander in den Einzelschritten bestimmt und überprüft werden.
3. Bei *appellativen Texten* (z. B. Reden, Briefe, Gebete, Psalmen u. a.), die sich in der Regel an einen bestimmbaren Adressatenkreis wenden mit der Absicht, eine Reaktion, d. h. eine Einstellungs- und/oder Verhaltensänderung zu erreichen, hat sich das *„Kommunikationsmodell"* als Analyseinstrument besonders bewährt[6]. Es geht davon aus, dass jeder Text in einer Kommunikationssituation steht und dabei von vier Seiten her konstituiert und in seiner Eigenart bestimmt wird: Es gibt einen *Sprecher* (Verfasser/Autor), der den *Angsprochenen* (Leser/Zuhörer als Adressaten/Publikum) etwas Bedeutsames und Wahres über die „Wirklichkeit" (die Welt, die äußere oder innere Situation usw.) als

---

[6] Siehe die Vorstellung, Skizze und unterrichtliche Anwendung des Verfahrens in: Röckel, Gerhard: Zur Analyse von Psalmen mit Hilfe des „Kommunikationsmodells". Ein Versuch zu Psalm 8 in der Jahrgangsstufe 11. In: Religionsunterricht an höheren Schulen, 36. Jahrgang, 1993, Heft 3, 178–185.

im Text *Besprochenes* (Gegenstand, Inhalt, Sachbezug) möglichst wirkungsvoll mit Hilfe der *Sprache* (Medium, Darstellungsform) nahe bringen will. Der Text ist hierbei als sicht- oder hörbare Erscheinungsform einer Mitteilung über einen „Gegenstand" das eigentliche sprachliche Phänomen und Gegenüber des Lesers, während die anderen Momente (Verfasser und Leser/Hörer) „außersprachliche" Faktoren sind. Der Verfasser will wirken, der Leser setzt sich der Wirkung aus und will verstehen.
Die Kommunikationssituation kann auch eine fiktive sein, so innerhalb eines epischen, dramatischen oder lyrischen Textes. Der Sprecher tritt dann als „lyrisches Ich" oder als „Erzähler" in Erscheinung.
Die *Beschreibung (Analyse) appellativer Texte k*ann sich an dem folgenden *Untersuchungsraster mit seinen Leitfragen* ausrichten (Reihenfolge ist freigestellt):

- Wer spricht hier?
- Was kann über die Persönlichkeit, Eigenart, Rolle und Biographie des Sprechers erschlossen werden? Was sagt er über sich selbst (Selbstbild)?
- Wen spricht der Sprecher an?
- Welches Bild vom angesprochenen Leser oder Hörer wird deutlich? Welche Absichten und Erwartungen ihnen gegenüber sind aus dem Text zu erschließen?
- Worüber wird gesprochen?
- Welches Thema, welche Ereignisse, Gegenstände, Wirklichkeitsbereiche, Wertvorstellungen usw. werden behandelt und stehen inhaltlich im Mittelpunkt?
- Wie wird gesprochen?
- Welche Darstellungsform und besondere sprachliche Mittel werden eingesetzt? Wie wirken sie? Welche Absichten stehen dahinter?

Diese Fragen können das Unterrichtsgespräch strukturieren, stellen aber auch bewährte Arbeitsaufträge für Stillarbeit, Partner- oder Gruppenarbeit dar. Sie konzentrieren den Blick unmittelbar auf den Text und seine Eigenart und helfen das gefundene Material sachlich zu gliedern und übersichtlich anzuordnen (z. B. werden die Arbeitsergebnisse zu jeder Frage gesondert auf einem Folienteil erfasst; alle vier Teile lassen sich bei der Vorstellung schrittweise zu einem Ganzen zusammenfügen). Zur Arbeitserleichterung können vorbereitend auf dem Textblatt alle zu einer bestimmten Frage passenden Aussagen mit derselben *Farbe* unterstrichen werden (z. B. blau = Sprecher, gelb = Angesprochene, rot = Besprochenes, grün = Sprache). So wird nichts Wichtiges übersehen und die anschließende *zusammenfassende Deutung* (Schritt 4) kann auf der Basis dieses Materials systematisch erfolgen.
Das überschaubare Analyseverfahren mit seinen vier Aspekten lässt sich bereits in der Sekundarstufe I vermitteln. Die Schüler der Sekundarstufe II gewinnen schon nach zwei, drei Anwendungsbeispielen genügend Sicherheit für die selbstständige Anwendung in einer Klausur.
4. Bei der Beschreibung von *literarischen Texten* kommen weitere bzw. anders akzentuierte Aspekte in den Blick (siehe näherhin die Gesichtspunkte unter Schritt 2):

- *Lyrik:* Form (äußere Gedichtgestalt, Versmaß, Reimform, Klang, Rhythmus) und sprachlich-stilistische Machart (Satzbau, Wortwahl, poetische Bilder, Ton- und Sprechweise)
- *Erzählung:* Handlung, Personen, Räumlichkeit, Zeitgestaltung, Erzählperspektive
- *Drama:* Dialog und Monolog, Bühnengeschehen (Handlung, Figuren, Raum, Zeit), Aufbau/Bauform usw.

5. *Zusammenfassung:* Die Textbeschreibung sucht das Besondere des jeweiligen Textes systematisch auf drei Ebenen zu sichern, um ein geeignetes Ausgangsmaterial für die Deutung (Schritt 4) zu gewinnen:

- *die Form-Analyse:* Erfassung der für die äußere Erscheinung eines Textes konstitutiven Elemente, wie z. B. Abschnitte, Kapitel, Strophe, Verse, Reime; Klang, Rhythmus u. a.
- *die Struktur-Analyse:* Bestimmung der charakteristischen Aufbau-Elemente und ihrer Beziehung zueinander, wie z. B. der innere und äußere Aufbau, der Gedankengang (Argumentationsstruktur), die Ereignisfolge, die Personenkonstellation, das Motivgeflecht u. a. Hilfreich zur Verdeutlichung sind hierbei „Strukturskizzen"
- *die Stil-Analyse:* Erfassung und Kennzeichnung der sprachlich-rhetorischen „Machart", der prägenden Gestaltungselemente und ihrer Wirkung wie z. B. grammatisch-syntaktische Mittel (Satzbau: Art, Länge, Struktur, Satzformen, Verbformen, Wortarten usw.), Stilebenen, Bildlichkeit, stilistische Figuren, u. a. Dabei sind nur *relevante Stilmittel* auszuwählen, das heißt solche, die für die spätere Deutung (Schritt 4) wichtig sind. Sie sind daran erkennbar, dass sie quantitativ und/oder qualitativ auffallen, das heißt: entweder öfter vorkommen (Wiederholungen von Wörtern, Bildern, Satzbau ...) und/oder einen ungewöhnlichen sprachlichen Charakter aufweisen (auffallender Sprachgebrauch, Wortneuschöpfungen und Kombinationen ...).

3.4 Die Textdeutung (Interpretation)

1. Die *Aufgabe* der Textdeutung ist es, auf der Grundlage der Textbeschreibung (vgl. 3.3) und des Textwortlauts die *vertiefte Sinnerschließung* mit Hilfe geeigneter Fragestellungen und der gezielten Anwendung eines methodisch geregelten Verfahrens zu leisten. Die Frage an den Text lautet dabei nicht: „Was hat der Autor/Verfasser/Dichter sagen wollen?" sondern: *„Was sagt der Text?"* Zu ihrer Beantwortung ist ein mehrfaches intensives Lesen zum Ende des Textes hin und wieder zurück zu seinem Anfang erforderlich. Dabei wird deutlich werden, ob sich die aufgestellte Arbeits- und Interpretationshypothese (vgl. 3.1) bewährt, das heißt: vom Text her abgedeckt ist. Ausgegangen wird von den in Schritt 3 als zentral erkannten und beschriebenen inhaltlichen und sprachlich-stilistischen Besonderheiten, die nun *aufeinander bezogen* werden. Dabei kann das Vorgehen auf zweierlei Weise geschehen: a) die beobachteten Textelemente (Schritt 3) werden entweder in einem *linearen Textdurchgang* (= in der Reihenfolge ihres Vorkommens) in einen Zusammenhang gebracht und gedeutet (geeignet besonders bei kürzeren bzw. einfachen Texten) oder b) das Vorgehen ist *aspektgeleitet* und erfolgt von übergeordneten Kategorien her, die entweder vom Lehrer als Hilfestellung vorgegeben werden oder von einer versierten Lerngruppe selbst als sinnvoll und tragfähig erachtet werden (siehe als Basis die Aspekte zu Sachtexten und literarischen Texten oben in Schritt 3). Neben den textimmanenten Elementen müssen besonders bei älteren Texten auch textexterne Faktoren für die Deutung herangezogen werden.

2. Die *textimmanente Deutung* versucht alle in der Textbeschreibung als wesentlich festgestellten *textinternen Einzelbeobachtungen formaler, inhaltlicher und struktureller Art* zusammenzuschauen. Das heißt: die festgestellten Ergebnisse werden gewichtet, unter deutenden Gesichtspunkten zusammengefasst, miteinander verbunden und in ihrem inneren thematischen Zusammenhang sowie in ihrer Funktion und Wirkung für das Textganze verdeutlicht. Aus diesem Befund kann auf Absichten geschlossen werden, die dieser Gestaltung zu Grunde liegen. Bei den für den Religionsunterricht ausgewählten Texten besteht der tiefere thematische Zusammenhang häufig in anthropologischen Aspekten (z. B. Bild vom Menschen), theologischen Perspektiven (z. B. Gottesbild), weltanschaulichen Positionen, biblischen Bezügen (z. B. eschatologische Hoffnung), religiösen Erfahrungen, ethischen Grundsätzen usw.

3. Je größer der zeitliche und räumliche Abstand ist, der zwischen dem heutigen Leser und dem Autor und seinem Werk liegt, desto größer wird auch der geistige Abstand sein, und Verständnisschwierigkeiten verursachen, die werkimmanent nicht zu überwinden sind. Es ist daher nötig, auch *textexterne (textübergreifende) Aspekte als zusätzliche Quelle und Erschließungshilfe* heranzuziehen, wie z. B. der geschichtlich-gesellschaftliche Kontext des Autors, seines Werkes und ursprünglichen Leserkreises. Dieser Entstehungshintergrund trägt besonders bei älteren Texten (z. B. biblischer, dogmatischer, philosophischer, kirchengeschichtlicher u. a. Art) zum tieferen Verstehen des Sinnes, durch die Verdeutlichung ihres Gewordenseins und ihrer Eigenart, bei. Als Deutungsaspekt wird aber auch der Erfahrungs- und Verstehenshorizont des heutigen Lesers und Interpreten ins Spiel gebracht und mit den Entstehungsbedingungen des Textes verglichen.

Näherhin lassen sich die *externen Bedingungsfaktoren eines Textes* konkretisieren als:

- das politische, soziale, kulturelle Umfeld; die gesellschaftlichen Zustände zur Zeit der Abfassung
- die biographische und persönliche Situation des Autors bei der Abfassung
- die Eigenart und Entstehung seiner besonderen Weltsicht
- die Stellung des Autors in der Gesellschaft seiner Zeit
- Motive und Intentionen bei der Abfassung
- der ursprünglich vorgesehene Leserkreis und die Wirkung des Textes auf zeitgenössische und spätere Leser (Rezeptionsgeschichte); die Wirkung auf den heutigen Leser und Interpreten mit ihrem Erfahrungs- und Verstehenshorizont (Vergleich)
- die Wirkung des Textes auf den heutigen Leser – Vergleich zu heute
- die Bedeutung der Thematik, des Stoffes und Inhalts zur Entstehungszeit – Vergleich zu heute
- der Stellenwert des Werkes in der Geschichte der Textgattung (charakteristische Gattungsmerkmale)
- das Verhältnis der Sprache zu den Stilnormen der Entstehungszeit
- die Einbettung des Werkes in die literaturgeschichtliche Epoche (epochentypische Merkmale)
- eventuelle literarische Vorbilder und Einflüsse und ein Vergleich mit ihnen
- die Stellung des Textes im Denken und Gesamtwerk des Autors (Einordnung)

Das Ensemble dieser textimmanenten und textexternen Beobachtungen und Erkenntnisse hat den Zweck, dem vom Verfasser beabsichtigten „Sinn“ möglichst nahe zu kommen. Die Aussage- und Wirkungsabsicht (Intention) des Textes bzw. Autors kann dabei nur auf der Basis der Beschreibung der sprachlichen Gestaltungsmittel angemessen erkannt werden.
In schriftlicher Form (z. B. bei einer Klausur) umfasst und belegt die Interpretation sowohl den hermeneutischen *Prozess* des Verstehens als auch das bei diesem Verstehensprozess gewonnene *Resultat*.

3.5 Die Textbeurteilung (Erörterung, Auseinandersetzung, Bewertung, Stellungnahme)

1. *Aufgabe und Eigenart:* Verstehen eines Textes bedeutet nicht, mit ihm einverstanden zu sein und seinen Sinngehalt willig zu übernehmen. Daher kann und soll nach der Beschreibung und Deutung eines Textes eine wertende Auseinandersetzung mit den Aussagen erfolgen, die aber stets eine begründende sein muss.
Die Textbeurteilung umfasst im Wesentlichen *zwei Schritte*:
- Der Leser lässt sich zunächst auf den im Text vermittelten Standpunkt (z. B. Wirklichkeitsauffassung, Menschenbild usw.) ein, versucht ihn nachzuvollziehen und zu verstehen.
- Der Leser setzt sich mit dem Textstandpunkt auseinander, erörtert ihn, nimmt Stellung und bewertet ihn, indem er zustimmt, ablehnt, differenziert, ergänzt usw. – wobei alle Aussagen zu begründen sind.

2. Bei *Sachtexten* kann zum Beispiel der zentrale Sachverhalt, die vertretene Überzeugung (z. B. politischer, religiöser, ethischer u. a. Art), ein wichtiges Problem, ein markanter Satz usw. ins Bewusstsein gerückt und konfrontiert werden mit anderen Sichtweisen und Wertungen – sei es auf der Basis der eigenen Erfahrung oder von Aussagen anderer Autoren, Interpreten und Instanzen (z. B. Lehramt der Kirche) her.
Speziell bei *argumentierenden Sachtexten* können u. a. folgende Leitfragen für das eigene Erkennen und Urteilen hilfreich sein:
- Welche Argumente überzeugen mich? Welche erscheinen anfechtbar?
- Wo denke ich anders?
- Wo benötige ich weitere Informationen?
- Wo liegen ungenannte Voraussetzungen zu Grunde?
- Wie schätze ich die Zahl, Eigenart und Wirkung der Beispiele ein?
- Wie beurteile ich die Art der Darstellung?, die Vorgehensweise?, die Angemessenheit zur Erreichung der Absichten?

3. Bei *literarischen Texten* kann Gegenstand der Erörterung und Beurteilung unter anderem sein:
- das Wirklichkeitsverständnis, das Bild vom Menschen und von der Gesellschaft, die Auffassung von der Natur, die Vorstellung vom Transzendenten usw.
- Handlungsweisen, Eigenschaften und Wertmaßstäbe von Personen des Textes, wie sie durch Reden und Handeln offen oder verschleiert zutage treten

In beiden Textarten können neben wertenden Aussagen zum Inhalt aber auch Beobachtungen zu Form, Intention und Wirkung des Textes aus persönlicher Sicht vorgestellt werden.

3.6 Die Textanwendung (Handlungs- und Produktionsorientierung)

Gegenüber den üblichen Umgangsweisen mit Texten (wie etwa analysierend, interpretierend, argumentierend, redend usw.) stellt dieser Ansatz gerade im Religionsunterricht eine enorm bereichernde, von seinen Intentionen her wertvolle Ergänzung dar.
1. Sinn und Intention dieses Schrittes liegen darin, auf unvoreingenommene, spontane Weise einen persönlichen Zugang zu einem Text zu finden, ihn sich phantasievoll zu Eigen zu machen und sich aktiv und kreativ mit ihm auseinander zu setzen. Der Leser verlässt dabei seine gewohnte rezeptive Haltung und wird zum Koproduzenten des Textes. So kommen auch die persönlichen Gefühle, Gedanken, Standpunkte, die ganze Lebensgeschichte der Lesenden/Schreibenden ins Spiel. Im Zusammenwirken von eigener Phantasie, kommunikativem Handeln und Austausch mit den Mitproduzenten erfolgt eine ungewöhnlich intensive „Sinnaktualisierung“ und persönliche Auseinandersetzung mit dem Text und seiner Aussage (was z. B. bei biblischen Texten zu neuen Entdeckungen führen kann).

2. Verfahren: Der Leser wird ausdrücklich dazu ermutigt, spielerisch mit dem Text umzugehen (gleich um welche Textsorte es sich dabei handelt), in den Text einzugreifen, ihn nach- und umzugestalten, in der Perspektive und Intention zu verändern, ihn weiterzuschreiben, in den heutigen Horizont hinein zu erzählen, auf die eigene Lebenssituation hin zu transformieren oder auch spielerisch, pantomimisch, musikalisch, zeichnerisch usw. in unbefangen subjektiver Weise auf den Text zu reagieren und aus ihm einen neuen zu machen (siehe die Fülle der Möglichkeiten: M 1). Die Textanwendung stellt dabei eine Art kreatives „Problemlösungsspiel" dar, das an ganz verschiedenen Stellen der Texterschließung einsetzen kann. Eigene handlungs- und produktionsorientierte Gestaltungsversuche können bereits der ersten Textbegegnung (Schritt 1) vorausgehen, einzelne Verstehensschritte vorbereitend vorwegnehmen, die Textanalyse begleiten oder die Interpretation abschließen, weiterführen und vertiefen.
3. *Leistung*: Ein Vergleich der eigenen Gestaltung mit dem Bezugstext hilft dabei, die inhaltlichen und formalen Besonderheiten des Originaltextes und seine Aussage genauer zu erkennen und besser zu verstehen und offen zu werden für die Tatsache, dass sich sowohl die Produktion als auch die Interpretation von Texten immer vor dem Hintergrund eines geschichtlich-gesellschaftlichen Kontextes ereignen und von persönlichen Lebenserfahrungen und -einstellungen geprägt sind, die sich auswirken, besonders wenn der Text schon Jahrzehnte oder gar Jahrhunderte alt ist.
4. *Stellenwert*: So sehr der handlungsorientierte, produktive Umgang mit dem Text als kreatives „Problemlösungsspiel" angesehen werden kann (s. o.), das den Schülern Freude bereiten soll, so ist dies nicht der einzige Zweck. Über die „Produkte" und kreativ gewonnenen Ergebnisse sollten die Schüler miteinander ins Gespräch kommen, um zu klären, welche Erfahrungen sie dabei gemacht haben und inwiefern diese wiederum zu einem tieferen Verstehen des Textes geführt haben. Durch das Miteinandersprechen und Nachdenken kann bewusst werden, welcher „Lernertrag" auf diese kreative Weise gewonnen wurde und inwiefern er über die im Unterricht sonst üblichen analysierenden, interpretierenden, argumentierenden Verfahren der Texterschließung hinausgeht und sie ergänzen kann. Kritisch ist jedoch anzumerken: Die dabei neu produzierten Texte oder sonstige „Produkte" haben nicht denselben Rang wie der biblische, literarische u. a. Ausgangstext und sollen und können diesen nicht ersetzen.

4. Zusammenfassende Übersicht zum Erschließungsprozess von Texten

Die verschiedenen Ansätze, Schritte und Perspektiven der Erschließung von Texten können folgendermaßen zusammengefasst und systematisiert werden:

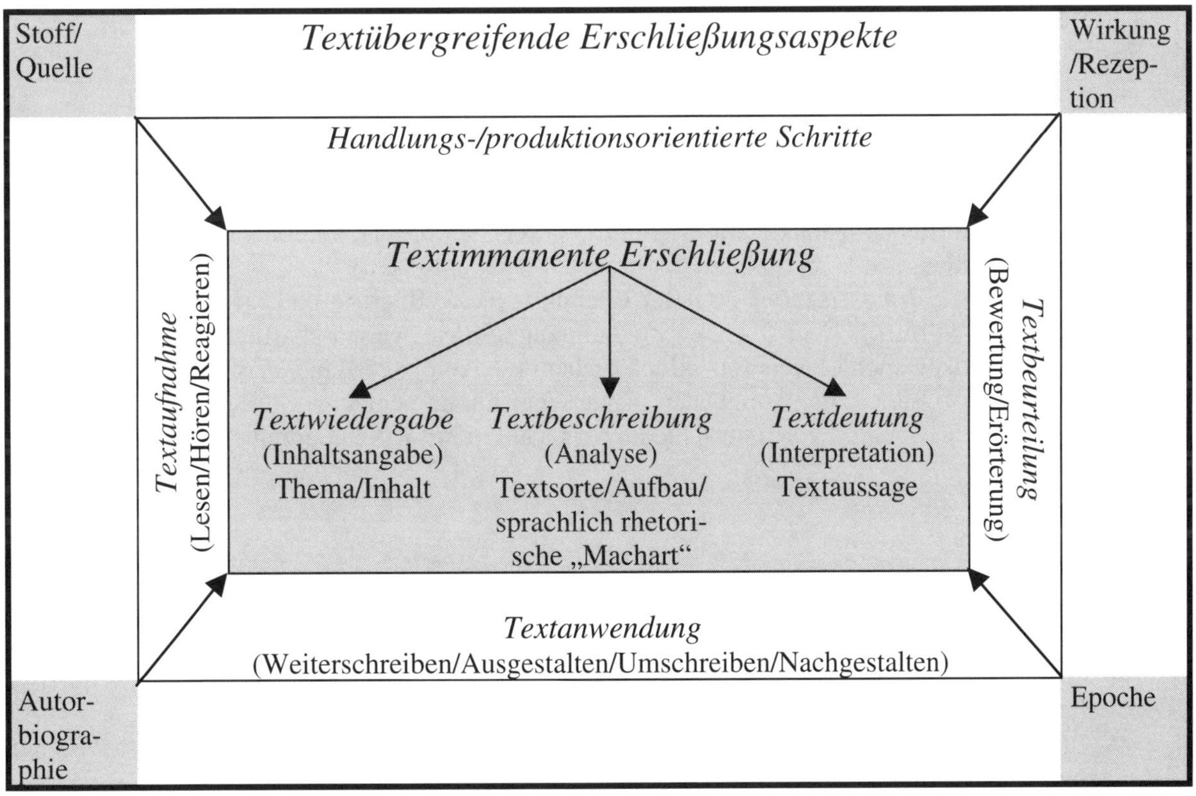

5. Literaturhinweise

Biermann, Heinrich/Schurf, Bernhard (Hg.): Texte, Themen und Strukturen. Grundband Deutsch für die Oberstufe, Düsseldorf (Cornelsen) 1990.

Fritzsche, Joachim: Zur Didaktik und Methodik des Deutschunterrichts. Band 3: Umgang mit Literatur. Stuttgart (Klett) 1994.

Haas, Gerhard/Menzel, Wolfgang/Spinner, Kaspar H.: Handlungs- und produktionsorientierter Literaturunterricht. In: Praxis Deutsch, Heft 123, 1994, 17–25.

Klarer, Mario: Einführung in die neuere Literaturwissenschaft, Darmstadt (WBG) 1999.

Kohrs, Peter (Hg.): Deutsch in der Oberstufe, Paderborn (Schöningh) 1998.

Pollei, Ralf: Kritischer und produktionsorientierter Deutschunterricht. In: RAAbits Deutsch/Literatur, November 1992, 3–9.

Röckel, Gerhard: Umgang mit dem Medium „Text". Elementare Arbeitstechniken im Religionsunterricht der Sekundarstufe II. In: Religionsunterricht an höheren Schulen, 34. Jg., 1991, Heft 5, 306–311. Auch in: *Lenhard, Hartmut (Hg.),* Arbeitsbuch Religionsunterricht. Überblicke – Impulse – Beispiele, Gütersloh (Gütersloher Verlagshaus Gerd Mohn) 1996 (3., neu bearb. und erw. Aufl.), 139–141.

Röckel, Gerhard: Zur Analyse von Psalmen mit Hilfe des „Kommunikationsmodells". Ein Versuch zu Psalm 8 in der Jahrgangsstufe 11. In: Religionsunterricht an höheren Schulen, 36. Jg., 1993, Heft 3, 178–185.

Röckel, Gerhard: „Laßt euch nicht verführen!" Zur Auseinandersetzung mit einem frühen Gedicht von Brecht in der Sekundarstufe II. In: Religionsunterricht an höheren Schulen, 41. Jg., 1998, Heft 5, 323–331 [Das Gedicht wird nach den oben dargestellten „Grundschritten" erschlossen.].

Röckel, Gerhard: 1. Grundschritte der Texterschließung. 2. Die Erarbeitung von argumentativen Sachtexten. In: „Observer" (Zeitung des Seminars Hamm) Nr. 4, September 1998, 2–6.

Scherner, Maximilian: Art. Text, in: Historisches Wörterbuch der Philosophie, hg. von J.Ritter und K.Gründer, Basel 1998, Sp. 1038–1044.

Schutte, Jürgen: Einführung in die Literaturinterpretation. Stuttgart/Weimar (Metzler) 1993 (3. Aufl.).

Stadler, Hermann (Hg.): Texte und Methoden. Lehr- und Arbeitsbuch Oberstufe. Mündliches und schriftliches Arbeiten. Reflexion über Sprache. Medien. Band 1, Berlin (Cornelsen) 1995.

Stock, Alex: Produktiver Umgang mit Texten. In: Umgang mit theologischen Texten. Methoden – Analysen – Vorschläge. Zürich/Einsiedeln/Köln 1974, 68–72.

Waldmann, Günter: Produktiver Umgang mit Literatur. In: Taschenbuch des Deutschunterrichts. Grundfragen und Praxis der Sprach- und Literaturdidaktik, hg. von *Günter Lange* u. a., Bd. 2: Literaturdidaktik: Klassische Form, Trivialliteratur, Gebrauchstexte, Baltmannsweiler 1998 (6. vollst. überarb. Aufl.), 488–507.

Leicht zugängliche Nachschlagewerke (hilfreich für die Anwendung der literaturwissenschaftlichen Begrifflichkeit)

Best, Otto F.: Handbuch literarischer Fachbegriffe. Definitionen und Beispiele, Fischer Taschenbuch 11958, Frankfurt 1994 (überarb. und erw. Aufl.). [Sehr knappe Definitionen, versehen mit Beispielen; nur Sachbegriffe.]

Schweikle, Günther u. Irmgard (Hg.): Metzler Literaturlexikon. Begriffe und Definitionen, Stuttgart 1990 (2. überarb. Aufl.). [Nur Sachbegriffe; umfänglichstes, wissenschaftlich anspruchsvollstes einbändiges Lexikon nach Meyers Enzyklopädischem Lexikon in 25 Bänden, oft ausführlicher.]

Zirbs, Wieland (Hg.): Literaturlexikon. Daten, Fakten und Zusammenhänge, Berlin (Cornelsen Scriptor) 1998. [Bes. für Schüler; von unterschiedlicher Qualität; mit Kurzbiographien von Autoren.]

6. Materialien

M 1: Anregungen für den produktiven Umgang mit Texten („Textanwendung" in unterschiedlichen Phasen der Texterschließung)

Weiterschreiben:

1. eine unterbrochene/abgebrochene Geschichte weitererzählen/weiterschreiben lassen, z. B. den Erzählanfang, Handlungsschritte, den Schluss

2. eine Person der Erzählung schreibt einen Brief an eine andere Person (auch an eine fiktive), verfasst einen Tagebucheintrag oder führt ein Telefonat zu einem Ereignis der Geschichte
3. eine Person erzählt aus der Rückerinnerung (z. B. nach 10 Jahren, im Alter usw.) und zeigt die Folgen oder Auswirkungen einer Handlung auf
4. Personen in unsere gegenwärtige Umwelt/Lebenswelt versetzen und agieren lassen (als Freund/Freundin; Klassenkamerad, Mitglied der Familie ...)
5. sich selbst als handelnde Figur in die Geschichte einbauen (in eine schwierige Situation, einen Konflikt usw.) oder selber das Geschehen als stiller Beobachter erzählen

Ausgestalten:
1. einen Erzählkern/eine Textstelle zu einer Geschichte, einem Zeitungsartikel, einer Reportage u. a. ausbauen
2. eine Textstelle als Monolog oder Dialog gestalten
3. Lücken oder Sprünge in der Handlung ausfüllen
4. neue Handlungsschritte dazu erfinden
5. Erfinden einer Rahmenhandlung oder einer Vorgeschichte zu einem Text
6. Schreiben einer Parallelepisode
7. die mögliche Weiterentwicklung von Personen darstellen
8. mögliche Gedanken von Personen als Sprech- und Denkblasen gestalten
9. den Steckbrief einer Person erstellen

Umschreiben:
1. einen in Abschnitte zerschnittenen Text neu zusammensetzen
2. vertauschte Textabschnitte neu ordnen, um das Original herzustellen
3. gestrichene Sätze und Passagen eines Textes wieder ergänzen
4. einzelne Textelemente (z. B. Handlungsschritte; Textanfang, Schluss; Aussagen von Personen) so verändern, dass die Geschichte eine andere Wirkung und einen neuen Sinn erhält
5. die Intention und den Stil des Textes verändern (z. B. einen appellativen Text kritisch-distanziert formulieren; aus der Darstellung eines Sachverhalts eine Rede gestalten; einen nüchternen theologischen Sachtext in eine anschauliche kindgemäße Form bringen; in die Sprache Jugendlicher fassen ...)
6. für den Erzähltext eine andere Textsorte/Darstellungsform wählen (z. B. Zeitungsmeldung, Politikerrede, Predigt, Brief, Hörspiel, Drehbuch, Comic usw.)
7. Personen in ihrem Äußeren und/oder in ihrem Charakter verändern bzw. vertauschen (z. B. aus dem Freund einen Feind machen; Alter, Geschlecht und Beruf einer Figur ändern usw.)
8. die Erzählform ändern (statt Er-Form Ichform); einen Vorgang aus der Sicht einer anderen Figur erzählen oder gleichzeitig aus der Perspektive mehrerer Personen
9. das Geschehen in einem anderen Milieu ansiedeln
10. die Geschiche als Traum erzählen
11. den Text einer vergangenen Epoche aktualisierend umschreiben
12. ein Ereignis der Gegenwart in eine vergangene Zeit verlegen

Nachgestalten:
1. Entscheidungs- und Konfliktsituationen des Textes im Rollenspiel nachspielen (evtl. mit alternativen Lösungen), z. B. als Gerichtsverhandlung, bei der eine Figur angeklagt und verteidigt wird, bevor ein Urteil ergeht
2. den Erzähltext in ein Hörspiel umgestalten oder szenisch zu einem Theaterstück ausgestalten und es vorführen
3. Briefe an Figuren verfassen, die darauf antworten
4. bestimmte literarische Form wählen (z. B. Kurzgeschichte, Sage, Fabel, Ballade) und dabei die typischen Merkmale verwirklichen
5. Text unter Beibehaltung der Form mit neuem Inhalt füllen (parodieren)
6. zu einem erzählenden Text ein Standbild mit den beteiligten Figuren bauen.
7. auf eine Figur des Textes einen Nachruf verfassen
8. eine Rezension (Besprechung) des Buches schreiben, einen Werbetext verfassen
9. den Text illustrieren

M 2: Beispiel einer Textwiedergabe

Text von Brigitte Schwaiger (Schriftstellerin)	*Lösung in einer Klasse 9*
Wenn die Großmuter gesagt hat: „Na, der Herrgott“, dann war das nicht furchtbar. Da war der liebe Gott mehr wie ein Hausfreund. Einer, den sie gut kannte, der fast gemütlich war. Mein Vater hat vom „Himmelsvater“ gesprochen: Schaut Kinder, was für ein schönes Wetter der Himmelsvater heute gemacht hat. Dann war Gott für uns Schönheit der Natur, Himmel, Gras, Vogelzwitschern. Aber meine Mutter hat bei mir eigentlich den bösen, unheimlichen Gott herbeigerufen. Einer, der für mich bis heute meine tägliche Gewissensqual ist. – Später habe ich sie darauf angesprochen. Da hat sie zugegeben: Ja, mit dir wären wir beinahe nicht fertig geworden! Religion war also ein Bändigungsinstrument für sie. Sie hat mich unterworfen und besiegt mit dem Wort „Gott“. *Aus: Hubertus Halbfas, Religionsbuch für das 9./10. Schuljahr, Düsseldorf (Patmos) 1991, S. 50*	Die Schriftstellerin Brigitte Schwaiger beschreibt in diesem biographischen Textauszug verschiedene Gottesbilder ihrer Kindheit. *[= Einleitung: Autor, Textart, Thema]* In drei gedanklichen Schritten (Sinnabschnitten) wird das Thema der Gottesbilder und ihrer Auswirkungen in der familiären Erziehung entfaltet: Die Großmutter sieht in Gott einen „Hausfreund“. Der Vater wiederum weckt die Vorstellung vom Gott in der Natur. Die Mutter jedoch benützt Gott als erzieherisches Mittel: er soll Angst auslösen und das Kind in Schach halten. *[= Hauptteil: Wiedergabe des Textinhalts]* Der Text zeigt, wie hilfreich, aber auch wie gefährlich die in der Erziehung vermittelten Vorstellungen und Bilder von Gott für die Entwicklung unserer Persönlichkeit sein können. *[= Schluss: persönliche Äußerung/Wertung]*

M 3: Beispiel einer Texterschließung mit allen Schritten in einer Jahrgangsstufe 12

Textauszug: Feuerbach, Das Wesen der Religion (1845)[7]
Der Mensch glaubt Götter nicht nur, weil er *Phantasie* und *Gefühl* hat, sondern auch, weil er den *Trieb hat, glücklich zu sein.* Er glaubt ein seliges Wesen, nicht nur, weil er eine Vorstellung der Seligkeit hat, sondern weil er selbst selig sein will; er glaubt ein vollkommenes Wesen, weil er selbst vollkommen zu sein wünscht; er glaubt ein unsterbliches Wesen, weil er selbst nicht zu sterben wünscht. Was er selbst nicht ist, aber zu sein *wünscht*, das stellt er sich in seinen Göttern als seiend vor; *die Götter sind die als wirklich gedachten, die in wirkliche Wesen verwandelten Wünsche des Menschen*; ein Gott ist der in der Phantasie befriedigte Glückseligkeitstrieb des Menschen. Hätte der Mensch keine Wünsche, so hätte er trotz Phantasie und Gefühl keine Religion, keine Götter. Und so verschieden die Wünsche, so verschieden sind die Götter, und die Wünsche sind so verschieden, als es die Menschen selbst sind. Der Trieb, aus dem die Religion hervorgeht, ihr letzter Grund ist der *Glückseligkeitstrieb*, und wenn dieser Trieb etwas Egoistisches ist, also der *Egoismus*.

Die Schritte der Erschließung
Die folgende Darstellung greift auf *Unterrichtserfahrungen aus einer Doppelstunde in einem Grundkurs 12* im Rahmen einer Einheit „Gott bestreiten“ zurück und zitiert zum Teil Ergebnisse daraus. Dennoch handelt es sich nicht um einen Stundenentwurf im engeren Sinne, bei dem Schritt für Schritt konkret gezeigt würde, *wie* die hier skizzierten Aspekte und Ergebnisse mit den Schülern zu erreichen sind. Einige der dazu nötigen Arbeitsaufträge, Fragen und Impulse sind zwar genannt, in der Mehrzahl müssen sie aber von den Unterrichtenden selber in Kenntnis ihrer Lerngruppe und im Kontext der beabsichtigten Ziele formuliert werden. Es kam darauf an, die oben theoretisch dargestellten Schritte einer Texterschließung in ihrem Ablauf und inneren Zusammenhang so zu veranschaulichen, dass eine Vorstellung von dem Verstehensprozess möglich wird. Zugleich soll dabei der Blick geöffnet werden für Möglichkeiten der Akzentuierung und Reduktion bei der Erarbeitung eines Textes im Religionsunterricht, um der Befürchtung zu wehren, der Religionsunterricht müsse zum Deutschunterricht wer-

[7] Textabdruck in: Akzente Religion 4: Spuren Gottes. Vom Unbedingten reden, hgg. von Georg Bubolz und Ursula Tietz, Düsseldorf 1995, S. 38; Forum Religion 5: An Gott glauben, hg. von Werner Trutwin, Düsseldorf 1984, S. 92; Konzepte 2: Gott und Gottesbilder, erarb. von Gebhard Neumüller und Franz W. Niehl, Frankfurt/München 1977, S. 13.

den. Aber ohne einen transparenten, methodisch soliden Zugriff auf Texte unter Anwendung von Fachbegriffen geht es auch im Religionsunterricht nicht.
Das Medium, auf das sich die Ausführungen beziehen, liegt hier als Text*auszug* vor (und dazu noch als ein sehr kurzer), bietet aber einen in sich fassbaren und eingrenzbaren gedanklichen Zusammenhang und Sinngehalt, der sowohl hinsichtlich der inhaltlichen als auch der sprachlich-stilistischen Seite untersucht werden kann.

1. Die Textaufnahme (Lesen/Hören/Reagieren)
Nach dem Vorlesen des nicht vorbereiteten und ohne Überschrift ausgeteilten Textes durch einen Schüler, reagiert die Lerngruppe mit spontanen Kommentaren wie: „Da ist was Wahres dran!“ – „Gott ist ein menschliches Ideal.“ – „Das ist gut nachvollziehbar.“ – „Götter entstehen durch Menschen.“ – „Die Menschen brauchen Gott zu ihrem Glück.“ – „Das ist komisch formuliert: ‚Der Mensch glaubt Götter‘.“ – „Gott existiert gar nicht wirklich!“– „Das sind doch alles nur Behauptungen!“
Es zeigt sich hier schon, in welche Richtungen der Text auf die Schüler wirkt (z. B. als Bestätigung einer bereits vorhandenen Auffassung), welche inhaltlichen Aspekte sich aufdrängen (Wunschvorstellung, Glückseligkeitstrieb) und auch schon Hinweise auf sprachliche Besonderheiten („Götter glauben“, Charakter der Aussagen als „Behauptungen“). Von diesen Reaktionen, Eindrücken und Beobachtungen her, sollen die Schüler eine *Anfrage an den Text* formulieren, die sie als zentral ansehen und die die weitere Arbeit am Text steuern könnte. Zum Beispiel: „Ist Gott nur eine Einbildung des Menschen?“ „Glauben Menschen nur an Gott, weil sie ihn zu ihrem Glück brauchen?“ – „Wird diese Vorstellung von Gott dem christlichen Glauben gerecht, wenn man an die Person Jesu Christi denkt?“
Im Sinne von *Arbeits- bzw. Interpretationshypothesen* wären Formulierung denkbar und festzuhalten wie: „Das Streben nach Glück ist der stärkste Antrieb für den Glauben an Gott“ (so ähnlich auch die Überschrift in: Akzente 4, 38). Oder auf die vermutete Intention bezogen: „Feuerbach will die Menschen dazu bringen, die Religion rational zu durchschauen und realistischer zu leben.“ Eine interessante Hypothese könnte sich (für gute Deutschschüler) auf den in der Spontanphase geäußerten Eindruck von der sprachlich-stilistischen Eigenart des Textes stützen: „Der Autor trägt seine Aussagen als Behauptungen vor, bringt aber keine Beweise!?“
Gibt es mehrere Vorschläge, so können sich die Schüler auf eine Hypothese bzw. Frage einigen, die als Leitidee für die folgende Arbeit am Text an der Tafel fixiert werden solle.

2. Die Textwiedergabe (Inhaltsangabe)
Um eine sachliche Grundlage zu schaffen für die genauere Untersuchung des Textes (Schritt 3 und 4) und die Auseinandersetzung mit den Aussagen (Schritt 5), ist zunächst zu klären, worum es im Text inhaltlich geht. Die Schüler erhalten deshalb den *Auftrag, die Hauptaussagen des Textes in verständlicher Form thesenartig herauszuarbeiten und schriftlich zu sichern.*
Eine im Unterricht vorgelegte Lösung lautete:
1. Götter sind die Wünsche des Menschen, die als „Realität“ gedacht werden.
2. Götter sind die Verkörperung der Eigenschaften, die die Menschen gerne hätten, aber nicht haben.
3. Die Vielfalt der Götter beruht auf der Verschiedenartigkeit der (positiven) Wünsche der Menschen.
4. Tiefster Grund für die Existenz der Religion ist der Trieb des Menschen glücklich zu sein; letztlich also der Egoismus.
5. Die Götter sind „entstanden“ beim/durch Glauben der Menschen.
6. Die Religion ist etwas rein „Menschliches“.

Hier zeigt sich, dass die Thesen als schwerpunktmäßige Zusammenfassung nicht unbedingt in der genauen Reihenfolge ihres Vorkommens im Text folgen müssen. Die letzten zwei Aussagen bieten in ihrer knappen Auswertung des Textes selbstständige, griffige Formulierungen.

3. Die Textbeschreibung (Analyse)
Der Unterricht sollte neben der gedanklichen Struktur auch das eine oder andere Element der sprachlichen Gestaltung des Textes beschreiben und als Bedeutungsträger bewusst machen. Darauf ist bei der Textdeutung (Schritt 4) Bezug zu nehmen.

Gedankliche Struktur:
Der Text formuliert eingangs die These vom Glückseligkeitstrieb des Menschen als Grund des Götterglaubens (Kursivdruck der sinntragenden Formulierungen!). Mit einer Reihung parallel formulierter

Beispielsätze gleichen Satzbeginns („er glaubt“) wird diese Ausgangsthese weiter entfaltet, verstärkt, gesteigert, bis schließlich im Schlusssatz als zusammenfassende Deutung noch einmal der „Glückseligkeitstrieb“ (kursiv hervorgehoben!) als tiefste Ursache für die Entstehung von Religion genannt wird. Dieser Gedanke schlägt einerseits den Bogen zum zentralen Stichwort des ersten Satzes zurück („Trieb, glücklich zu sein“) und spitzt andererseits die Aussage neu zu in der Schlussfolgerung, dass die Religion ihre Wurzel letztlich im „Egoismus“ (kursiv gedruckt!) der Menschen habe.

Sprachlich-stilistische Besonderheiten:
Feuerbach lässt ihm zentral erscheinende Aussagen und Schlüsselbegriffe durch *Kursivdruck* hervorheben und leitet so den Leser mit Hilfe dieser optischen Signale über drei gedankliche Stationen durch den Text.
Ihrer sprachlichen Form nach erscheinen die Aussagen als *Tatsachenbehauptungen*, in denen mit Nachdruck eine Überzeugung geäußert wird über den Menschen und ein Urteil abgegeben wird über die Entstehung und Eigenart der Religion. Einige Sätze stehen dabei in der Form von Ist-Aussagen („die Götter sind ...“; „ein Gott ist ...“), was den Charakter der behaupteten Tatsächlichkeit und den Anspruch der Gültigkeit noch verstärkt. Der Leser soll die Auffassung des Autors übernehmen.
Im ersten Teil des Textes (Z. 1-4) wird für die Aussagen formal eine Begründung mit „weil“ gegeben. Diese erscheint zweimal als Doppelbegründung durch die Einbettung in die gepaarte Konjunktion „nicht nur – sondern auch“. Dadurch soll der Begründungscharakter eine besondere Verstärkung erfahren. Der gemeinte Sachverhalt wird jedoch dem Leser nicht näher erläutert oder anhand von nachvollziehbaren Beispielen veranschaulicht und argumentativ gestützt.
Mehrfach wird die seltsame Formulierung verwendet: „Der Mensch glaubt Götter“ bzw. „er glaubt ein seliges/vollkommenes/unsterbliches Wesen“. Und nicht wie sprachlich üblich: er glaubt „an“ Götter, „an“ ein seliges Wesen usw., das als wirkliches Gegenüber angenommen wird. Die gewohnte Verwendung von „glauben“ als intransitives Verb (das kein Akkusativobjekt nach sich haben kann) wird aufgegeben: entgegen dem „normalen“ Sprachgebrauch erscheint hier „glauben“ als transitives Verb mit dem Akkusativobjekt „Götter“. Grammatikalisch gilt das Akkusativobjekt als Zielpunkt der Handlung eines Subjekts, wobei das Objekt durch die Handlung des Subjekts erzeugt wird. „Glauben“ in transitiver Funktion bringt damit sprachlich wirkungsvoll zum Ausdruck, dass die Aktivität ganz vom Menschen ausgeht, der als Gattungswesen durch seinen Akt des „Glaubens“ die Götter/Gott erst hervorbringt, denen damit keine eigene, vom Menschen unabhängige, absolute (= „losgelöste“) Existenz zukommt.

4. Die Textdeutung (Interpretation)
Auf dem Hintergrund der bisher gewonnenen Erkenntnisse haben die Schüler zunächst Gelegenheit, sich in kreativer Weise an einer selbständigen Deutung des Textes zu versuchen. Der Auftrag dazu lautet: *„Versuchen Sie die Auffassung Feuerbachs in einer Skizze oder Zeichnung darzustellen!“* Ein Lösungsbeispiel sei hier vorgestellt:

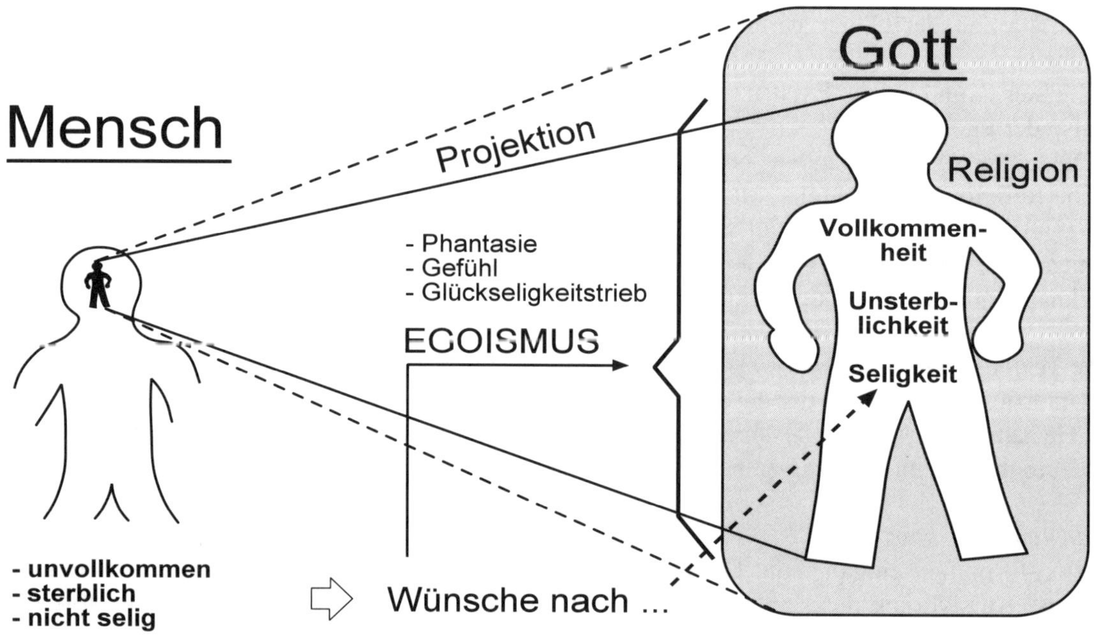

Die Skizze wird auf Folie der Lerngruppe vorgestellt und erläutert. Dabei zeigt sich, dass die wesentlichen Textaussagen aufgegriffen und in einer gelungenen „Interpretation" ins Bild gesetzt sind. Denn nach Feuerbachs psychologischer Erklärung der Religion erfindet und schafft sich der Mensch (als Gattungswesen) Gott/Götter als vollkommene, unsterbliche, selige Wesen, weil er seine eigene Unvollkommenheit (Unglücklichsein, Sterblichkeit, Unseligkeit) nicht ertragen kann. Gott bzw die Götter sind „Projektionen", d. h. als „vorgestellte" Wesen Verkörperungen der „Wünsche" des Menschen und als personifizierte Wunschvorstellungen eine Art ge/erdachter großer „Ideal-Mensch". Trotz ihrer „Größe" kommt den Göttern/Gott jedoch keine selbstständige, eigene Realität zu als vom Menschen unabhängige „transzendente" absolute (= „losgelöste") Wesen. Dies wird sprachlich durch die Aktivform des transitiv verwendeten Verbs „glauben" noch verstärkt. Die jüdisch-christliche Botschaft von Gott als Schöpfer der Welt und des Menschen wird hier geradezu auf den Kopf gestellt: Gott ist eine Schöpfung des Menschen.
Um besser verstehen zu können, wie Feuerbach zu dieser Sicht der Religion und des Gottesbildes gekommen ist, erscheinen einige biographische Tatsachen von Bedeutung, die als Schlüssel zum Denken und Werk dieses Mannes angesehen werden können. Gegenüber der bisherigen unmittelbar auf den Text bezogenen „textimmanenten Deutung" stellen diese Informationen „textübergreifende Erschließungsaspekte" dar. Ludwig Feuerbach wird 1804 in Landshut als Sohn einer Gelehrtenfamilie geboren, katholisch getauft, jedoch protestantisch erzogen. Seine Kindheit und Jugend sind religiös geprägt; während seiner Gymnasialzeit gewinnt er eine tiefe Neigung zur Religion. Rückblickend schreibt Feuerbach 1846: *„Diese religiöse Richtung entstand aber in mir nicht durch den Religions- resp. Konfirmationsunterricht, der mich vielmehr, was ich noch recht gut weiß, ganz gleichgültig gelassen hatte, oder durch sonstige religiöse Einflüsse, sondern rein aus mir selbst, aus Bedürfnis nach einem Etwas, das mir weder meine Umgebung noch der Gymnasialunterricht gab. In Folge dieser Richtung machte ich mir dann die Religion zum Ziel und Beruf meines Lebens und bestimmte mich daher zu einem Theologen."*[8] Aufschlussreich erscheint an dieser biographischen Notiz, dass Feuerbach die Religion ganz aus sich selbst heraus als „Bedürfnis" entdeckt. Er erfährt insofern bereits in seiner Jugend am eigenen Leib die Eigenart und Macht von „Bedürfnissen" und ihre Auswirkungen auf das Denken. Aus dieser frühen subjektiven Erfahrung entfaltet er später eine Theorie der Religion, die den Anspruch auf Allgemeingültigkeit erhebt.
Auch die folgenden biographischen Hinweise bieten geeignetes Material, um Feuerbachs Theorie (wie sie für den Religionsunterricht zumindest auszugsweise in den bekannten Textsammlungen vorgestellt wird) für interessierte Lerngruppen näher zugänglich zu machen. Hilfreich wäre z. B. ein Referat zur Biographie Feuerbachs, das ein Schüler mit Philosophie als Fach unter Erläuterung auch der Gundlagen von Schleiermacher und Hegel vorträgt.
Während seiner Gymnasialzeit lernt Feuerbach Griechisch und Hebräisch und befasst sich mit Bibelexegese. Seinem Wunsch entsprechend, Pfarrer zu werden, beginnt Feuerbach 1823 in Heidelberg ein Studium der protestantischen Theologie, das er jedoch nach zwei Semestern enttäuscht abbricht. Danach studiert er in Berlin Philosophie bei Schleiermacher und Hegel und promoviert mit 24 Jahren mit der Arbeit: *„Über die Einheit, Universalität und Unendlichkeit der Vernunft"*, in der er erstmals Kritik am Christentum übt. Bei seinem Lehrer Hegel erlebt er die Umwandlung des personhaften Gottes in ein geistiges Prinzip und wird mit der Auffassung konfrontiert, dass Gott nicht erkannt wird, wie er „an sich" ist, sondern wie er im Bewusstsein und Denken des Menschen wirkt.
Nach dem Studium lebt er als Privatdozent und veröffentlicht 1830 anonym die Schrift: *„Gedanken über Tod, Sterblichkeit und Unendlichkeit"*, in der er die Unsterblichkeit der Seele leugnet und die Vorstellung eines persönlichen Gottes und den Glauben an die individuelle Unsterblichkeit als egoistisch entlarvt. Durch polizeiliche Ermittlung wird Feuerbach als Autor des Werkes identifiziert. Es wird verboten und Feuerbach muss seine Professorenlaufbahn beenden. Zunächst ohne Einkommen heiratet er 1837 eine wohlhabende Frau, lebt mit ihr zurückgezogen auf Schloss Bruchberg bei Ansbach und ist als Privatlehrer tätig. Im Jahre 1841 veröffentlicht Feuerbach sein Hauptwerk: *„Das Wesen des Christentums"*, in dem er Gott als Projektion menschlicher Sehnsüchte und Wünsche postuliert. Als 1844 seine Tochter mit drei Jahren stirbt, ist er von der völligen Sinnlosigkeit des Todes überzeugt. 1845 erscheint *„Das Wesen der Religion"*, dem unser Textauszug entnommen ist. Nach dem Tod seiner Frau 1860 wird er wegen Erbstreitigkeiten enteignet, was ihn in den Ruin stürzt. Er lebt fortan in Armut bei Nürnberg, bis er 1872 mit 68 Jahren an den Folgen eines Schlaganfalls stirbt.

[8] Ludwig Feuerbach: Das Wesen der Religion, hg. und eingeleitet von A. Esser, Heidelberg 1983, S. 9 (aus der Einleitung des Herausgebers).

Feuerbach hat einmal seinen geistigen Weg in dem Satz beschrieben: „Mein erster Gedanke war Gott, mein zweiter die Vernunft, mein dritter und letzter der Mensch.“[9] Hier wird die Entwicklung deutlich, die Feuerbach in verschiedenen Phasen seines Lebens genommen hat (die hier näher zu entfalten nicht der Platz ist): von einer pantheistischen Anfangszeit (1830-1838) über die anthropologisch-psychologisch begründete Theorie der Religion (aus dieser Phase stammt der behandelte Text) bis hin zur Erkenntnis des Individuellen als das einzig Wirkliche, wie es sich in der Wahrnehmung zeigt. An die Stelle der Liebe zu Gott tritt die Liebe zum Menschen, aus Theologie wird Anthropologie.

5. Die Textbeurteilung (Erörterung/Auseinandersetzung/Bewertung/Stellungnahme)[10]
Zur positiv-klärenden Bedeutung der Religionskritik Feuerbachs:
Feuerbach weist berechtigter Weise auf die Tatsache hin, dass sich Menschen zu allen Zeiten Vorstellungen und Bilder von Gott gemacht haben, in denen Bedürfnisse und Sehnsüchte biographischer, gesellschaftlicher u. a. Art zum Ausdruck kommen. Beispiele dafür sollten von den Schülern selber gefunden und erläutert werden.
Mit seiner Auffassung bringt Feuerbach zugleich der christlichen Religion heilsam zu Bewusstsein, dass alle „Bilder“ von Gott an Grenzen stoßen, dass sie gefährlich sein können, wenn sie als selbstgeschaffene Gottesbilder ein Verfügen über Gott bedeuten: Gott ist so und nicht anders als der Mensch ihn sehen, haben und „gebrauchen“ will. Ein solcher Gott im Besitz von Menschen wäre aber ein Götze.

Zu einem möglichen Missverständnis:
Es wird von Schülern leicht übersehen, dass Feuerbach in dem Textauszug stets ganz allgemein von „der Mensch“ bzw. „die Menschen“ spricht und nicht etwa vom einzelnen Menschen als Subjekt. Feuerbach versteht hier den Menschen idealtypisch und idealistisch im Sinne von „Menschheit“. Dies hat Konsequenzen für die Beurteilung der Textaussagen: Der Mensch ist sich seiner eigenen *gattungsspezifischen* Wesenheit bewusst. Wenn er als Gattungswesen Mensch etwas aussagt über „Gott“ bzw. die „Götter“, so entwirft er von ihnen ein Bild der menschlichen Gattung, das heißt: er spricht der Gottheit jene Eigenschaften zu (Seligkeit, Vollkommenheit, Unsterblichkeit), die in Wirklichkeit, auf der Basis des Glückseligkeitstriebes, die menschliche Gattung auszeichnen und das wahre Wesen des Menschen ausmachen. Hierin zeigt sich ein Wandel gegenüber Feuerbachs Theismus der Jugendzeit, in dem er Gott noch als selbstständig Seiendes unabhängig von Mensch und Welt gesehen hat.
In diesem Schritt der Textbeurteilung ist deshalb eine leicht vorkommende Fehldeutung der Schüler zu korrigieren, bei Feuerbach würde Gott gleichsam im Moment und Vollzug des „Glaubens“ des *einzelnen* Menschen entstehen (siehe oben These 5 der Textwiedergabe!). In diese Richtung könnte auch die Schülerskizze gedeutet werden, wenn unter „Mensch“ (linke Figur) ein bestimmtes Individuum Mensch gesehen würde.

Kritische Anfragen an Feuerbach:
- Religionsgeschichte: Wie lassen sich grausame Götterbilder erklären, wenn der Mensch nur Positives in seinen Wünschen vor Augen hat? (z. B. Azteken mit Menschenopfern; Gewalttätigkeit). Götterdarstellungen sind oft gerade nicht wie Menschen dargestellt (Tier, Fratzen usw.). Werden hier nicht Erkenntnisse aus der Religionsgeschichte vernachlässigt!
- Weltreligionen und Monotheismus: Warum gibt es die Vorstellung von *einem* Gott, wenn Menschen so *viele* Wünsche haben? Welche Bedeutung haben Offenbarungsschriften für Religionen?
- Christliches Gottesbild: Gott zeigt sich nach dem Zeugnis der Bibel gerade „anders“ als der Mensch, ja als der „Ganz-Andere“ (in der hebräischen Bibel deshalb das Bilderverbot). Er widerstrebt geradezu dem, was sich Menschen wünschen und ausdenken würden, wie sich in Jesus Christus zeigt (Geburt im Stall, Leben in Armut, Ablehnung, Erniedrigung, schließlich Tod am Kreuz); insofern ist Gott gerade nicht die Erfüllung menschlicher Wünsche und stammt nicht aus den Wunschvorstellungen von Menschen.
- Menschenbild: der Mensch hat auch negative, destruktive Züge – nicht nur die von Feuerbach als Beispiele genannten positiven Triebe und Wünsche.

---

[9] Hier nach: Lexikon für Theologie und Kirche, Band IV, Freiburg ^{2}1960, Sp. 110.
[10] Hilfreiches Material für die Auseinandersetzung mit Feuerbach bietet das Arbeitsheft „Akzente Religion“ 4: Spuren Gottes. Vom Unbedingte reden 1995, S. 39–41 (Texte von Kliemann und Tillich), vor allem auf dem Hintergrund des Kapitels II: Von Gott sprechen, wann macht das Sinn? – Zum Problem angemessenen Redens von Gott, S. 24–34.

- Erkenntnisproblem: Können aus Einzelbeobachtungen Erkenntnisse abgeleitet werden mit einem solchen absoluten Wahrheits- und Gültigkeitsanspruch („Die Götter sind ...“; „Ein Gott ist ...“)? Kann man „Götter“ und „Gott“ einfach auf eine Stufe stellen?

Vergleich der Ergebnisse:
Die Ergebnisse dieser kritisch wertenden Auseindersetzung sollten mit den angangs geäußerten spontanen Eindrücken (Schritt 1) verglichen werden. Was ist klarer geworden, was an Fragen noch offen? Hat sich an der spontanen Zustimmung zur Theorie Feuerbachs etwas geändert?

6. Die Textanwendung (Handlungs- und Produktionsorientierung)
Die Schüler können an verschiedenen Stellen des Erschließungsprozesses kreativ tätig werden:
- beim Schritt der Textwiedergabe (2.) oder auch bei der Textdeutung (4.): „Verdeutlichen Sie die Auffassung Feuerbachs in einer Skizze!“ (vgl. Lösungsbeispiel unter Schritt 4)
- nach dem Schritt der Textbeurteilung (5.): „Schreiben Sie einen Dialog, in dem ein Anhänger Feuerbachs und ein gläubiger Christ über diese religionskritische Auffassung diskutieren.“
- zur vertieften persönlichen Auseinandersetzung als/nach Abschluss der Textbehandlung: „Schreiben Sie einen Brief/einen kurzen Essay über Glück und Glaube im christlichen Leben.“ (z. B. auf dem Hintergrund persönlicher Erfahrungen oder der im Unterricht besprochenen Seligpreisungen usw.)

__Gerhard Röckel

Grundschritte der Erschließung von Bildern der Kunst

Vor Bildern über Bilder sprechen lernen

1. Didaktische Vorbemerkungen

Noch nie haben Bilder eine so dominante, unübersehbare Rolle gespielt wie in der heutigen Gesellschaft. Die Entwicklung der modernen Medien hat uns ein visuelles Zeitalter beschert, in dem Schrift und Sprache als Mittel der Kommunikation zunehmend zurückgedrängt werden durch bild- und symbolorientierte Darstellungen.
Gegenüber der Bilderflut des Alltags mit ihren schnell wechselnden und verfliegenden Reizen fällt der Schule und auch dem Religionsunterricht die Aufgabe zu, das Sehen wieder neu zu lernen[1] Nötig erscheint es hierbei, mit Schülern eine geradezu asketische Auswahl von wenigen Bildern zu treffen, diese aber in Ruhe um so intensiver zu betrachten und zu erschließen, um sie sich vertraut zu machen. Dabei zeigt sich als Schwierigkeit, dass die wenigsten ReligionslehrerInnen gleichzeitig ausgebildete Kunstpädagogen sind. Das heißt: die meisten von uns betätigen sich notgedrungen als Dilettanten und versuchen sich die nötigen Voraussetzungen und Methoden der Bilderschließung selber anzueignen.[2]

1.1 Was sind Bilder?

Bilder sind – kurz gesagt – die auf einer zweidimensionalen begrenzten Fläche existierenden, materiell, inhaltlich und formal verwirklichten Wahrnehmungen und Vorstellungen eines Künstlers, die er auf spezifische Weise organisiert: in einem Oben und Unten, einem Rechts und Links und einer Mitte. Diese Anordnung der einzelnen Bildelemente und die Eigenart ihrer Beziehung zueinander bestimmt die Besonderheit der Komposition eines Bildes.
Aus kommunikationstheoretischer Sicht sind Bilder „visuelle Texte“. Sie stellen zusammenhängende Mitteilungen dar, die „gelesen“ werden können. Dazu muss der Betrachter allerdings die Bildsprache als „Sprache der visuellen Zeichen“ kennen und eine „visuelle Kompetenz“ im Umgang mit Kunstwerken aufbauen.
„Bilder dienen jedoch nicht nur der (...) Verständigung, sondern auch der Sinnfindung und dem Genuss. Durch Bilder lassen sich Empfindungen und Gedanken ausdrücken und anderen zugänglich machen. Durch Bilder wird Wirklichkeit wahrgenommen, gedeutet und gestaltet. Bilder gewinnen als Gestaltungen eine eigene Wirklichkeit.“[3]
Die folgenden Ausführungen beziehen sich auf *Bilder der gegenständlichen Kunst* – so problematisch dieser Begriff auch ist, da jede Kunst abstrakte Züge trägt und auch ein abstraktes Bild Merkmale von Gegenständen verarbeitet.

1.2 Zur Funktion von Bildern

Beim Einsatz von Bildern im Religionsunterricht wirkt – so seltsam es klingt – eine Entwicklung nach, die bis in die Anfänge des christlichen Glaubens zurückreicht: die Tatsache nämlich, dass das Christentum von Beginn an keine „Bild-Religion“ ist und zunächst auch voll das biblische Bilderverbot (Ex 20,4f.; Dtn 5.8) akzeptiert hat. Im Mittelpunkt des christlichen Glaubens steht die *Wort*verkündigung. In dieser jüdisch-christlichen Tradition können Bilder – sofern sie nicht gleich völlig abgelehnt werden – gegenüber dem Wort der Bibel und der Verkündigung bestenfalls eine sehr untergeordnete Rolle

[1] Siehe Günter Lange: Religionsunterricht als Sehschule durch Metaphern, in: Katechetische Blätter Jg. 102, 1977, 715–723; ders.: Die Sehgeduld stärken. Wie wir heute Bilder von gestern meditieren, in: kunst und kirche 2/1983, 73–77.
[2] Darauf hat Franz W. Niehl schon mit deutlichen Worten hingewiesen: Damit uns die Augen aufgehen 2f.
[3] Kunst. Richtlinien und Lehrpläne für die Sekundarstufe II – Gymnasium/Gesamtschule in Nordrhein-Westfalen. Frechen (Ritterbach Verlag) 1999, 5.

spielen. Nach der noch bis ins Mittelalter vorherrschenden Auffassung[4] liegt der tolerierte Wert der Bilder in ihrem belehrenden Charakter besonders für die des Lesens und Schreibens Unkundigen.[5] Als wohl unbewusste Nachwirkung dieser Tradition zeigt sich noch heute: „Theologen sind es gewohnt, dem Wort und damit dem Hören den Primat zuzuerkennen."[6] Insofern stellen Bilder in der Verkündigung eher eine „visuelle Zugabe" dar: „Sie übernehmen die Funktion einer stummen, ständig präsenten biblischen Predigt, indem sie den springenden Punkt, den prägnanten Augenblick oder das Ganze einer Geschichte simultan vor Augen führen und es dadurch steigern wollen: veranschaulichend, akzentuierend, aktualisierend."[7]
Hält man sich die heute im Unterricht am häufigsten vorfindlichen „Funktionen" des Bildeinsatzes vor Augen, so zeigt sich (nicht etwa nur bei jungen Referendaren in der Ausbildung!) eine seltsame Nähe zu dieser altchristlichen Tradition:[8]

- Bilder dienen als *„Motivation"*: Sie werden am Stundenbeginn eingesetzt, um Aufmerksamkeit zu erregen, bevor man mit dem „Eigentlichen" beginnt.
- Bilder sind hilfreich zur *„Vertiefung"*: Sie werden am Stundenende verwendet zur Sicherung des Gelernten mit einem anderen Medium.
- Bilder werden eingesetzt zur *„Auflockerung"*: Sie dienen der Abwechslung „zwischendurch", wenn der Unterricht inhaltlich z. B. stark textlastig ausgerichtet war.
- Bilder dienen der *„Illustration"*: Sie sind gedacht als Mittel der Veranschaulichung eines abstrakten, „in Worten" zu erarbeitenden oder bereits bekannten „Inhalts" (Gegenstandes, Sachverhalts, Problems usw.) bzw. als Begleitmedium bei der „eigentlichen" unterrichtlichen Erarbeitung und Auseinandersetzung mit dem Inhalt.

Es dürfte wohl kaum einen Religionslehrer geben, der nicht schon in seiner Unterrichtspraxis eine dieser Funktionen des Bildes absichtsvoll (und vielleicht sogar „guten Gewissens") wahrgenommen hätte. Heinrich Lützeler hat eine solche Bildbehandlung als „Theologismus" bezeichnet[9], den er folgendermaßen beschreibt: „Für den Theologismus ist kennzeichnend, daß das Kunstwerk als solches nur oberflächlich betrachtet wird, die Ergebnisse der Kunstwissenschaft gleichgültig bleiben und unbewiesene theologische Wertungen den Primat beanspruchen."

Dieses Schicksal erleiden Kunstbilder in vielen Schulbüchern, wo sie (oft verkleinert und farblich flau) in einen bestimmten thematischen Kontext ein-„gebunden" und für ein Thema in Dienst genommen werden. Dabei lenkt bereits die Formulierung des Kapitelthemas oder der Zwischenüberschriften das Sehen und behindert eine unbefangene, „offene" Begegnung mit dem Kunstwerk. Noch verhängnisvoller wirkt sich aus, wenn die Herausgeber selber „passende" Bildunterschriften als Titel erfinden oder durch begleitende Formulierungen die „Blickrichtung" bestimmen wollen.[10]

---

[4] Im Prolog eines „Speculum humanae salvationis" aus dem 14. Jahrhundert wird diese Auffassung noch einmal aktuell: „Ich meine, daß im gegenwärtigen Leben für den Menschen nichts nützlicher ist, als Gott, seinen Schöpfer, und seinen eigenen Zustand zu kennen. Diese Erkenntnis können die Gelehrten aus der Heiligen Schrift erhalten; die Ungebildeten aber sollen durch die Bücher der Laien, d. h. durch die Bilder, belehrt werden. Deshalb habe ich mich dazu entschlossen, zum Ruhme Gottes und zur Bildung der Ungebildeten, mit Gottes Hilfe die Bücher der Laien abzuschreiben." (Hier nach: Theologische Realenzyklopädie Bd. 6, Berlin 1980, 143).
[5] So verwirft z. B. Papst Gregor I. d. Gr. (590–604) die Verehrung der Bilder, gesteht ihnen aber einen belehrenden Wert für die Analphabeten bzw. theologische Laien zu: „Was denen, die lesen können, die Bibel ist, das gewährt den Laien das Bild beim Anschauen, die als Unwissende in ihm sehen, was sie befolgen sollen, in ihm lesen, obwohl sie die Buchstaben nicht kennen, weshalb denn vorzüglich das Bild für das Volk als Lektüre dient." (Nam quod legentibus scriptura, hoc idioti praestat pictura cernentibus. Ep. 11,13). Hier zit. nach: Arnold Angenendt, Geschichte der Religiosität im Mittelalter, Darmstadt (Wiss. Buchges.) 1998, 372. Günter Lange (Kunst zur Bibel 96) stellt allerdings im Zusammenhang mit der Deutung eines Bildes aus einer „Biblia pauperum" (um 1340) die Frage, „ob mit dieser Parallelisierung von Wort und Bild die Zielsetzung christlicher Bilder zureichend benannt ist". „Der christliche Künster des Mittelalters will mehr, als nur das Gehörte für simple Gemüter veranschaulichen. Bilder sind eine spezifische Mitteilungsart, ein Medium sui generis, das nicht einfach auf anderes reduzierbar ist."
[6] Rombold, Leben mit Kunst 90.
[7] Lange, Umgang mit Kunst 247.
[8] Diese Negativ-Liste findet sich bei Rendle/Kuld (u. a.), Ganzheitliche Methoden 211.
[9] Kunsterfahrung und Kunstwissenschaft II, 796.
[10] So findet sich z. B. im Schülerbuch „Wege des Glaubens", Grundband, Düsseldorf 1988, 106f. zum Kapitelthema „Freundschaft" ein ganzseitiges Farbbild von Picasso, das auf der gegenüberliegenden Seite betitelt wird mit: „Das von Pablo Picasso (1881–1973) 1905 geschaffene Bild zeigt zwei Freunde." Anläßlich eines Unterrichtsbesuchs in der Eröffnungsstunde zum Thema „Freundschaft" bei einem Referendar im ersten Ausbildungsjahr soll das Bild zur „Motivation" für das Thema eingesetzt werden. Aber die Schüler wollen partout nicht – wie geplant – auf das Thema „Freundschaft" kommen, so daß schließlich der verzweifelte Hinweis fällt: „Seht euch doch mal den Titel auf S. 107 an, da steht es doch: Das Bild zeigt zwei Freunde!" Die Schüler sehen immer noch nicht ein, wieso der junge Mann im Gauklerkostüm und der kleine Junge – beide

Gegenüber der Gefahr einer solchen „Verzweckung“ von Bildern zur „Veranschaulichung“ eines theologischen Sachverhaltes, eines biblischen Ereignisses, einer existentiellen Thematik, einer menschlichen Grundsituation usw. muss als eigentliche Aufgabe der Bilderschließung betont werden: Das Bild darf in seiner künstlerischen Qualität, nicht unterschätzt werden; es ist vielmehr in seiner ästhetischen Eigenart, Dichte und Symbolik zum Leben zu wecken und in der Vielfalt seiner Bedeutungsmöglichkeiten gemeinsam zu entdecken.

1.3 Was kann das Bild, was das Wort nicht leistet?

Jeder kennt den Satz: *„Ein Bild sagt mehr als tausend Worte.“* Dies kann aber nur gelingen, wenn wir bereit sind und uns die Zeit nehmen, das Bild auch mit allen Sinnen wahrzunehmen und zu uns „sprechen“ zu lassen. Dann zeigt sich: Bei Bildern verschränken sich aufgrund der Ganzheitsstruktur ihrer Komposition[11] (d. h. der Anordnung und wechselseitigen Beziehung von Farben, Formen, Figuren und Strukturen auf der Bildfläche) die verschiedenen Sinnebenen zu einer einzigen Anschauungsform und ermöglichen eine Gleichzeitigkeit der Wahrnehmung von Gestaltungsmerkmalen, die in der versprachlichten Betrachtung nur unvollkommen und in einem zeitlichen Nacheinander ausgesagt und andern mitgeteilt werden kann.
Während vor allem im Oberstufenunterricht eine wissenschaftlich geprägte Art des Zugangs zur Wirklichkeit bevorzugt wird und die rationale Auseinandersetzung mit ihr (z. B. anhand von „Sach“texten) dominiert, wobei überprüfbare Ergebnisse angezielt werden, verkörpern Bilder als Kunstwerke einen ganz anderen Weg der „Weltzuwendung und Weltgewinnung“: Bei der Deutung der Bildaussage zeigt sich eine gewisse „Offenheit“, sodass es nicht die eine und einzig richtige Interpretation gibt. Zugleich beanspruchen Bilder in ihrer „Sinndeutung durch Gestaltung“[12] eine Autonomie und Einzigartigkeit (auch gegenüber den Weltdeutungen der Religion), die der Betrachter anerkennen muss:

- Künstler deuten die Wirklichkeit auf ganz persönliche Weise. Sie leisten einen Weltentwurf, der auch eine „mögliche Welt“ umfassen kann, die anders ist als die real vorfindliche. Damit kann das Kunstwerk auch Protest gegen das Bestehende sein und zugleich Appell für das bessere Mögliche.
- Bilder sind mehrdeutig in der Darstellung und Komposition von Farben, Formen, Vorgängen, menschlichen Situationen, Räumlichkeiten, Perspektiven usw.
- Sie können einen Blickwinkel eröffnen, von dem her wir das Alte und allzu Vertraute z. B. einer biblischen Geschichte, unseres theologischen Wissens und unserer Glaubensvorstellungen mit neuen Augen sehen.
- Bilder der Kunst ermöglichen ganzheitliche Erfahrungen und persönliche Entdeckungen.
- Zugleich wahrt jedes große Kunstwerk sein Geheimnis: So oft man es ansehen mag, es kann nie „zu Ende“ interpretiert werden.[13]

Gerade wegen ihrer Offenheit und subjektiven Wirkung der Kunstbilder sind die „befangenen“ ersten Wahrnehmungen der Betrachter ernst zu nehmen und als Ausgangspunkt des Verstehens im Unterricht zu nutzen. Solche Eindrücke und Reaktionen dürfen nicht nach dem Schema „richtig“ – „falsch“ vom Lehrer nur geduldet oder als unpassend zurückgewiesen werden, wenn nicht große Chancen des tieferen Verstehens vertan werden sollen.

1.4 Von den Schwierigkeiten und Bedingungen der Deutung von Bildern

Ein Kunstwerk lässt sich „weder ausschließlich auf dem Wege über die Emotion noch auf dem Wege über den Intellekt entschlüsseln“[14]. Letztlich geht es um ein „sehendes Erkennen“ des Bildes und sei-

stehen ohne Blickkontakt nebeneinander – „Freunde“ sein sollen! Der offizielle Titel, unter dem das Bild überliefert ist, lautet übrigens: „Gaukler mit Hund“. Wenn überhaupt eine enge Beziehung zu beobachten ist, dann die zwischen dem kleinen Jungen und dem Hund, dem er die Hand auf den Kopf legt und der sich ohne Leine an ihn schmiegt. Hierin wäre durchaus altersgemäß so etwas wie „Freundschaft“ zu sehen, aber der Aspekt der Beziehung zwischen Mensch und Tier ist in der Planung der Stunde nicht vorgesehen, weil der das „Verstehen“ manipulierende Hinweis im Buch diese Perspektive von vornherein blockierte.

[11] Imdahl 25.

[12] Rombold, Leben mit Kunst 93.

[13] Rombold, Leben mit Kunst 93.

[14] Wundram 7.

ner Aussage. Dabei ereignet sich das Sprechen über Bilder zwischen zwei extremen Polen: a) als wissenschaftlicher Diskurs mit Methodenreflexion und Verwendung der Fachsprache und b) als poetisches Sprechen, das durch Metaphorik, Assoziationen usw. eine sprachliche Analogie zum Bild sucht. In dieser aktiven Wechselbeziehung zwischen Kunstwerk und Interpret darf bei einer Bilderschließung weder das Bild (die Sache) noch das Subjekt zu kurz kommen. Es geht einerseits um die *ästhetische Machart von Bildern*, die beobachtet und offen gelegt werden soll, und andererseits um die *Rolle des Betrachters*, der das Bild subjektiv erlebt, gefühlsmäßig von ihm „angesprochen" und in eine Stimmung versetzt wird.
Um Werk und Betrachter möglichst eng und wirkungsvoll aufeinander zu beziehen, hat *Günter Lange* ein „Fünf-Schritte-Schema" der Begegnung mit Werken der christlichen Kunst entwickelt. Es besteht aus den methodischen Schritten: „Spontane Wahrnehmung / Analyse der Formensprache / Innenkonzentration / Analyse des Bildgehalts / Identifizierung mit dem Bild"[15] Dabei wird versucht, „im *Wechsel* die *Balance* zu halten zwischen Distanz und Nähe, rationaler Analyse und intuitiver Verschmelzung"[16], indem die werkbezogenen Schritte „Analyse der Formensprache" (Schritt 2) und „Analyse des Bildgehalts" (Schritt 4) mit einer subjektbezogenen „Innenkonzentration" (Schritt 3) und „Identifizierung mit dem Bild" (Schritt 5) verbunden werden.
Die folgende optisch anders strukturierte Darstellung der Vorgehensweise von *Günter Lange* soll signalisieren, dass die Schritte der existentiellen, kreativen Aneigung des Bildes („Innenkonzentration", „Identifizierung") nicht von vornherein festliegen müssen, sondern aus dem Unterrichtszusammenhang heraus variabel an unterschiedlichen Stellen der Bilderschließung erfolgen können:

Betrachter *erste Begegnung* ⟷	*Werk* *Analyse-Schritte* ⟷	*Betrachter* *existentielle Aneigung*
Spontane Wahrnehmung: Was sehe ich?	*Analyse der Formensprache:* Wie ist das Bild gebaut?	*Innenkonzentration:* Was löst das Bild in mir aus?
	Analyse des Bildgehaltes: Was hat das Bild zu bedeuten?	*Identifizierung mit dem Bild:* Wo siedele ich mich auf dem Bild an?

Für jede Art der Einteilung und Abfolge von „Schritten" bei der Bilderschließung gilt die einschränkende Bemerkung Günter Langes: „Die vorgeschlagene Reihenfolge ist nicht beliebig, aber auch nicht absolut zwingend"[17]. In der Literatur finden sich noch weitere „Modelle" mit recht unterschiedlichen Bezeichnungen der Einzelschritte[18]:
- „Beschreibung / Analyse der Gegebenheiten und Beziehungen / verstehende Auslegung"[19]
- „Bildbetrachtung / Bildanalyse / Bildaussage / Bildmeditation"[20]

---

[15] Lange, Umgang mit Kunst 259f.; hier in: Adam/Lachmann, Methodisches Kompendium 259f. Zu beachten ist, daß Günter Langes Modell ausdrücklich auf die „Begegnung mit Werken der christlichen Kunst" hin konzipiert ist. Die wirkt sich sowohl auf die Auswahl von Untersuchungsaspekten besonders zur „vorneuzeitlichen Bildsprache" aus als auch auf den Umgang der Betrachter mit dem Bild („Identifizierung mit dem Bild"). Günter Lange hat seine bekannte Methode der Bilderschließung in mehreren Veröffentlichungen vorgestellt: Zur Methode der Erschließung von Bildern der Kunst im Religionsunterricht, in: Religionsunterricht an höheren Schulen, Jg. 27, 1984, Heft 5, 279–283; Umgang mit Bildern, in: Bitter, G./Miller, G. (Hgg.): Handbuch religionspädagogischer Grundbegriffe, Bd. 2, München 1986, 530–533; Kunst zur Bibel. 32 Bildinterpretationen, München 1988, 9–11; Umgang mit Kunst, in: Adam, G./Lachmann, R. (Hgg.), Methodisches Kompendium für den Religionsunterricht. Göttingen 1996 (2. Aufl.), 247–261, bes. 259f. Günter Langes Methode wird als „Sehschule" auch aufgegriffen von Ix, I./Kaldewey, R.: Was in Religion Sache ist. Lern- und Lebenswissen, Düsseldorf 1995, 145. Diese Version von Ix/Kaldewey ist auch in der Reihe „Akzente Religion", Heft 4: Spuren Gottes. Vom Unbedingten reden, hgg. von G.Bubolz/U.Tietz, Düsseldorf 1995, 149 abgedruckt. Allerdings treten hier nur noch I.Ix und R.Kaldewey namentlich als „Autoren" des Modells in Erscheinung; ein Hinweis auf den Urheber Günter Lange fehlt nun!

[16] Lange, Umgang mit Kunst 260.

[17] Umgang mit Kunst 259.

[18] Interessant ist die folgende (am Kommunikationsmodell ausgerichtete) „Faustregel" für die Befragung eines Bildes, durch deren Beachtung man sich einer umfassenden Interpretation nähern könnte: *„Was, wie (thematisch, formal, technisch), wo bzw. in welchem zyklischen usw. Zusammenhang, wann, durch wen (Künstler), warum, wozu, in wessen Auftrag und Interesse (klassenmäßig und individuell), von wem wie aufgenommen bzw. beeinflußt, mit welcher Qualität bewältigt, unter welchen historischen bzw. kunsthistorischen Verhältnissen geschaffen, zu welchen kunsthistorischen Komplexen gehörend?"* In: Lexikon der Kunst: Architektur, bildende Kunst, angewandte Kunst, Industrieformgestaltung, Kunsttheorie. Hg. Harald Olbrich u. a., Band 3, Leipzig 1991, 448f. (Art. Interpretation).

[19] Meyers Kleines Lexikon Kunst 262.

- „Bildbetrachtung / Deutung“[21]
- „Bildinhalt / künstlerische Mittel (z. B. Komposition/Farbe/Figuren/Symbolik) / Bildaussage / Hinweise zur Deutung“[22]
- „Bildanalyse / Bildsynthese / Bildinterpretation“[23]
- „Historische Einordnung / Bildprogramm / Bildtradition / Bildgestaltung / weitere Deutung / didaktisch-methodische Anregungen“[24]
- „Historischer Hintergrund – Bildbestand (Ikonographie) / Bildbedeutung (Ikonologie)“ / unterrichtliche Hinweise[25]

Das in Abschnitt 4 (siehe unten) gewählte Verfahren der Bilderschließung umfasst folgende Schritte: die *Bildaufnahme* (spontanes Wahrnehmen/Reagieren) / die kurze *Bestimmung des Bildinhalts* / die Beschreibung der *bildnerischen Mittel und Komposition* (Formensprache/Bildordnung) / die *Bilddeutung* (immanente und sozialgeschichtliche Interpretation der Bildaussage/des Bildgehalts) / die *Bildbeurteilung* / die *Bildanwendung* (kreative produktionsorientierte Auseinandersetzung mit dem Bild).
Das Hauptproblem aller Schemata und Arbeitsschritte für eine Werkbetrachtung besteht darin, dass a) die Kategorien und Beobachtungsaspekte eng miteinander verzahnt sind und sich keineswegs immer streng und isoliert nur einem der Schritte zuordnen lassen und dass b) die künstlerische Ganzheit eines Bildes durch solche Untersuchungsmaßnahmen nie vollständig in der Eigenart und Komplexität seiner Formensprache, seiner Komposition und seines Gehaltes erfasst werden kann.
Die Methode schlechthin für die Analyse und Interpretation von Bildern gibt es nicht. „Eine Methode kann hier eigentlich nur so etwas sein wie ein Aufmerksamkeitsraster zum Sehenlernen“[26]. Deshalb sollten auch die folgenden „Grundschritte“ und Aspekte der Bilderschließung (Abschnitt 4) bescheiden im Sinne von *Wahrnehmungshilfen* auf dem Weg der Annäherung an ein Kunstwerk verstanden werden.
Da jedes Individuum bei der Betrachtung eines Bildes auf seine Weise zu einem Wahrnehmungszusammenhang gelangt und auf eine für sich selber sinnvolle Interpretation des Wahrgenommenen aus ist, gewinnt der *Austausch mit anderen Betrachtern* eines Bildes und ihren Wahrnehmungen eine große Bedeutung in diesem Verstehensprozess. Um sich dabei verständigen zu können, bedarf es eines möglichst präzisen terminologischen Instrumentariums, zumindest eines *bildspezifischen Basisvokabulars*, mit dessen Hilfe die Besonderheit der künstlerischen Gestaltung beschreibend erfasst und andern mitgeteilt werden kann. (Die in Abschnitt 2 folgenden Begriffsklärungen könnten in vereinfachter Sprache zu einem kleinen Lexikon für die Schüler umgestaltet und fortlaufend ergänzt werden.)
Als Maßstab der Bildinterpretation gilt: Alle Schritte und Resultate müssen kontrollierbar sein. Wenn bei der Orientierung an bestimmten „Schritten“ deren Eigenart und Leistung auch gemeinsam verschiedentlich reflektiert wird, dann kann der Umgang mit Bildern so objektiviert werden, dass die Vorgehensweise einer intersubjektiven Überprüfung standhalten kann. Dies schult den Blick und hilft den *Schülern* als Betrachter dabei, Bilder nach einiger Übung auch selbständig zu „lesen“ und sie in den für die Bildaussage maßgeblichen Gestaltungsmitteln zu durch„schauen“. Dabei wird es auch immer besser gelingen, die Sprache der Formen und Strukturen als die entscheidenden Bezugspunkte zu erkennen, von denen her „spontane Reaktionen“ geprägt werden.
Der *Lehrer* wiederum muss sich immer wieder als Prinzip der Interpretation vor Augen halten: *der Bildgehalt ergibt sich aus der Bildgestalt.*[27] Der „Gehalt“ besteht daher nicht einfach aus dem theologischen Wissen des Lehrers um das „Thema“, das er kennt und im Bild dargestellt findet. Im Mittelpunkt der Erschließungsbemühung steht vielmehr *die mit bildnerischen Mitteln realisierte Gestaltung* des Themas, also die Bildsprache aus Farben und Formen, aus denen der Bildsinn erwächst. Erst nach dem Ausloten der künstlerischen Bildgestalt kann – verzögert und mit Vorsicht – auf dieser Basis die Besprechung des im Bild gestalteten theologischen „Themas“, des religiösen „Sachverhalts“ und die zugrunde liegenden „Quellen“ aus Schrift und Tradition in den Blick kommen – immer möglichst nuancenreich bezogen auf die Besonderheit der Bildgestalt.

---

[20] M. L. Goecke-Seischab/E.Domay 5.
[21] Goecke-Seischab, Klee.
[22] Bei M. L. Goecke-Seischab/E.Domay in mehreren Beispielen, etwa 24ff., 34ff.
[23] Manz 33.
[24] Günter Lange am Beispiel eines Mosaiks aus S. Vitale in Ravenna (um 540), in: Kunst zur Bibel, bes. 65–69.
[25] Günter Lange am Beispiel einer Miniatur aus dem „Speculum humanae salvationis“ (um 1330), in: Kunst zur Bibel 87–95.
[26] Alex Stock: Bildtheologie 47.
[27] Lange, Kunst zur Bibel 10.

1.5 Einige Grundregeln und Praxishinweise

Beim Versuch, den „Bildinhalt" genauer sehen zu wollen, bleibt der Blick oft am „Blickpunkt" haften, d. h. an der Stelle des Bildes, auf die sich alle Linien und Farben beziehen.
Dieser „Blickpunkt" bildet den Ausgangspunkt für das Wandern des Auges durch das Bild. Dabei werden Einzelheiten des Bildinhalts erkannt, Beziehungen zwischen ihnen hergestellt, Kompositionslinien wahrgenommen und allmählich der Aufbau des Ganzen (die Komposition) erfasst.
Bei der Beschreibung kann von Großformen des Bildes ausgegangen werden und danach eine Zuwendung zu Details erfolgen.
Die Benennung von Seiten („rechts" und „links") erfolgt vom Standpunkt des Betrachters aus.
Bei der Beschreibung perspektivischer Darstellungen setzt der Blick meist im Vordergrund an und wandert dann über den Mittelgrund zum Hintergrund.
Bei flächenhaften Kompositionen folgt die Beschreibung meist den Zonen von unten nach oben oder beginnt im Bildzentrum.

1.6 Woran ist „anspruchsvolle" Kunst für den Religionsunterricht zu erkennen?

Zum schwierigen Problem der Auswahl „anspruchsvoller Kunst" für die religionspädagogische Praxis hat Günter Lange eine hilfreiche „Faustregel"[28] formuliert: „Ob sich ein Werk als mehrdimensional, polyvalent und bedeutungspotent erweist, d. h. ob es (diachron) zu immer neuen Annäherungen verlockt, sodass ein sehgeduldiger, aufmerksamer Betrachter nie damit ‚fertig' ist, bzw. ob es (synchron) verschieden disponierten Betrachtern etwas zu ‚sagen' vermag (positive Mehrdeutigkeit). Dieses Kriterium setzt nicht die Erfahrung des geübten Kunstexperten voraus, der mit einem Blick Qualität erkennt, sondern verlangt lediglich, dass ich längere Zeit hindurch bzw. verschieden disponiert mit einem Bildwerk umgehe und abwarte, ‚was es mit mir (oder anderen) macht'."

2. Einige begriffliche Klärungen und Unterscheidungen

Bildanalyse:
Das systematische und methodische Vorgehen zur Entdeckung, Identifizierung und Beschreibung der sichtbar verwendeten ➔ bildnerischen Mittel und der ➔ Bildordnung, in die diese Bildelemente gebracht sind – unter Anwendung eines analytischen Instrumentariums (z. B. Fachbegriffe). Die Analyse ist der erste Schritt der Werkbetrachtung, auf deren Erkenntnissen die ➔ Bildinterpretation aufbaut.

Bildaufbau:
Das sichtbare Gefüge und Ineinanderwirken aller verwendeten ➔ bildnerischen Mittel, die die besondere Anlage und damit die Aussage des Bildes bestimmen. Der Bildaufbau zeigt unterschiedliche Lösungen je nach dem besonderen Gestaltungswillen des einzelnen Künstlers und/oder dem Darstellungsinteresse der Stilperioden (z. B. Mittelalter: Unterteilung der Bildflächen durch Symmetrieachsen; Renaissance: Entdeckung der Perspektive und Räumlichkeit, Gruppierung von Personen nach dem Prinzip des Kreises, Dreiecks, Rechtecks usw.; Barock: illusionistische Raumtiefe usw.).

Bildgehalt:
Der spezifische geistige Gehalt, der die bildnerische Realisierung dem Thema verleiht (G. Lange). Dabei sind bei Bildern der christlichen Kunst von Bedeutung: eventuelle Bezüge zu biblischen Texten, sonstigen Quellen, Traditionen, Glaubenssichten, Lebenserfahrungen usw., die sich im Bild niedergeschlagen haben. Der geistige Gehalt ist stets an die sinnlich wahrnehmbare Gestaltung des Bildes gebunden und aus ihr zu begründen.

Bildinhalt:
Der Bildinhalt ist ein Stoff oder Gegenstand, den ein Bild als optische Umsetzung zur Darstellung bringt. „Inhalt" meint dabei nicht einfach und nur das „Was" und „Form" nicht einfach und nur das „Wie". Das eine ist nicht zu realisieren ohne Bezug auf das andere. Inhalt und Form kennzeichnen

[28] Umgang mit Kunst 249.

jeweils das Ganze, jedoch aus einer unterschiedlichen Sichtweise. Zu fragen ist, ob der Bildinhalt direkt aussagbar ist oder evtl. symbolhaft zu verstehen ist.
Zur begrifflichen Erläuterung und Abgrenzung:[29] Ein *Stoff*, den Leonardo da Vinci bearbeitet, ist das Abendmahl Jesu. Der *Inhalt* ist das letzte Abendmahl Jesu mit seinen Jüngern in dem Augenblick, da Judas durch ihn gekennzeichnet wird (Mt 26,25). Der *Bildinhalt* ist also die optische Umsetzung des Stoffes in eine Bildgestalt. Die *Bildform* ist die Verwirklichung der sichtbaren Bildgestalt durch die vom Künstler gewählten ➔ *bildnerischen Mittel.* (Die Begriffe Stoff, Thema, Motiv, Inhalt werden nicht einheitlich verwendet!)

Bildinterpretation:
Der Vorgang und das Ergebnis des Verstehens eines Bildes als letzter Schritt im Rahmen einer Werkbetrachtung. Sie gliedert sich grob in a) die Beschreibung (Analyse) der Bildelemente, ihrer Beziehungen und Bedeutungen für das Bild und b) die verstehende Zusammenfassung der durch Analyse gewonnenen Fakten zu einem Sinnzusammenhang mit dem Ziel, das Bild in seiner Eigenart und seinem besonderen Gehalt angemessen zu erfassen.

Bildmeditation:
Sie hat den Charakter der persönlichen Begegnung im Zusammenspiel von subjektiven Eindrücken, Assoziationen und Emotionen. Sie verläuft unsystematisch, nimmt ihren Ausgang vom ersten Eindruck her, durchwandert das Bild und gelangt schließlich zu einem subjektiven Gesamteindruck und persönlichen Zugang. Angezielt ist eine existentielle Aneignung des Bildes und seines religiösen Gehaltes. Meditation will eine Nähe zum Bild erreichen, dem Betrachter dabei helfen, sich von dem Bild „ergreifen", es in Stille in sich eingehen zu lassen – in Unterscheidung und Ergänzung zur kognitiven, intellektuellen Aneigung über den Weg der Analyse, die eher eine kritische Distanz schafft.

Bildnerische Mittel:
Sie dienen der Veranschaulichung von Ideen, Vorstellungen und Erfahrungen im Bild und umfassen a) Punkt, Linie, Flächen, Farben u. a., b) einfache Kontrastbeziehungen wie z. B. groß – klein, hell – dunkel, leuchtend – matt u. a., c) die komplexen Beziehungen von Formen, Farben, Körper, Licht, Raum, Zeit, Bewegungen und Richtungen (z. B. Horizontale, Vertikale, Schräge, Diagonale) u. a. Zur ➔ Bildordnung gefügt, beruht darauf die Bildaussage.

Bildordnung:
Die Anordnung der ➔ bildnerischen Mittel auf der Bildfläche zu einem beziehungsreichen Ganzen, der ➔ Komposition.

Bildprogramm:
Die Vorgabe bestimmter Themen, denen die Ideen, Ideale und Lebensformen einer Zeit, einer Institution (z. B. Kirche), eines Auftraggebers (z. B. Bischof, weltlicher Herrscher usw.) zugrunde liegen und die ein Künstler den Adressaten vermitteln soll. In solchen Bildprogrammen kommt das jeweilige Welt- und Menschenbild der Zeit zum Ausdruck.

Bildthema:
Die inhaltlich gestellte Aufgabe, die es künstlerisch zu gestalten gilt (z. B. eine Winterlandschaft). Das Bildthema wurde den Künstlern oft vorgeschrieben. In der christlichen Kunst lagen die Bildthemen Jahrhunderte lang fest. Bei der Interpretation eines Bildes interessiert nicht in erster Linie das (z. B. theologische) „Thema" als solches, sondern die Besonderheit seiner künstlerischen Umsetzung, aus der sich der „Gehalt" ergibt. (Die Begriffe Stoff, Thema, Motiv, Inhalt werden allerdings nicht einheitlich verwendet!) Siehe auch: ➔ Bildinhalt

Komposition:
Der formale Aufbau eines Bildes als Gesamtordnung der sichtbaren ➔ bildnerischen Mittel. Grundlegend für die Komposition sind Beziehungsverhältnisse: die Anordnung, der Zusammenhang und die wechselseitige Beziehung von Formen (gegenständliche, abstrakte) und Farben auf der Bildfläche, das Verhältnis der einzelnen Teile zum Ganzen. Hauptaufgabe der Komposition ist die Schaffung einer ➔

[29] Nach: Meyers Kleines Lexikon Kunst 259f.

Bildordnung mit bestimmten Wirkungen (z. B. Harmonie, Ruhe, Spannung, Klarheit, Stabilität, Verwirrung, Betonung wichtiger Bildelemente, Steigerung des Ausdruckswertes von Bildmotiv und dargestelltem Thema usw.).
Ihre Untersuchung hat den Zweck, die Aussage des Werkes so weit es geht rational zu erfassen. Kompositionsprinzien sind z. B. Reihung, Stufung, Rhythmus, Symmetrie, Spannung, Ausschnitt und geometrisch-mathematisch bestimmbare Proportionierungen (z. B. flächengeometrische Dreiecks- oder Kreiskompositionen). Hilfreich zur Verdeutlichung der Komposition sind ➔ Kompositionsskizzen.

Kompositionsskizze:
Eine optische Verdeutlichung des formalen ➔ Bildaufbaus mit Hilfe von Linien, Pfeilen, umrisshaft verdeutlichten Figuren/Gegenständen/Flächen/Farben usw. Dabei werden Kontraste und besondere Akzentuierungen sichtbar: z. B. Zentrumsbetonung, Achsen- und Richtungsbetonungen (Horizontale, Vertikale, Diagonale), geometrische Anordnungen (Quadrat, Dreieck, Kreis, Ellipse, Spirale, Kubus, Pyramide, Kugel usw.) u. a.

Kunstbetrachtung:
Das Vorgehen gliedert sich in die Beschreibung (➔ Bildanalyse) und die Interpretation (➔ Bildinterpretation) eines künstlerischen Werkes.

3. Ein einfaches Grundschema der Bilderschließung

Bei der selbstständigen (z. B. schriftlichen) Erschließung eines Bildes und seines Aussagegehaltes durch die Schüler hat sich folgender Aufbau bewährt:

1. Einleitung: Kurze Vorstellung des Malers und des Bildes (z. B. Titel, Gattung)
2. Hauptteil:
2.1 die Bildbeschreibung (Analyse)
   - a) „Was ist dargestellt?“ Beschreibung dessen, was auf dem Bild zu sehen ist („Inhalt“) in einer erkennbaren Ordnung (z. B. vom Vordergrund über den Mittelgrund zum Hintergrund)
   - b) „Wie ist es dargestellt?“ Verdeutlichung des „Bildaufbaus“ (Komposition als Gefüge und Beziehung aller im Bild eingesetzten bildnerischen Mittel, also: der wichtigsten Formen und Farben, die die Anlage des Werkes und seine Aussage bestimmen).

2.2 die Bilddeutung (Interpretation)
   - „Was bedeutet das Dargestellte? Warum ist es gerade so und nicht anders dargestellt?“ Deutung der Bildaussage und Herausarbeitung des Bildgehaltes im Rückgriff auf die in 2a beschriebenen Bildelemente (Bildbestand) und in 2b verdeutlichte Komposition (Bildordnung). Dabei wird der „Kontext“ wichtig: „Worauf spielt das Bild an (z. B. biblischer Textbezug)? Welche Glaubensvorstellung, Lebenserfahrung u. a. soll vermittelt werden?“ Auch sozialgeschichtliche Hintergrundinformationen des Lehrers zu dem Bild können herangezogen werden (z. B. Biographie des Künstlers).

3. Schluss: persönliche Bemerkung zum Bild

Obwohl die Schritte der Beschreibung und Deutung methodisch zu trennen und auch von den Schülern als eigene Schritte zu vollziehen sind, besteht zugleich ein innerer Zusammenhang zwischen ihnen. Vgl. das Beispiel einer Schülerarbeit: M 1

4. Grundschritte der Bilderschließung

Begriffe, die mit einem ➔ Pfeil versehen sind, werden oben unter 2. erläutert.
Es handelt sich im folgenden um eine idealtypische Darstellung. Es geht im schulischen Alltag nicht darum, bei jedem Bild sämtliche „Grundschritte der Bilderschließung“ möglichst vollständig in allen Einzelaspekten zu vollziehen. Eine wichtige Intention dieses „Gesamtsystems“ besteht darin, den Blick zu schärfen für die bei einer Bildersschließung im Unterricht notwendigen „Reduktionen“, um deren Umfang und Konsequenzen überschauen und didaktisch begründen zu können.

4.1 Die Bildaufnahme (sinnliche Wahrnehmung, spontanes Reagieren)

Leitfrage: Was sehe ich, was nehme ich spontan wahr, und wie wirkt es auf mich?
a) Wir betrachten das Bild. Noch ganz ungeordnet nehmen wir dabei verschiedene Details auf. Unsere Blicke wandern, gehen im Bild „spazieren" (G. Lange). Wir „lesen" die Sprache der Formen. Spontane subjektive Eindrücke über Beschaffenheit, Erscheinungsform und Wirkung dieser Formensprache stellen sich ein. Sie sollen ganz „unzensiert" geäußert und mit den anderen Betrachtern ausgetauscht werden. So entsteht eine erste, naive Annäherung an das Bild. Vielleicht kommt es auch schon zu einer ersten Ahnung der Subjektivität des eigenen Standortes als Betrachter des Bildes (persönliche Vorlieben, Abneigungen, Interessen, Vorwissen usw.), der in Schritt 5 ausdrücklich ins Bewusstsein gehoben und überprüft werden kann.
Hilfsfragen zur Bewußtmachung des ersten Gesamteindrucks (noch ohne nähere Begründung):
- Was fällt mir besonders ins Auge?
- Was finde ich seltsam, unverständlich?
- Was löst das Bild in mir aus (Gefühle, Stimmungen, Erinnerungen, Assoziationen, Fragen; Zustimmung, Ablehnung)?
- Welche Wirkung hat das Bild auf die anderen Betrachter? Zeigen sich ähnliche Reaktionen? Wo ist die Wirkung eine andere als bei mir?

b) Da (ähnlich wie bei einem Text) die *allererste Begegnung* mit einem Bild und seine spontane „Wahrnehmung" für den weiteren Prozess des Verstehens folgenreich ist, kommt der *Art der Bildpräsentation* eine große Bedeutung zu (als Original? als Dia? als Folie? als Foto, Postkarte oder Kopie?). Nur selten dürfte das Bild als Original zugänglich sein; in der Regel liegt es in einer Reproduktion vor (z. B. in Schulbüchern und Textheften), die zudem technisch oft unzureichend erscheint (stark verkleinert und in der Farbgebung verfälscht). Um zunächst eine Vorstellung von der Größe des Originals zu vermitteln, könnte folgender Trick angewandt werden[30] Mit Hilfe einer qualitätvollen Dia-Aufnahme wird das Bild möglichst den Originalmaßen entsprechend an die Wand projiziert und in dieser Form zunächst betrachtet. Andererseits erlaubt das Dia eine enorme Vergrößerung des Bildes, sodass Details deutlicher hervortreten können, als sie vor dem Original (z. B. im Museum) zu sehen sind.

c) In dieser Phase der emotionalen, sinnlichen Erstaufnahme des Bildes, in der Schüler ungelenkt ihrem persönlichen Eindruck und Erleben des momentan Wahrgenommenen Ausdruck verleihen, deutet sich dem zuhörenden Lehrer bereits ein vages „Erst-Verstehen" des Besonderen des Bildes an. Dieses kann in der Lerngruppe vorsichtig weiter versprachlicht, ausgetauscht und als erster Verstehensansatz in Form einer *Interpretations- und Arbeitshypothese* formuliert werden.
Eine solche Hypothese bzw. Leitfrage besteht aus ein, zwei Sätzen und wird sich in der Regel auf einen oder mehrere der folgenden Aspekte beziehen:
- Welcher ➔ Bildinhalt hier wohl dargestellt ist
- Um welches ➔ Bildthema es wohl gehen mag (möglicher Bildtitel)
- Wie die künstlerische Gestaltung zum „Inhalt" paßt
- Welche ➔ bildnerischen Mittel dominieren und was dies bedeuten könnte

Die Hypothese soll als selbstgewählte Leitidee oder Leitfrage die in den nächsten Schritten zu leistende systematische Untersuchung und begründende Deutung des Bildes steuern und die Fülle der beobachteten Aspekte bündeln. Werden versuchsweise mehrere Hypothesen formuliert, so wird die genauere Untersuchung des Bildes über den Grad der Richtigkeit der Arbeitshypothese(n) entscheiden und evtl. zu einer nachträglichen Differenzierung oder Umformulierung führen.
Wie bei der Erstbegegnung mit Texten geht es auch hier darum, in den weiteren Schritten die Wirkung des Bildes durch intensives Sehen und geduldiges Erforschen am Bild selbst und seiner künstlerischen Machart festzumachen und zu begründen.

[30] Diesen Hinweis habe ich bei Günter Lange, Kunst zur Bibel 109 gefunden. Andererseits ermöglicht die technische Reproduktion eines Bildes (z. B. als Dia) eine Vergrößerung, die Details und Feinheiten entdecken läßt, die aus der Distanz (z. B. in einem Museum) nicht zu erkennen wären. Ein Grundproblem bleibt jedoch auch bei einer „originalen Begegnung" im Museum bestehen: Bilder befinden sich dort nicht in ihrer ursprünglichen Umgebung, für die sie einmal geschaffen worden sind. So haben z. B. Maler früherer Zeiten oft die ursprüngliche Umgebung und die dadurch bedingte Beleuchtung in die künstlerische Gestaltung miteinbezogen (Wundram 9).

4.2 Die Bestimmung des Bildinhalts/-gegenstandes

Leitfrage: Wer oder was ist auf dem Bild dargestellt?
Bei einem Werk der abbildenden, gegenständlichen Kunst wird wohl am ehesten der „Inhalt", das „Was" der Darstellung (die Ikonographie) das Interesse des „naiven" Betrachters erregen. Das ist zunächst auch gut so. Denn ein Verständnis des Bildes ist ohne Kenntnis des „Gegenstandes" nicht möglich. Um den „Inhalt" zu bestimmen, richtet sich der Blick auf konkrete Elemente und Aspekte, die leicht ins Auge fallen, wie zum Beispiel: Figuren, Ereignisse, Landschaft, Natur, Architektur, Räumlichkeiten und ihre Ausstattung usw.
In diesem Schritt der *Ermittlung des Bildgegenstandes* liegt für den Religionslehrer die größte Gefahr: Wenn in erster Linie der „Bildinhalt" interessiert (und deshalb die Bildwahl für den Unterricht bestimmt hat) und als das „Eigentliche" gilt, das sich mit Worten klar bestimmen und aussagen lässt, wenn es um die schnelle Festlegung des angeblichen „Bild-Themas" geht, um die möglichst rasche Identifizierung des abgebildeten „Gegenstandes" und seine Einordnung in bereits bekannte Zusammenhänge (z. B. Zuordnung des Bildes zu einer biblischen Perikope, zu einer sonstigen Quelle, zu einer Glaubenswahrheit, einer bestimmten Lebenserfahrung usw.), dann wird das Bild durch diese Reduktion auf einen vordergründigen Inhaltsaspekt hin „verzweckt" und kann im Anschluss auch leicht durch andere, „weiterführende" Medien ersetzt werden. Weil eine genauere *Analyse der Gestaltungsmittel und der Komposition* zur Erhebung des Bildgehaltes dabei als überflüssig gilt, bleibt der besondere „Mehrwert" des Kunstwerkes[31] auf der Strecke.
Es kann nicht oft genug gesagt werden, dass in einem Kunstwerk (sei es sprachlicher oder visueller Art) der „Inhalt" und die „Gegenstände" nicht rein und für sich isoliert fassbar sind, sondern stets als in einer spezifischen „Form" gestaltete erscheinen. Beide, Inhalt und Form, stehen in einem notwendigen korrelativen Verhältnis zueinander, setzen sich gegenseitig voraus und bedingen einander. Das Interesse des Interpreten richtet sich auf die Erschließung des spezifischen ➔ Bildgehalts, und dieser ist nur über die sorgfältige Deutung des Zusammenspiels aller relevanten ➔ bildnerischen Mittel und ihrer ➔ Komposition zugänglich (siehe Schritt 3 und 4). Wenn die „Bestimmung des Bildinhalts" hier im Sinne der methodischen Transparenz als eigener Schritt formuliert ist, so muss man sich zugleich der Vorläufigkeit und dienenden Funktion des hierbei gewonnenen Materials bewusst bleiben. Es kann knapp ausfallen, weil in Schritt 3 und 4 das „Was" der Gegenstände in der Eigenart ihres erscheinenden „Wie" genauer analysiert und gedeutet wird. Es sollte nicht vergessen werden, dass die „Fähigkeit zur Bestimmung des Dargestellten noch im Vorfeld des Phänomens Kunst stehen bleibt".[32]

4.3 Die Beschreibung der bildnerischen Mittel und der Bildkomposition (Analyse des Bildbestands und der Bildordnung)

Hier geht es auf der Grundlage eines intensiven, verweilenden Sehens um das systematische Befragen und geordnete Beschreiben des Bildes im Hinblick auf die optisch wahrnehmbaren ➔ bildnerischen Mittel („Bildbestand") und deren Anordnung, Verknüpfung und wechselseitigen Beziehungsverhältnisse im Sinne der ➔ Bildkomposition. In einer *für die Schüler erkennbaren Ordnung des Vorgehens* (ausgehend z. B. vom Vordergrund über den Mittelgrund zum Hintergrund; von der Bildmitte her usw.) ist deutlich zu machen, welche Einzelelemente der künstlerischen Formensprache (z. B. Linien, Flächen, Formen, Figuren und Farben) zu beobachten sind und wie sie sich auf der Bildfläche zu einem beziehungsreichen Ganzen (Komposition) fügen zur Verwirklichung der künstlerischen Absichten. Sehr hilfreich ist dabei die Anfertigung einer ➔ Kompositionsskizze. Es geht hier nicht darum, alle Einzelbeobachtungen möglichst vollständig aufzuzählen. Hilfreicher erscheint es, *Zusammenhang und Wirkung* wichtiger Beobachtungen im Bildganzen zu klären. So werden die Grundlagen gelegt für die Deutung des Bildes (siehe Schritt 4).

Leitfrage 1: Wie ist das Was im Bild dargestellt?
Grundlagen:
- technologische Aspekte (technische Mittel): Material und technische Ausführung; die Art des Bildes (Gemälde, Aquarell, Holzschnitt usw.)?

[31] Lange, Umgang mit Kunst 248.
[32] Wundram 6.

- Format des Bildes?
- Malweise und Darstellung: gegenständliche, figürlich, abstrakt, realistisch, expressiv u. a.?

Beschreibung und Kennzeichnung der bildnerischen Mittel (Formensprache):

- vorherrschende Farben und Tonwerte? (Farbwahl, Farbintensität, Farbqualität: warm – kalt, leuchtend – gedämpft, scharf – unscharf; Eigenwert von Farben im Zusammenspiel mit anderen Farben; Farben – bezogen auf die reale Welt; Symbolfarben?)
- Linienführung: z. B. viele Schrägen? kurvige Liniengefüge? Wirkung?
- Wie wird durch Farben Licht dargestellt?
- Lichtquelle: im Bildraum sichtbar oder verborgen? natürlicher Art (Sonne, Mond)? künstliches Licht (Kerze, Feuer, Fackel)? übersinnliche Lichtquelle (Glorie)? Besitzen Dinge oder Personen ein „Eigenlicht"?
- Lichteinfall und Lichtführung: klar erkennbar oder diffus? kommt das Licht von „außen"? Welche Teile des Raumes und der Landschaft, welche Personen oder Teile von ihnen werden in helles Licht getaucht? Welche Stellen des Bildes versinken im Dunkel?
- menschlichen Figuren: Welche Bedeutung kommt der Körpersprache zu (Körperhaltung, Gesicht, Gesten, Größe, „Bedeutungsgröße")? Was lässt sich aus ihrer Körpersprache und Kleidung ablesen über Alter, Geschlecht; soziale Stellung? In welcher szenischen Konstellation befinden sich die Figuren? Was wird deutlich über ihr Verhältnis zu anderen Personen, zur Natur, zur Religion u. a. Welche Attribute kennzeichnen die Figuren näher?
- Landschaft und Natur: Welche Elemente werden ausgewählt (z. B. Pflanzen, Tiere; Gebirge, Ebene, Wüste, Felsen, See, Sonne, Mond, Sterne u. a.)? Inwiefern sind sie nicht austauschbar, sondern besondere Bedeutungsträger? Kommen Menschen in diesem Außenraum der Natur und Landschaft vor? Welche Stellung nehmen sie zum Bildraum ein? Darstellung von Nähe und Ferne?
- Architektur (z. B. Gebäude, Brücken, Bauwerke) als von Menschen Geschaffenes
- Innenräume, Möbel, Gegenstände (Requisiten), Geräte: In welchem Verhältnis stehen die Figuren dazu?
- erkennbare Formen und Gliederungsprinzipien (z. B. geometrischer Art: Kreisformen, Quadrate, Kugel-, Kegel-, Würfelformen u. a.) und ihre Wirkung?

Leitfrage 2: Wie ist das Bild aufgebaut? Wie fügen sich die Einzelelemente zu einem Ganzen?
Analyse der Bild-Komposition (Bildaufbau; Bildordnung mit Hilfe einer Kompositionsskizze):

- Was befindet sich im Vordergrund/Mittelgrund/Hintergrund?
- Was ist oben/unten? links und rechts?
- Was ist im Bildzentrum dargestellt? Wie wird der Blick dahin geführt?
- Welche Bildelemente sind in der Senkrechten, Waagerechten, in der Diagonale angeordnet? Welche Beziehungen entstehen so? Welche Wirkung ergibt sich daraus?
- Raum und Perspektive? Fläche/Tiefe? Gibt es Richtungspräferenzen?
- Sind Bildelemente parallel angeordnet? Symmetrisch aufgebaut? Um eine Symmetrieachse angeordnet?
- Zeigt sich im Aufbau z. B. eine kreisförmige Anordnung der Bildteile? Ein dreieckiger Aufbau? Eine quadratische Anlage? Lassen sich verschiedene „Zonen", „Ebenen", „Schichten" in der Anordnung der Bildelemente unterscheiden?
- Gibt es Gegensätzlichkeiten/disharmonische Kontraste („Opposition")?
- z. B. in Größenverhältnissen („Bedeutungsgrößen"); in Farben; in der Verteilung von Hell und Dunkel-Zonen; in der Beziehung der Personen; in Räumlichkeiten
- Gibt es Verbindungen/Zuordnungen/Entsprechungen („Äquivalenz") zwischen Farben, Formen, Räumlichkeiten, verschiedenen Personen und Gegenständen?
- Liegen auffallende Größenverhältnisse und –unterschiede („Bedeutungsgrößen") vor?
- Welche Wechselwirkung besteht zwischen den einzelnen Bildelementen und wie wirkt die erreichte ➔ Bildordnung?

4.4 Die Bilddeutung (Interpretation der Bildaussage/Erhebung des Bildgehalts)

Leitfrage: Warum/wozu ist das Thema so und nicht anders gestaltet? Welche Aussage, welche Botschaft vermittelt das Bild durch die künstlerische Gestaltung des Themas?

In einer *werkimmanenten Deutung* wird versucht, auf der Basis des optisch Wahrgenommenen (Schritt 3) den „Gehalt" des Bildes aus seiner „Gestalt" zu erschließen. Die spezifische Aussage des Kunstwerks ergibt sich aus der funktionalen Bezogenheit und dem Ineinander von „Bildinhalt" (siehe Schritt 2) und „bildnerischen Mitteln" (Farben, Formen, Personen, Räumen usw.) in der „Bildkomposition/Bildordnung" als Einheit (siehe Schritt 3).
Als Verstehenshilfe kann dienen, kleine Veränderungen am Bild vorzunehmen (z. B. durch Abdecken, Verschieben, Verändern der Größe oder Farbe von Elementen usw.); dadurch wird schlagartig die Wirkung eine andere, die Bildaussage anders akzentuiert und evtl. sogar bis zur Sinnzerstörung verändert.
In diesem Schritt der Bilddeutung kommt „endlich" der dem Religionslehrer so wichtige (den Bildeinsatz gleichsam erst legitimierende!) theologische „Kontext" zur Sprache:
„Worauf spielt das Bild an (z. B. biblischer Text, christliches Brauchtum, geschichtlicher Stoff, besondere Quelle)? Welche Glaubensvorstellung, Lebenserfahrung u. a. soll vermittelt werden?"
Hier erhält der *Bild-Text-Vergleich* seinen legitimen Platz. Dabei zeigen sich Gemeinsamkeiten und Unterschiede zwischen dem sprachlichen und dem visuellen Text, die das Verstehen wechselseitig erhellen. Von besonderem Interesse ist der geistige (religiöse, theologische ...) „Gehalt" des Bildes, sein „Mehrwert" gegenüber dem Text, wie er in der besonderen künstlerischen Gestaltung des Themas zum Ausdruck kommt.
Mit dem Bild-Text-Vergleich erfolgt eine sog. *kontextuelle Bilddeutung*. Sie kann erweitert werden um spezielle *bildübergreifende Aspekte*, die als ein „Wissen über das Werk" (wichtig v. a. bei älteren Werken) nicht unmittelbar aus dem Bild selbst erkannt bzw. erhoben werden können[33], wie z. B.:

- Hinweise auf die Biographie des Künstlers (z. B. Schaffensbedingungen)
- politisch-soziale Verhältnisse, Lebensgefühl, Weltbild, Frömmigkeit usw. der Entstehungszeit und ihre Auswirkung auf die Darstellung
- Einordnung des Kunstwerks in die allgemeine Kultur und Geistesgeschichte (u. a. Theologie, Frömmigkeitsgeschichte, Vorstellungen einer Epoche)
- Bild-, Symbol- und Motivtraditionen und ihre Verarbeitung (Wandlung? Wiederholung? Verfremdung? usw.); Hilfsmittel: Bildvergleich
- das Schicksal des Bildes

Diese Informationen zum größeren historischen Kontext des Bildes können anhand von *Quellenmaterial und Sekundärliteratur* eingebracht werden. Dabei ist besonders die *Methode des Vergleichs* verschiedener Gestaltungen des Themas (unterschiedlicher Künstler, Epochen, Techniken usw.) eine außerordentlich fruchtbare Verstehenshilfe.

4.5 Die Bildbeurteilung (persönliche Sicht/Bewertung/Stellungnahme)

Nach der genaueren Erschließung und Deutung kann eine wertende Auseinandersetzung mit dem Bild erfolgen, wobei die Aussagen zum Bild*gehalt* stets aus der Bild*gestalt* zu begründen sind. Im Rückblick auf die Anfangsphase (Schritt 1) tritt der Betrachter noch einmal in einen besonderen Dialog mit dem Bild und tauscht sich mit den anderen Betrachtern aus über Fragen wie:

- Habe ich eine begründete Erklärung gewonnen für die Wirkung des Bildes bei der ersten Begegnung?
- Ist mir klar geworden, was an meiner eigenen *Person* diese Wirkung mitverursacht bzw. verstärkt haben kann?
- Liegt die gewonnene Bildaussage auf der Linie der Ausgangshypothese (Schritt 1)?
- Gibt es Details und Zusammenhänge des Bildes, die ich nun im Rahmen der Gesamtkomposition in einem neuen, tieferen Licht sehe?
- Welche Wechselbeziehung besteht zwischen dem Bild und unserer eigenen Lebenswelt als Betrachter? (Ist die dargestellte Situation vertraut? Trifft sie eigene Erfahrungen, Hoffnungen, Ängste, Konflikte usw.)
- Erweitert das Bild unsere Sicht vom Menschen, von der Welt, von Gott?

Die kritische Befragung des Bildes kann weiterführend auch unter den Aspekten erfolgen:

- Ist die Begegnung des Künstlers mit der Welt im Bild überzeugend gestaltet?

[33] Doedens 63.

- Wie ist der Standort und Stellenwert des Bildes innerhalb der christlichen Ikonographie zu beurteilen?
- Was leistet das Bild im Hinblick auf die Entstehung und Entwicklung bestimmter Bildthemen, christlicher Symbole usw. (innovativ? angepasst?)? Siehe auch unter 4.

4.6 Die Bildanwendung (kreative, poduktionsorientierte Auseinandersetzung und Aneignung)

Den bisher dargestellen Schritten 1-5 ist gemeinsam, dass sie einen Zugang zum Bild über die Wortsprache versuchen: das Gesehene wird versprachlicht, über den Weg der Abstraktion und theoretischen Verallgemeinerung mitgeteilt. Es gibt jedoch auch praktische Verfahren, sich einem Bild durch konkretes Handeln und Bearbeiten zu nähern, statt es nur verbal zu entschlüsseln. Durch Veränderung und Ergänzung des Ausgangsmaterials können neue Bilder geschaffen werden. Dabei wird auf ganz praktische Weise der besondere Zusammenhang von Bildelementen, bildnerischen Mitteln, darauf bezogenen unterschiedlichen Wirkungen und neuen Bedeutungen erfahren.[34] Auf diese Weise kann eine tiefere Auseinandersetzung und persönliche Aneignung des Bezugsbildes erfolgen. Zu den Möglichkeiten für kreative, produktionsorientierte Bildanwendungen siehe M 3.
Es erscheint oft hilfreich, den Schülern das zu bearbeitende Bild als Kopie vorzulegen, mit der sie in Freiheit und Kreativität umgehen können. Bezüglich des geeigneten Zeitpunktes für solche praktischen Verfahren gibt es keine Festlegung: Sie können sich sowohl am Anfang als auch in der Mitte oder am Ende verschiedener Untersuchungsphasen anbieten.

5. Beispiele von Bilderschließungen

M 1: Bild-Interpretation zu Habdank (Hausaufgabe in einer Klasse 10)

Angaben zum Bild:
Holzschnitt, 1975, 64 x 41 cm
Originaltitel: „In Erwartung"

Abbildungen des Bildes:
In: Grundlagen. Katholischer Religionsunterricht an Beruflichen Schulen 10./11. Jahrgangsstufe, München (Kösel) 1982, S. 127 sowie in der Dia-Serie: Walter Habdank, 24 Holzschschnitte zur Bibel, München (Kösel) 1978, Bild 24.

Der *Titel des Bildes* ist den Schülern nicht genannt worden, um ihre Wahrnehmung nicht von vornherein festzulegen.

Schülerarbeit (von André B. – sprachlich leicht überarbeitet)	*Kommentar*
1. Beschreibung	
Der Holzschnitt von Walter Habdank ist in Schwarzweiß-Technik gehalten und zeigt fünf Personen (vier Männer und eine Frau) und einen Hund, die alle gemeinsam hoch oben von einer schmalen „Plattform" aus auf etwas schauen, das sich rechts über ihnen außerhalb des Bildes zu befinden scheint.	1. Art des Kunstwerks und erster Überblick zum dargestellten „Gegenstand"
Das Bild wirkt zunächst in der dargestellten Situation etwas verwirrend: Auf einer kleinen Fläche ist eine Schar von Menschen Kopf an Kopf zusammengedrängt, umgeben von einem Gewirr an zeigenden oder sich festhaltenden Händen. Alle Figuren stehen nach vorn gebeugt oder sitzen gekrümmt hinter einem Gestänge, das wie Gitterstäbe eines grob gezimmerten Käfigs wirkt. Die krummen Stäbe, an die sich einige Personen	2. Situation, Personenkonstellation, räumliche Dimensionen

[34] Schönemann, Analyse 41.

klammern oder stützen, und die nach rechts dünner werdende Bodenplatte, auf der sie sich befinden, scheinen für so viele Menschen keinen zuverlässigen Halt geben zu können.
In der Tiefe sind die Gebäude einer Stadt zu erkennen, die die Personen weit unter sich gelassen haben. Umgeben sind sie oben vom leeren Himmel, an dem als einziges Gestirn links unten die Sichel des Mondes erscheint, die sich nach links öffnet. Dieser räumliche Bezug zwischen den Menschen, der Stadt und dem Mond verweist auf eine seltsame Perspektive: die Personengruppe befindet sich so hoch über der Stadt, dass sogar der Mond unter ihnen zurückbleibt und sie sich geradezu „im Himmel“ befinden.

3. die Figuren (Menschen, Hund) und ihre Körpersprache

Die Personen befinden sich in engem Körperkontakt zueinander, halten und stützen sich gegenseitig und bilden dadurch eine dichte Gemeinschaft. Besonders betont wird die Zusammengehörigkeit noch durch die „Zuneigung“ ihrer Köpfe, die gemeinsame Blickrichtung und die Ausrichtung ihrer Bewegung auf das (unsichtbare) Objekt rechts oben.
Die Figuren starren mit erstaunt aufgerissenen großen Augen in die Ferne; auf ihren Gesichtern spiegelt sich Faszination und Erschrecken zugleich. Der Mann am rechten Bildrand unterscheidet sich in Aussehen und Verhalten von den anderen Figuren; er scheint etwas Besonderes zu sein: Er trägt keine Kopfbedeckung, zeigt eine Halbglatze (ein Intellektueller?) und hält als einziger ein Fernglas in den Händen, durch das er konzentriert das unsichtbare Objekt außerhalb des Bildes anvisiert. Auffällig ist, dass er dabei das Glas nur an das linke Auge hält, während das rechte weit geöffnet an dem Fernglas vorbei nach dem unbekannten Objekt Ausschau hält, als würde er dem technischen Gerät nicht ganz trauen. Ein anderer Mann macht mit dem ausgestreckten Zeigefinger auf das Objekt aufmerksam. Die Frau scheint mit unbedecktem Oberkörper dazusitzen, wodurch ihre weibliche Sexualität zum Ausdruck kommen mag. Sie wirkt erschreckt und versucht ihre Hände vor das Gesicht zu halten, als ob sie sich vor etwas schämt, das sie getan hat.
Alle Figuren sind dünn und sehen ausgemergelt aus, als würden sie unter Hunger leiden. An ihren Händen erscheinen die Knochen. Die Kleidung wirkt ärmlich. Seltsam verängstigt befinden sich die Personen wie Haltsuchende zwischen den Stäben des Gerüstes oder wie Gefangene hinter Gittern.
Auffallend ist, dass die Größenverhältnisse nicht korrekt gewählt sind: Die Hände, die Köpfe und auch die Augen der Menschen werden überproportional groß dargestellt und damit besonders betont. Außer den fünf Personen befindet sich noch ein Hund auf der Plattform, der nicht in die Blickrichtung der Personen schaut, sondern den Betrachter drohend (?) anzusehen scheint.
Am rechten vorderen Stab ist eine Fahne aufgehängt, die zur linken Bildseite hin weht. Damit ist klar, dass den Ausschau haltenden Personen der Wind entgegenweht.

2. Deutung

Die Deutung geschieht auf der Basis der Elemente der Beschreibung, welche nun in einen inneren Bedeutungszusammenhang gebracht werden.

Versucht man die verschiedenen Bildelemente (vgl. 1) in einen Zusammenhang zu bringen und zu deuten, so könnte man sagen: Hier sind Menschen dargestellt, die ihre normale Welt, in der sie leben (Stadt), hinter sich gelassen und sich als Gruppe von Individuen zusammengefunden haben, um gemeinsam intensiv nach etwas zu suchen, das ihren Augen nicht direkt zugänglich ist und auch dem Betrachter verborgen bleibt. Was sie suchen, ist offenbar nicht konkret darstellbar und fällt (buchstäblich) völlig „aus dem Rahmen“. Da diese Menschen den Blick „nach oben“ in den Himmel gerichtet haben, legt sich der Gedanke nahe, es könnte als Thema des Bildes die Suche des Menschen nach Gott dargestellt sein.

vorsichtige Eröffnung einer religiösen Perspektive als Möglichkeit einer thematischen Verknüp-

Diese Suche vollzieht zwar jeder Einzelne auf seine Weise, aber zugleich in Gemeinschaft mit anderen Menschen.
Um sich Gott zu nähern, lösen sich die Menschen gewissermaßen von der Welt des Irdischen. Das Weltliche (ihre Stadt) lassen sie dabei weit hinter und unter sich, durch nichts mehr abgelenkt. Gott selbst erscheint nicht im Bild. Die Menschen können kein exaktes Bild von ihm gewinnen. Dabei hilft ihnen auch die Technik nicht weiter (Fernglas), die ein „Intellektueller“ (Mann mit Halbglatze) einsetzt und der er offenbar nicht ganz traut. Gott zeigt sich nicht direkt, aber indirekt als das ersehnte, verborgen gegenwärtige Ziel suchender Menschen. Bedeutet deren „Ärmlichkeit“, daß sie der Not des irdischen Daseins und dem Weltlichen zu entfliehen suchen, um ihre Hoffnung ganz auf Gott zu setzen? Erhoffen sie sich von ihm allein noch Trost, Hilfe und Halt in ihrer jetzigen Situation oder im zukünftigen Leben?

fung der in 1. beschriebenen Bildelemente
Versuch einer Zusammenfassung des Bildgehaltes

Hier kann sich der Betrachter selbst ins Spiel bringen, indem er einen Bezug herstellt zwischen der Aussage des Bildes und seiner eigenen Lebens- und Glaubenssituation

Als *mögliche Bildtitel* wird von den Schülern im Unterrichtsgespräch vorgeschlagen:
- Auf der Suche
- Die Wartenden
- Flucht vor dem Leben
- Hoffnung auf Veränderungen

M 2: Ergänzende Beobachtungen zum Holzschnitt von Habdank

Zur Komposition:
Das ganze Bild besteht gleichsam nur aus einem Zentrum; auf engstem Bildraum drängt sich eine Gruppe von Personen mit großen Augen und Händen. Die Konzentration entsteht durch Reduktion auf das Wesentliche und durch die weitgehende Ausklammerung einer konkreten Umgebung (nur sparsame Andeutung des Hintergrundes, der hier eher als „Unter“-grund gestaltet ist). Räumliche Tiefe scheint zurückzutreten. Zum Himmel hin ist die Komposition „offen“, nur die Mondsichel links und wenige Dächer vermitteln eine Ahnung von Horizont.

Bildtechnik („technologische“ Aspekte):
Holzschnitte haben die Eigenart, von der Holzmaserung und von der Schneideweise abhängig zu sein. „Die Technik des Holzschnitts erfordert eine klare, vereinfachte, eindeutige Formensprache, die zu einer Steigerung und Vertiefung, einer Verstärkung des Ausdrucks im Bild führen soll.“ (Habdank 97) Die Oberflächengestaltung erhält dadurch einen „Stempelcharakter“ (Goecke-Seischab/Domay 37).

Bildaussage und Deutungshinweise:
Die dargestellte (existentielle) Situation erscheint buchstäblich „abgehoben“: Die Menschen haben den festen Boden unter den Füßen verloren, befinden sich in einem Zustand zwischen Himmel und Erde, in dem sie nur schwachen Halt (an ihren Gitterstäben?) finden, und halten Ausschau nach etwas „Höherem“, das sich ihnen aber nicht zeigt und „zur Verfügung“ stellt. Auch die intellektuellen Fähigkeiten und die Technik scheinen nicht weiterzuhelfen.

Habdank hat diesen Holzschnitt selber gedeutet anlässlich eines Universtitätsgottesdienstes am 13. Juli 1975 in München, St. Markus, teilweise abgedruckt im Beiheft zur Diaserie: Walter Habdank, 24 Holzschnitte zur Bibel, München (Kösel) 1978, S. 95–97)

M 3: Was man mit Bildern alles machen kann
Beispiele einer kreativen, poduktionsorientierten Auseinandersetzung und Aneignung

Bildauswahl:
Schüler suchen sich aus einer Sammlung von thematisch gleichen Bildern (oder auch Fotos) das für sie eindrucksvollste aus.

Bildbefragung/Bildinterview:
Zwei, drei Schüler stellen Fragen an ein Bild; sie werden gesammelt und gemeinsam beantwortet. Schüler interviewen ein Bild, eine andere Gruppe versucht zu antworten.

Bild beschreiben:
Ein Schüler beschreibt ein Bild, das den anderen Schüler nicht vorliegt. Danach erst wird es allen ausgeteilt.

Bilddialog – „Personen zu Wort kommen lassen":
Eine der Personen erzählt ihre Geschichte (z. B. eine Frau, ein alter Mensch usw.)
Einen fiktiver Dialog zwischen Personen des Bildes erfinden
Einen Dialog szenisch umsetzen und spielen
den Personen (z. B. auf Folien oder Transparentpapier) Sprechblasen zuordnen

Bilder kombinieren:
Bilder gleichen oder kontrastierenden Motivs/Themas zu einem neuen Bild zusammenkleben.

Bildern in Teilen begegnen:
Durch Abdecken jeweils nur bestimmte Teile zeigen und betrachten. Verzögert die Betrachtung des Bildes und macht es schrittweise in seiner Komposition zugänglich.

Bilderpuzzle:
Ein Bild wird zerschnitten (zum Beispiel in Längs- oder Querstreifen oder nach bestimmten Gliederungsgesichtspunkten wie Vordergrund, Hintergrund, Figuren usw.) und von den Schülern wieder zusammengesetzt. Beim Aufkleben der Streifen kann ein Bild, eine Zeichnung unterlegt werden oder die Zwischenräume können ausgemalt und ergänzt werden.

Bildinterpretation mit Hilfe von Leitfragen:
Der Lehrer bereitet Fragen vor, die den Schülern als „Sehhilfen" dienen, das Bild inhaltlich/formal in seinem Aussagegehalt zu erschließen. Als traditionelle Methode bekannt und oft wenig motivierend.

Bildmeditation:
LehrerIn gibt zu einem Bild meditative Anstöße.

Bild nachstellen:
Eine Schülergruppe baut nach dem Vorbild einer Bildszene ein Standbild.

Bildtitel suchen:
Verschiedene Überschriften zu einem Bild in Gruppenarbeit von den Schülern suchen lassen. Jede Überschrift verändert die Wahrnehmung des Bildes, je nach der Deutung, die in ihr zum Ausdruck kommt. Die Schüler wählen aus allen Lösungen die ihnen am gelungensten erscheinende Überschrift aus und begründen ihre Wahl.

Bildvergleich:
Bilder mit demselben Thema auf Gemeinsamkeiten, Ähnlichkeiten, Unterschiede und Kontraste in der Formensprache und im Gehalt hin vergleichen. Kontrastierende Bilder machen aufmerksam auf die Vielschichtigkeit eines Themas, lassen die Wirklichkeit von verschiedenen Seiten her sehen.

Identifizieren mit dem Bild:
„Wo siedele ich mich an auf dem Bild?" (G. Lange) Mit welcher Figur, mit welcher dargestellten Situation kann ich mich am ehesten identifizieren? In der Ichform sollen die Gefühle, Stimmungen, Gedanken, Probleme usw. formuliert werden, die in diese Figuren hineingelegt werden.

Schreibmeditation:
Sch betrachten schweigend ein Bild. Wer als Erster einen Eindruck notieren möchte, schreibt ihn auf ein Blatt und reicht es an den Nachbarn weiter. Das Blatt wandert durch die Klasse, bis keine Einträge (Eindrücke und Beobachtungen zum Bild, Stellungnahmen zu einzelnen Aussagen ...) mehr erfolgen.

Veränderung von Bildern (zwecks Verfremdung, Kontrastierung, Verstärkung oder Abschwächung eines Aspekts):
Ergänzungscollage: ein Bild auf weißen Karton mit breitem Rand kleben; die Schüler schaffen durch Bemalen und Bekleben des Bildumfeldes (z. B. mit Material aus Illustrierten, mit eigenen Fotos usw.) einen bestimmten Kontext (so z. B. Konfrontation traditioneller Bildmotive mit heutiger Lebenswirklichkeit)
Übermalen mit Wachs- oder Filzstiften
Elementeinfügung: durch Malen oder Kleben neue Elemente ins Bild einfügen und die Bild-Aussage verändern (z. B. aktualisieren)
Motivverfremdung: ein Kernstück aus dem Bild herausschneiden und in einen neuen Kontext einfügen, der durch Malen oder Kleben hergestellt wird (z. B. zur Konfrontation von dargestellter Wirklichkeit mit heutiger Lebenswelt)

Vergleich Bild – Text:
Zu einem bereits behandelten (z. B. biblischen) Text wird eine künstlerische Darstellung herangezogen und in den Unterschieden und Gemeinsamkeiten verdeutlicht (z. B. hinsichtlich des „Mehrwerts" des Bildes).

M 4: Caspar David Friedrich: Abtei im Eichwald
Erfahrungen mit dem Bild in einer Klasse 10

Angaben zum Bild:
Öl auf Leinwand, Format 110 x 171 cm, Entstehung 1809/10
Staatliche Museen zu Berlin – Preußischer Kulturbesitz

Farbabbildungen:
Caspar David Friedrich. Reihe: Maler. Leben, Werk und ihre Zeit, Heft 5, Hamburg 1986, 143.
Wedewer, Rolf: Landschaftsmalerei zwischen Traum und Wirklichkeit: Idylle und Konflikt. Köln (DuMont) 1980 (2. Aufl.), Farbt. 1.
Zeichen der Hoffnung, hg. von Trutwin, Breuning, Mensing, Neuausgabe, Düsseldorf 1989, S. 50 („Ausschnitt").

Biographische Notizen:
Caspar David Friedrich (1774–1840), der als der größte deutsche Maler der Romantik gilt, widmete sich fast ganz der Landschaftsmalerei. Fasziniert von der göttlichen Schönheit der Natur schuf er stimmungsvolle, bedeutungsschwere Gemälde (seit 1807 in Öl). Das vorliegende Bild reichte er 1810 für eine Ausstellung der Berliner Akademie ein, zusammen mit dem Bild „Mönch am Meer" (1808/09), das die gleichen Maße aufweist und als Gegenstück zur „Abtei im Eichwald" gilt. Obwohl nicht sicher ist, dass Friedrich diese Kombination so beabsichtigt hatte, würde es durchaus zu ihm passen: Häufiger werden bei ihm Bilder aufeinander bezogen (z. B. Darstellungen der Jahres- oder Tageszeiten), die dadurch symbolisch auf verschiedene Epochen oder Stufen des menschlichen Lebensalters verweisen. – Auf dieser Akademie-Ausstellung hingen beide Bilder übereinander: oben der Mönch und darunter die Abtei. Beide Werke wurden 1810 von Kronprinz Friedrich Wilhelm (dem späteren König Friedrich Wilhelm III.) erworben.

Zum unterrichtlichen Kontext und zur Bildpräsentation:
Als Einstieg in die Unterrichtsreihe „Kirche zwischen Erstarrung und Aufbruch" in einer Klasse 10 nach dem Schulbuch „Zeichen der Hoffnung" (Neuausgabe, Düsseldorf 1989, S. 50–65) wird das Bild von C. D. Friedrich (dort S. 50) betrachtet. Es handelt sich dabei um eine drucktechnisch „verwaschene", in der Farbgebung völlig verfälschte, blaustichige Wiedergabe des Bildes, das zu allem Elend auch noch durch den gewählten Ausschnitt brutal vom originalen Querformat zum Hochformat zurechtgestutzt wurde. Am oberen Bildrand ist in die Fläche des Himmels die fette Kapitel-Überschrift gesetzt: „Kirche zwischen Erstarrung und Aufbruch". Die Folgen sind absehbar: Die Wahrnehmung des Betrachters ist damit von vornherein gelenkt und die Deutungsrichtung festgelegt! Zu allem Übel findet sich auf der gegenüberliegenden Seite (S. 51) auch noch der Hinweis: „Viele Elemente des Bildes zeigen symbolhaft die Krise der Kirche: Friedhof, Ruine, Winter, Verfall u. a."

Trotz dieser katastrophalen Bedingungen wollte ich eine Bilderschließung wagen – im Wissen darum, dass hier eine im Alltag nicht selten anzutreffende realistische Unterrichtssituation vorliegt, wenn man auf Bilder in einem Schulbuch zurückgreift.

Die Bildaufnahme (1.)
Beim ersten Sehen des Bildes im Buch kommen schnell spontane Aussagen wie z. B.: kalt, kahle Bäume, Ruine, Friedhof, Gräber; schwaches Licht – „entfernt"; Halblicht, keine vollen Farben; Vordergrund dunkel – Himmel heller. Die ersten Eindrücke beziehen sich damit sowohl auf Aspekte des „Inhalts" (Gegenstände) als auch auf die Farben.
Dabei kommt es zu zwei Streitpunkten:
Sind die Bäume ohne Laub, weil es Herbst ist? Oder sind sie für immer verdorrt, weil sie abgestorben sind?
Handelt es sich bei der Tageszeit um den Morgen (mit Sonnenaufgang)? Oder um eine Szene am Abend (mit Sonnenuntergang)?
Da alle „gegnerischen" Gruppen ihren Standpunkt als den einzig „richtigen" behaupten, sind damit auf natürliche Weise zwei interessante *Arbeits- und Interpretationshypothesen* gewonnen, die durch eine genauere Bildbetrachtung auf ihre Plausibilität hin überprüft werden sollen. (Bei den folgenden Hinweisen übernehme ich allerdings von vorneherein die Perspektive der meisten Interpreten, dass es sich um eine *abendliche* Szene handelt.)

Die Bestimmung des Bildinhalts (2.)
In der Bildmitte ragt die Ruine einer Kirche in den hell werdenden Himmel empor, rechts und links von kahlen Bäumen umgeben. Das Umfeld scheint ein Friedhof zu sein. Schwarz gekleidete Gestalten schreiten auf den Eingang der Ruine zu. (Da die Abbildung zu unpräzise ist, kann nicht erkannt werden, dass es sich um einen Leichenzug von Mönchen handelt, die einen Sarg tragen.)

Beschreibung der bildnerischen Mittel und der Bildkomposition (3.)
Bei dem Bild handelt es sich um ein Ölgemälde auf Leinwand im Format 110 cm (Höhe) x 171 cm (Breite). Da die Abbildung im Schulbuch an den Seiten stark beschnitten und dadurch vom Querformat zum Hochformat verkürzt worden ist, sind die Größenverhältnisse der Formen und Farbflächen verfälscht, Ruine, Figuren und Bäume geraten als Elemente in der Landschaft aus dem Gleichgewicht.
Auf dem Original ist der Vordergrund des Bildes fast leer. Ein verschneiter Friedhof mit wenigen, unregelmäßig verteilten, schräg stehenden Grabsteinen und Kreuzen ist zu sehen, die winzig und verloren erscheinen angesichts der noch als Ruine mächtigen Fassade einer gotischen Kirche, die sich mit ihrem zerbrochenen hohen Fenster wie eine Kulisse vor der Helle des Abendhimmels abhebt. Rechts und links umsäumen kahle Eichenstämme die Ruine und überragen sie. Die abgestorbenen Äste und im Sturm geborstenen Kronen starren in bizarren Formen in den Himmel. Im Hintergrund baut sich eine Nebelwand auf und scheint sich heranzuwälzen, nach oben erhellt vom schwindenden Licht des Abends mit dem zunehmenden Mond (Neumond), dessen noch dunkle Seite ebenfalls zu sehen ist, wie es in kalten hellen Winternächten der Fall ist. Die Gegenstände lösen sich im Nebeldunst auf und verlieren sich wie in einer endlosen Weite. Eine Gruppe verhüllter Mönche in dunklen Kutten trägt den Sarg mit einem verstorbenen Bruder und bewegt sich vom Betrachter weg ins Bild hinein, vorbei an einem weit klaffenden, offenen Grab, dessen Erde aufgeworfen ist. Der Leichenzug hat den Torbogen der Kirchenruine erreicht und scheint ihn durchschreiten zu wollen, vorbei an einem von zwei Lichtern flankierten mächtigen Kreuz, das im Portal aufgerichtet ist – dem Lichtstreifen am Horizont entgegen.
Die gesamte Bildfläche wird durch Hell-Dunkel-Kontraste in zwei Zonen eingeteilt: Während das untere Drittel der Szene mit dem Leichenzug auf dem Friedhof in bedrückendes Dunkel gehüllt ist, in dem die Silhouetten mit der Dämmerung verschwimmen, bricht am Horizont noch das Licht des endenden Tages durch und erhellt den Himmel, der zwei Drittel der Bildfläche einnimmt. Die Helle scheint in halber Fensterhöhe von hinten durch das zerstörte Fenstergerippe der Ruine, die die senkrechte Mittelachse der Komposition bildet. Die düstere Friedhofsszenerie als Stätte des Todes und der Erinnerung an früheres Leben wird durch das bizarr sich windende abgestorbene Astwerk der Eichen mit der Zone des den Nebel aufhellenden Himmels verbunden. Die spannungsgeladenen Zonen der Helligkeit und Dunkelheit stoßen in nebelhaft verschwommenem Kontrast aufeinander, wobei eine kurvige Wellenlinie entsteht. Dunkelheit, Nebel und Dunst dienen als geheimnisvolle Verhüllung der Dinge.

Bei dieser Landschaftsdarstellung geht es offenbar nicht um eine beschreibende Naturschilderung. Denn die Dinge (Ruine, Bäume, Kreuze) und Menschen wirken in der Darstellung silhouettenhaft, flach und körperlos; „starke Umrisslinien isolieren sie in einer unfassbaren, sich entziehenden Wirklichkeit".[35] Die ganze Szene ist „durchzogen von einem Hauch des Unwirklichen und Verlorenen, ja schon des Jenseitigen".[36]

Die Bilddeutung (4.)
Bildimmanente Deutungsaspekte:
Bei C. D. Friedrich wird das menschliche Werk in Gestalt der gotischen Kathedrale zur „Allegorie des Verfalls", das die Unvollkommenheit irdischer Existenz symbolisiert. „Die endgültige Verlassenheit im Tode bestimmt hier den Eindruck."[37] Die frühere Macht und Ordnung der Institution Kirche ist verfallen, sie hat keine Funktion mehr – womit wohl in erster Linie „die katholische, dogmengebundene Lehre" gemeint ist[38]. „Wo einst Glaube und Mysterium zuhause waren, findet nichts mehr statt. Übriggeblieben ist entseelte Versteinerung. Auch die Natur rundum liegt in trostloser Kälte."[39] Nach Auffassung von R. Wedewer übernimmt nun die „Unergründlichkeit der Natur" für Friedrich die Funktion, die früher die Kirche innehatte."[40]
Nach einer anderen Deutung handelt es sich bei den Eichen und der gotischen Kirchenruine um eine Anspielung auf zwei historische Epochen: die vorchristliche Zeit und heidnische Welt der Naturreligion, die nun überwunden ist (verdorrte Eichen) und die Zeit des Christentums, in der anstelle des Waldes die Kirche (hier in ihrer imposanten Form als mittelalterliche gotische Kathedrale) zum Ort der Gottesverehrung wurde.[41]
Der Pforte, durch die der Leichenzug zu schreiten im Begriff ist, kommt als Eingang eine besondere Bedeutung zu. Sie ist hier nicht Einlass in einen überschaubaren, umschlossenen Raum, sondern: „Als Durchgang in die nebelhafte Unbegrenztheit der Natur symbolisiert sie eine Grenzsituation des Menschen, der angesichts des Unendlichen seine eigene Endlichkeit erfährt. Friedrich setzt das großartig ins Bild durch die frontal zum Betrachter gerichtete Fassade, die im Verein mit den mächtigen Baumsilhouetten wie eine Schranke den durch eine schwach hügelig ausgebildete Erhebung begrenzten Vorderraum von der dunstverschleierten Unendlichkeit des Hintergrundes abhebt. Eine kosmische Landschaft ..."[42]
Das Licht ist nicht auf eine reale Lichtquelle zurückzuführen und dient auch nicht einfach nur der Beleuchtung einer Szenerie. Die Helligkeit ist „eine ins Metaphysische erhöhte Vision" und wirkt wie eine Verheißung über dem Dunkel.
Indem der Leichenzug der Mönche durch das Tor in eine lichtere Welt führt, erfolgt ein Verweis über den Tod und die endliche irdische Geschichte des Menschen hinaus. „So sind die wesentlichen Symbole des Bildes zwar Todessymbole (Grab, Leichenzug, dürre Eichen), die aber verbunden sind mit der Hoffnung auf Auferstehung (Portal, Licht, Mond)."[43]
Der Versuch einer gemeinsamen Deutung der bildnerischen Mittel und ihrer Komposition durch die Schüler zeigt, wie sehr sie von subjektiven Wahrnehmungen und Sehentscheidungen im Hinblick auf die schlechte Bildwiedergabe geprägt sind, andererseits aber offenbar auch von der ins Bild gerückten Kapitelüberschrift „Kirche zwischen Erstarrung und Aufbruch" gelenkt werden, wie die folgenden zwei Schüleräußerungen zeigen:
„Ich sehe in diesem Bild den Tiefpunkt der Kirche. Die Kirche wird als Fassade ohne Rückhalt, d.h. ohne Gemeinde dargestellt. Sie ist eine ‚Ruine' ohne Leben, d.h. sie hat keine Anhänger mehr. Sie ist verfallen und untergegangen, wie auch der untergehende Mond symbolisieren kann. Dadurch, dass es jedoch vom Horizont her hell wird, soll angedeutet werden, dass auch die Kirche wieder zu neuem Leben erweckt werden kann."
„Das Bild zeigt eine Kirche, in die wieder Leben einkehrt. Ganz im Vordergrund sieht man Menschen, die in die leere Kirche zurückkehren. Der helle Teil des Bildes zeigt den Sonnenaufgang. Dieser steht

[35] Lexikon der Kunst, Band 4, Freiburg 1988, 339.
[36] Wedewer 45.
[37] Ebd.
[38] Walch, Unterrichtsbausteine.
[39] Trutwin/Mensing/Breuning, Religion – Sekundarstufe I. Lehrerkommentar Zeit der Freude, Wege des Glaubens, Zeichen der Hoffnung. Düsseldorf (Patmos) 1995 (2. Aufl.), 373f.
[40] Börsch-Supan, Helmut: Caspar David Friedrich, München (Prestel) 1973, 85 (hier zit. nach Wedewer 46).
[41] Walch, Unterrichtsbausteine.
[42] Wedewer 46.
[43] Walch, Unterrichtsbausteine.

dafür, dass wieder schönere Zeiten kommen, dass die Kirche wieder deutlich in Erscheinung tritt und eine Bedeutung bekommt."

Bildübergreifende Aspekte:

Seit der Renaissance ist die Ruine das klassische Symbol für eine zusammenbrechende Gesellschaft. Die verfallenen römischen Tempel, Paläste, Triumpfbögen, Bäder und Villen werden seitdem als melancholisch stimmende Zeichen der Vergänglichkeit überhaupt gesehen. Die Kunstsprache der Romantik greift anstelle der klassischen antiken Ruine den gotischen Dom des Mittelalters auf und stilisiert ihn zur Ruine. Sie wird zu einem selbständigen psychischen und historischen Symbol des Verlustes an eigener Geschichte, Kultur und Identität, seit Deutschland 1806 unter die Herrschaft Napoleons gerät. Die Romantik entwickelt eine politische Richtung, die das Nationale gegenüber dem Französischen, die Idee der einen, freien Nation gegenüber den Fürsten betont. Die gotischen Ruinen, die Eichen, die altdeutsche Tracht der Figuren u. a. sind Ausdruck dieser nationalen Ideen. Dabei ist Friedrichs „Ruinengotik" als Mahnung zu verstehen, wie sehr die Kultur stets bedroht ist von Zerstörung und Vergänglichkeit.

Bei aller Genauigkeit im Detail sind C. D. Friedrichs Landschaftsbilder dennoch keine topographisch exakte Wiedergaben. So fungiert als reales Vorbild für seine „Abtei im Eichwald" die Ruine der Kirche von Eldena in Pommern. Er ergänzt aber sein Bild um das Kruzifix im Portal und das Maßwerkfenster, um die religiöse Deutung klarer zu machen. Dabei kann Friedrich für diese Details auf genaue Naturstudien zurückgreifen, die er auf seinen zahlreichen Reisen und Wanderungen angefertigt hat. Die Gesamtkomposition entspringt jedoch seiner Phantasie und nimmt erst im Atelier Gestalt an. Dabei formt er seine Natureindrücke durch Neukombinationen um und erreicht vor allem durch die Farb- und Lichtgestaltung in seinen Landschaften eine besondere Atmosphäre. Friedrich will mehr als eine rein deskriptive Naturschilderung; er versucht vielmehr den Betrachter durch verschlüsselte Botschaften seiner Bilder dahin zu führen, in der Natur die Möglichkeit einer religiösen Erfahrung zu erkennen. Himmel und Erde, Diesseits und Jenseits kommen sich in seinen Bildern nahe. Zugleich ist er sich bewusst, dass seine Bilder sowohl auf eine religiöse Botschaft hin betrachtet als auch auf einer naturalistischen Ebene verstanden werden können.

Der Schriftsteller Theodor Körner (1791–1813), ein Zeitgenosse C. D. Friedrichs und in einer Schlacht gegen Napoleon früh gefallen, hat zwei Sonette zu diesem Bild geschrieben mit dem Titel: „Friedrichs Totenlandschaft".

Im ersten Sonett erfährt das Bild folgende religiöse Deutung:

> „Die Erde schweigt mit tiefem, tiefem Trauern,
> Vom leisen Geisterhauch der Nacht umflüstert;
> Horch, wie der Sturm in alten Eichen knistert,
> Und heulend braust durch die verfallnen Mauern.
>
> Auf Gräbern liegt, als wollt' er ewig dauern,
> Ein tiefer Schnee, der Erde still verschwistert,
> Und finstrer Nebel, der die Nacht umdüstert,
> Umarmt die Welt mit kalten Todesschauern.
>
> Es blickt der Silber-Mond mit bleichem Zittern
> Mit stiller Wehmuth durch die öden Fenster; –
> auch seiner Strahlen sanftes Licht verblüht! –
>
> Und leis' und langsam durch des Kirchtors Gittern,
> Still wie das Wandern nächtlicher Gespenster
> Ein Leichenzug mit Geisterschritten zieht.
>
> Und plötzlich hör' ich süße Harmonien,
> Wie Gottes Wort, in Töne ausgegossen,
> Und Licht, als wie dem Crucifix entsprossen,
> Und meines Sternes Schimmer seh' ich glühen;
>
> Da wird mir's klar in jenen Melodieen;
> Der Quell der Gnade ist in Tod geflossen,

Und jene sind der Seligkeit Genossen,
Die durch das Grab zum ew'gen Lichte ziehen. –

So mögen wir das Werk des Künstlers schauen.
Ihn führte herrlich zu dem höchsten Ziele
Der holden Musen süße heil'ge Gunst.

Hier darf ich kühn dem eignen Herzen trauen:
Nicht kalt bewundern soll ich, – nein, ich fühle,
Und im Gefühl vollendet sich die Kunst."

Die Bildbeurteilung (5.)
Hinsichtlich der im 1. Schritt (Bildaufnahme) formulierten Arbeits- und Interpretationshypothese sollten die Schüler prüfen, ob sich aus den bildnerischen Mitteln und den kontextuellen Aspekten eher eine Abendszene oder ein früher Morgen mit Sonnenaufgang begründen lässt. Der sich lichtende Nebel könnte zum Morgen passen; eine Beerdigung bei schwindendem Tageslicht (Abend) wäre herkömmlicher Erfahrung nach ungewöhnlich, könnte aber andererseits auch den Eindruck des Irrealen und Düster-Schaurigen der dargestellten Szene noch verstärken. Ähnlich unentschieden bleibt die Frage, ob die laublosen Eichen einen Hinweis auf die Jahreszeit (Herbst, Winter) darstellen oder den Zustand des total Leblosen, Toten verkörpern sollen.
In der kunsthistorischen Literatur wird der Situation des Abends der Vorzug gegeben: „verdämmernde Helle des Abendhimmels"[44], „Abendhimmel mit dem zunehmenden Mond"[45]. Bezüglich der laublosen Eichen können beide Deutungen gleichzeitig vorkommen: einerseits spricht man jahreszeitlich vom „trüben Licht eines Wintertages"[46], andererseits auch von „abgestorbenen Eichenstämmen"[47]. Eine klare, „rational" begründete Entscheidung ist umso schwerer, als es bei C. D. Friedrich nicht um die „realistische" Wiedergabe von Landschaften geht, sondern um phantasievolle Kompositionen, die mit religiösen Andeutungen aufgeladen sind.

Die Bildanwendung (6.)
Als Einstieg könnten Schüler eine *Bildbefragung* durchführen: Sie stellen Fragen an das Bild, zu einzelnen Elementen, Gegenständen, Figuren usw., die gesammelt und gemeinsam einer Beantwortung zugeführt werden. Da hierbei Begründungen nötig sind, werden die Schüler auf die bildnerischen Mittel und die Komposition aufmerksam, die genauer in den Blick kommen.
Eine weitere Möglichkeit besteht in einem *Vergleich Bild – Text*: Zu fragen wäre, wieweit das Gedicht von Theodor Körner in seiner Aussage der bisherigen Bildinterpretation entspricht, wo Abweichungen, Bestätigungen, neue Aspekte usw. vorkommen und was davon zu halten ist.

6. Literaturhinweise

Bildanalyse 1 und 2. Kunst und Unterricht Nr. 77/Februar 1983 und Nr. 78/April 1983, Friedrich Verlag Velber.
Bücken, Hajo (Hrsg.): Bilder und was man damit machen kann. Offenbach (Burckhardthaus-Laetare)/Freiburg i.Br. (Christophorus) 1985.
Doedens, Folkert: Bildende Kunst und Religionsunterricht. Theoretische Grundlagen der Praxis. Reihe: Religionspädagogische Praxis Nr. 4, Stuttgart/München (Calwer/Kösel) 1972.
Fendrich, Herbert: Wozu sind Bilder gut? In: Katechetische Blätter, Jg. 116, 1991, H. 2, 123–131.
Goecke-Seischab, Margarete Luise/Domay, Erhard: Botschaft der Bilder. Christliche Kunst sehen und verstehen lernen am Beispiel von 9 Farbtafeln und 9 Dias, Lahr (Kaufmann) 1990, 8–10, 276–278.
Goecke-Seischab, Margarete Luise: Von Klee bis Chagall. Kreativ arbeiten mit zeitgenössischen Graphiken zur Bibel, München/Stuttgart (Kösel/Calwer) 1994, 23–26.

[44] Wedewer 45.
[45] Walch, Unterrichtsbausteine.
[46] Weweder 45.
[47] Ebd.

Hilger, Georg: Prinzipielle religionsdidaktische Grundregeln I. In: E. Groß/K. König (Hrsg.), Religionsdidaktik in Grundregeln. Leitfaden für den Religionsunterricht, Regensburg 1996, 9–29, bes. 19–28 (Grundregel 2: zur ästhetischen Bildung im Religionsunterricht).
Imdahl, Max: Giotto. Arenafresken. Ikonographie – Ikonologie – Ikonik. München (Fink) 1980.
Kochan, Detlef C.: Texte und Bilder verstehen. Vorbereitende Überlegungen zu einem Entwurf hermeneutischer Didaktik. In: Praxis Deutsch, Sonderheft 1978, 146–156.
Kunst. Richtlinien und Lehrpläne für die Sekundarstufe II – Gymnasium/Gesamtschule in Nordrhein-Westfalen. Frechen (Ritterbach Verlag) 1999.
Lange, Günter: Zur Methode der Erschließung von Bildern der Kunst im Religionsunterricht, in: Religionsunterricht an höheren Schulen, Jg. 27, 1984, Heft 5, 279–283.
ders.: Umgang mit Bildern. In: Bitter, G./Miller, G. (Hgg.): Handbuch religionspädagogischer Grundbegriffe, Bd. 2, München 1986, 530–533.
ders.: Kunst zur Bibel. 32 Bildinterpretationen, München 1988, 9–11.
ders.: Zum religionspädagogischen Umgang mit modernen Kunstwerken. In: Katechetische Blätter, Jg. 116, 1991, H. 2, 116–122.
ders.: Umgang mit Kunst. In: Adam, Gottfried/Lachmann, Rainer (Hrsg.), Methodisches Kompendium für den Religionsunterricht, Göttingen 1996 (2. durchges. Aufl.), 247–261.
Lexikon der Kunst: Architektur, bildende Kunst, angewandte Kunst, Industrieformgestaltung, Kunsttheorie. Hrsg. Harald Olbrich u. a., Band 1, Leipzig (Seemann Verlag) 1987, 510 (Art. Beschreibung von Kunstwerken); Band 3, Leipzig 1991, 448f. (Art. Interpretation).
Lippold, Lutz: Macht des Bildes – Bild der Macht. Kunst zwischen Verehrung und Zerstörung bis zum ausgehenden Mittelalter, Leipzig 1993.
Lützeler, Heinrich: Kunsterfahrung und Kunstwissenschaft. Systematische und entwicklungsgeschichtliche Darstellung und Dokumentation des Umgangs mit der Bildenden Kunst, 3 Bände, Reihe: Orbis Academicus Bd. I/15,1–3, Freiburg/München (Alber) 1975.
Niehl, Franz Wendelin: Damit uns die Augen aufgehen. Über den Umgang mit Bildern im Religionsunterricht, Materialbrief RU 1/94 (dkv).
Otto, Gunter: Bildanalyse. Über Bilder sprechen lernen. In: K+U Kunst + Unterricht 77/Februar 1983, 10–19.
Rendle, Ludwig/Heinemann, Ursula u. a.: Ganzheitliche Methoden im Religionsunterricht. Ein Praxisbuch, München (Kösel) 1996, 211–225.
Rombold, Günter: Leben mit Kunst. In: Katechetische Blätter, Jg. 116, 1991, H. 2, 90–95.
Schönemann, Axel: Analyse, Synthese und Umgestaltung. Praktisch-rezeptive Methoden der Untersuchung von Bildern und Objekten im Unterricht. In: K+U Kunst + Unterricht 77/Februar 1983, 37–42.
Seeger, Hans-Karl: Viele Farben hat sein Licht. In: rabs (Religionspädagogik an berufsbildenden Schulen) Heft 2/1999, 52–57.
Stock, Alex: Textentfaltungen. Semiotische Experimente mit einer biblischen Geschichte, Düsseldorf 1978 (bes. 119–150: Bildstrukturen).
ders.: Strukturale Bildanalyse. In: Religionsunterricht an höheren Schulen, 21. Jg., H. 2, 1978, 53–59. Auch in: Wichelhaus/Stock: Bildtheologie und Bilddidaktik. Studien zur religiösen Bildwelt, Düsseldorf (Patmos) 1981, 36–43.
ders.: Bilder besprechen. Vom Sinn einer durch Übung und Wissen weiterentwickelten Wahrnehmung von Bildern. In: Katechetische Blätter, Jg. 109, 1984, H. 5, 372–376.
ders.: Zwischen Tempel und Museum. Theologische Kunstkritik. Positionen der Moderne, Paderborn (Schöningh) 1991.
Volp, Rainer: Du wirst das, was du meditierst. Über das Verhältnis von Bildbetrachtung, Bildmeditation, Bildpredigt und Bildprovokation. In: kunst und kirche 2/1983, 78–82.
Walch, Josef: Fertig ausgearbeitete Unterrichtsbausteine für das Fach Kunsterziehung, Band 2 (Loseblattsammlung), Verlag WEKA (Lieferung Dezember 1993).
Wedewer, Rolf: Landschaftsmalerei zwischen Traum und Wirklichkeit: Idylle und Konflikt. Köln (DuMont) 1980 (2. Aufl.).
Wichelhaus, Manfred/Stock, Alex: Bildtheologie und Bilddidaktik. Studien zur religiösen Bildwelt, Düsseldorf (Patmos) 1981.
Wundram, Manfred: Das Kunstwerk und sein Betrachter. In: Meyers Kleines Lexikon Kunst. Hg. von der Redaktion für Kunst des Bibliographischen Instituts. Mannheim 1986, 5–13.

Handbücher und Nachschlagewerke:
Belser Stilgeschichte: Architektur, Skulptur, Malerei und Graphik im Altertum – Mittelalter – Neuzeit. Hrsg.: Ch. Wetzel, 3 Bände in Kassette, aktualisierte Studienausgabe.
Heinz-Mohr, Gerd: Lexikon der Symbole. Bilder und Zeichen der christlichen Kunst, Köln (Diederichs) 1981 (6. erw. Aufl.).
Herder Lexikon Symbole, bearbeitet von M. Oesterreicher-Mollwo, Freiburg 1978.
Kunstlexikon. Hrsg. von Johannes Eucker, Berlin 1998 (Cornelsen Verlag Scriptor).
Lexikon der christlichen Ikonographie, Freiburg (Herder), 8 Bände in Kassette, brosch. Sonderausgabe.
Lurker, Manfred: Wörterbuch biblischer Bilder und Symbole, München 1987 (3. erw. Aufl.).
Meyers kleines Lexikon Kunst. Hrsg. von der Redaktion für Kunst des Bibliographischen Instituts. Mit einer Einleitung von Professor Dr. Manfred Wundram, Mannheim 1986.
Sachs, Hannelore/Badstübner, Ernst/Neumann, Helga: Christliche Ikonographie in Stichworten, Darmstadt (Wiss. Buchges.) 1998 (7. überarb. Aufl.).

_Paul Ley

Verdrängung von Schuld und Tod – Karikaturen im Religionsunterricht der gymnasialen Oberstufe

1. Vorbemerkungen

In „Katechetische Blätter" 1/99 wird S. 55 eine Haitzinger-Karikatur abgebildet. Sie zeigt, wie ein Boot auf einen Wasserfall zusteuert. In dem Boot dicht gedrängt Vertreter der Weltbevölkerung mit verschränkten Armen, auf einem Transparent die Aufschrift „Wir sind alle sehr besorgt!!!", und am Bug weht die Fahne mit der Weltkugel.
Ich habe mit solcher Gebrauchsgraphik meine Schwierigkeiten, weil ich nicht weiß, wie ich sie im Unterricht einsetzen soll; denn an diesem Bild scheint mir alles offensichtlich, der sozialkritische Unterton abgelutscht, die Schüler kennen das immer schon, sind von vornherein dafür und fühlen sich keineswegs herausgefordert. Ich selbst jedenfalls vermisse bei solchen Karikaturen, was eine Karikatur auslösen soll: das Lachen, das dann plötzlich im Halse stecken bleibt.
Ich habe in den 80er-Jahren gelegentlich Karikaturen im Religionsunterricht verwendet. Aber mein Schlüsselerlebnis war der Zeitungsbericht über eine Ausstellung aus der Graphiksammlung der Uni Düsseldorf zum Thema „Mensch und Tod". Der Bericht druckte die Karikatur von Klaus Rosanowski „Die schwarze Karte" (M 1) ab. Ich war fasziniert, besorgte mir den Katalog und thematisierte das Blatt in einer Jahrgangsstufe 11. Ich brauchte dafür eine Doppelstunde. Der Zeitaufwand hat sich in mehrfacher Hinsicht gelohnt.
Ich war deshalb sehr neugierig, als im Sommer 1992 in der „Rheinischen Post" eine Ausstellung in Kassel besprochen wurde. Sie lief als „Caricatura II" parallel zur „documenta 9" und zeigte etwa 100 neue Blätter zum Thema „Schluß jetzt!" Ich sah eine wirkliche Chance für meinen Religionsunterricht und fotographierte alle Blätter durch. Seitdem habe ich sie vielfach eingesetzt, vorwiegend in der gymnasialen Oberstufe, einige wenige auch in der Mittelstufe des Gymnasiums, an dem ich unterrichte. Die folgende Darstellung beschäftigt sich vorwiegend mit diesen Karikaturen.
Der Erfolg in den Klassen ermutigte mich in den folgenden Jahren, interessierten Kolleginnen und Kollegen in regionalen religionspädagogischen Arbeitsgemeinschaften unter dem Thema „Der Tod tanzt mit" diese Karikaturen vorzustellen.
Ich möchte mich jetzt nicht lange mit den theoretischen Fragen beschäftigen, z. B. was eine Karikatur sei, was sie bei Schülern bewirken könne usw. Das wissen die Lehrer/innen, an die ich mich wende, vielleicht besser als ich selbst. Nützlicher dürfte die Präsentation einiger Beispiele sein.

2. Beispiele aus dem Unterricht der Jahrgangsstufe 11/II

Im Zusammenhang mit der Anthropologie als einem unterrichtlichen Schwerpunkt in der Oberstufe wird man das christliche Menschenbild entwickeln und gegenüber anderen Menschenbildern abgrenzen. Zum christlichen Menschenbild gehört der Glaube, dass der Mensch von Gott geschaffen, von ihm beauftragt und ihm verantwortlich sei. Hinzu kommt die Erfahrung, dass er dieser Verantwortung oft genug nicht gerecht und also schuldig wird. In diesen Punkten unterscheiden sich die beiden biblischen Schöpfungstexte keineswegs voneinander, wohl aber setzen sie ihre eigenen Akzente.
Meiner Erfahrung nach macht die Lektüre der drei ersten biblischen Kapitel auch noch im Unterricht der gymnasialen Oberstufe erhebliche Schwierigkeiten. Die Schüler/innen können sich nur schwer zu der Erkenntnis durchringen, dass da keine „Berichte" vorliegen, sondern dass einem aus dem Glauben geformten Lied über die Ursprünge der Welt und des Menschen eine Glaubenserzählung folgt, in der mit den Mitteln eben der Erzählung vom Menschen gesprochen wird, wie er von Gott geschaffen und gemeint sei (Gen 2,4b–25) und wie er sich in unserer Erfahrung darstelle (Gen 3). Hinzu kommt die Schwierigkeit, dass die Sprache des Jahwisten noch mythologisch geformt ist.
Im Zusammenhang mit der Anthropologie in 11/II möchte ich trotz aller Schwierigkeiten auf die Lektüre von Gen 1–3 nicht verzichten, nicht nur wegen ihrer Bedeutung für die Anthropologie, sondern auch für die inhaltlichen Schwerpunkte der Qualifikationsphase. Soll sich die Lektüre aber nicht

in frommen Klischees erschöpfen, sondern den Schülern deutlich machen, dass sie selbst gemeint sind, muss ich langsam vorgehen, und ich benötige Hilfsmittel zur Erschließung. Als ein vorzügliches Hilfsmittel zur Einführung in die jahwistische Erzählung vom Sündenfall betrachte ich nach wie vor die Rembrandt-Radierung „Adam und Eva".[1]

Die Sündenfallerzählung zeigt mehrere geradezu klassische Verhaltensweisen von Menschen, die schuldig geworden sind und diese ihre Schuld von sich weisen. In dem beigefügten Artikel von Bischof Reinhold Stecher (M 11) werden sie „Das Verführen: die geteilte Schuld" und „Die wohltuende Belastung anderer" genannt und mit der psychologischen Kategorie der „Verdrängung" erklärt. Man muss nur das Papier der Würzburger Synode „Unsere Hoffnung" lesen, um die Bedeutsamkeit dieser Kategorie auch für die moderne Theologie zu ermessen. Hinzu kommt Gen 3,19 als Bezugspunkt der Aschermittwochbotschaft, die ja auch ihren Sinn darin hat, dass wir Menschen geneigt sind, unsere eigene Vergänglichkeit zu verdrängen und daher unser Ohr gegenüber dem Umkehrruf zu verschließen. In diesem Zusammenhang kommen die Karikaturen ins Spiel, die ich jetzt zunächst vorstellen möchte.

Vorher aber noch einige generelle Hinweise:

1. Die Besprechung der Karikaturen erfordert Zeit und Geduld.
2. Ihr Einsatz im Unterricht ist nicht auf die hier dargestellten Unterrichtszusammenhänge beschränkt. Sehr sinnvoll wäre es z. B. auch, manche von ihnen losgelöst von einem bestimmten übergeordneten Thema mit Bezugnahme auf das Kirchenjahr einzusetzen. Ich denke an die Zeit um Aschermittwoch und Allerheiligen.
3. Aus didaktischen Gründen trenne ich im Unterricht Beschreibung und Deutung eines Bildes. Die Leitfrage zur Deutung ist nicht so sehr die Frage: Was hat der Künstler intendiert? sondern: Was hat er dargestellt? Um diese Frage beantworten zu können, ist es nötig, die Bildzeichen so genau wie möglich zu bestimmen.[2]

2.1 Klaus Rosanowski, Die schwarze Karte (M 1)

Informationen zum Zyklus von Klaus Rosanowski:

Die alte Totentanztradition konfrontierte die verschiedenen Ständevertreter mit dem Tod. Rosanowski richtet seine Aufmerksamkeit auf die gewöhnlichen Menschen wie Kassenarzt, Partei-Agitator, Callgirl, Professor, Säufer, Frisör, Leiermann, Kartenspieler, Kammersängerin, Fußballspieler usw.; schließlich fügt er entsprechend den Berner Totentänzen sich selbst in den Reigen derer ein, die dem Tod begegnen. Was ihn interessiert, ist die satirische Darstellung einer „allgemein verbreiteten Mittelmäßigkeit" (Katalog[3]).

Beschreibung der abgebildeten Karikatur:

Die Szene ist zunächst aus Fußballspielen geläufig: Da zeigt ein Schiedsrichter einem Spieler die Karte und verwarnt ihn wegen einer Unsportlichkeit (gelbe Karte) oder verweist ihn wegen einer Tätlichkeit oder groben Regelwidrigkeit des Spielfeldes (rote Karte). Ein Spielverweis wegen wiederholter Unsportlichkeit (erst gelbe, dann rote Karte) war 1974 noch nicht bekannt.

Auch die Reaktion des Spielers, der dem Schiri den Vogel zeigt, ist so ungewöhnlich nicht, häufiger sieht man allerdings lautes Maulen, erstauntes Unschuldsbeteuern, Verziehen des Gesichtes zu einer Grimasse der Überlegenheit, ergebenes Davonschleichen u. Ä.

Ungewohnt ist die Gestalt des Schiris als Knochenmann; es gibt ferner in einem normalen Fußballspiel keine schwarze Karte. Der Fußball ist auch keiner der üblichen Art; denn er weist die Umrisse der Erdteile auf. Es handelt sich bei diesem merkwürdigen Fuß-Ball um den Erd-Ball.

Nun muss man beachten, wie die Figuren ins Bild gesetzt sind: Der Knochenmann-Schiri, im Profil gezeichnet, geht den Spieler in geduckter, aggressiver Haltung an. Seine rechte Knochenhand schüttelt

[1] Diese Radierung ist bei W. Trutwin, Den Nächsten lieben, Forum Religion 6, Düsseldorf (Patmos) 1984, S. 46 abgedruckt. Mir unverständlicherweise ist sie dort mit einem Kurzkommentar versehen, der eine sorgfältige Betrachtung des überaus interessanten Bildes und einen Vergleich mit einer Renaissancedarstellung zum gleichen Thema[1] unmöglich macht. Ich denke etwa an die beiden großen Tafeln Dürers, auf denen die Stammeltern jugendlich schön dargestellt sind. Sie hängen heute im Prado, Madrid. Abgebildet sind sie bei H. Th. Musper, Albrecht Dürer, Köln (Dumont), 1965, S. 103.

[2] Vgl. auch H.-J. Schmidt-Rhaeser, Karikaturen und ihr methodischer Einsatz im RU, in: Arbeitsbuch RU, Gütersloh 1996, S. 163.

[3] M. A. Eva Schuster, Mensch und Tod, Graphiksammlung der Universität Düsseldorf, Düsseldorf (Triltsch) 1989, S. 285.

energisch die schwarze Karte, mit seiner Linken sticht er, keinen Widerspruch duldend, nach unten und deutet an: „Hier geblieben!" Die Pfeife zwischen den (logischerweise) bleckenden Zähnen, pfeift er das Spiel ab.
Der Betrachter schaut von rechts unten auf den Spieler, sodass ihm das voll entwickelte Gesäß und die kraftvollen Schenkel des Spielers als erstes vor Augen treten. Infolge dieser Perspektive verflüchtigt sich die Gestalt des langmähnigen Spielers nach oben, die körperlichen „Aufbauten" stehen in einem untergeordneten Verhältnis zum „Chassis". Sehr wohl aber entspricht die Geste der rechten Hand der körperlichen Haltung; der Spieler wendet ja dem Schiri seinen Rücken zu und streckt sein Hinterteil leicht heraus, sodass er jenem den Vogel zeigt und ihm zugleich bedeutet: „Leck mich ..." Die rechte Hand des Spielers korrespondiert zudem der Rechten des Schiris in einem gegenläufigen Sinne; das Gleiche gilt für die linken Hände; denn mit seiner Linken deutet der Spieler nach vorne, er will das Spiel fortsetzen.
Die Schicksalszahl 13 auf seinem Rücken beachtet der Spieler nicht weiter.
Der Spieler ist im Gegensatz zu Ball und Tod mit kräftiger Tönung gezeichnet, so als gehöre er der realen, und Ball und Tod der Geisterwelt an. Nur die rechte Hand des Knochenmannes mit der schwarzen Karte ist hervorgehoben.

Deutungsansätze:
Wenn der Tod die „schwarze Karte" zeigt, dann wird der Spieler auf immer „des Feldes verwiesen". Es gibt für ihn keine Rückkehr.
Der Spieler auf unserer Karikatur aber ist so dumm, dass er die Sinnlosigkeit seiner Handlung nicht erkennt; denn es ist sinnlos, dem Tod mit „normaler" Überheblichkeit begegnen zu wollen. Der Spieler kann das Spiel nicht fortsetzen, wenn ihm der Tod die „schwarze Karte" zeigt, egal, wie jener reagiert.
Sicherlich spielt die *Umweltproblematik* eine Rolle: So wie ein Fußballspieler einen Ball tritt, so treten wir die Welt mit Füßen. Unreflektiert verspielen wir die Welt. Das kann auf die Dauer nicht gut gehen; denn wir gefährden durch unser schuldhaftes Verhalten unsere eigene Existenzgrundlage. Da rufen wir dann den Tod auf den Plan, der uns die schwarze Karte zeigt und für immer des Spielfeldes verweist.
Es gilt, die gefährliche Situation zu erkennen und sich ihr zu stellen, und sie nicht, wie der Spieler auf unserer Karikatur, zu *verdrängen.*
Gesellschaftskritik gehört traditionell zur Typologie der Totentanzdarstellungen. Ebenso die paränetische Predigt, die ja heute keineswegs auf kirchliche Institutionen beschränkt ist, sondern immer mehr von Gruppierungen außerhalb der Kirche übernommen wird. Ob diesen Gruppierungen bewusst ist, dass dabei das theologische Motiv der Aufforderung zur „Umkehr" mitschwingt?
Die soziologische Ebene wird in dem Moment verlassen, wo der rechte Umgang mit der Natur mit dem *Schöpfungsauftrag* verglichen und an die Verantwortung des Menschen in und gegenüber der gesamten Schöpfung bedacht wird. Auch so kann man die Karikatur einbringen: Wir nehmen zwar den Herrschaftsauftrag wahr, aber ohne die damit verbundene Verantwortung wahrzunehmen. Ich verdanke einem Schüler die Erinnerung an die Gottesvergessenheit, die einem dümmlich-sorglosen Umgang mit der Natur im Sinne einer einseitigen Betonung von Herrschaft zugrundeliegt. Dass es dabei um ein autonomistisches Bestreben im Zuge eines säkularisierten Denkens geht, das gut und gerne ohne den Schöpfer auszukommen meint, liegt auf der Hand.
Das Bild hat aber auch insofern eine *theologisch-anthropologische* Komponente, als es ja grundsätzlich die Begegnung des Menschen mit dem Tod thematisiert. Der Spieler auf unserem Bild erliegt einer Selbsttäuschung über die Möglichkeiten des Menschen angesichts des Todes, er *verdrängt* die Realität des Todes.
Thematisch verwandte Karikaturen stelle ich im Folgenden *kurz* vor.

2.2 Peter Gaymann, „Nein danke ..." (M 2)

Die Hausfrau verwechselt den Tod mit einem Vertreter, der ihr ein Angebot macht. Sie weiß sehr wohl, dass sie es mit dem Tod zu tun hat; denn sie sagt ja nicht: „Wir kaufen nichts", sondern: „Wir sterben nicht". Aber sie will nicht wissen, was es mit dem Tod auf sich hat.
Doch der Tod ist kein Konsumgut, das ich akzeptieren oder ablehnen kann. Am Tod endet meine Freiheit, ich habe nicht mehr die Wahl. So erliegt Muttchen einer Selbsttäuschung, der Tod wird sich nicht

abweisen lassen, auch ein Kettchen wird seinen Eintritt nicht verhindern können. Da hilft es unsereinem auch nichts, wenn er so tut, als lebe er ewig.
Man nennt eine solche Haltung auch „Eskapismus – Flucht vor der Wirklichkeit“, oder einfach „Verdrängung“.

2.3 Peter Muzeniek, ohne Titel und Text (M 3)

Die Karikatur zeigt die rasante Fahrt eines Unfallwagens im Einsatz (Blaulicht) und eines Totenwagens. Es ist Nacht (Mond, Nachttiere). Der Fahrer des Totenwagens mit dem Stern vorne überholt in einer unübersichtlichen Kurve und macht sich damit eines „grob fahrlässigen Verhaltens“ schuldig. Grinsend zeigt er im Bewusstsein seiner Überlegenheit dem Fahrer des Unfallwagens den „Stinkefinger“.
Die Schüler/innen interessiert im Unterricht nach meinen Erfahrungen als Erstes der Igel auf dem Mittelstreifen. Das kennen sie, die possierlichen Tierchen zerquetscht auf der Fahrbahn liegend, und sie empören sich darüber, dass die Rücksichtslosigkeit mancher Zeitgenossen (zu denen wir natürlich nicht gehören!) alles andere vergessen lässt. Es gab eine auf diese Situation bezogene Karikatur in Kassel mit dem Titel „Meine flachen Freunde“. Und so identifizieren sich Schüler und Schülerinnen in einer ersten Regung mit dem traurig-hilflosen Blick von Eule und Rabe auf den knorrigen Bäumen am Straßenrand, und sie missbilligen das Verhalten des „Pseudoschumis“ wie der Mond am nächtlichen Himmel.
Aber es geht bei dieser Karikatur nicht nur um Tiere. Was ist, wenn dem Totenwagen auf der Überholspur in oder hinter der Kurve ein anderer Wagen entgegenkommt? Also gefährdet der Kahlkopf im Totenwagen sich und andere. Und nur, weil er dem Fahrer des Unfallwagens seine Überlegenheit demonstrieren, ihm mit einer derb-obszönen Geste zeigen muss, dass er ein A... ist; und der ist ein A... einfach deshalb, weil sein Wagen langsamer ist. Man hat diese Haltung einmal „flaches Bewusstsein“ genannt. Was wird da nicht alles verdrängt?! Man denkt unwillkürlich an das Wort vom „Unschuldswahn“ in dem Dokument der Würzburger Synode „Unsere Hoffnung“.[4]
Die Deutung dieses Bildes nimmt erneut eine andere Wendung, wenn man sich überlegt, *wohin* die Wagen unterwegs sind? Fahren sie zur Unfallstelle? Oder zum Krankenhaus? In beiden Fällen ist der Totenwagen zuerst an Ort und Stelle.

2.4 Rattelschneck, Das Grab des Erlkönigs (M 4)

„Unsere Hoffnung“ beklagte schon Mitte der siebziger Jahre, dass die Botschaft von der Auferstehung der Toten auf ein gesellschaftliches Bewusstsein treffe, das durch eine „Berührungsangst vor dem Tod“, eine „Fühllosigkeit gegenüber den Toten“ gekennzeichnet sei[5]. In diesem Zusammenhang ist dann auch von der Inhumanität solcher Verdrängungsmechanismen die Rede.
In Kassel fanden sich mehrere Karikaturen, die den Umgang mit Sterbenden und Toten thematisierten. So auch die Karikatur von Rattelschneck. Liest man den Titel „Das Grab des Erlkönigs“, denkt man natürlich zunächst an das Goethegedicht und assoziiert das Reich der Geister in bedrohlichen Nebelschwaden. Aber das „Erl.“ ist hier mit einem Punkt versehen; es handelt sich um einen Stempel, der einem Grabstein aufgedrückt ist. „Erl.“ ist in diesem Zusammenhang eine Abkürzung und bedeutet „erledigt“. So ist denn der Tote in mehrfachem Sinne „abgestempelt“, „erledigt“; er hat jetzt keinen Namen mehr sondern ist nur noch eine Nummer im Friedhofskataster.
Der Grabsteinstempel hat aber noch den zweiten Vermerk „eingegangen“. Dieses „eingegangen“ hat einen dreifachen Bezug: Eine Akte „geht“ bei einer Behörde „ein“ und erhält einen entsprechenden Stempelvermerk. Ein Hund „geht ein“, ein Mensch „stirbt“. Und wenn ein Mensch „eingeht“, fragt man sich, *wohin* er „eingeht“ . Es gehört zur christlichen Grabsteinkultur, diese Frage aus der christlichen Hoffnung heraus zu beantworten. Von dieser Hoffnung kann nicht mehr die Rede sein, wenn der Tote für die Nachwelt „erledigt“ ist. Wie sehr die christlichen Hoffnungsbilder einer vollendeten Zukunft abgenutzt erscheinen, beweist eine Nerling-Karikatur, die ich in Kassel gesehen habe. Da stellt

[4] Gemeinsame Synode der Bistümer in der Bundesrepublik Deutschland, Offizielle Gesamtausgabe, Freiburg (Herder) 1976, S. 93.
[5] Ebd. S. 90.

ein Toter (?) im Sarg unter der Erde die Frage: „Gibt es ein Leben nach dem Tod?“ Die Antwort lautet: „Klar, ist aber todlangweilig!“

2.5 Pepsch Gottscheber, Aschermittwoch (M 5)

Zwei Männer haben sich am Aschermittwoch zum traditionellen Fischessen der Narren eingefunden. Sie sind noch gezeichnet von den tollen Tagen. Der eine schläft, der andere schaut den Betrachter aus halbgeöffneten Augen mürrisch, verkatert an.
Fisch ist Fastenspeise, der Aschermittwoch Abstinenztag. Fisch soll den Kater vertreiben. Wenn er gegessen ist, bleiben Kopf, Schwanz und Gräten übrig.
Aber hier ist der Fisch eine Nixe, genauer: ihr Überbleibsel. Das Gerippe, das an die foppenden Gerippe der klassischen Totentänze gemahnt, bricht in höhnisches Gelächter aus. Handelt es sich um eine „Karnevalsnixe“, die die beiden Männer in den tollen Tagen kennen gelernt, mitgenommen und „verspeist“ haben? Man beachte den Zahnstocher!
Die Nixe mag eine moderne Variante der „Frau Welt“ sein. Die „verkehrte Welt“ ist seit alters Thema der Narrenliteratur und der Fastnachtsspiele.
So hat der Aschermittwoch einen ent-larvenden Charakter: Vorher die Larve des schönen Scheins, Projektion unserer geheimen Wünsche, die Fastnacht „herausgelassen“ werden, jetzt die Wirklichkeit der vergänglichen Welt und des Menschen in ihr. Memento, homo, quia pulvis es et in pulverem reverteris! Zu Beginn der Fastenzeit steht die Umkehrforderung der Kirche, auch und gerade angesichts der üblichen, von uns geradezu perfektionierten Verdrängungspraxis.
Aber die beiden nehmen die Botschaft nicht wahr, sie bleiben Narren.

3. Karikaturen in der Qualifikationsphase (Jahrgangsstufen 12 und 13)

3.1 Aus einem Kurs zur Gotteslehre in der Jahrgangsstufe 12

Ich stelle zunächst das erprobte Beispiel einer Klausur vor, die in 12/I nach der Besprechung der Religionskritik des 19. Jahrhunderts geschrieben und bei der die Karikatur von Beier, K., Marx „Tut mir leid, Jungs ...“ (M 6) verwendet wurde, die ich 1992 in Kassel gesehen habe. Die Karikatur wurde den Schülern und Schülerinnen als Foto im Format 13 x 18 zusammen mit dem Text Vaticanum II, Gaudium et Spes 21 vorgelegt.

Aufgaben:

1. Fassen Sie den Text so zusammen, dass seine gedankliche Linie erkennbar wird. *Dabei muss deutlich werden, wo der Text auf marxistisches Gedankengut eingeht. Ferner muss geklärt werden, welche besonderen Impulse er der Kirche für den Umgang mit den Atheisten gibt.*
2. Die Beier-Karikatur stammt aus der Zeit nach der „Wende“ in Deutschland. Stellen Sie ihre Intention dar. Müsste Ihrer Meinung nach der Artikel aus „Gaudium et Spes“ heute umgeschrieben werden?

Lehrererwartung:
Es geht in GS 21 um die Konditionen eines wirklichen Dialogs der Kirche mit dem Atheismus. Dazu gehört auch die Beschreibung der eigenen Position, soweit sie unaufgebbar ist. So kann die Kirche die Menschenwürde, die auf dem Schöpfungsglauben und der eschatologischen Hoffnung, letztlich also auf dem Glauben an Gott aufruht, nicht zur Disposition stellen. In diesem Zusammenhang wird auf den marxistischen Vertröstungsgedanken ebenso wie auf Menschenrechtsverletzungen in atheistischen Staaten und auf die Verzweiflung derer, die keine Antwort auf die Sinnfrage finden, hingewiesen. Wer verdrängt hier eigentlich? Der Christ, weil er auf eine geglaubte absolute Wirklichkeit hofft, die ihn zu trösten vermag, auch dort, wo es sonst keinen Trost mehr gibt? Oder der Marxist, weil er diese Wirklichkeit leugnet, mit exakt den Konsequenzen, die das Konzil in zurückhaltender Diktion andeutet?
„Tut mir leid Jungs! War halt nur so'ne Idee von mir ...“
Die Karikatur wird man auf den Histomat beziehen müssen; nicht umsonst ist das Wort „Idee“ unterstrichen. Der Marxismus ist aus heutiger Sicht keineswegs ein sekundäres Produkt der sozioökonomischen Verhältnisse, sondern eine sehr virulente, Geschichte(n) machende Idee.

Die Gesprächsbereitschaft der Kirche dürfte heute eher eingeschränkt sein; nicht nur wegen der Besetzung kirchlicher Spitzenämter, sondern vor allem wegen des Einbruchs des Marxismus in 1989. Andere Formen des Atheismus, z. B. der praktische, dürften der Kirche heute mehr Kummer bereiten. Das schließt natürlich die Gesprächsbereitschaft gegenüber dem Einzelnen, gesprächswilligen Marxisten in eins mit der nötigen Selbstkritik nicht aus.

3.2 Aus einem Kurs zur Kirche: Die „Judensau" im Xantener Dom (M 10 und 11)

Hinweise:
Als zentrale Gegenstände einer längeren Unterrichtsreihe, die das Verhältnis der Kirche zum Judentum thematisiert, sind erprobt und empfehlenswert:
- Die Einleitung aus Pinchas Lapide, Rom und die Juden, Freiburg (Herder) 1967, S. 9–37, mit einem für Christen sehr unangenehmen Rückblick zum christlich-jüdischen Verhältnis
- Gertrud von Le Fort, Die Tochter Jephthas, eine Versöhnungsgeschichte zum gleichen Thema, die die Vertreibung der Juden aus Spanien 1492 durch die Liebe zwischen einem Christen und einem blinden jüdischen Mädchen mit dem mittelalterlichen Bilddokument der Ekklesia und Synagoge verknüpft und diesem so einen neuen Sinn gibt
- Vaticanum II, Nostra aetate, Kap. 4
- Bilddokumente zum Verhältnis Juden – Christen: Ekklesia und Synagoge, Grabstein für Franz Levy von Käthe Kollwitz (M 12) und eine Darstellung der „Judensau"

Alle diese Materialien stehen in einem sachlichen und didaktischen Zusammenhang. Ich beschränke mich im Folgenden auf die Darstellung der weniger bekannten Bilddokumente.

Beschreibung und Deutung der „Judensau" im Xantener Dom:
Passiert man den Leuchterbogen im Hochchor und wendet sich nach links, erblickt man gleich an der ersten Säule die vertraute Darstellung der Heimsuchung, die Begegnung Marias und Elisabeths. Die beiden Heiligen stehen auf einer Doppelkonsole, die ebenfalls figürlich gestaltet ist und Begegnungen ganz anderer Art zeigt. Da haben sich auf dem einen Sockel ein Löwe und ein Drache ineinander verbissen, auf dem Anderen beißt eine hoch aufgerichtete Sau den Hut eines Juden, während ein Judenkind wie ein Ferkel an den Zitzen eben dieser Sau nuckelt. Nichts „stimmt" an dieser Figurengruppe. Der jüdische Mann ist bis auf eine kurze Hose mit Faltenwurf nackt, trägt aber einen Hut; sein unharmonisch gebauter Körper ist grotesk verkrümmt, der Kopf wirkt wie nachträglich angeklebt, sein Gesicht hat er dem Betrachter frontal zugewandt und starrt blöde mit offenem Mund auf ihn herab. Das Judenkind, nackt bis auf ein Blatt, das seinen Po verdeckt, hat wie der Alte Schläfenlocken und Judenhut, dessen Spitze allerdings abgebrochen ist. Mit der Linken klammert er sich an den Bauch der Sau, mit der Rechten hangelt er sich an einem Huf des Tieres hoch, um besser saugen zu können:
Kein Kind trinkt an den Zitzen einer Sau, Juden ist der Genuss von Schweinefleisch verboten, weil das Schwein ein „unreines" Tier ist. Auch ist es ungewöhnlich, dass ein Schwein in einen Hut beißt.
Die „Judensau" im Xantener Dom stammt aus der Zeit zwischen 1263 und 1267. Keineswegs handelt es sich um eine singuläre Darstellung, vielmehr entspricht sie einem häufiger verwendeten Bildtypus, der sich gleich zweimal im Chorgestühl des Kölner Domes, dann auch in Magdeburg und anderswo wieder findet. Viel zur Deutung beigetragen hat ein in London 1974 erschienenes Buch von Isaiah Shachar mit dem Titel „The Judensau", auf das ich mich im Folgenden beziehe.
Wichtig ist die Tatsache, dass auf den Sockeln zwei üble Begegnungen dargestellt sind, die die liebevolle Begegnung der heiligen, von Gott begnadeten Frauen oben irgendwie in ihr Gegenteil verkehren. So spiegeln sich in dem verbissenen Kampf von Löwe und Drache die Kräfte des Teufels, der „ein Löwe in seiner wilden Angriffslust, ein Drache in seiner Hinterhältigkeit" (Augustinus, hier zitiert nach Shachar) ist. Dieser Szene entspricht in karikaturesker Verzerrung die „Judensau", wo unter Maria, der Reinen, Mensch und unreines Tier in verunreinigender Begegnung gierig ineinander verbissen sind. Dazu paßt die etwas mühselig kaschierte Nacktheit der beiden Juden; sonst werden in dieser Zeit gerne Trunkenbolde und Ehebrecher nackt dargestellt.
Es ist wohl kein Zufall, dass sich die „Judensau" unter der Statue der Maria befindet. Denn Maria gilt als Vollendung des Alten Testaments; davon spricht die Marienlitanie in immer neuen Wendungen, und am Marienaltar des Xantener Doms gipfelt die Wurzel Jesse in der Darstellung der Gottesmutter

mit ihrem Kind. „Sie tritt, Symbol der Kirche, an die Stelle der Synagoge. Nicht selten wurden darum an der Stelle aufgehobener oder zerstörter Synagogen Marienkirchen gebaut."[6]
Zu den Zeitbezügen schreibt Isaiah Shachar: „Es liegen Dokumente der Anwesenheit von Juden in Xanten wenigstens ab dem ersten Kreuzzug von 1096 vor, als Juden aus Köln dort Zuflucht vor den Nachstellungen von Kreuzrittern fanden. Im selben Jahr jedoch wurden sie von den Kreuzrittern in Xanten selbst angegriffen und etwa 60 Juden begingen Selbstmord, um der Zwangsbekehrung zu entgehen. 1197 wurden sechs Juden aus Neuß dort nach ihrer Hinrichtung wegen des angeblichen Mordes eines christlichen Mädchens beerdigt. Es gibt Spuren einer jüdischen Gemeinde am Ende des 13. und während des 14, Jahrhunderts."
Das Bildwerk der „Judensau" zielt wahrscheinlich nicht auf zeitgenössische Juden; manche denken an den Selbstmord der Juden in der Bischofsburg 1096, andere wollen eine Beziehung zu dem Vorwurf des Ritualmordes sehen. Vielmehr werden im Zuge einer allgemeinen Dämonenfurcht die Stiftsherren, denen die Sorge um den Dom oblag, ins Visier genommen. Sie werden in der Stiftsherrenkirche, dem heutigen Raum des Hochaltars, vor den Verführungen des Teufels zu dem Laster einer ungezügelten Begierde gewarnt und zur Mäßigung angehalten. So warnt Cäsarius von Heisterbach zu Anfang des 13. Jahrhunderts: „Wo der Mönch sich durch Unaufmerksamkeit und Schläfrigkeit leicht versündigen kann, lauert der Teufel. Hier sieht man die bösen Geister in Gestalt von Affen und Katzen sitzen. Hier hört man das Grunzen des Teufels in Schweinsgestalt"[7]. Darstellungen im Chorgestühl von Köln werden sehr konkret und weisen in derbem Spott auf die Gefahren der Geldgier, der sexuellen Begierde und der Eß- und Trinklust hin. Immerhin war die mittelalterliche Geistlichkeit tolerant genug, solche Spöttereien zuzulassen. Was einen christlichen Betrachter heute zu einer verwunderten Abscheu veranlasst, ist wohl eher die Selbstverständlichkeit, mit der jüdische Menschen und alles, was ihnen heilig ist, als Klischee für die Darstellung menschlicher Laster herhalten mussten. Ein weiter Weg, bis Rembrandt (ab 1648) jüdische Menschen aus seiner Amsterdamer Nachbarschaft als Modelle für seine neuen Christusbilder heranzog, und ein noch viel weiterer, bis Johannes XXIII. mit konkreten Maßnahmen den Grund für einen christlich-jüdischen Dialog legte, der in dem Konzilsdokument „Nostra aetate" in einer ersten Weise (die nicht ohne Kritik geblieben ist) aktenkundig wurde! Da wird ein Gedanke lebendig, der dem Bildwerk von der Wurzel Jesse, die im Xantener Dom vielfach zu finden ist, einen gültigen Ausdruck gefunden hat: Das Christentum wurzelt im Judentum.

3.3 Beispiel einer erprobten Abiturklausur mit Karikaturen als Grundlage

Es werden 3 Karikaturen zum Thema „Tod" in Form von Photographien (Format 13 x 18) vorgelegt:
1. Peter Gaymann, „Nein danke – Wir sterben nicht" (M 2)
2. Pepsch Gottscheber, Aschermittwoch (M 5)
3. Pepsch Gottscheber, „Glaube mir mein Sohn ..." (M 10)

Die drei vorgelegten Karikaturen dürfen selbstverständlich im vorhergehenden Unterricht noch nicht thematisiert worden sein.

Die Aufgabenstellung:
Ihnen liegen drei Karikaturen zum Thema „Tod" vor:
1. Arbeiten Sie nach angemessener Beschreibung die Bildaussagen der Karikaturen von Peter Gaymann, „Nein danke – Wir sterben nicht", und Pepsch Gottscheber, Aschermittwoch, heraus.
2. Worin besteht die christliche Hoffnung angesichts des Todes? Stellen Sie diese Hoffnung in ihren entscheidenden Elementen dar.
3. Wenden Sie sich jetzt der dritten Karikatur von Pepsch Gottscheber, „Glaube mir mein Sohn ..." zu und schließen Sie Ihre Beschreibung und Deutung mit einem (fundierten) Urteil über das Verhalten des Geistlichen im Bild ab.

Zu den Voraussetzungen und zur Lehrererwartung:
Der soziologische Aspekt der „Verdrängung" sollte zuvor im Unterricht thematisiert worden sein. Möglichkeiten dazu bieten der Anthropologiekurs in 11/II in Verbindung mit dem Schuld- und Todesthema, dann besonders die Lektüre von „Unsere Hoffnung" in 13/II.

---
[6] Zitiert in G. B. Ginzel ed. Antisemitismus, 1991, S. 382.
[7] Ebd. S. 381.

Erwartet wird die Darstellung des Zusammenhangs zwischen der Auferstehung Jesu Christi und der Auferstehung der Toten im Rekurs auf 1 Kor 15 (Kurs 12/II) und auf den Abschnitt I 3 in „Unsere Hoffnung" (Kurs 13/II). Vor allem wird bei der Analyse der beiden ersten Karikaturen erwartet, dass der Gedanke unseres „Realismus" , der sich bei näherem Zusehen als „Flachheit unseres unglücklichen Bewußtseins" und „Banalität vieler unserer Sorgen" entpuppt, aufgegriffen wird.
Die Würzburger Synode spricht in dem Dokument „Unsere Hoffnung" die Möglichkeiten und Chancen, aber auch die Grenzen der kirchlichen Verkündigung angesichts der gesellschaftlichen Trends und Tendenzen an. Auch in dem Kapitel über die Auferstehung (I 3) geht sie ausführlich auf die „gesellschaftliche Gegenstimmung" ein. Um die Konkretisierung dieser Problematik geht es im dritten Aufgabenteil.

Da die dritte Karikatur, Pepsch Gottscheber, „Glaube mir mein Sohn ..." (M 10), bisher keine Rolle gespielt hat, stelle ich jetzt Beschreibung und Deutungsmöglichkeiten vor:
Die Szene spielt sich in der Anonymität der Großstadt ab: Da ist ein Suizident, seiner äußeren Erscheinung nach einer kleiner Angestellter, auf das Gesims eines seelenlosen Hochhauses hinausgeklettert und steht auf diesem schmalen Rand unmittelbar vor dem Sprung in den Abgrund, ein Mensch buchstäblich am Rande seiner Existenz. Die spitze Nase in dem kalkweißen Gesicht, die gesträubten Haare, die schlaff herunterhängenden Arme sprechen in deutlicher Sprache von einem gebrochenen Menschen, dessen nächster Schritt sein letzter sein wird.
Der Suizident schaut mit weit aufgerissenen Augen, die eher Erstaunen als Angst ausdrücken, zu einem wohlgenährten Pater hin, der zwei Fenster weiter auf dessen Rahmen kniet und, sich mit beiden Händen absichernd, den Sprechkontakt mit dem Suizidenten sucht. Beide Personen befinden sich vor leeren Fensterhöhlen, dazwischen markiert ein geschlossenes Fenster die Distanz zwischen beiden, die eben nur durch Reden, nicht aber durch die rettende Berührung, durch gefahrvolles Da-Sein überbrückt werden kann; der Pater ist von seinem Adressaten nicht nur räumlich, sondern auch existenziell getrennt, daher sind auch seine Kommunikationsmöglichkeiten begrenzt.
Und so hat man das Gefühl, der Vertreter der Kirche handle aus seiner abgesicherten Position heraus mit professionell ermunterndem Mundverziehen gemäß seiner Rolle: Man weiß immer schon, was er in den nächsten 10 Sekunden sagen wird.
Wie steht es also mit der Glaubwürdigkeit, der Überzeugungskraft des Kirchenmannes in einer für einen anderen lebensgefährlichen Situation? Ist wenigstens das, *was* er sagt, von einiger Bedeutung?
Der Satz des Paters ist paränetisch gemeint. Aber das ist auch das Einzige, was an ihm klar ist. Denn was will er eigentlich? Will er dem Verzweifelten Hoffnung spenden oder will er ihn warnen? Vor allem aber: Erreicht er seinen Adressaten überhaupt? Dieser will ja gar nicht mehr „leben", er hat vom „Leben" genug. Wie wirkt also der Satz faktisch? Lässt er jenen gleichgültig? Nimmt er ihm die Angst vorm „Sterben"? Oder warnt er ihn vorm „Sterben", damit er gegen seinen Willen weiterlebt? Der Satz ist reichlich allgemein gehalten. So allgemein, dass er zum „Spruch" wird. Nur, wenn einer „am Rande" angelangt ist, dann helfen ihm keine Sprüche mehr.
Landen wir also im Endeffekt doch bei Marx, der der Kirche unterstellt, ihre Verkündigung habe zum Ziel, die Menschen zu einem Pakt mit der Sinnlosigkeit zu veranlassen? Aber seit wann ruft die Kirche zum Aufgeben auf?
Es wird also Zeit, zur Gegenkritik überzugehen: Was kann man denn von einem Kirchenmann verlangen? Muss er um seiner Glaubwürdigkeit willen Mit-Leid beweisen, indem er Christus in einem buchstäblichen Sinne nachfolgen und sich „auf's Sims hinausbegeben" muss, damit sein Wort fruchtet? Zählt das verkündigte Wort denn gar nicht, vermag es ohne jenes das eigene Leben des Verkündigers gefährdende Engagement nicht Trost zu spenden, selbst dann nicht, wenn es auf eine geglaubte, aber keineswegs (à la Marx) zusammenphantasierte Wirklichkeit hinweist? Muss der Prophet *immer* zulänglich sein, damit sein Wort, das doch eigentlich gar nicht das seine ist, stimmt und greift?
Und noch eins: Wo sind eigentlich die Kritiker, wenn man sie braucht? Und wozu sind *sie* bereit? Kritik kann in arger Weise wohlfeil sein, und wenn der Kritiker nicht durch seine eigene Lebensführung wechseln kann, was er kritisiert, dann gerät die Anprangerung der Unzulänglichkeit selber an den Pranger, die Kritik des Kirchenmannes in unserer Karikatur wird zur Kritik des Kritikers.

4. Materialien

M 1: Klaus Rosanowski, Die schwarze Karte

Farblinolschnitt, 44,7 x 26,8 cm, Blatt 11 der Folge „Auch ein Totentanz“ 1974. Fundstelle: Graphiksammlung „Mensch und Tod“ der Heinrich-Heine-Universität Düsseldorf, Bestandskatalog, bearb. von M.A. Eva Schuster, Düsseldorf (Triltsch) 1989, S. 521.

M 2: Peter Gaymann, „Nein danke ...“

gesehen auf der „Caricatura II“ in Kassel 1992.

M 3: Muzeniek, Karikatur ohne Titel
gesehen auf der „Caricatura II“ in Kassel 1992.

M 4: Rattelschneck, Das Grab des Erlkönigs
gesehen auf der „Caricatura II“ in Kassel 1992.

M 5: Pepsch Gottscheber, Aschermittwoch
gesehen auf der „Caricatura II“ in Kassel 1992.

M 6: Beier, K. Marx: Tut mir leid, Jungs ...
gesehen auf der „Caricatura II“ in Kassel 1992.

M 7: Die „Judensau“, Drache und Löwe
Figuren auf einer Doppelkonsole im dem Hochchor des St.-Viktor-Domes in Xanten, um 1265.

M 8: Die „Judensau“
Konsolenfigur, ebd.

M 9: Käthe Kollwitz,
Grabmal für Carl Levy, Köln 1939.

M 10: Pepsch Gottscheber, „Glaube mir mein Sohn ...“

M 11: Bischof Reinhold Stecher, „Bußpastoral und Bußkatechese", Vortrag Innsbruck (Januar 1986)

Wir produzieren Schuld, so wie wir in steigendem Maß Abfall produzieren. Und in beiden Fällen gibt es ein Müllproblem. Auch im seelischen Bereich gibt es sozusagen die „wilde Deponie", in der der Abfall nur scheinbar verräumt wird und in Wirklichkeit die Umwelt belastet und zerstört. Und es gibt die „geordnete Deponie", in der der Müll nicht einfach in Flüsse und Waldtäler entleert wird, ja bei der es unter Umständen sogar möglich ist, Rohstoffe, Dünger und Energie zu gewinnen … Ungelöste Schuld kann zu einem destruktiven Element des Lebens und der Welt werden, erkannte, eingesehene, gelöste Schuld kann sich in einer sehr positiven Kraft im menschlichen Leben und Zusammenleben entfalten.

Unreife Schuldentlastung
Hier handelt es sich um die mannigfachen Formen des Verdrängens. Krasse Formen des Verdrängens sind uns ... in Kriegsverbrecherprozessen begegnet. Aber mehr oder weniger sind wir alle in diese unreifen Formen der Schuldentlastung verwoben, ja, es wäre keine Übertreibung, unsere Gesellschaft als Schuldverdrängungsgesellschaft zu bezeichnen, in der die Botschaft von der Umkehr einen schwierigen Stand hat. Es handelt sich hier um Formen, in denen das dumpfe Unbehagen der Seele *nicht* ins Licht des Bewußtseins gehoben und geklärt wird, sondern in denen man sich – meist auf Kosten anderer – trügerische Erleichterung verschafft. Man kündigt sozusagen der Schuld die Wohnung im oberen Stockwerk des Bewußtseins, aber man soll sich nicht täuschen: Sie steht unter Mieterschutz und zieht in die Kellerwohnung des Unterbewußten, und belastet von dort aus das Klima ...
a) Übertönen durch Lärm und Betriebsamkeit: Alle Lehrer der Meditation in den Weltreligionen wissen vom Phänomen des Aufsteigens der „dunklen Wolke" aus den Tiefen der Seele, wenn der Mensch still wird. Die ungelösten Probleme, die Selbstvorwürfe, die unverdauten Bitterkeiten werden wach, die Enttäuschungen, die Schuld. Und es wäre falsch, diese Wolke nicht aufsteigen zu lassen. Aber weil man diese Wolke fürchtet, fürchtet man die Stille. Und hier liegt ein Grund, warum wir so oft so laut sind, und warum die Welt so laut ist. Wir sind den alten Chinesen, die die Dämonen durch Lärm vertrieben haben, nicht überlegen. Eine Zerstreuungsindustrie, eine intensive Lärmberieselung trommelt ständig die Parole „Komm ja nicht zu dir …" Auch hinter der großen Betriebsamkeit, dem Aufgehen im Geschäft und Streß liegt oft die Angst vor dem Zu-sich-Kommen. Es muß immer „was los sein". In der ständigen Ablenkung kann man der Konfrontation ausweichen.
b) Die wohltuende Belastung anderer: Es ist zwar beschämend – aber wir kennen es alle: das Gefühl einer gewissen Genugtuung und Freude, wenn wir von den Fehlern und Entgleisungen anderer hören. Es ist eine wunderbare Erleichterung festzustellen, daß andere schlecht sind. Aus einem ostafrikanischen Land kommt das Sprichwort: „Das Böse ist ein Hügel, jeder steht auf seinem und zeigt auf einen anderen ..." Es ist ein beglückendes Gefühl der Erleichterung, feststellen zu können, daß das moralische Niveau des anderen tiefer ist als das meine, oder der Hügel seiner bösen Taten höher als der meine. Das enthebt mich der Pflicht, mich mit meinen eigenen Fehlern zu befassen. Stoßen wir hier nicht auf die *„Psychologie des Tratsches"*? Was läßt denn das Tuscheln aufgeregt werden, die Mienen gespannt, Aug und Ohr geöffnet, das Interesse konzentriert, die Phantasie so angeregt? Die wunderbare Erleichterung der bösen Dinge, die die anderen betreffen! Lebt von dieser Art der Schuldentlastung nicht die Regenbogenpresse, die Flut der Berichte von Crime and Sex? Damit man nach der Lektüre doch beruhigt sagen kann, mit einem Seufzer der Befriedigung, wie eine Dame nach einem Skandalartikel es ausdrückte: „Unsereiner brächt so was gar nicht zamm ... Na Menschen gibt's ..." Es müssen dabei immer höher gestellte Menschen sein. Die Sünden des Sandlers sind uninteressant – aber die Creme der Gesellschaft! Wie tut es allwöchentlich doch unsäglich wohl, in Dallas und Denver diese stinkreichen Leute in den Luxuslimousinen zu sehen, die sich doch als ein ganz ordinäres, primitives Pack entpuppen: Da sieht man's! Haben Sie schon einmal bemerkt, daß in neun von zehn Tat ortfällen die eigentlichen Gauner unbedingt besser gestellte Leute sind? Warum wohl? Nun da kann man sicher sein, daß durch die Herzen vieler Betrachter das wohlige Gefühl zieht: Da ist ja unsereiner noch ein anständiger Mensch. Verstehen wir, daß von dieser unreifen Form der Schuldentlastung eine ganze Industrie lebt? Dabei ist diese Form noch die *passivere.*
Es gibt auch die *aktive* Form dieser Art von Schuldentlastung. Man beschuldigt, man greift an, man kritisiert immer, man findet immer das Haar in der Suppe.. Wir dürfen nicht vergessen, daß Satan in der Heiligen Schrift der „Ankläger" genannt wird, der Tag und Nacht die Menschen verklagt (Ijob) ...

In diesem Zusammenhang können wir uns auch fragen: Warum hatten die großen Tyrannen so gewaltigen Erfolg mit der Schaffung von Haßobjekte, und warum haben sie alle damit gearbeitet?
Hitler mit den Juden, Stalin mit den Kulaken, warum? Weil diese Haßobjekte zu Sündenböcken werden, auf die die Masse ihren dumpfen Groll werfen kann , weil man sie als Sündenböcke benutzen kann und sich dabei noch kämpferisch anständig vorkommt. Verstehen Sie jetzt, was für eine globale Bedeutung die unreifen Schuldentlastungen bekommen können? Ist es zuviel gesagt, wenn ich behaupte: Verdrängte Schuld kann Dynamit der Weltgeschichte sein?
c) Eine andere Form der Schuldentlastung ist das wortreiche Zerreden. Oft ist das speziell ein Spiel der Intellektuellen. Man braucht dazu einen gewissen Wortschatz. Wenn ich zum Beispiel launisch, unbeherrscht, voreingenommen und ungerecht war, kann ich das ja auch so formulieren: Ich bin eben ein sehr sensibler Mensch. Das Wort „sensibel" veredelt die Sache unheimlich. Da wird aus dem charakterlichen Fusel buchstäblich Likör. Das kann ja sogar bei manchen Beichten passieren, wo das Bekenntnis eine derartig edle Seele offenbart, daß der Beichtvater keine Lossprechung spenden, sondern nur noch ein Glückwunschtelegramm an den lieben Gott aufgeben kann.
Die *Sprachspiele des Zerredens* sind uns geläufig. Ein Wiener Tiefenpsychologe hat auf die Schuldzerrede-Spiele im Falle der Abtreibung hingewiesen. Sobald jemand in diesem Zusammenhang entsprechend dem Tatbestand, daß ein unschuldiger Mensch gewaltsam getötet wird, von „Mord" spricht, geht ein Aufschrei der Empörung durch das Land. Auch „Tötung" ist zu hart, sogar „Tötung der Leibesfrucht" – wobei bei diesem Ausdruck die Personalität des Opfers schon etwas verdeckt wird. Man wechselt über auf „Schwangerschaftsabbruch" – das ist ein Vorgang, der nicht mit einem Menschen, sondern einem Zustand zu tun hat. Aber „Abbruch" ist doch hart. Also sagen wir lieber „Schwangerschaftsunterbrechung", was zwar völlig unlogisch ist, weil bei einer Unterbrechung danach die Sache ja weiter gehen soll, aber nach Logik ist nicht gefragt. Man sagt Abtreibung – auch ein Wort, das irgendwie zu direkt, zu unästhetisch ist. Da ist „Eingriff" schon besser. Man liegt damit auf der rein medizinischen Ebene einer Blinddarmoperation oder einer Zahnextraktion.
Aber das verletzte Gewissen in der Tiefe gibt sich damit nicht zufrieden. Die Sache muß positiv klingen. Und man stößt auf das rettende Wort „Fristenlösung". Nun ist die Sache gelöst – sei ruhig. ...
Und wenn man am Schluß der Angelegenheit noch einen wissenschaftlichen Anstrich gibt und von einer „postkonzeptiven Populationssteuerung" spricht, dann ist die Sache endgültig gelaufen.
d) Das Verführen: Die geteilte Schuld: Auf diese Möglichkeit der unreifen Schuldentlastung hat uns der Schweizer Tiefenpsychologe und Erzieher Zulliger hingewiesen ... Es bringt offenkundig eine Erleichterung, andere mit in Schuld zu verstricken. Der Komplize ist nicht nur ein technischer Helfer bei einer sittlich negativen Aktion, er ist auch ein stiller Entlaster. Das eigene Gewissen taucht in der Bande unter. Vielleicht liegt hier ein Grund für die rätselhafte Aktivität des Negativen in der Welt. Sozialisationen mit negativem Vorzeichen brauchen weder Unterstützung noch Subventionen. Banden wachsen von selbst. Und das Böse entwickelt eine eindrucksvolle Tüchtigkeit – man denke nur an die Erscheinungen des Terrorismus: Wiederholt sich nicht immer wieder die Ölbergszene – daß nämlich die Guten schlafen und die Hasser hochaktiv sind? Das alte Sprichwort „Der Teufel schläft nicht" kann unter diesem Aspekt einen neuen Sinn bekommen: Das Böse braucht die Aktivität, die negative Werbung (sprich: die Verführung) zur eigenen dumpfen Entlastung.

Aus: Herder Korrespondenz, Freiburg 1986, S. 78–80.

__Edith Verweyen-Hackmann

„Jesus macht nicht mehr mit“ – Methodische Anregungen zur Erschließung von Kurzfilmen im Religionsunterricht der Sekundarstufe I und II

1. Einleitende Überlegungen

„Man darf niemals vergessen, dass mediale Kommunikation nicht ein utilitaristisches Tun ist, einfach darauf gerichtet, zu motivieren, zu überreden oder zu verkaufen. Noch weniger ist sie ein Vermittler für Ideologie. (...) Es ist die Aufgabe von Kommunikation, Menschen zusammenzubringen sowie ihr Leben zu bereichern, und nicht, sie zu isolieren und auszubeuten. Die Mittel der sozialen Kommunikation können – richtig genutzt – dazu beitragen, eine menschliche Gemeinschaft zu schaffen und aufrechtzuerhalten, die auf Gerechtigkeit und Liebe beruht; und insoweit sie das tun, werden sie Zeichen der Hoffnung sein. Die Medien der gesellschaftlichen Kommunikation sind in der Tat der neue ‚Areopag‘ der Welt von heute. (...)“[1]

Papst Johannes Paul II unterstreicht die *sozial-kommunikative Dimension der Medien und bezeichnet sie gar als großes Forum, das den Austausch echter Werte ermöglichen und Gemeinschaft schaffen kann.* Hier erfährt die religionspädagogische und biblisch begründete Forderung, im Religionsunterricht (RU) die Reich-Gottes-Botschaft als Beziehungsgeschehen deutlich werden zu lassen[2], ihre Konkretion: Denn gerade Filme sind nicht einfach eine objektiv vorgegebene Wirklichkeit, sondern Teil eines komplexen Kommunikationsgeschehens, an dem neben dem *Film* als weitere wichtige Elemente der *Zuschauer* (hier: die Schülerinnen/Schüler) mit ihrer/seiner Lebensgeschichte sowie der *Autor* bzw. *Produzent* des Films beteiligt sind.[3] Theologisch gesehen wird die *dialogische Struktur des Glaubens* auch im Umgang mit Filmen im RU unterstrichen, indem diese eben als Dialogpartner in den Unterricht einbezogen sind.

Der Lehrplan Katholische Religionslehre gymnasiale Oberstufe weist auf die besonderen Möglichkeiten bei der Auseinandersetzung mit auditiven, visuellen und audiovisuellen Medien im RU hin: „Diese bieten die Möglichkeit, schwer zugängliche religiöse Inhalte zu veranschaulichen, die Vielschichtigkeit der Wirklichkeit zu erschließen, Sinn- und Wertfragen angemessen darzustellen.“[4] In Abgrenzung zur „flüchtigen Wahrnehmung“ von Filmen in der Alltagswelt „erschließen die Lernenden diese im RU unter Beachtung ihrer Gestaltungsmerkmale, ihrer Formensprache und ihrer Entstehungsbedingungen. Insgesamt gilt für den Einsatz von Medien im RU, dass eine Verlangsamung des Rezeptionsprozesses im Hinblick auf einen *kritischen* und *kommunikativen* Umgang anzustreben ist. Dabei kommt im Unterricht der gymnasialen Oberstufe auch der *Medienreflexion* große Bedeutung zu.“[5]

Diese religions- und medienpädgogischen Zielsetzungen gilt es im Folgenden unter methodischen Gesichtspunkten im Bezug auf das Genre „Kurzfilme“ zu konkretisieren. Die Fokussierung auf Kurzfilme scheint unter unterrichtspraktischen Aspekten geboten: Denn auch im 45 Minuten-Takt ist es möglich, den Kurzfilm vorzuführen und ein Filmgespräch/eine Filmanalyse zu initiieren und ggf. in einer nächsten Stunden fortzuführen. Eine inhaltliche Begründung für den Einsatz von Kurzfilmen ergibt sich aus den Überlegungen „Kurzfilme - engagierte Gleichnisse“ (siehe Punkt 2).

Neben *allgemeinen fachdidaktischen Gesichtspunkten* und *methodischen Anregungen für ein Filmgespräch* werden im vorliegenden Beitrag auch konkrete Beispiele für im RU der Sekundarstufe I und II erprobte *Kurzfilme mit Kurzcharakteristik und konkreten Einsatzmöglichkeiten* vorgestellt. Die Überschrift dieses Beitrags „Jesus macht nicht mehr mit“ ist der Titel einer Kurzgeschichte von Wolfgang Borchert, die verfilmt wurde und neben anderen Kurzfilmen hier vorgestellt werden soll.

---

[1] Botschaft von Papst Johannes Paul II zum 32. Welttag der Sozialen Kommunikationsmittel am 13.09.1998, zitiert nach: Kirchliches Amtsblatt für die Diözese Münster, Nr. 13/14 vom 15.07.1998.

[2] Vgl. Werner Tzscheetzsch, Der RU in der neuen Schule – Überlegungen zu „Kompetenzen“ und „Schlüsselqualifikationen“, in: Kirche und Schule, Nr. 110, Juni 1999, 1ff.

[3] Vgl. zu der These: „Film – Wahrnehmung als kommunikativer Prozess.“ das Heft von Eberhard Streier: Spuren des Religiösen im Film entdecken. Anregungen für den RU in der Sekundarstufe II, hrsg. vom Katechetischen Institut des Bistums Essen und der Diözese Eichstätt, 7.

[4] Vgl. Katholische Religion Sekundarstufe II Gymnasium/Gesamtschule Richtlinien und Lehrpläne, hrsg. vom Ministerium für Schule und Weiterbildung, Wissenschaft und Forschung des Landes NRW, Frechen 1999, 35f.

[5] Ebd.

2. Kurzfilme – engagierte Gleichnisse

Beobachtungen beim internationalen Kurzfilmfestival von Oberhausen in diesem Jahr machen deutlich, dass sich hinter der Gattungsbezeichnung „Kurzfilm“ ein kurzer Film von nur einer Minute aber auch ein 30-minütiger Film verbergen kann. Er lässt sich am ehesten vergleichen mit einem knappen, prägnanten Essay, der vom Journalismus u. U. die Präzision der Information übernommen hat, sein Formenrepertoire jedoch in die Kunst hinein erweitert.[6] „Kurzfilme sind wie Kurzgeschichten. Sie lenken den Blick auf eine alltägliche Situation, die jedoch in gewisser Weise problematisch und allgemein von tieferer Bedeutung ist.“[7] Als weitere Charakteristika können die überraschende Wende, nicht selten auch ein tragisches Ende, sowie die Tatsache angesehen werden, dass das aufgezeigte Problem nie einwandfrei zu lösen ist. Wie es zu bewerten ist und welche Konsequenzen sich daraus noch ergeben, bleibt in der Regel offen und der Beurteilung der Zuschauerinnen und Zuschauer (hier: Schüler und Schülerinnen) überlassen, die sich ggf. auch zu fragen haben, wie sie sich selbst in diesem konkreten Fall verhalten hätten. Gemeinsamkeiten in der Literatur und in der Filmkunst sieht auch Magda Motté im Hinblick auf ihren Wert für die Spiritualität des Menschen: Wort und Bild können zur Reflexion über Fragen nach dem Sinn von Leben und Tod oder gar nach Gott führen, allerdings habe der Film den großen Vorteil, dass er die Menschen ungleich mehr fasziniere, da Filmbilder eine größere Emotionalität bei den Zuschauerinnen und Zuschauern bewirke und diese aktiviere.[8]
Zusammenfassend lässt sich sagen: Kurzfilme sind vielfach engagierte Gleichnisse. Nach E. Schillebeeckx wollen diese unser konventionelles Verständnis und Dasein durchbrechen, durch ein eingebautes Element der Befremdung und Verfremdung den Zuhörer herausfordern in der Absicht, das eigene Leben, unser Tun und Lassen, unsere eigene Welt einmal aus einer anderen Perspektive zu betrachten.[9] Auch in Kurzfilmen zwingt eine starke Dichte in Aussage und Symbol den Zuschauer/die Zuschauerin zur Auseinandersetzung mit dem Inhalt und der Intention.
Der Begriff „religiöser Filme“ taucht in den einschlägigen Fachlexika im Übrigen als eigener Genre- oder Gattungsbegriff nicht auf: Religiöse Motive oder Themen in Filmen sind quer durch alle Gattungen und Genre zu finden. Von daher müsste die Frage im Hinblick auf seine Berechtigung im RU lauten: Was macht eine Film-Wahrnehmung zu einer religiösen Erfahrung? (siehe dazu unter 3.)[10]

3. Kurzfilme im RU – fachdidaktische Gesichtspunkte

Der Einsatz von Kurzfilmen im RU kann didaktisch in zweifacher Hinsicht von Vorteil sein: Zum einen bietet er aus der Sicht der Schülerinnen/Schüler eine Abwechslung zum häufig so genannten „vertexteten“ RU. Filme können im Religionsunterricht der Sekundarstufe I und II das sein, was für den Primarbereich das Erzählen von Geschichten ist.[11] Zum anderen sichert der Kurzfilm auf die Art und Weise, wie er ein begrenztes Thema angeht, eine möglicherweise größere Aufmerksamkeit und kann zunächst einmal die Motivation erhöhen, sich näher darauf einzulassen.
Kurzfilme sind als Anspiel- und Impulsfilme gedacht, denn sie geben durchweg keine fertigen Antworten, sondern helfen, eigene Erfahrungen, Empfindungen, Wünsche, Interessen etc. zu wecken, zu artikulieren und zu klären. Sie ermöglichen Betroffenheit und führen evtl. zu Identifikation und Aktion. Deshalb eignen sie sich im Unterricht besonders zum Einstieg in die Thematik einer Stundenreihe oder in die Fragestellung einer Einzelstunde.[12] Einige der vorgestellten Kurzfilme bieten allerdings auch die Möglichkeit, sich im Rahmen einer Unterrichtsreihe immer wieder auf sie zurückzubeziehen, da sie in der Regel den Schülerinnen/Schülern stärker präsent sind als etwa Texte.
Die eingangs gestellte Frage nach der religiösen Erfahrung bei der Filmwahrnehmung kann zusammenfassend Folgendermaßen beantwortet werden: Filme beinhalten häufig eine Welt voller Symbo-

---

[6] Vgl. zu diesen Beobachtungen den Artikel „Kurzfilme werden länger kaum besser“. In der Puppenstube: Beobachtungen beim internationalen Festival von Oberhausen, in: FAZ vom 11.05.1999, 61.
[7] Vgl. Videothek Ethik/Religion. Kurzfilme für den RU. Begleitheft, hrsg. von Theodor Eggers, Düsseldorf (Patmos) 1997, 2.
[8] Vgl. Magda Motté: „Das Evangelium in Zelluloid“. Moderne Filme als Vermittler einer religiös-christlichen Botschaft, in: Stimmen der Zeit, Heft 9, September 1998, 579–593.
[9] Vgl. Edward Schillebeeckx, Jesus. Die Geschichten von einem Lebenden. Freiburg/Basel/Wien (Herder) ³1975, 138–140.
[10] Vgl. hierzu die Ausführungen von Magda Motté zur Bedeutung des Films für die religiöse Erfahrung, a. a. O., 582f.
[11] Vgl. zu dieser These: Franz G. Weyrich, „Orte im Herzen“. Die Arbeit mit Spielfilmen als Chance für den Religionsunterricht in den Sekundarstufen I und II. In: rhs 3/99, 161.
[12] Vgl. zu diesen Ausführung: Impulse aus der Hauptabteilung Schule und Hochschule des Erzbistums Köln, Nr. 36 4/95.

lik[13] und somit verdichtete Lebenserfahrungen. Auf der inhaltlichen und intentionalen Ebene ist die Zuspitzung auf die Frage nach dem Menschen als religiöses Wesen beabsichtigt. Auch wenn die Filme nicht ausdrücklich religiöse Themen beinhalten, so handeln sie von Menschen, von ihrem Tun, von ihren Hoffnungen und Ängsten, von ihrer Suche nach Sinn und konfrontieren so den Zuschauer mit der Frage nach sich selbst.
Der Film muss „kommunikativ offen“ sein, d. h. das eigene Leben kann in einen dialogischen Prozess mit dem Film gebracht werden und so eine neue Sichtweise auf die eigenen Erfahrungen ermöglichen.
Der Film muss sich um „Wahrheit“ bzw. Authentizität bemühen. Gerade in der Darstellung der Ambivalenz der Wirklichkeit, die auch die Möglichkeit des Scheiterns impliziert, wird deutlich, dass zur Lebens-Geschichte auch Brüche und ungelebte Möglichkeiten gehören. Diese kritische Auseinandersetzung ermöglicht Deutungsprozesse, in die auch religiöse Interpretationsmuster einfließen können.[14]

4. Methodische Anregungen für ein Filmgespräch

Im Folgenden werden den *Grundphasen des Filmgesprächs* mögliche *Arbeitsmethoden* zugeordnet. Diese methodischen Anregungen erheben keinen Anspruch auf Vollständigkeit, sondern müssen im Hinblick auf die jeweilige Lerngruppe variiert, abgeändert, gekürzt etc. werden. Allerdings möchten sie Mut machen, auch andere Methoden im RU auszuprobieren.
Die Grundphasen des Filmgesprächs sind nicht unbedingt chronologisch zu verstehen und können im Übrigen auch auf andere Medien übertragen werden.[15]

4.1 Die Erwartungshaltung erfragen

Die Lehrerin/der Lehrer nennt den Titel des Films und erfragt die Erwartung der Schülerinnen/Schüler. Erst anschließend wird der Film vorgeführt und die Erwartungshaltung mit dem tatsächlichen Filminhalt verglichen. Diese Phase kann den nun folgenden Grundphasen des Filmgesprächs vorgeschaltet werden.

4.2 Die Wirkzeit

Filme, die die Erfahrungen und Emotionen der Zuschauer stark ansprechen, brauchen eine gewisse Wirkzeit. Eine kurze Pause nach der Filmvorführung hilft den Schülerinnen/Schülern, den Film nachwirken zu lassen, sich ihrer Gefühle erst einmal bewusst zu werden, ihre Gedanken zu ordnen.

4.3 Die spontane Äußerung

In jedem Fall sollte vor Beginn einer methodischen Reflexion oder eines geleiteten Gesprächs Raum für eine spontane Äußerung gegeben werden.

Mögliche Arbeitsmethoden:
Mündliche Spontanreaktionen: Hier sagen die Schülerinnen/Schüler, was ihnen zu dem Film einfällt, was ihnen gefallen hat, was nicht, was sie geärgert hat, was sie erfreut hat. Der Lehrer/die Lehrerin sammelt die mündlichen Beiträge zum Beispiel auf einer Folie oder auf der Tafel. Die Beiträge dürfen nicht bewertet oder als richtig bzw. falsch eingestuft werden. Es geht ja nicht um den Film und seine Interpretation, sondern um Gedanken, Fragen, Ideen der Schülerinnen/Schüler.
Schriftliche Spontanreaktion als Einzel-/bzw. Gruppenarbeit: Methodisch ist vorzugehen wie bei der mündlichen Spontanreaktion, jedoch schriftlich mit anschließendem Vorlesen. Schreiben und an-

[13] Vgl. ausführlich zum Aspekt der Symbolsprache als Sprache der Religion und der Theologie den Beitrag von Manfred Gerwing im vorliegenden Band.
[14] Vgl. zu diesen Ausführungen ausführlich Eberhard Steier, a. a. O. 10.
[15] Vgl. zu den Grundphasen des Filmgesprächs und zu einigen Arbeitsmethoden: Carsten Henning/Rainer Steib, Leitfaden Medienarbeit. Erfahrungsorientierte Medienpraxis für RU und Bildungsarbeit. München (Don-Bosco-Verlag) 1997, 74ff.

schließendes Vorlesen fallen erfahrungsgemäß den Schülerinnen/Schülern leichter. Besonders deutlich wird hier das subjektive Erlebnis des Einzelnen.
Gelenkte Spontanreaktion als Einzel-/bzw. Gruppenarbeit: In Einzel-/bzw. Gruppenarbeit wird ein Fragebogen nach der Filmvorführung ausgefüllt. Die Auswertung kann dann erfolgen, indem der Lehrer/die Lehrerin die Beiträge zu den einzelnen Fragen sammelt. Fragen zeigen sich als Hilfe zur Äußerung. Eine schriftliche Äußerung schafft – wie schon erwähnt – eine Distanz und damit die Voraussetzung für das folgende Gespräch.

4.4 Der Gesprächseinstieg

Es kann sinnvoll sein, eine non-verbale Phase einzuschieben z. B. eine kurze Schreibmeditation, eine Assoziationsübung oder evtl. Leitfragen zum Film.
Grundsätzlich ist es möglich einen klaren Schwerpunkt auf einen der Zugänge zu legen, so dass die anderen stärker in den Hintergrund treten. Natürlich ist bei der Erschließung von Medien das Gespräch die nahe liegendste Form der Erarbeitung. Aber denkbar wäre es auch, *mittels Medien ein Medium* zu erschließen.

Mögliche Arbeitsmethoden:
Die schriftliche Starthilfe für ein Filmgespräch: An der Wand hängen drei große Bögen Packpapier (Tapetenrolle). Der Erste ist bezeichnet mit „Plus", der Zweite mit „Minus", der Dritte mit einem „Fragezeichen". Jede Schülerin/jeder Schüler notiert auf einem Blatt seine positiven Eindrücke (z. B. zu Einzelpersonen, Aussagen, Gestaltungsmitteln, Einzelszenen ...), seine negativen Eindrücke und seine Fragen zum Film. Die Blätter werden auf dem jeweiligen Packpapierbogen befestigt. Man kann sie thematisch ordnen, z. B. Einzelszenen, Gestaltung, inhaltliche Aussage etc. Diese Methode ist dazu geeignet, ein nach der Projektion evtl. eintretendes Schweigen der Schülerinnen/Schüler methodisch nutzbar zu machen und damit das geplante Filmgespräch schon gleich zu Beginn vor einer problematischen Situation zu bewahren. Einige Vorteile dieser Arbeitsmethode:

- In kürzester Zeit (3 bis 5 Minuten) wird eine Fülle von Aussagen, die oft für den weiteren Verlauf des Unterrichts interessant sind, zusammengetragen.
- Die Schülerinnen/Schüler haben die Zettel weiterhin vor Augen; sie können sich darauf berufen.
- Auf einen Blick lässt sich sehen, ob der Film eher positiv oder negativ aufgenommen wurde, ob er umstritten ist, ob er überhaupt Fragen aufgeworfen hat.
- Es wird offenkundig, wie sehr auch einzelne Szenen oder Personen in einer Gruppe völlig verschieden beurteilt werden. Das erschwert oder verhindert apodiktische oder absolute Urteile und lockert die Gesprächsatmosphäre.
- Evtl. Hemmungen beim Reden können durch das Schreiben ausgeglichen werden.
- Die Methode erlaubt eine schnelle Orientierung in der Gruppe, was die Gesprächszeit verkürzt und die Gesprächsbeiträge engagierter macht.
- Alle Schülerinnen/Schüler incl. Lehrerinnen oder Lehrer sind in gleicher Weise beteiligt und betrachten die drei Bögen und das anschließende Gespräch als ihr gemeinsames Werk.
- Während des Gesprächs können neue Aspekte hinzugefügt werden, so dass alle Schülerinnen/Schüler auf dem gleichen Stand sind.

Assoziieren in Gruppen (4/4/4-Methode): Unter *vier* Aspekten (Frage/Aussage/Stellungnahme/Beurteilung) wird der Film in ca. *vier* Minuten von jeweils *vier* Schülern analysiert. Die Ergebnisse können evtl. über den Projektor gezeigt werden und so Grundlage eines Gesprächs sein.
Metaphernübungen: Im Anschluss an den Film können Sätze nach dem Muster gebildet werden: „Das Leben ist wie ..."; „Streit ist wie ..."; „Üble Nachrede ist wie ...". In einem Auswertungsgespräch können Schwerpunkte, Richtungen oder auch Gegensätze der geäußerten Erfahrungen und Einstellungen herausgearbeitet werden.

4.5 Nacherzählende Phasen

Ausgehend vom Höhepunkt oder von bestimmten Schlüsselszenen kann der Film aufgerollt werden. Dies kann besonders interessant sein, wenn die Vorführung schon länger zurückliegt, z. B. in einer vorausgegangenen Unterrichtsstunde. Man kann diese Phase interessanter gestalten, indem die Nacherzählung des Films vom Ende, vom Höhepunkt oder von bestimmten Schlüsselszenen ausgehend aufgerollt wird.

4.6 Analytische Zugänge

Zunächst sollte man sich fragen, was der Film eigentlich will und nicht als Erstes davon ausgehen, wozu der Film verwendet werden soll. Das kann stärker formal-analytisch (Bildsprache, Schnitt, Dramaturgie, Rollen etc.) oder inhalts-analytisch (Von welcher Seite wird das Problem aufgerollt? Bezieht der Film Stellung? Welche Fragen bleiben offen?) geschehen.

Mögliche Arbeitsmethoden:
Verteilen von Beobachtungsaufgaben: Vor der Vorführung des Films werden Beobachtungsaufgaben vergeben, z. B. Beobachtung einzelner Personen, der Kameraführung, der Farbgestaltung, der Verwendung der Musik etc.
Unterschiedliche Vorführmethoden: An dieser Stelle kann es hilfreich sein, verschiedene Vorführmethoden zu reflektieren:

- Abbruchmethode: Ein Film, der entweder vor einer Pointe, einem überraschenden, aber auch schockierenden Ende abgebrochen wird, fordert die Schülerinnen/Schüler heraus, intensiv über einen fiktiven oder realen Schluss nachzudenken. Dabei ist die Kreativität beim selbständigen Fortführen der Handlung wichtiger als der Quiz-Aspekt (Habe ich richtig geraten?). Ein „richtiges Ende“ gibt es nicht.
- Frequenzmethode: Das wiederholte Vorführen eines Films eignet sich vor allem für kurze Filme mit einer sehr hohen Informationsdichte. Entscheidend ist aber, dass beim wiederholten Sehen jeweils andere Fragestellungen, Beobachtungsaufgaben oder neugewonnene Erkenntnisse dazu kommen; sonst wirkt diese Methode eher ermüdend.
- Sequenzmethode: Im Rahmen einer zweiten Vorführung in Abschnitten kann der Film unter einer gezielten Fragestellung besprochen werden. Dieses Verfahren setzt natürlich voraus, dass das Medium sich in mehrere Abschnitte einteilen lässt, so das eine solche schrittweise Erarbeitung nahe liegt.
- Vorführung ohne Ton: Hierdurch erfolgt eine Konzentration auf die Bilder, z. B. auf das Verhalten der Darsteller. Die Stimmung wird durch fehlende Musik zum Teil verändert. Manpulationsmöglichkeiten der Filme können so aufgedeckt werden. Eine Variante dazu: Das Vorführen ohne Bild: Ein Kurzfilm wird nur in seiner Tonfassung abgespielt. Dies ermöglicht den Schülerinnen/Schülern, sich zu einzelnen gehörten Szenen Bilder auszudenken und z. B. zu spielen.

Fish-bowl (Plenumsdiskussion): Diese Methode bietet sich vor allem für Medien an, die kontrovers diskutiert werden können. Nach der Vorführung des Films wird die Gesamtgruppe in mehrere Kleingruppen aufgeteilt. Jede Gruppe beauftragt ein Mitglied aus der eigenen Reihe, die Mitgliedinteressen („Fish-bowl“) zu vertreten. In der Kreismitte („Fish-bowl“) sitzen die Gruppensprecher anschließend zusammen und diskutieren die Ergebnisse, die in den Kleingruppen erarbeitet wurden. Das Plenum verfolgt schweigend die Diskussion. Will sich jemand aus dem Plenum kurzfristig an dieser Diskussion beteiligen, nimmt er/sie auf einem freien Stuhl im Innenkreis Platz, formuliert seine/ihre Fragen und räumt diesen möglichst bald wieder für weitere Schülerinnen/Schüler.
Pro-/Contra-Diskussion (z. B. Gerichtsverhandlung oder Parlamentsdebatte)

4.7 Persönlich-existentielle Zugänge

Die Frage *Was macht das Medium mit seinen Rezipienten?* steht hier im Mittelpunkt. Dabei ist es wichtig, sich bewusst zu machen, dass es keine richtigen und falschen Formen des Empfindens geben kann, es mag allenfalls formale Gesichtspunkte geben, die uns Indizien liefern, wie der Regisseur des Werkes empfunden hat oder welche Empfindungen er dem Zuschauer nahe legen will. Ob der Schüler/die Schülerin dieses aufnimmt oder nicht, hängt ja gerade auch von der spannenden Frage ab, was wir aus unserer eigenen Geschichte mitbringen (*biographisches Lernen*).
Mögliche Arbeitsmethoden:
Filmende erfinden: Hier können auch Filme eingesetzt werden, deren Ausgang von vornherein offen ist. Wenn man vor Erscheinen des Abspanns den Projektor ausschaltet, kann man den Eindruck er-

wecken, der Film ginge noch weiter (hier: Vorführmethoden). Auf der anderen Seite lassen sich aber auch Filme einsetzen mit überraschendem und interessantem Ende, wobei dieses Ende jedoch nicht vorgeführt wird. In Kleingruppen soll das Filmende dann weiter entwickelt werden, um unterschiedliche Lösungen zu erhalten. Ziel ist es, dass möglichst jeder/jede sich zu dem Film äußert und die Aussage des Films in die eigene Vorstellungswelt umgesetzt wird.
Methoden der kreativen Gestaltung: Diese Methoden erfordern einen größeren Zeit- und Materialaufwand. Vor allem Filme, die emotional betroffen machen, können auf diese Weise aufbereitet werden:

- Recherchieren und Schreiben: z. B. den Darstellern des Films fiktive Briefe schreiben; Steckbriefe der Darsteller verfassen; fiktive Interviews mit dem Regisseur erstellen etc.
- Formen und Gestalten: z. B. eine Collage aus Bildern oder Schlagzeilen anfertigen; ein Filmplakat entwerfen; die wichtigsten Filmszenen zeichnen;
- Spielen und Darstellen

4.8 Deutende Zugänge

An dieser Stelle kommen meine Erfahrungen explizit zum Ausdruck. Wie sehe ich das Thema/Problem auf dem Hintergrund der filmischen Darstellung und auf dem Hintergrund meines Lebens? Deutung meint hier, die Geschichte des Filmes in *bedeutende* oder *bedeutsame* Zusammenhänge zu bringen. Häufig wird in didaktischen Prozessen dieser letzte Schritt als Erster aufgenommen. Damit wird man weder dem Werk noch dem Schüler/der Schülerin gerecht. Zu den möglichen Arbeitsmethoden siehe unter 4.7.

5. Kurzfilmbeispiele für den Religionsunterricht: Kurzcharakteristik – Einsatzmöglichkeiten – didaktische Hinweise

Hinweis: Die vorgestellten Kurzfilme sind in den zuständigen diözesanen Mediotheken vorhanden und dort für Religionslehrerinnen/-lehrer kostenlos zu entleihen.

5.1 Jesus macht nicht mehr mit

Literaturverfilmung (nach der gleichnamigen Kurzgeschichte von Wolfgang Borchert); sw; Deutschland 1997; 6 Minuten; Regie: Uwe Thein; u. a. Filmförderpreis Rheinland-Pfalz 1996

Kurzcharakteristik:
Die Literaturverfilmung „Jesus macht nicht mehr mit“, nach der gleichnamigen Kurzgeschichte von Wolfgang Borchert, beschreibt den absurden Alltag einer Spezialeinheit der deutschen Wehrmacht. Drei Soldaten sprengen Löcher in den gefrorenen Boden, um dort Leichen zu vergraben. Einer der drei muss sich in jedes Grab legen, um zu prüfen, ob die Ausbuchtung groß genug ist. Es kommt zum Konflikt, als der Grabtester, Jesus genannt, nicht mehr in die Grube steigen will und den Gehorsam verweigert. Am Ende der Geschichte steht der Befehlsverweigerer wieder an seinem Platz, im Grab. Es bleiben provokante Fragen offen: Hat die Verweigerung nur im Kopf stattgefunden? Kann man in diesem Krieg, in einem Krieg überhaupt, den Befehl verweigern?
Wolfgang Borcherts Kurzgeschichte „Jesus macht nicht mehr mit“ ist eine Anti-Kriegs-Parabel und ein biographisches Gleichnis auf Borcherts eigenes Kriegserlebnis im 2. Weltkrieg. Die Kurzgeschichte soll in einem ebenso kurzen Film neu gehört und gesehen werden (vgl. Begleittext zum Film).
Didaktische Hinweise:
Dieser Kurzfilm ist *einsetzbar* in der Sek I (Jgst. 9/10) und II. Er ist unter *fächerverbindenden bzw. -übergreifenden Aspekten* (z. B. literarischen, historischen, ethisch-religiösen) zu bearbeiten. In der Sekundarstufe I kann der Film u. a. im Bereich Ethik/Anthropologie dem Inhalt *Das Gewissen – Kompass sittlichen Handelns*[16] zugeordnet werden (z. B. Konflikt zwischen Befehl und Gehorsam).
Ein sinnvoller Einstieg kann ein *Vergleich* von Kurzgeschichte (M 1) und Kurzfilm sein (z. B. Erzählerwechsel/Kürzungen/Umstellungen der Handlung im Film gegenüber der Kurzgeschichte; s. in-

[16] Vgl. Kath. Religionslehre. Richtlinien und Lehrpläne Sek. I/Gymnasium. hrg. vom Kultusministerium NRW 1993.

nerer Monolog der Figur des „Jesus"). Das Wochenschau-Material aus dem II. Weltkrieg weist auf den Zusammenhang zwischen *Realität* des Krieges und der *Fiktion* der Geschichte hin (Inwieweit erscheint heute die Realität als Fiktion und Fiktion als Realität?) Der Film und die Geschichte können auch in Bezug auf die *Biographie* von Wolfgang Borchert betrachtet werden (autobiographische Aspekte in der Kurzgeschichte).

M 1: Wolfgang Borchert, Jesus macht nicht mehr mit

Er lag unbequem in dem flachen Grab. Es war wie immer reichlich kurz geworden, so daß er die Knie krumm machen mußte. Er fühlte die eisige Kälte im Rücken. Er fühlte sie wie einen kleinen Tod. Er fand, daß der Himmel sehr weit weg war. So grauenhaft weit weg, daß man gar nicht mehr sagen mochte, er ist gut oder er ist schön. Sein Abstand von der Erde war grauenhaft. All das Blau, das er aufwandte, machte den Abstand nicht geringer. Und die Erde war so unirdisch kalt und störrisch in ihrer eisigen Erstarrung, daß man sehr unbequem in dem viel zu flachen Grab lag. Sollte man das ganze Leben so unbequem liegen? Ach nein, den ganzen Tod hindurch sogar! Das war ja noch länger. Zwei Köpfe erschienen am Himmel über dem Grabrand. Na, paßt es Jesus? Fragte der eine Kopf, wobei er einen weißen Nebelballen wie einen Wattebausch aus dem Mund fahren ließ. Jesus stieß aus seinen beiden Nasenlöchern zwei dünne ebenso weiße Nebelsäulen und antwortete: Jawoll. Paßt.

Die Köpfe am Himmel verschwanden. Wie Kleckse waren sie plötzlich weggewischt. Spurlos. Nur der Himmel war noch da mit seinem grauenhaften Abstand.

Jesus setzte sich auf und sein Oberkörper ragte etwas aus dem Grab heraus. Von weitem sah es aus, als sei er bis an den Bauch eingegraben. Dann stützte er seinen linken Arm auf die Grabkante und stand auf. Er stand in dem Grab und sah traurig auf seine linke Hand. Beim Aufstehen war der frischgestopfte Handschuh am Mittelfinger wieder aufgerissen. Die rotgefrorene Fingerspitze kam daraus hervor. Jesus sah auf seinen Handschuh und wurde sehr traurig. Er stand in dem vielzuflachen Grab, hauchte einen warmen Nebel gegen seinen entblößten frierenden Finger und sagte leise: Ich mach nicht mehr mit. Was ist los, glotzte der eine von beiden, die in das Grab sahen, ihn an. Ich mach nicht mehr mit, sagte Jesus noch einmal ebenso leise und steckte den kalten nackten Mittelfinger in den Mund.

Haben Sie gehört, Unteroffizier, Jesus macht nicht mehr mit.

Der andere, der Unteroffizier, zählte die Sprengkörper in eine Munitionskiste und knurrte: Wieso? Er blies den nassen Nebel aus seinem Mund auf Jesus zu: Hä, wieso? Nein, sagte Jesus noch immer ebenso leise, ich kann das nicht mehr. Er stand in dem Grab und hatte die Augen zu. Die Sonne machte den Schnee so unerträglich weiß. Er hatte die Augen zu und sagte: Jeden Tag die Gräber aussprengen. Jeden Tag sieben oder acht Gräber. Gestern sogar elf. Und jeden Tag die Leute da reinklemmen in die Gräber, die ihnen immer nicht passen. Weil die Gräber zu klein sind. Und die Leute sind manchmal so steif und krumm gefroren. Das knirscht dann so, wenn sie in die engen Gräber geklemmt werden. Und die Erde ist so hart und eisig und unbequem. Das sollen sie den ganzen Tod lang aushalten. Und ich, ich kann das Knirschen nicht mehr hören. Das ist ja, als wenn Glas zermahlen wird. Wie Glas.

Halt das Maul, Jesus. Los, raus aus dem Loch. Wir müssen noch fünf Gräber machen. Wütend flattert der Nebel vom Mund des Unteroffiziers weg auf Jesus zu. Nein, sagte der und stieß zwei feine Nebelstriche aus der Nase, nein. Er sprach leise und hatte die Augen zu: Die Gräber sind doch auch viel zu flach. Im Frühling kommen nachher überall die Knochen aus der Erde. Wenn es taut. Überall die Knochen. Nein, ich will das nicht mehr. Nein, nein. Und immer ich. Immer soll ich mich in das Grab legen, ob es paßt. Immer ich. Allmählich träume ich davon. Das ist mir gräßlich, wißt ihr, daß ich das immer bin, der die Gräber ausprobieren soll. Immer ich. Immer ich. Nachher träumt man noch davon. Mir ist das gräßlich, daß ich immer in die Gräber steigen soll. Immer ich.

Jesus sah noch einmal auf seinen zerrissenen Handschuh. Er kletterte aus dem flachen Grab heraus und ging vier Schritte auf einen dunklen Haufen los. Der Haufen bestand aus toten Menschen. Die waren so verrenkt, als wären sie in einem wüsten Tanz überrascht worden. Jesus legte seine Spitzhakke leise und vorsichtig neben den Haufen von toten Menschen. Er hätte die Spitzhacke auch hinwerfen können, der Spitzhacke hätte das nicht geschadet. Aber er legte sie leise und vorsichtig hin, als wollte er keinen stören oder aufwecken. Um Gottes willen keinen wecken. Nicht nur aus Rücksicht, aus Angst auch. Aus Angst. Um Gottes willen keinen wecken. Dann ging er, ohne auf die beiden anderen zu achten, an ihnen vorbei durch den knirschenden Schnee auf das Dorf zu.

Widerlich, der Schnee knirschte genau so, ganz genau so. Er hob die Füße und stelzte wie ein Vogel durch den Schnee, nur um das Knirschen zu vermeiden.
Hinter ihm schrie der Unteroffizier: Jesus! Sie kehren sofort um! Ich gebe Ihnen den Befehl! Sie haben sofort weiterzuarbeiten! Der Unteroffizier schrie, aber Jesus sah sich nicht um. Er stelzte wie ein Vogel durch den Schnee, wie ein Vogel, nur um das Knirschen zu vermeiden.
Der Unteroffizier schrie – aber Jesus sah sich nicht um. Nur seine Hände machten eine Bewegung, als sagte er: Leise, leise! Um Gottes willen keinen wecken! Ich will das nicht mehr. Nein. Nein. Immer ich. Immer ich. Er wurde immer kleiner, kleiner, bis er hinter einer Schneewehe verschwand.
Ich muß ihn melden. Der Unteroffizier machte einen feuchten wattigen Nebelballen in die eisige Luft. Melden muß ich ihn, das ist klar. Das ist Dienstverweigerung. Wir wissen ja, daß er einen weg hat, aber melden muß ich ihn.
Und was machen sie dann mit ihm? grinste der andere.
Nichts weiter. Gar nichts weiter. Der Unteroffizier schrieb sich einen Namen in sein Notizbuch. Nichts. Der Alte läßt ihn vorführen. Der Alte hat immer seinen Spaß an Jesus. Dann brüllt er ihn zusammen, daß er zwei Tage nichts ißt und redet, und läßt ihn laufen. Dann ist er wieder ganz normal für eine Zeitlang. Aber melden muß ich ihn erstmal. Schon weil der Alte seinen Spaß daran hat. Und die Gräber müssen doch gemacht werden. Einer muß doch rein, ob es paßt. Das hilft doch nichts.
Warum heißt er eigentlich Jesus, grinst der andere.
Oh, das hat weiter keinen Grund. Der Alte nennt ihn immer so, weil er so sanft aussieht. Der Alte findet, er sieht so sanft aus. Seitdem heißt er Jesus. Ja, sagte der Unteroffizier und machte eine neue Sprengladung fertig für das nächste Grab, melden muß ich ihn, das muß ich, denn die Gräber müssen ja sein.

Aus: Wolfgang Borchert, Das Gesamtwerk, Copyright © 1949 by Rowohlt Verlag GmbH, Hamburg, 178ff.

5.2 Quest

Trickfilm; Farbe; Deutschland 1996; 11 Minuten; Regie: Tyron Montgomer; Oscar-Nominierung 1997 für den besten Kurzfilm (Trickfilm)

Kurzcharakteristik:
Eine aus Sand geformte menschliche Gestalt findet sich in einer Wüste vor. Als sie das Tropfen von Wasser hört, macht sie sich auf die Suche und gerät dabei in verschiedene Welten: eine Papierwelt, eine Steinwelt und eine Maschinenwelt. Zwar findet sie in jeder Welt Spuren von Wasser, kann aber nicht herausfinden, wo es herkommt und wo es hinsickert. Als die Gestalt schließlich unterhalb der Maschinenwelt einen See entdeckt, ist es zu spät. Bevor sie ihn erreichen kann, wird sie von den Maschinen zerdrückt und rieselt als Sand ins Wasser. Aus diesem Sand entsteht eine neue Gestalt, die in der Wüste liegt ...[17]

Zur Struktur:
Von Anfang an (*Geburt*) ist der Mensch bis zum Ende der Geschichte (*Tod*) auf der Suche nach dem *Wasser des Lebens*:
- in der ‚Sand'-Welt (1. Sequenz)
- in der ‚Papier'-Welt (2. Sequenz)
- in der ‚Stein'-Welt (3. Sequenz)
- in der ‚Eisen'-Welt (4. Sequenz)
- in der ‚Schrott'-Welt (5. Sequenz)

Er durchläuft auf seinem Lebensweg diese fünf Stationen. Die Übergänge sind meistens fließend, und zwischendurch stürzt immer mal wieder die Welt über ihn ein.

Didaktische Hinweise:
Der Film ist einsetzbar in der Sekundarstufe II.

[17] Vgl. Begleittext zum Film von Matthias Wörther, 2.

Wegen seiner ambivalenten Symbolik erschließt sich der Film nicht sofort. Er setzt die Fähigkeit voraus, sich interpretierend und differenzierend mit künstlerischen Aussagen und unterschiedlichen Lebensauffassungen auseinander zu setzen.

Folgende Themenbereiche werden angesprochen:
Ausgehend von der Frage, welche Form von *Reinkarnation Quest* vertritt, lassen sich Pro und Contra zyklischer (ewiger Naturkreislauf, Wiedergeburt in höherer oder niedriger Form, Auffassungen des Hinduismus), theologischer (wanderndes Gottesvolk, Apokalyptik), indifferenter (Konsumismus, Agnostizismus) und nihilistischer Lebensentwürfe diskutieren. Auch die *Gottesfrage* kommt in den Blick: Wessen Geschöpf ist der Mensch in der Sicht von *Quest*? Ist Gott nur ein Demiurg, der ein Uhrwerk geschaffen hat, das nun ohne sein weiteres Eingreifen unerbittlich abläuft? Hat er seine Schöpfung sich selbst überlassen?
Eine *psychologische* Interpretation von *Quest* müsste sich mit der Ruhelosigkeit des menschlichen Lebens und seiner Zielgerichtetheit als einer anthropologischen Konstante beschäftigen. Menschen sind immer nach irgendwohin unterwegs. Fast scheint es gleichgültig wohin sie unterwegs sind. *Der Sinn liegt im Unterwegssein selbst.* – Welche *Motive* bewegen den Menschen, trotz aller Widrigkeiten weiterzusuchen?
Die *philosophischen Implikationen* von *Quest*: Ist nicht Heideggers Rede vom „Geworfensein“ im Film anschaulich gemacht? Die Gestalt findet sich vor und muss ihre Situation meistern. Ihr Weg durch die verschiedenen Welten lässt sich im Sinne existentialistischer Weltdeutungen (vgl. Sartre, Camus' „Sisyphus“ oder auch den Arzt in „Die Pest“) interpretieren (Absurdität des Daseins). Wie in Beckets „Warten auf Godot“ alle Erwartungen hinfällig werden, so bleibt das Wasser in *Quest* unerreichbar.
In *Quest* spielt die *Gesellschaft* allenfalls im negativen Sinn eine Rolle: Die Maschinenwelt könnte das Produkt einer der Technik und dem Fortschrittsglauben verfallenen Menschheit sein, die schließlich Opfer ihrer eigenen Artefakte wurde. Hat sich die Maschinenwelt verselbständigt und die Menschen eliminiert? Ist die Sandgestalt nur ein weiteres Opfer der von ihren Schöpfern unabhängig gewordenen Maschinen? Lebt der Mensch in einer *beziehungs-losen Gesellschaft?* Ist er allein auf sich gestellt?[18]
Theolgogische Implikationen: Welche symbolische Bedeutung kommt dem „Wasser“ im Film zu? Welche Bedeutung hat es unter Berücksichtigung des biblischen Befundes? (z. B. Urflut/Sintflut/Das lebendige Wasser Joh 4)

Weitere Impulse zur Erarbeitung:
1. Erörtern Sie die Bedeutung der Sandfigur, der Landschaften, der leeren Flaschen, des Sees, der Farbgebung, der Musik.
2. Interpretieren Sie die Bedeutung der unterschiedlichen lebensfeindlichen ‚Welten‘ und erörtern Sie die Frage, wer dafür verantwortlich ist.
3. Vergleichen Sie dieses ‚Lebenskonzept‘ mit anderen zyklischen oder nihilistischen Lebensentwürfen.
4. Zeigen Sie auf, inwiefern hier die Gottesfrage thematisiert wird.
5. Vergleichen Sie die symbolische Bedeutung des Wassers im Film mit biblischen Aussagen.

5.3 Balance

8 Minuten; Farbe; Puppentrick; Bundesrepublik Deutschland 1989; Regie: Christoph und Wolfgang Lauenstein; FBW: besonders wertvoll, Oscar 1990

Kurzcharakteristik:
Fünf Figuren stehen auf einer schwebenden Plattform mit dem Rücken zueinander. Eine macht einen Schritt nach vorn, die Plattform neigt sich durch die veränderte Belastung. Die anderen reagieren sofort, die Balance wird wiederhergestellt. Schließlich stehen alle Figuren am Rand der Plattform und schauen in den Abgrund.
Die Figuren werfen Angeln aus. Plötzlich neigt sich die Plattform. Die Balance muss erneut hergestellt werden, bevor eine geangelte Truhe auf die Plattform gezogen werden kann.

[18] Vgl. ebd. 7f.

Um diese Truhe kommt es zum Streit. Das Gleichgewicht ist nicht mehr zu halten. Die Figuren stoßen sich gegenseitig von der Plattform. Eine Figur bleibt als Einzige übrig: In der einen Ecke steht sie, die Truhe in der anderen.[19]

Didaktische Hinweise:
Der Film ist einsetzbar in der Sekundarstufe II.
Wegen der schwierigen und komplexen Thematik erscheint der Film für jüngere Schülerinnen/Schüler nicht so sehr geeignet. Sie könnten wesentliche Aussagen nicht verstehen oder vor allem den „Trickfilm“ sehen. Jede sinnvolle Würdigung müsste ansatzhaft bleiben. Es besteht die Gefahr, diesen Film als Unterhaltungsfilm zu „verheizen“.

Folgende Themenbereiche werden angesprochen:
Bei Balance handelt es sich um einen Film, der die Themenbereiche, M*enschen- und Weltbild/Frage nach dem Sinn des Lebens* bereits selbst zum Thema hat und aufgrund seiner Machart trotz der düsteren Atmosphäre bei Schülerinnen/Schülern auf Interesse stößt. Ein Zusammenhang zu den genannten Unterrichtsthemen müsste nicht künstlich hergestellt werden. Der Film wirft Fragen auf, die erst im Laufe einer Unterrichtsreihe behandelt werden können, d. h. immer wieder kann der Lehrer/die Lehrerin diesen Film als stummen Impuls nutzen, sei es, dass sie/er auf den Film als ganzes verweist oder auf einzelne Szenen. Der Film deckt auf, wozu ein bestimmtes Menschenbild führen kann.

Mögliche Impulse für ein Filmgespräch:
1. Sehen: Nach dem ersten Sehen äußern die Schülerinnen/Schüler in einer Spontanphase ihrer persönlichen Eindrücke zum Film. Weil der Film die Schülerinnen/Schüler fasziniert, ist es nicht notwendig, die ersten Eindrücke schriftlich abzufragen. Die Äußerungen bleiben unkommentiert; Verständnisfragen werden schriftlich festgehalten, damit sie im Laufe der Besprechung berücksichtigt werden können.
2. Sehen: Beim zweiten Betrachten des Films nehmen die Schülerinnen/Schüler vom Lehrer/von der Lehrerin vorgegebene Aspekte in den Blick:
- das Geschehen des Films: Skizzieren Sie den Handlungsablauf in seinen wesentlichen Stationen.
- die Atmosphäre des Films: Wie lässt sich die Atmosphäre des Films beschreiben? Mit welchen Mitteln wird sie erzeugt?
- die Gestalten des Films: Wie werden die Menschen dargestellt? Wie lässt sich ihr Verhalten charakterisieren?
- Erläutern Sie die Bedeutung von Plattform und Truhe. Was verbirgt sich hinter der Truhe?
- Inwiefern wird erst durch die Kiste die Abhängigkeit der Personen voneinander deutlich?
- Welche Erkenntnis vermittelt das Schlussbild?
- Beurteilen Sie das Verhalten der Figuren bei der Suche nach dem Sinn des Lebens.

In einer abschließenden Gesprächsrunde ist das im Film gezeigte Menschen- und Weltbild zu thematisieren und kritisch zu hinterfragen.

5.4 Ernst und das Licht

Kurzspielfilm; Farbe; Dänemark 1995; 12 Minuten; Regie: Anders Thomas Jensen, Thomas Villum Jensen

Kurzcharakteristik:
Der seltsame Anhalter, den der Vertreter Ernst spätnachts in sein Auto einsteigen lässt, behauptet steif und fest, der Sohn Gottes zu sein. Nach und nach beginnt Ernst zu ahnen, dass sich hinter seinem Fahrgast mehr verbergen könnte als ein weltfremder Spinner. Zudem ist die nächtliche Autofahrt von merkwürdigen Umständen begleitet: der Motor spielt ebenso verrückt wie das Handy, die Medien berichten von einer unerklärlichen weltweiten Licht-Erscheinung. Ist Jesus tatsächlich auf die Erde zurückgekehrt? Ein amüsanter, augenzwinkernd-hintergründiger Kurzspielfilm um Glaube und Wundergläubigkeit, um religiöse Überzeugung und das „wirkliche Leben“.[20]

[19] Vgl. Begleittext zum Film von Harald Hackenberg, 2f.
[20] Vgl. Begleittext zum Film von Winfried Borchert, S. 2.

Didaktische Hinweise:
Der Film ist einsetzbar in der Sekundarstufe I und II.
Bei einem Einsatz in der Sekundarstufe I müsste deutlich herausgearbeitet werden, dass der Film das Stilmittel der Ironie verwendet und die Figur des „Jesus“ zum Teil karrikierend überzeichnet ist.

Folgende Themenbereiche werden angesprochen:
Neben den *Wundern Jesu* als Zeichen der rettenden Nähe Gottes thematisiert der Film vor allem die Frage nach den verschiedenen *Gottesbildern der Menschen.*

Mögliche Impulse und Leitfragen:
1. „Du brauchst hier keinen zu retten. Du brauchst nur ein bisschen an dich selbst zu denken“. Ernst beschreibt damit sein Lebensmotto, aber auch seine Einstellung zur Religion. Wie begegnet die Jesus-Figur des Films dieser Einstellung? Mein Lebensmotto, meine Einstellung?
2. „Selig die Sanftmütigen“ – wie könnte man das dem Film zugrunde liegende Jesus-/Gottesbild beschreiben? Entspricht dieses Bild biblischen Jesus-Bildern? Entspricht es meinem Jesus- und Gottesbild?
3. „Wunder gibt es immer wieder“, aber ist ein Wunder gleich Wunder? Steht das „mechanistische“ Wunderverständnis des Films im Einklang mit neutestamentlicher Wunder-Deutung? Glaube ich an Wunder? Mein „Wunderverständnis“?
4. „Gehörst du zufällig zu einer Sekte?“ Unterliegt die Jesus-Figur des Films einer für viele Sekten typischen Auffassungen von „Rettung“ (ein Retter erlöst die böse Welt oder zumindest bestimmte „Auserwählte“, ggf. zu einem definierbaren Zeitpunkt und unter endzeitlichen Begleiterscheinungen)? Das biblische Verständnis von „Erlösung“? Mein Verständnis?[21]

[21] Vgl. ebd. S. 5.

__*Kirsten Sicking*

Handlungsorientierung im Religionsunterricht

Mit dem Wandel gesellschaftlicher Bedingungen stehen wir heute auch veränderten Schülern gegenüber – viele sind einerseits autonomer und selbstbewusster, leiden jedoch andererseits zunehmend an „Schulschwierigkeiten“ wie Schulangst und Stress, Konzentrations- und Motivationsschwächen, Orientierungslosigkeit[1].
Aufgrund dieser Veränderungen ist besonders in den letzten Jahren der Ruf nach neuen Methoden und Didaktiken laut geworden: „„Der Schüler soll Methode haben‘ ist ein berühmter Ausspruch von Hugo Gaudig. Er ist aktueller denn je. Gleichermaßen gilt: Der Lehrer soll Methode haben. Heute denken wir die Schule wiederum neu und sagen: LehrerInnen und SchülerInnen sollen neue Methoden haben, die Freude am Lehren und Lernen bereiten“[2].
Pädagogische Leitvorstellung neuer Konzeptionen sind die Ganzheitlichkeit, das „Lernen mit Kopf, Herz und Hand“, Schülerorientierung bzw. individualisiertes Lernen und das selbständige, gemeinsame Tun, also der Erwerb von Handlungskompetenz durch das schulische Lernen.[3]
Diese Leitvorstellungen greift der handlungsorientierte Unterricht auf[4]. Handlungsorientierter Unterricht ist laut Gudjons[5] als Unterrichtsprinzip zu verstehen, das vielfältige methodische Praktiken erlaubt, sein Konzept ist das Resultat einer geschichtlichen Entwicklung von der Reformpädagogik bis heute[6], das im Ansatz seit langer Zeit Einzug in den Unterricht gehalten hat. Allerdings sollen die Schülerhandlungen die kognitiven Elemente des Unterrichtes nicht ersetzen, sondern ergänzen. Handlungsorientierter Unterricht „integriert Theorie und Praxis an einem konkreten Beispiel. Die gestellten Aufgaben sind ohne kognitive Anstrengung nicht zu lösen, durch die Lösung der praktischen Aufgabe wird auch die kognitive Lernstruktur entwickelt“[7].
Der handlungsorientierte Unterricht wird nachfolgend kurz definiert und begründet. Vor allem soll jedoch die Notwendigkeit handlungsorientierten Unterrichts im Religionsunterricht dargestellt, sollen Methoden und Beispielstunden vorgestellt werden.

1. Handlungsorientierter Unterricht

1.1 Definition

Als Grundlage handlungsorientierten Unterrichts gilt die These, dass „eine neue Handlung im effektiven Versuch leichter erlernt und besser verstanden wird als im reinen Gedankenexperiment“.[8] Das Gleiche gilt für das Transferieren bereits gespeicherten Handlungswissens auf neue Zusammenhänge. Handlungsorientierter Unterricht ist definiert als „ganzheitlicher und schüleraktiver Unterricht, in dem die zwischen dem Lehrer und den Schülern vereinbarten Handlungsprodukte die Gestaltung des Unterrichtsprozesses leiten, so dass Kopf- und Handarbeit der Schüler in ein ausgewogenes Verhältnis zueinander gebracht werden können. Handlungsorientierter Unterricht geht von den immer schon mitgebrachten Erfahrungen der Schüler aus und erweitert und ergänzt diese planmäßig mit dem Ziel, die Schüler zu selbständigem und eigenverantwortlichem Handeln zu führen“, wobei die Handlungsprodukte nicht ausschließlich materieller, sondern auch geistiger Art sein können.
Wesentliches Prinzip des handlungsorientierten Unterrichts ist die Ganzheitlichkeit im dreifachen Sinn: personal (Kognition, Emotion und Motorik sollen angsprochen werden), inhaltlich (Themen und Inhalte werden in ihren komplexen Zusammenhängen bearbeitet), methodisch (die Unterrichtsmethoden müssen das ganzheitliche Lernen ermöglichen, sie sollten multisensorisch angelegt sein und die

[1] Vgl. zum Thema „Schulschwierigkeiten“ heutiger Jugendlicher z. B. Kern-Felgner 1998 in Bovet – Huwendiek 1998.
[2] Heitkämper 1995, S. 1.
[3] So auch die neuen Richtlinien und Lehrpläne für die Sek II (z. B. NRW 1999).
[4] Vgl. hierzu Huwendiek 1998.
[5] Gudjons 1997, S. 10.
[6] Vgl. hierzu z. B. Meyer 1987, Gudjons 1997.
[7] Schafhausen 1995, S. 16.
[8] Aebli 1983, S. 195.

komplexe Bearbeitung der Inhalte erleichtern).[9] Der handlungsorientierte Unterricht sollte demnach die Merkmale: Situationsbezug, Schülerorientierung, zielgerichtete (Projekt-)Planung, Selbstorganisation und Selbstverantwortung, multisensorische Anlage, soziales Lernen beinhalten.

1.2 Zur Begründung handlungsorientierten Unterrichtes

1.2.1 Sozialisationstheoretische Begründungsansätze

Die Notwendigkeit des Erlernens von Handlungskompetenz resultiert aus dem Wandel der kindlichen Lebenswelt und Jugendkultur.[10] Die die Handlungskompetenz der Schüler beeinflussenden Faktoren sind vor allem die Reduktion der Eigentätigkeit, die „Mediatisierung“ der Erfahrung, die Sozialisation durch Massenkultur, der Wandel der Familienstrukturen, die Pluralisierung der Lebensverhältnisse und der Wertewandel.[11] Aufgrund dieser Faktoren schrumpft die Handlungskompetenz der heutigen Jugend beständig weiter, ein Prozess, dem die Schule entgegenwirken muss, indem sie den Raum für Eigenhandlungen zur Verfügung stellt.

1.2.2 Lern- und motivationspsychologische Begründungsansätze[12]

Der handlungsorientierte Unterricht wirkt der heutigen Häufung reizarmer Situationen bzw. auch der einseitig visuellen Reizüberflutung durch die Medien entgegen. Die Beanspruchung mehrerer Reizeingangskanäle fördert zugleich die Gedächtnisleistung, da eine Information, je vielfältiger verknüpft sie gespeichert ist, umso schneller und langfristiger abgerufen werden kann. Vor allem das Lernen durch Handlungen steigert die Gedächtnisleistungen ungemein – so behalten wir laut Gudjons 20% von dem, was wir hören, 30% von dem, was wir sehen, 80% von dem, was wir selber formulieren können und 90% von dem, was wir selbst tun. Auch erlaubt der multisensorische Unterricht jedem Schüler bzw. jeder Schülerin, sich je nach Lerntyp auf verschiedene Weise in den Unterricht einzubringen. Durch den multisensorischen und somit individualisierten Unterricht steigt ferner die Motivation der Schüler, die ja Voraussetzung allen Lernens ist.[13]

1.2.3 Bewegungslernen

Die Aneignung von Kenntnissen über das motorische Handeln haftet besser im Gedächtnis als die rein verbale Vermittlung von Informationen. Das im handlungsorientierten Unterricht ermöglichte Bewegungslernen (z. B. durch szenisches Arbeiten [s. u.], Basteln von Produkten, Durchführung von Versuchen) fördert also gleichfalls die Gedächtnisleistung.[14]

1.2.4 Selbstorganisation

Ein Merkmal handlungsorientierten Unterrichts ist, wie oben aufgeführt, die Selbstorganisation. Selbstorganisation ist hier umfassend als Lernprinzip zu begreifen. Einen entsprechenden didaktischen Ansatz hierzu liefert Kösels „Subjektive Didaktik“.[15] Eine Lehrperson kann im Sinne der Subjektiven

---

[9] Jank 1990, S. 12ff.

[10] Vgl. hierzu Gudjons 1997, S. 13ff. und Jank 1994, S. 12ff.

[11] Vgl. Jank 1990, S. 19ff.

[12] Gudjons 1997, S. 54–66.

[13] Vgl. z. B. Schräder-Naef 1994.

[14] Empirisch belegt z. B. von Smiernow, Schochorawa, Lapschina in Möller 1987, vgl. Gudjons 1997, S. 57.

[15] In der Subjektiven Didaktik wird der Lerner als Subjekt, das von individuellen Gewohnheiten, die es sich im autopoietischen Lern- und Konstruktionsprozess erworben hat, betrachtet. Entsprechend geht auch seine Außenwahrnehmung von individuellen Konstrukten aus, so dass „Lernen und Lernorganisation ausschließlich vom Standpunkt des jeweiligen lernenden Subjekts aus gesehen werden“ und an dessen individuellen Fähigkeiten ausgerichtet sein müssen. Kösel beschreibt Lernen als Vorgang, der von dem jeweils gegebenen Strukturzustand des Subjektes selbst bestimmt wird (Struktur-Determiniertheit). Aus der je eigenen Struktur heraus definiert das Subjekt den Lernprozess selbst (Selbst-Referentialität). Verhaltensänderungen werden im Prozess der Selbstorganisation durch das Subjekt selbst gesteuert (Kösel 1995, S. 38ff.).

Didaktik lediglich „Anreizstrukturen für die je individuell Lernenden geben, die das lernende Subjekt dann im Sinne der Selbstorganisation weiterverarbeitet“.[16] Die Unterrichtsplanung wird folglich nicht von der Lehrperson vorgegeben, sondern mit Hilfe der Schüler erarbeitet. Die Schüler entwerfen zugleich eine zielgeleitete Handlungsstrategie, die ihnen – innerhalb des vorgegebenen Zeitrahmens und der gegebenen Räumlichkeiten und Möglichkeiten – lerntypgerechtes, subjektives Lernen, erlaubt.[17]

1.2.5 Soziales Lernen

Als *Sozialform* im handlungsorientierten Unterricht ist die Gruppenarbeit (im mindesten die Partnerarbeit) obligatorisch, da die Schüler sich hier gegenseitig beraten bzw. sich gegenseitig durch ihre individuellen Kompetenzen ergänzen und Handlungsalternativen erfahren können; zudem wird durch Schülerorientierung und die gemeinsame Arbeit der Schüler ihre soziale Kompetenz optimal gefördert.

2. Handlungsorientierung im Religionsunterricht

2.1 Begründungen für Handlungsorientierung im Religionsunterricht

2.1.1 Ziele des Religionsunterrichts

Handlungkompetenz, als Bildungsziel definiert als „Persönliche Entfaltung in sozialer Verantwortlichkeit“, kann gerade im Religionunterricht durch die Frage nach dem Sinn des menschlichen Lebens und der Welt im Licht des christlichen Glaubens, die Behandlung anthropologischer Grundwerte, das Reflektieren individueller Verhaltensmaßstäbe und das Angebot christlicher Handlungsmaßstäbe, die historischer Bestandteil unserer Gesellschaftsordnung sind, maßgeblich gefördert werden.
Die fachspezifischen Ziele – Reflexion von Handlungsnormen, denkende Verantwortung des Glaubens, persönliche Entscheidung im Hinblick auf Konfession und Religion, Weltanschauungen und Ideologien, Motivation zu verantwortlichem Handeln in Kirche und Gesellschaft – sind in höchstem Maße von der Befähigung zu individueller Handlungskompetenz geprägt.[18] Nicht zuletzt fordert die dialogische Grundstruktur des Religionsunterrichtes die Kommunikations- und Handlungskompetenz der Schüler ein, so dass gerade für den Religionsunterricht die Forderung nach handlungsorientiertem Unterricht gelten muss: die Umsetzung der christlichen Handlungsmaßstäbe bzw. allgemein „religiöse Handlungskompetenz“ erfordert die Einübung solchen Handelns mit Hilfe geeigneter Methoden, z. B. mit Hilfe von Rollenspielen.[19] „Es geht um verantwortliches Denken und Verhalten im Hinblick auf Religion und Glaube (Synodenbeschluss); um gemeinsames Leben – und Glaubenlernen (Nipkow); um die wechselseitige Erschließung von Leben und Glauben (Korrelation). Die Zielsetzungen, die in diesem Spektrum liegen, verlangen nach Methoden, die Schülerinnen und Schülern einen Suchprozess ermöglichen und ihnen Wege eröffnen, Ziele und Inhalte für sich selbstbestimmt anzueignen“[20].
Damit ist wiederum die Selbstorganisation des Subjekts angesprochen, die, wie oben beschrieben, gerade im handlungsorientierten Unterricht ermöglicht wird.[21]

2.1.2 Sozialisationstheoretischer Begründungsansatz

Auch die sozialisationstheoretischen Begründungsansätze für den handlungsorientierten Unterricht treffen insbesondere auf den Religionsunterricht zu: Die Pluralisierung der Lebensverhältnisse betrifft auch das zunehmende Angebot von Religionen und Ersatzreligionen, wohingegen die religiöse Sozia-

---

[16] Gudjons 1997, S. 35.
[17] Zur Artikulation Handlungsorientierten Unterrichts vgl. z. B. Meyer 1987.
[18] Vgl. Richtlinien und Lehrpläne für das Gymnasium – Sekundarstufe I – in Nordrhein-Westfalen. Katholische Religionslehre. 1993, S. 33ff. oder auch Ort 1997.
[19] Trotz der Aufführung der gymnasialen Lernziele ist die Befähigung zur Handlungskompetenz für alle Schulformen, insbesondere für sozial schwächer gestellte Schüler, gleichermaßen relevant oder sogar noch bedeutender.
[20] Zitiert nach J. Werbick, Religionsdidaktik als „Theologische Konkretionswissenschaft“, in KatBl 113 (1988) 82–99, aus: Ort, B.: Unterrichtsmethoden, in: Weidmann 1997, S. 259.
[21] Zum Begriff der „Subjektwerdung“ vgl. z. B. Ort 1997, S. 202ff.

lisation durch das Elternhaus stetig abnimmt bzw. teilweise gar nicht mehr stattfindet, so dass bei den Schülern heute keine oder nur wenig religiöse Handlungskompetenz vorausgesetzt werden kann.[22] Durch den Verlust der religiösen Handlungskompetenz der Schüler bei bleibendem Bedarf nach religiöser bzw. spiritueller Orientierung, Sinnfindung und Werteorientierung ist der Religionsunterricht besonders gefordert, Handlungsräume zu eröffnen und damit die Möglichkeit tatsächlicher Erfahrung[23] von christlichen Handlungsmaßstäben, Religion und Glaube zu bieten.

2.1.3 Lernpsychologischer Begründungsansatz

Unter dem lernpsychologischen Gesichtpunkt eignet sich gerade der Religionsunterricht durch sein großes Medienangebot und Methodenkompendium hervorragend für handlungsorientierten Unterricht. Multisensorisches Lernen ist hier gut und leicht zu verwirklichen. Bilder, Karikaturen, Filme, Tonbilder, Hörspiele usw. als Medien, meditative Methoden, Rollenspiele, aber auch das Basteln als Beispiele für die Methodenvielfalt[24] des Religionsunterrichtes sowie mögliche Exkursionen sprechen neben dem auf diese Weise besonders eindrucksvoll vermittelten inhaltlichen Aspekt die verschiedenen Sinne an und fördern zugleich die Konzentration und Motivation.

2.2 Methoden für den handlungsorientierten Religionsunterricht

Nachfolgend sollen einige für den handlungsorientierten Religionsunterricht geeignete *Methoden* vorgestellt werden und deren Einbettung in den Unterricht beispielhaft erläutert werden.
Der Vielfalt und kreativen Entwicklung verschiedener geeigneter Methoden für den handlungsorientierten Unterricht sind keine Grenzen gesetzt, obwohl hier nur einige beispielhaft aufgeführt werden.
Geeignete Methoden können an verschiedenen Stellen einer Unterrichtssequenz eingesetzt werden:

- als *Einstieg,* bei dem die Schüler ihre eigenen Erfahrungen z. B. durch ein szenisches Spiel einbringen,
- als *Erarbeitung* des Themas z. B. anhand der Vorbereitung und Durchführung einer Podiumsdiskussion (s. u.),
- als *Zusammenfassung* der Ergebnisse, z. B. in einer Mind-Map[25],
- als *Vertiefung* oder *Transfer*, z. B. in einem Tribunal (s. u.),
- als *Lernerfolgskontrolle*, z. B. in einem abschließenden Interview, in dem den „Experten“ Fragen zu dem bearbeiteten Thema gestellt werden.

Maßstab für deren Eignung sind die oben genannten Prinzipien des handlungsorientierten Unterrichts:

- Die Anwendung der Methode sollte mit Hilfe der Schüler geplant und auch abschließend evaluiert werden können;
- sie sollte Raum für die Selbstorganisation und selbstverantwortliches Tun bieten;
- sie sollte möglichst mehrere Sinne ansprechen und so multisensorisches Lernen ermöglichen;
- sie sollte soziales Lernen ermöglichen;
- sie sollte motivierend sein;
- Das Ergebnis sollte ein Produkt sein, das präsentiert werden und diskutiert werden kann.

2.2.1 Kommunikative Methoden

„Sprechen, Zuhören, Argumentierten und Miteinanderreden lernt man nun einmal am besten, indem man es tut“[26]. Die Relevanz kommunikativer Kompetenz in unserer heutigen Gesellschaft ist unbestritten. Ohne sie ist soziales Handeln nicht möglich. Aber auch im privaten und beruflichen Feld, z. B. für Bewerbungen, ist kommunikative Kompetenz elementar. Klippert spricht jedoch jenseits kommunikativer Kompetenz heutiger Jugendlicher gegenteilig von ihrer sprachlichen Unfähigkeit und Schweigen im Unterricht; der Gebrauch von Schlagworten und Satzfetzen anstelle kompletter Sätze

[22] Zu soziokulturellen Rahmenbedingungen gegenwärtiger Jugendsozialisation vgl. z. B. Reil 1997, S. 100ff.
[23] Vgl. zu „Erfahrung und Religionsunterricht“ Weidmann 1997, S. 147ff.
[24] Vgl. zu „Unterrichtsmethoden im Religionsunterricht“ z. B. Ort 1997.
[25] Vgl. hierzu z. B. Beyer 1995.
[26] Klippert 1995, S. 17.

und miserable Vorträge seien „in“. Seiner Meinung nach ist es daher unumgänglich, die kommunikative Kompetenz der Schüler zu fördern. Kommunikative Kompetenz ist angesichts ihrer großen Bedeutung in unserer Gesellschaft zum allgemeinen Bildungsziel geworden.
Aber auch der Religionsunterricht im Speziellen lebt von kommunikativen Prozessen: „Lernprozesse der Religion und des Glaubens erweisen sich stets wesentlich als kommunikative Prozesse. Als solche sind sie von den Sozialformen des Unterrichts, von den zur Anwendung kommenden Methoden [...] abhängig“[27]. Erst im Gespräch, in der Diskussion, können Positionen ausgeführt, verglichen und ggf. revidiert oder gefestigt werden und können religiöse Erfahrungen ausgetauscht werden. Auch und gerade im Religionsunterricht muss daher die kommunikative Kompetenz geschult werden, müssen religiöse Sprachfähigkeit, Diskussion miteinander, Argumentation, Verständnisbekundung füreinander, fragen und antworten, erzählen, kritisieren, erläutern, vortragen usw. mit Hilfe geeigneter Methoden eingeübt werden. „Wer die Schüler das Sprechen lehren will, der muss sie sprechen lassen und möglichst vielfältige Anlässe bieten, grundlegende kommunikative Fähigkeiten und Fertigkeiten einzuüben. Entsprechende didaktische, methodische und zeitliche Akzentverschiebungen sind vonnöten“[28].
Das Einüben und spätere Einbringen kommunikativer Methoden ist nahezu zu jedem Lerninhalt möglich, der den Vergleich unterschiedlicher Standpunkte erlaubt. Diese kennen zu lernen, gegenüberzustellen, Pro- und Kontraargumente zu entwickeln und zu vertreten und darüber die eigene Position zu festigen, erweitern, revidieren, ist das inhaltliche Ziel jeder kommunikativen Methode. Als solche bieten sich z. B. an[29]:
Tribunal: Der Lehrer greift ein bestimmtes politisches Geschehen auf, das sich eignet, vor dem Europäischen oder dem Internationalen Gerichtshof verhandelt zu werden, z. B. Miltärische Konflikte (Golfkrieg, Kosovo-Konflikt). Kennzeichnend für das Tribunal ist, dass es Angeklagte, Ankläger, Verteidiger und Richter gibt, die mit ihren Argumenten das betreffende Geschehen vielschichtig ausleuchten und zu einer rationalen Klärung beitragen. Je nach beteiligten Parteien werden Gruppen gebildet. Einschlägige Sachinformationen müssen vorliegen und von den einzelnen Parteien vorbereitend durchgeführt werden. Das Tribunal selbst läuft so ab, dass zunächst die Vertreter der anklagenden Parteien zu Wort kommen, dann die beklagte Partei Stellung bezieht (sich verteidigt) und schließlich der Richterausschuss eine zusammenfassende Würdigung der Argumente vornimmt. Ein Urteilsspruch erfolgt in der Regel nicht.
Ähnliche Verfahren, in denen kontrovers diskutiert bzw. argumentiert wird, sind die *Pro-Kontra-Debatte* (die Schüler diskutieren kontrovers zu einem Thema, indem sie nach einer Vorbereitungsphase ein Plädoyer für ihre jeweilige Sichtweise halten; Expertengruppen können die Vortragenden unterstützen; am Ende steht ein Feedback), die *Parlamentsdebatte* (die Schüler sollen in einer Art Parlamentssitzung eine vorgegebene Entscheidungsfrage thematisieren, Entscheidungsalternativen einbringen, begründen und diskutieren; sie sollen den Meinungsbildungsprozess voranbringen und am Ende über die bestehenden Alternativen demokratisch abstimmen) u. a. Als Themen eignen sich hier vor allem ethische Fragen (Todesstrafe, Euthanasie, Abtreibung, Freundschaft etc.).
Laudatio: Die Schüler sollen Informationen zu bestimmten Personen (z. B. Friedensstifter, Befreiungstheologen) sammeln, sichten, zu einer Laudatio verarbeiten (Struktur!) und diese vor den anderen Schülern halten.
Expertenbefragung: Die Schüler bereiten sich in Gruppen auf ein jeweiliges Thema vor, über das anschließend in Expertengruppen referiert wird, in denen sich je ein Spezialist zu jedem Thema befindet. Hier ist darauf zu achten, dass die Themen hinreichend Stoff für arbeitsteilige Gruppenarbeit bieten. Als Beispiel eignet sich z. B. das Thema „Bewahrung der Schöpfung“ mit Teilthemen: Waldsterben, Atom, Artenschutz, Verschmutzung der Meere usw. .
Kommunikative Methoden sind in jeder Altersstufe einsetzbar, sind aber aufgrund differenzierter Vorbereitung und Planung auch in besonderem Maß für die Oberstufe geeignet.
Ein konkretes Unterrichtsbeispiel findet sich im Anhang (A 1).

[27] Weidmann 1997, S. 164, vgl. denselben auch zum Thema „Stellenwert der Sprache im Religionsunterricht“.
[28] Klippert 1995, S. 12.
[29] Entnommen aus: Klippert 1995, S. 203, 204, 205, 195, 172.

2.2.2 Szenische Methoden[30]

Ebenso wie die verbale Kommunikation spielt auch die nonverbale Kommunikation eine große Rolle in der Kommunikation allgemein, z. B. bei der Einschätzung von Personen.[31] Das nonverbale Kommunikationsverhalten kann besonders gut mittels szenischer Verfahren beobachtet, die Wahrnehmung hierfür geschult und das nonverbale Kommunikationsverhalten optimiert werden.
Ferner können szenische Verfahren besonders gut eingesetzt werden, um bildreiche Texte zu erschließen – mit denen wir es im Religionsunterricht ja vielfach zu tun haben. Die szenische Arbeit kann hier „eine genauere und vertiefende Textwahrnehmung anregen, [...] durch den Vergleich mit eigenen Gestaltungen die Aufmerksamkeit für den Originaltext steigern, ‚Kernstellen' in den Blick rücken, die Eigenart der poetischen Machart auffällig werden lassen"[32].
Die szenische Darstellung ermöglicht darüberhinaus Schülern, denen es schwer fällt, sich am rein kognitiven Unterricht zu beteiligen, eine neue Möglichkeit, sich aktiv an der Unterrichtsgestaltung zu beteiligen. Auch wird hier in besonderer Weise die soziale Kompetenz der Schüler gefordert und gefördert, da sie sich gemeinsam bewegen und mitunter auch berühren müssen. Die Schüler werden im szenischen Spiel in „wesentlich breiterem Maße als sonst in ihren kognitiven, kreativen und sozialen Fähigkeiten angesprochen [...]. Man erreicht mit Anforderungen auf vielfältigen Lernebenen auch Schüler, die sich im kognitiv betonten, textbezogenen Unterricht nicht so leicht artikulieren können"[33].
Nicht zuletzt soll das Einüben und Präsentieren des szenischen Spiels auch motivierend auf die Schüler wirken. Es sollen auf „höchst genussvolle Weise Literaturerfahrungen möglich gemacht werden, in denen die sinnliche Wahrnehmung und die Körpersprache eine zentrale Vermittlerrolle spielen. Die Faszination der Literatur soll so wiederentdeckt oder intensiviert, das Lesen gefördert werden"[34].
So lässt sich z. B. die Personenkonstellation eines biblischen Textes besonders gut szenisch interpretieren oder kann der Charakter einer Person anschaulich dargestellt werden.
Das szenische Interpretieren bzw. szenisches Spiel ist natürlich nicht nur auf Texte anwendbar. Eigene Erfahrungen und Positionen, aber auch abstrakte Begriffe, wie z. B. „Glaube", lassen sich mit etwas Findigkeit szenisch darstellen und interpretieren. Geeignete Methoden sind hier bspw.:
Standbild: Die Schüler charakterisieren mit Hilfe des Textes in (ggf. arbeitsteiliger) Gruppenarbeit die vorkommenden Personen und deren Beziehung zueinander. Anschließend wird jedem Schüler eine Rolle, eine Person, zugewiesen, die er darstellen soll. Die Schüler positionieren sich dann so, dass sie die gefragte Person und ihre Beziehung zu den anderen Personen mittels charakteristischer Haltung, Gestik und Mimik möglichst authentisch wiedergeben. Die entsprechende Haltung wird eingefroren, so dass sich das *Stand*-Bild ergibt. So kann z. B. eine traurige Person, die sich zu einer weiteren Person hingezogen fühlt, einer anderen gegenüber aber Ablehnung empfindet, folgendermaßen dargestellt werden: Sie steht in einer Trauer-Haltung (hängende Schultern, eingesunkener Brustkorb, hängender Kopf und traurige Mine) der einen Person zugewendet und streckt einen Arm sehnsüchtig nach ihr aus, kehrt aber der anderen Person den Rücken zu und macht mit dem anderen Arm eine Abwehrgeste in Richtung dieser Person.
Eine *Variante* dieser Form der szenischen Darstellung könnte darin bestehen, dass zwei Gruppenmitglieder, denen bestimmte Rollen zugewiesen werden, durch die anderen Gruppenmitglieder zum Standbild geformt werden: Arme, Beine, Haltung usw. werden nacheinander in die gewünschte Position gebracht, bis die darzustellenden Personen nach Meinung der „Bauenden" authentisch wiedergegeben werden. Dann wird die Position eingefroren und kann vom Rest der Lerngruppe interpretiert oder auch korrigiert werden. Mittels mehrerer aufeinander folgender Standbilder kann auch eine Entwicklung dargestellt werden.
Szenisches Spiel: Die Schüler schreiben ein Stück mit eigener Intention zu einem bestimmten Thema oder schreiben einen Text in einen dramatischen Text um. Anschließend führen sie ihr Stück unter besonderer Berücksichtigung der nonverbalen Aktionen auf.
Pantomime: Verfahren wie beim szenischen Spiel, allerdings rein nonverbal. Das pantomimische Spiel eignet sich besonders für Texte, die viele nonverbale Handlungen beschreiben, oder auch für Texte, die stark gefühlsbetont sind.

---

[30] Der Begriff „Szenische Methoden" umfasst hier Methoden, die im weitesten Sinne mit szenischer Darstellung zu tun haben, z. B. szenische Interpretation, szenisches Spiel, es wird jedoch nicht weiter differenziert.
[31] Vgl. hierzu z. B. Rückle 1996.
[32] Haas/Menzel/Spinner 1994, S. 22.
[33] Schafhausen 1995, S. 24.
[34] Schau 1996, S. 7.

Rollenspiel: Jedes Gruppenmitglied stellt z. B. eine Figur aus einem vorgegebenen Text bei einem fiktiven oder vorgegebenen Gespräch dar und versucht diese verbal und nonverbal möglichst treffend zu verkörpern. Anschließend wird in der Gruppe darüber beraten, wie man die jeweilige Rolle verkörpert hat und wie man sich dabei gefühlt hat. Danach findet ein Rollentausch statt. Das Verfahren wird fortgeführt, bis jedes Gruppenmitglied einmal jede Rolle verkörpert hat. Das Verfahren eignet sich besonders gut dafür, emotionales Verständnis für ein bestimmtes Verhalten zu gewinnen bzw. ein Thema aus verschiedenen Blickwinkeln zu beleuchten (z. B. zum Thema „Euthanasie“).[35] Es empfiehlt sich, vor jeder Präsentationsphase eine Übungsphase für die Gruppen einzurichten, in der sie ihre szenische Darstellung unbeobachtet (außerhalb des Klassenraumes) üben können. Ein konkretes Unterrichtsbeispiel findet sich im Anhang (A 2).

2.2.3 Produktionsorientierte Verfahren

„Produktionsorientierung“ ist ursprünglich ein Begriff der Fachdidaktik Deutsch und umfasst im weitesten Sinn kreativ-personale Schreib- und Leseformen im Sinne der Handlungsorientierung[36].

Bei produktionsorientierten Verfahren wird der Schüler als gleichberechtigter Partner zum Autor eines Textes gesehen. Spontanäußerungen zum Text, die Schülerinterpretation, die immer auch die eigenen Biographie mit einbezieht, wie auch die Kreativität und Phantasie des Schülers beim Schreiben eigener Texte stehen hier im Vordergrund der Betrachtungen.

Die Würdigung der Person des Schülers und der Einbezug seiner persönlichen Erfahrungen haben auch im Rahmen der Korrelationsdidaktik ihren eigenen Standort im Religionsunterricht und können mittels produktionsorientierter Verfahren besonders gefördert werden. Zusätzlich verhilft die kreative Auseinandersetzung mit dem Text zu einem besseren Textverständnis, mehr Verständnis für die Handlungsweisen einzelner Personen und erleichtert das Kennenlernen verschiedener Textgattungen und den Umgang mit ihnen.

Bei Waldmann (1998) findet sich ein ausführlicher und systematischer Katalog produktionsorientierter Verfahren. Da diese Verfahren zum Großteil schon seit langem auch im Religionsunterricht angewendet werden und hinreichend bekannt sind, beschränke ich mich hier auf die Nennung einiger weniger Beispiele:

- biblische Texte aus der Perspektive der Protagonisten umschreiben lassen (z. B. Gen 12,1–22,19 aus Saras Perspektive schreiben),
- biblische Texte einer bestimmten Gattung nach den Gattungskriterien in die heutige Zeit transponieren (z. B. das Gleichnis vom Samariter in die heutige Zeit mit „modernen Gruppierungen“ umwandeln),
- zu einem aktuellen Thema eine Erzählung einer bestimmten Gattung schreiben lassen,
- Rollenspiele, die in unserer Zeit spielen, zu einem Thema einer biblischen Perikope schreiben lassen (z. B. zum Thema „Feindesliebe“),
- Geschichten zu einem bestimmten Thema unter theologischem Gesichtspunkt schreiben lassen (z. B. „Freundschaft“, „Drogen“),
- Textanfänge weiterschreiben lassen oder Lückentexte, in denen z. B. die Haupthandlung fehlt, ausfüllen lassen

Beispiele zur Umsetzung im Unterricht finden sich im Anhang (A 2, A 3).

2.2.4 Arbeit mit dem Internet

Auch die Arbeit mit dem Internet kann zur handlungsorientierten Methode für den Unterricht werden. Medienkompetenz ist heute unumgänglich und auch für den Religionsunterricht ergiebig. Die Schüler ab der 7./8. Klasse kennen sich in der Regel mit dem Computer und auch mit dem Internet schon gut aus und die selbständige Arbeit am Computer macht ihnen viel Spaß. Die Arbeit im Internet ist leicht und sehr informativ. Hier findet man zudem je die neueste Literatur zu den jeweiligen Themen.

---

[35] Bei den Rollenspielen ist Vorsicht angeraten, da Schüler stark betroffen reagieren können. Rollenspiele sollten im Unterricht keinesfalls zu therapeutischen Zwecken genutzt werden.

[36] Vgl. hierzu z. B. Schuster 1998, S. 77ff.

Die Arbeit mit dem Internet ist vor allem bei (bleibend) aktuellen Themen sehr ergiebig. So findet sich z. B. sehr viel Material zu Themen wie „Todesstrafe“, „Nationalsozialimus“, „Bewahrung der Schöpfung – Agenda 21“. Es empfiehlt sich, im Vorfeld schon einmal in verschiedenen Suchmaschinen zu untersuchen, wie viel Material welcher Qualität zu dem gesuchten Thema vorhanden ist, und einige Adressen zur Anwahl herauszusuchen. Die Schüler sollten einen konkreten Arbeitsauftrag erhalten. Hier ist es besonders gut möglich, arbeitsteilig vorzugehen. So können zum Thema „Todesstrafe“ z. B. Subthemen wie „Todesstrafe und Menschenrechte“, „Arten der Todesstrafe“, „Statistiken zur Anwendung der Todesstrafe“, „Gründe für und gegen die Todesstrafe“ usw. bearbeitet werden. Die Schüler erhalten die Aufgabe, wesentliche Informationen aus dem Internet herauszuarbeiten (mit Beleg!) und anschließend darüber zu referieren. Ferner ist es möglich, selbst eine Internet-Seite zu einem bereits erarbeiteten Thema mit den Schülern zu entwickeln und ins Internet einzuspeisen. Ernsthaftes Arbeiten mit dem Internet ist m. E. ab der Klasse 7 möglich. Meiner Erfahrung nach arbeiten die Schüler in computerorientierten Reihen besonders motiviert und effektiv.
Weitere Methoden für den handlungsorientierten Unterricht sind z. B. bildorientierte Methoden, Entscheidungs- und Planspiele.[37]

3. Literaturverzeichnis

Bovet, G. & Huwendiek, V. (Hrsg.): Leitfaden Schulpraxis. Pädagogik und Psychologie für den Lehrerberuf. 2. Aufl., Berlin 1998, darin: *Huwendiek, V.:* Didaktisches Denken und Unterrichtsplanung, S. 99–107; *Kern-Felgner, E.:* Schulschwierigkeiten, S. 409–433.

Gudjons, H.: Handlungsorientiert lehren und lernen. Schüleraktivierung – Selbsttätigkeit – Projektarbeit. 5. Aufl., Bad Heilbrunn 1997.

Gugel, G.: Methoden-Manual II: Neues Lernen. Tausend neue Praxisvorschläge für Schule und Lehrerbildung. Weinheim und Basel 1998.

Haas, G., Menzel, W. & Spinner, K. H.: Handlungs- und produktionsorientierter Literaturunterricht. In: Praxis Deutsch, H. 123, 1994, S. 213–228.

Heitkämper, P. (Hrsg.): Mehr Lust auf Schule. Paderborn 1995, darin: *Beyer, M.:* Mind Mapping, S. 259–270; *Häußler, A.:* Phantasiereisen, S. 385–396.

Jank, W. & Meyer, H. (Hrsg.): Didaktische Modelle. Frankfurt 1991.

Jank, W.: „Veränderte Kindheit“ – veränderte Schule. Gedanken zum Verhältnis von Sozialisation und Unterricht. In: Mitteilungen des BAK 3-4/1994, S. 12ff.

Klippert H.: Kommunikationstraining. Übungsbausteine für den Unterricht II. 3. Aufl., Weinheim und Basel 1995.

Meyer, H.: UnterrichtsMethoden. 2 Bände. Frankfurt 1993.

Ridder, M.: Das Buch Rut. Eine Arbeitshilfe für den Religionsunterricht in der Klasse 9/10. Münster 1996.

Rückle, H.: Körpersprache. Niedernhausen 1996.

Schafhausen, H. (Hrsg.): Handbuch Szenisches Lernen. Theater als Unterrichtsform. Weinheim – Basel 1995.

Schau, A.: Szenisches Interpretieren. Ein literaturdidaktisches Handbuch. Stuttgart 1996.

Schräder-Naef, R.: Rationeller Lernen lernen. 18. Aufl., Weinheim-Basel 1994, S. 75.

Schuster, K.: Einführung in die Fachdidaktik Deutsch. 7. Aufl., Hohengehren 1998.

Waldmann, G.: Produktiver Umgang mit Literatur im Unterricht. Grundriss einer produktiven Hermeneutik. Theorie – Didaktik – Verfahren – Modelle. Baltmannsweiler 1998.

Weidmann, F. (Hrsg.): Didaktik des Religionsunterrichtes. Ein Leitfaden. 7. Aufl., Donauwörth 1997, darin: *Lentzen-Deis, W.:* Begründung des Religonsunterrichtes, S. 73–85; *Reil, E.:* Schülerinnen und Schüler im Religionsunterricht, S. 100–128; *Weidmann, F.:* Erfahrung und Religonsunterricht, S. 147–163; *Weidmann, F.:* Sprache und Religionsunterricht, S. 164–179; *Ort, B.:* Ziele und Aufgaben des Religionsunterrichtes, S. 201–213; *Ort, B.:* Unterrichtsmethoden, S. 258–277.

[37] Vgl. hierzu Gugel 1998.

4. Handlungsorientierung im Religionsunterricht – Anhang

4.1 Kommunikative Methoden im Religionsunterricht am Beispiel der Sequenz „Jugend und Religiosität" im Rahmen des Kursthemas „Die Kirche – Ursprung, Auftrag, Verwirklichung" (Grundkurs)

Thema des Unterrichtsvorhabens:
Jugend und Religiosität – Religiosität ohne Institution?

Thema der Stunde:
„Religiosität heute und gestern", untersucht mit Hilfe eines erfahrungsbezogenen Rollenspiels unter der Fragestellung: „Inwiefern unterscheidet sich das Religiositätsverständnis der heutigen Jugend von dem der älteren Generation?"

Grobziel:
Die Schüler sollen, indem sie sich in die verschiedenen Positionen hineinversetzen, anhand des Rollenspiels ihre Vorstellung von Religiosität sowie ihre Vorstellung vom Religiositätsverständnis engagierter Christen der älteren Generation reflektieren und Differenzen verbalisieren können, sowie zusammenfassend und überleitend zur nächsten Stunde eine Definition von Religiosität früher und heute erarbeiten können.

Einordnung:
1. Stunde: Brainstorming zum Thema „Jugend und Religiosität" mit Begriffssammlung an der Tafel, Vorbereitung des Rollenspiels (Verteilung der Rollen/ Beobachtungsaufgaben, Erläuterung des Ablaufs des Rollenspiels, Austeilen der vorbereiten Arbeitsblätter *[M 1]*, auf denen auch die vorbereitende Hausaufgabe steht)
2. Stunde: Durchführung des Rollenspiels mit anschließender Reflexion
3. Stunde: Erarbeitung des Textes „Jugend und Religiosität"[38] *[M 3]*, Ergebnisvergleich mit den vorherigen Stundenergebnissen
Als Erweiterung der Sequenz sind z. B. Statistik-Analysen[39] zur Religiosität, Einstellung zu Gott, Jesus und Kirche, Sekten und Ersatzreligionen denkbar. Auch könnten die Schüler eine eigene Meinungsumfrage zu diesen Themen entwerfen, auswerten und besprechen.

Begründung des Vorhabens:
Im Rahmen des Kurshalbjahres zum Gegenstandsbereich „Kirche" entsteht in der Regel das Bedürfnis nach intensivem Austausch über die kirchliche Wirklichkeit, über die eigene Position im Hinblick auf Kirche und Gemeinde. Das Thema „Jugend und Religiosität – Religion ohne Institution" dient der Fokussierung der bisher global diskutierten Inhalte auf den eigenen Bezug der Schüler zu Religiosität und Kirche hin, der Findung und Festigung eines eigenen Standpunktes sowie der Reflexion der eigenen Verantwortung und Anteilnahme im Hinblick auf eine lebendige und offene Kirche.

Unterrichtsverlauf (Doppelstunde):

Unterrichts-phase	Unterrichtsgeschehen	Sozialform	Medien
1. Stunde Einstieg	- Begrüßung - Informierender Unterrichtseinstieg (Aufforderung, das Rollenspiel durchzuführen. Angabe des zeitlichen Rahmens: max. 20 Min.) - TA der Leitfrage/Titel des Rollenspiels: „Inwiefern unterscheidet sich das Religiositätsverständnis der heutigen Jugend von dem der älteren Generation?"	LV	 T
Erarbeitung I	Darbietung des Rollenspiels: 1. Begrüßung/ Erläuterung des Themas. 2. Begrüßung durch den Pfarrer.	SV	

[38] Zusammengestellt aus: Barz, H.: Postmoderne Religion. Die junge Generation in den alten Bundesländern. Opladen 1992.
[39] Vgl. hierzu z. B. Reil 1997, 12. Shell Jugendstudie o. ä.

	3. Stellungnahme der Vertreter des Pfarrgemeinderates. 4. Stellungnahme der Vertreter der Jugend. 5. Kleine Diskussionrunde: Klärung der Standpunkte. 6. Allgemeine Diskussion um die Unterschiede im jeweiligen Religiositätsverständnis.		

Auswertung
 	
mögl. Stundenende I
	- Spontanphase
	- Beobachtungen der Rollenspieler zum eigenen Spiel,
	- Beobachtungen zum Kommunikationsverhalten
	- Vortragen der Mitschriften
	  - zum Religiositätsverständnis der Mitglieder des Pfarrgemeinderates.
	  - zum Religiositätsverständis der Vertreter der Jugend.
	  - Ggf. Ergänzungen im Unterrichtsgespräch.
	- Vergleich der Positionen im Unterrichtsgespräch
		L-Moderation
		S-Vortrag
		
		UG
			Heft
			OHP

Vertiefung	AA: Erstellen von Definitionen unter Einbezug der vorherigen Ergebnisse: - Religiosität gestern - Religiosität heute	L-Aktivität	
Erarbeitung II	Erarbeiten der Definitionen in Partnerarbeit	PA	Heft
Auswertung	Schülervortrag, Auswahl der gelungensten Definition durch die S	S-Beiträge	
Ergebnis-sicherung *mögl. Stundenende II*	S-Diktat, die anderen S übernehmen die Def. in ihr Heft.	SD	Heft
2. Stunde Einstieg	- Formulierung der Leitfrage II: „Jugend – Religiosität – Glaubenswirklichkeit und Kirchenbindung heute". - Austeilen des Textes, - AA: Lesen des Textes, Kurzzusammenfassung der wichtigsten Thesen in Stichworten.	LV	
Erarbeitung III	Einzelarbeit ca. 15 Min.	EA	Heft
Auswertung	- Spontanphase S tragen das Erarbeitete vor, L hält Stichworte an der T fest. - Vergleich mit den Positionen der Vorstunde. - Beurteilung des Textes vor dem Hintergrund der eigenen Positionen.	S-Beiträge L-Aktivität UG	 T Heft
Sicherung	S übernehmen das Tafelbild in ihr Heft	S-Aktivität	T Heft

Erläuterungen zum Rollenspiel:
Der Lehrer gibt die Situation nebst dem Ablauf des geplanten Sitzungsverlaufes auf einem Arbeitsblatt *[M 1]* vor. Zu verteilende Rollen sind:

1. Vorsitzender des Pfarrgemeinderats – Diskussionsleiter (Aufgaben s. *[M 1]*)
2. Pfarrer
3. zwei Vertreter des Pfarrgemeinderates
4. zwei Vertreter der Jugend
5. weitere Jugendliche im Hintergrund
6. weitere Pfarrgemeinderatsmitglieder im Hintergrund
7. Beobachter, die auf einer Folie die Argumente der Jugendlichen
8. Beobachter, die die Argumente der Pfarrgemeinderatsmitglieder festhalten
9. Beobachter, die das Kommunikationsverhalten (Rollenverhalten, Gesprächsführung, Argumentation, Rollenauthentizität) analysieren.

Die Arbeitsblätter sind auf die jeweilige Rolle des Schülers zugeschnitten: *[M 1]* ist für jede Rolle entsprechend umzuarbeiten! Die Rolle des Diskussionsleiters sollte ebenfalls von einem Schüler oder auch zwei Schülern freiwillig übernommen werden. Wichtige Ergänzungen für diese Rolle finden sich in *[M 2]*.

4.2 Szenische Methoden am Beispiel einer Unterrichtsreihe zum Buch Rut (Klasse 9/10)

Thema des Unterrichtsvorhabens:
Frauensolidarität und -freundschaft: Biblische Frauengestalten als Ausdruck eines selbst- und verantwortungsbewussten Lebens von Frauen, ihrer wichtigen religiösen und gesellschaftlichen Funktionen in einer patriarchalen Gesellschaft am Beispiel des Buches Rut[40]

Thema der Stunde:
Begegnung mit Rut, Orpa und Noomi – Eine Analyse der Entscheidungssituation der drei Frauen auf der Grundlage der biblischen Perikope Rut 1,1–19 mit Hilfe eines Standbildes

Grobziel:
Die Schüler sollen sich anhand des Standbildes in die Entscheidungssituation der drei Frauen Noomi, Rut und Orpa einfühlen können und wesentliche Beweggründe für deren Entscheidungen, Moab zu verlassen bzw. dort zu bleiben, herausarbeiten.

Einordnung:
1. Stunde: Frauengestalten im Ersten Testament – Batseba (2 Sam 11,1–27), Rahel (Jos 2,1–24), Tamar (Gen 38,1–30), Michal (1 Sam 18,20–27) als Beispiele für die beständige Präsenz von Frauen und ihrer Bedeutung innerhalb der Geschichte des jüdischen Volkes
2. Stunde: Begegnung mit Rut, Orpa und Noomi – Eine Analyse der Entscheidungssituation der drei Frauen auf der Grundlage der biblischen Perikope Rut 1,1–19 mit Hilfe eines Standbildes
3. Stunde: Umgang mit Armen und Fremden als Herausforderung jedes Christen für seinen Umgang mit Rassismus, Ausländerfeindlichkeit und religiöser Abgrenzung (Rut 2,1–23)
4. Stunde: Eine Ausländerin und „Heidin“ im Stammbaum Jesu – Warum nimmt Matthäus gerade Rut in seinen Stammbaum auf?
5. Stunde: Die Stellung der Frau in der modernen Gesellschaft

Begründung des Vorhabens:
Die Schüler sollen die – immer noch unzureichend bekannten – in der Bibel überlieferten Lebenszeugnisse von Frauen als Ausdruck eines selbst- und verantwortungsbewussten Lebens erfassen und erkennen, dass auch Frauen innerhalb patriarchalischer Strukturen schon immer wichtige religiöse und gesellschaftliche Funktionen ausgeübt haben und in der Geschichte Gottes mit seinem Volk eine besondere Rolle einnehmen. Neben dem Aspekt „Frauengeschichte“ ist das Buch Rut zugleich „Fremdengeschichte“, die Anlass zu Diskussionen zum Fremdenhass in unserer heutigen Gesellschaft bietet, und „Hoffnungsgeschichte“: „Wer alles hinter sich abbricht und den Exodus aus der Selbstgenügsamkeit wagt, weil er sich von der Lebensnot eines Menschen zur selbstlosen, ‚unvernünftigen Solidarität‘ hinreißen lässt, dessen Tun führt in das Kraftfeld des Gottes Israels“[41]. Die in dieser Stunde thematisierte „Wegkreuzungssituation“ entspricht der Situation von Schülern in der 10. Klasse, die entweder einen neuen schulischen Abschnitt beginnen oder in die Berufswelt einsteigen. Die genannten vielfältigen Aspekte lassen das Buch Rut zu einem besonderen Glaubenszeugnis werden, mit Hilfe dessen Korrelation in besonderem Maße möglich wird.

Mögliche Hausaufgabe zur Stunde:
Lesen von Rut 1,1–19

[40] Angelehnt an Ridder 1996.
[41] Zenger 1995, S. 151.

Unterrichtsverlauf:

Phase	Unterrichtsgeschehen	Sozialform	Medien
Einstieg	- TA „Weggabelung“ als stummer Impuls, Sammeln von spontanen Assoziationen, z. B.: - die Vergangenheit hinter sich lassen, - in eine ungewisse Zukunft gehen, - Sich-entscheiden-Müssen. - Bezug zur S-Situation, Erfahrungen herstellen - Zusammenhang zum Text herstellen (ggf. Fragen zum Text klären, Einordnung in den historischen Kontext erläutern)	UG	T
Erarbeitung	- Austeilen des Arbeitsblattes [M 4] AA: mit Hilfe von Rahmenerzählung[42] und Text stichwortartig in GA a) die Beziehung der Frauen zueinander, b) die Gründe für die jeweilige Entscheidung der Frauen, fortzugehen oder zu bleiben, herausarbeiten und in das Schema eintragen, c) die Beziehung der Frauen zueinander in der Entscheidungssituation als Standbild darstellen. - Die S lesen den Text, schreiben ihre Ergebnisse ins Heft (ca. 20 min) und proben ein passendes Standbild	GA	Bibel, Arbeitsblatt
Präsentation der Ergebnisse	- Die S präsentieren nacheinander ihre Standbilder - nach jedem Standbild folgen eine Deutungspase, eine Erläuterung durch die Gruppe und eine Kritik- und Vergleichsphase	S-Aktivität UG	
Sicherung	Die S ergänzen ihre eigenen Angaben anhand der Präsentationsergebnisse	S-Aktivität	Arbeitsblatt
HA	Schreibt einen Brief aus der Sicht der Rut, in der ihre Entscheidungssituation deutlich wird.		

Mögliche Ergebnisse:
Die Entscheidungssituation der Noomi, Orpa und Rut

	Beweggründe für das Verbleiben in Moab	Beweggründe für die Zukunft in Israel
Noomi	- Landbesitz in Moab, - Verantwortung für die Schwiegertöchter, die sie nicht ihrer Heimat entreißen möchte, - als Witwe ohne Söhne ist Noomi eine Frau ohne Rechte, die bald auf die Gnade Fremder angewiesen wäre, - Leben in einer fremden Religion mit fremden Göttern.	- das Land in Moab kann Noomi nicht alleine bewirtschaften, sie würde bald verarmen, - sie hat Verwandte in Bethlehem, bei denen sie Schutz finden kann und die den Besitz ihres verstorbenen Ehemannes „auslösen“ könnten, um so eine Existenzgrundlage für Rut und ihre Schwiegertöchter zu schaffen, - Israel ist Noomis Heimat, - dort kann sie in ihrer Religion mit „ihrem“ Gott leben.
Rut und Orpa	- sie kennen das Land, Moab ist ihre Heimat, - sie sind mit der moabitischen Tradition und Religion aufgewachsen, - Freunde in Moab, - sie haben in Moab die Chance, ein zweites Mal zu heiraten.	- sie wären in Israel Fremde, - dies würde die Chance auf eine zweite Heirat schmälern, - sie kennen die Tradition und Religion des Landes nicht, - sie sind ihrer Schwiegermutter verpflichtet und lieben sie gern, sie

[42] Entnommen aus Ridder 1996.

		möchten bei ihr bleiben, zumal Noomi gerade ihren Mann und ihre Söhne verloren hat.

Ergebnis:
- Noomi entscheidet sich, nach Israel zurückzugehen.
- Orpa entscheidet sich, in ihrer Heimat zu bleiben.
- Rut entscheidet sich, Noomi zu begleiten:
  „Wohin du gehst, dahin gehe auch ich [...].
  Mein Volk ist dein Volk, und dein Gott ist mein Gott."

→ Frauenfreundschaft, Frauensolidarität

4.3 Mit Gott auf dem Weg: die Frühgeschichte des Volkes Israel – ein handlungsorientiertes Unterrichtsvorhaben (Klasse 5/6)

Thema des Unterrichtsvorhabens:
Mit Gott auf dem Weg – Die Frühgeschichte des Volkes Israel als Geschichte Gottes mit den Menschen, aufgezeigt an den „Stammvätern und -müttern" Abraham und Sara, Jakob, Josef und seinen Brüdern

Sequenz innerhalb des Unterrichtsvorhabens:
„Denn der Herr war mit Josef, und alles, was er tat, ließ er wohlgeraten" (Gen 39,23) – Anfänge der Heilsgeschichte am Beispiel der Josefserzählung (Gen 37 – 46,4)

Thema der Stunde:
„Der Herr aber war mit Josef" (Gen 39,21) – Der Mensch Josef und sein Lebensweg mit Gott, erarbeitet am Beispiel verschiedener Präsentationen zu den Anfängen der Josefserzählung

Grobziel:
Die Schüler sollen die ersten Abschnitte des Lebensweges Josefs – Bruderkonflikt und Versklavung – verstehen und inhaltlich beschreiben können sowie Josefs Auserwähltheit und Gottes Anteilnahme an seinem Geschick erkennen und verbalisieren können.

Einordnung:
1. Stunde: Einstieg in die Josefserzählung anhand ausgewählter Songs des Webber-Musicals, Inhaltswiedergabe und Klärung von Vorwissen, Einteilung der Josefsgeschichte in acht Sequenzen, Einteilung der Schüler in acht Gruppen, Auswahl je einer Sequenz und Präsentationsform pro Gruppe (s. u.)
2./3. Stunde: Lesen des Textes und Ausarbeitung der Präsentationen in den Kleingruppen
4./5. Stunde: Präsentation und Auswertung der Gruppenarbeitsergebnisse, begleitet von vertiefenden Unterrichtsgesprächen zum Thema der Bedeutung Josefs für die Heilsgeschichte des Volkes Gottes
6. Stunde: Abschließende Zusammenfassung der Bedeutung der Josefsgeschichte und methodische Reflexion; gemeinsame Bewertung der Gruppenarbeitsergebnisse

Begründung des Unterrichtsvorhabens:
Im Vordergrund des Unterrichtsvorhabens steht die Vermittlung der Frühgeschichte des israelitischen Volkes als fundamentale Glaubensgeschichte, als Gottes Handeln durch und mit den Menschen, in denen die „Protagonisten" ihr von Gott verheißenes Schicksal annehmen und im Vertrauen auf die Zusage Gottes, dass ihre Nachkommen zu einem großen Volk werden und ein eigenes Land besitzen sollen, ihren Weg gehen.
Zwar ist die Erörterung der „Josefserzählung" in den Richtlinien nicht unmittelbar vorgesehen, ist jedoch für das Verständnis der Frühgeschichte insofern von besonderer Bedeutung, als sie die Brücke von der Geschichte der Väter zur Volksgeschichte bildet. Ihre lebendige Erzählform mit teilweise märchenhaften Zügen macht sie über die theologische Relevanz hinaus für die Schüler der Unterstufe in besonderer Weise interessant und zugänglich, zumal Josef noch jugendlich ist und damit den Kindern lebensnäher als etwa Abraham erscheinen muss. Zudem ist die Josefsgeschichte für viele Schüler besonders interessant, da ihnen das Musical „Josef" von A. Ll. Webber bekannt ist. Aus diesem Grund

sollen auch zum Einstieg Songs aus dem Musical vorgespielt werden. Zwar sind Sprache und theologischer Gehalt des Musicals oftmals fraglich, das Musical stellt aber aufgrund seiner musikalischen Aktualität und allgemeinen Beliebtheit einen Bezug zur Lebenswelt der Schüler her und ist für die Kinder aufgrund moderner Rhythmen mitreißend und einprägsam.
Die selbständige Erarbeitung des biblischen Textes und seiner Präsentation in Gruppen bietet den Schülern die Möglichkeit, den Unterricht aktiv handelnd selbst zu gestalten und auf diese Weise ggf. Potentiale einzubringen, die im Frontalunterricht nicht gezeigt werden können. Die handlungsorientierte Zugangsweise ist motivierend und neben der Textkenntnis besonders auch im Hinblick auf Methodenkenntnis effektiv.
Die Präsentationen könnten im Anschluss an die Sequenz im Gottesdienst erneut aufgeführt oder vorgezeigt werden.

Unterrichtsverlauf:

Unterrichtsphase	Unterrichtsgeschehen	Sozialform	Medien
Einstieg	- Informierender Unterrichtseinstieg: Die L informiert die S über den Ablauf der Stunde und die Form der Ergebnissicherung. - TA: „Josef auf seinem Weg mit Gott – (Gen 37 – 46,4)“ - Gemeinsame Wiederholung der familiären Situation der Familie Jakobs als Vorinformation zu den nachfolgenden Präsentationen. - Austeilen eines AB [M 5], auf das die Schüler die nachfolgenden Informationen eintragen.	L-Aktivität UG	T
Präsentation I	„Josef wird nach Ägypten verkauft“ – (Gen 37,3–4.18–20.23–33) Die erste Gruppe präsentiert Standbilder: - Jakob schenkt Josef ein Kleid - Das Verhältnis Josefs und seiner Brüder - Die Brüder werfen Josef in einen Brunnen - Die Brüder verkaufen Josef in die Sklaverei	S-Aktivität	
Spontanphase (nach jedem Standbild)	Die Zuschauer versuchen das jeweilige Standbild zu deuten, die Gruppe erläutert ihre Standbilder.	S-Beiträge	
Vertiefung	Die S fassen den Inhalt des Erzählungsabschnittes zusammen.	UG	
Erarbeitung I	- Überleitung durch die L und AA: „Beschreibt und beurteilt anhand der bisherigen Unterrichtsergebnisse in Partnerarbeit das Verhalten Josefs und das Verhalten der Brüder.“ - Abspielen des Songs. - Die S beschreiben und beurteilen das Verhalten Josefs und seiner Brüder in PA.	L-Aktivität PA	 AB
Auswertung	Die S tragen ihre Ergebnisse vor und ergänzen ggf. ihre Aufzeichnungen.	S-Beiträge	AB
Erarbeitung II *vorauss. Stundenende*	- TA: „Der Herr aber war mit Josef“ (Gen 39,23) als stummer Impuls - S und L erarbeiten gemeinsam die Bedeutung der Träume Josefs und stellen Mutmaßungen bezüglich des Fortschreitens der Geschichte im Hinblick auf die Beziehung zwischen Josef und Gott an.	LA UG	T
Präsentation II	Die zweite Gruppe präsentiert ihr Gedicht über Josefs Ankunft, Aufstieg und Fall im Hause Potiphars.	S-Aktivität	Heft
Spontanphase	s.o.	S-Beiträge	
Erarbeitung III	Die L stellt den Song „Schließt jede Tür vor mir“ [M 7]	L-Aktivität	CD

	aus dem Musical „Josef“ vor und erteilt den AA, mit Hilfe des Songs Josefs Verhältnis zu Gott zu beschreiben.		
Auswertung	- Die S stellen ihre Ergebnisse vor - ggf. Ergänzungen im U-Gespräch	S-Beiträge (UG)	
HA/ Sicherung	1. Fasst die bislang dargestellten Inhalte der Josefserzählung schriftlich zusammen. 2. Beschreibt kurz Josefs Beziehung zu Gott.		

Arbeitsaufträge:
Es werden verschiedene Medien benötigt: Overheadprojektor, Folien, Folienstifte; Easy-Flip-Folie mit dazugehörigem Stift; Cassettenrecorder mit Aufnahmemöglichkeit, Cassette; zudem sollten genügend Räume zur Verfügung stehen, so dass die Kleingruppen in Ruhe arbeiten können.

Gruppe 1: Josef wird nach Ägyten verkauft
1. Lest Gen 37,3–4.18–20.23–33
2. Überlegt euch drei Standbilder, die die jeweiligen Szenen gut wiedergeben, und übt sie ein.
3. Beschreibt anschließend eure Standbilder schriftlich und erörtert genau, warum wer welche Pose einnimmt.

Information: Ein Standbild ist die Darstellung eines Ereignisses durch mehrere Personen in einem unbeweglichen Bild ohne weitere Hilfsmittel. Die Darsteller überlegen sich, wie sie das Verhältnis der darzustellenden Figuren mittels Körpersprache (Gestik, Mimik, Haltung, Stellung der Körper zueinander) ausdrücken können. Sie stellen sich in Position und frieren ihre Bewegung ein. Sie werden so zum Standbild, zu einer Art Statue. Probiert mehrere Haltungen aus und wählt die ausdrucksvollsten Standbilder aus, um sie Eurer Klasse vorstellen zu können.

Gruppe 2: Josef bei Potiphar
1. Lest Gen 39,1–20.
2. Versucht, die Geschehnisse bei Potiphar in ein Gedicht umzuschreiben, das ihr dann eurer Klasse präsentieren könnt. Verwendet dazu eine Folie.

Gruppe 3: Josef deutet Träume
1. Lest Gen 40,1–14.
2. Versetzt euch in folgende Szene: Nachdem Josef die Träume seiner beiden Mitgefangenen gedeutet hat, kommt ein Interviewer in das Gefängnis und befragt die beiden über ihr Erlebnis mit Josef. Schreibt ein (ernsthaftes!) Interview mit dem Bäcker und dem Mundschenk. Teilt die Rollen ein und übt den Vortrag eures Interviews, so dass ihr es eurer Klasse vorführen könnt.

Gruppe 4: Josef deutet Träume für den Pharao:
1. Lest Gen 41,14–21.28–31.
2. Schreibt ein kurzes Theaterstück über diese Erzählung. Verteilt die Rollen und übt das Theaterstück ein, so dass ihr es eurer Klasse präsentieren könnt.

Gruppe 5: Josef verwaltet das Land für den Pharao:
1. Lest Gen 41,28–31.34–36.41–42.
2. Schreibt diese Erzählung in ein spannendes Märchen in heutiger Sprache um und übt euch im Vortrag des Märchens, so dass ihr es eurer Klasse vortragen könnt.

Gruppe 6: Die Reisen der Brüder nach Ägypten:
1. Lest Gen 42, 1–8.25–28; 43,1–5.15–17; 44, 1-3.
2. Malt eine Bildgeschichte auf eine Easy-Flip-Folie, die die wichtigsten Erlebnisse der Brüder wiedergibt.

Gruppe 7: Josef stellt seine Brüder auf die Probe:
1. Lest Gen 44, 1-17.
2. Schreibt ein Hörspiel in moderner Sprache über die dargestellten Ereignisse, verteilt die Rollen und nehmt es auf Band auf, so dass ihr es eurer Klasse vorspielen könnt.

Gruppe 8: Josef versöhnt sich mit seinen Brüdern:

1. Lest Gen 45,1–10; 46,1–4.
2. Überlegt euch, wie ihr die geschilderten Ereignisse pantomimisch darstellen könnt. Übt diese Darstellung ein, so dass ihr sie euerer Klasse vorstellen könnt.

Information: Pantomime bedeutet, eine Geschichte nur mit Hilfe der Körperhaltung, Gestik, Mimik und Bewegung – *ohne zu sprechen* – zu erzählen.

5. Handlungsorientierung im Religionsunterricht – Materialien

M 1: Rollenspiel zur Frage: „Inwiefern unterscheidet sich das Religiositäts-Verständnis der heutigen Jugend von dem der älteren Generation?"

Stelle dir die folgende Situation vor:
Bei der letzten Sitzung des Pfarrgemeinderates der hiesigen Kleinstadt wurde darüber diskutiert, wie man der bislang am Gemeindeleben desinteressierten Jugend Gemeinde und Kirche nahe bringen könne. Bei der Diskussion um die Frage, welche Maßnahmen zu diesem Zweck ergriffen werden sollten, konnte man sich nicht einigen, da niemand so recht wusste, wie genau die Jugendlichen überhaupt zu Religion und Religiosität gestellt sind. Glauben die Jugendlichen noch an die tradierten Inhalte des christlichen Glaubens? Wenn nicht, welcher Art ist ihre Religiosität beschaffen ... Man wurde sich nicht einig. Aus diesem Grund wurde beschlossen, zu der nächsten Pfarrgemeinderatssitzung mehrere Jugendliche einzuladen, um herauszufinden, welcher Art die Religiosität der Jugendlichen ist und inwieweit sie sich vom Religiositätsverständnis der älteren Generation unterscheidet.
Dazu wurden Briefe an einige Jugendliche geschickt, von denen sich auch tatsächlich mehrere zur Diskussion bereitfanden. Zwei Vertreter der Jugendlichen sollen am Abend der Diskussion die Meinung der Jugend vertreten. Gleichfalls wurden zwei Mitglieder des Pfarrgemeinderates beauftragt, sich einige Stichpunkte zur Frage: „Wie ist unsere Vorstellung von Religiosität?" vorzubereiten.
Nun ist der Abend der geplanten Diskussion. Anwesend sind: Der Pfarrer, der/die Vorsitzende des Pfarrgemeinderates, zwei Vetreter der Jugend, weitere Jugendliche und die übrigen Pfarrgemeinderatsmitglieder im Hintergrund. Einziger Tagesordnungspunkt ist die Diskussion um die Frage: „Inwieweit unterscheidet sich das Verständnis von ‚Religiosität' der heutigen Jugend von dem der älteren Generation?"
Du übernimmst die Rolle eines/r Vertreters/in der Jugendlichen!

Geplanter Sitzungsverlauf:

1. Begrüßung durch den/die Vorsitzende/n des Pfarrgemeinderates (Diskussionsleiter).
2. Erläuterung des Vorhabens, die Jugendlichen für Gemeinde und Kirche zu erwärmen, Erläuterung der Fragestellung.
3. Begrüßung durch den Pfarrer.
4. Vorbereitete Stellungnahme der Vertreter des Pfarrgemeinderates zur Fragestellung: „Wie ist unsere Vorstellung von Religiosität?"
5. Vorbereitete Stellungnahme der Jugendlichen unter der gleichen Fragestellung.
6. Fragerunde: Die jeweiligen Vertreter klären die Standpunkte durch gegenseitiges Fragen.
7. Allgemeine Diskussion um die Unterschiede des jeweiligen Religiositätsverständnisses unter Einbeziehung der übrigen Anwesenden.

Hausaufgabe:

1. Überlege genau, welche Position zur Religiosität *(du in deiner Rolle)* vertreten möchtest.
2. Notiere stichwortartig mindestens drei Argumente, mit denen du deine Position erklären und verteidigen kannst.
3. Überlege, welche Argumente die „Gegenpartei" anführen könnte, und wie du auf diese reagieren kannst. Mache dir auch hierzu Stichworte.

M 2: Der Diskussionsleiter

Hausaufgabe:

1. Mache dich mit den auf dem Beiblatt aufgeführten Aufgaben eines Diskussionsleiters vertraut und überlege zu Hause, wie du diese am besten ausführen kannst.
2. Auch als Diskussionsleiter/in kannst du dich in die Diskussion einbringen. Überlege dir, welcher Art dein Verständnis als Vorsitzende/r des Pfarrgemeinderates von Religiosität ist und notiere dir Argumente, mit denen du deine Position darstellen kannst.
3. Überlege dir, welche Argumente du von den Jugendlichen/ Vetretern des Pfarrgemeinderates erwartest, damit du vorbereitet bist, evtl. in die Diskussion einzugreifen.

Aufgaben einer/s Diskussionsleiterin/s:

Grundsätzlich gilt: Leite freundlich, aber bestimmt. Halte dich aus der inhaltlichen Diskussion weitgehend heraus, greife aber zügig ein, wenn der Diskussionsverlauf gefährdet ist. Setze dich in der Verantwortung für die Diskussion gegen Einzelinteressen durch.

1. Der/die DL sollt sich inhaltlich auf die Diskussion vorbereiten.
   - Sich mit der Problematik des/der Tagesordnungspunkte/s (TOPs) vertraut machen.
   - Sich vorab über die wichtigsten Grundpositionen informieren.
2. Der/die DL eröffnet die Veranstaltung (Diskussion).
   - Begrüßen der Teilnehmer und formal eröffnen (Hiermit eröffne ich die Diskussion).
   - Tagesordnung (TO) bekannt geben.
   - Ablauf der Sitzung erläutern (Beginn: Statements der Konfliktparteien; Fragerunde; allgemeine Diskussion unter Einbeziehung aller anwesenden Personen).
   - Thema, Fragestellung und Ziel der Diskussion klar definieren (Religiosität heute, Unterscheidung früherer und heutiger Positionen, Ziel: Unterschiede zwischen älteren und neueren Vorstellungen von Religiosität entdecken).
3. Der/die DL kann in das Thema einführen, bevor er/sie die Diskussion eröffnet.
   - Aktueller Anlass.
   - Gegenüberstellung des Ist- und des Sollzustands (Jugend nicht an Kirche/Gemeinde interessiert – Jugend in das Gemeindeleben integriert).
   - Geschickte Frage oder povozierender Denkanstoß (z. B.: „Wir haben festgestellt, dass die Jugendlichen nicht an Kirche und Gemeindeleben interessiert sind. Nun fragen wir uns, ob Jugendliche generell nicht an Religiosität interessiert sind ...“).
4. Der/die DL erteilt das Wort.
   - Vereinbartes Verfahren einhalten: Den Parteien nacheinander das Wort erteilen.
   - über die Zulässigkeit von Gegen- oder Verständnisfragen befinden.
   - Redebeiträge zu einem Aspekt bündeln.
   - Abweichungen vom Thema entgegensteuern.
   - Zwischenrufer oder Dauerredner freundlich ermahnen.
   - Bei grober Regelverletzung: dem Teilnehmer das Wort entziehen, notfalls ihn von der Diskussion ausschließen.
5. Der/die DL leitet die eigentliche Diskussion.
   - Für eine sachliche und faire Diskussion sorgen.
   - Bei zu hitzigen Wortgefechten moderieren.
   - Verstöße gegen die Fairness oder demokratische Grundregeln tadeln.
   - Gemeinsamkeiten und Gegensätze feststellen.
   - Zwischenbilanz ziehen, zusammenfassen (ohne Wertung!).
   - Die Diskussion vorantreiben (neue Aspekte, vertiefende Fragen).
   - Abstimmung herbeiführen.
6. Der/die DL sorgt für die Einhaltung des gegebenen Rahmens.
   - Einhaltung des Zeitlimits: Die Sitzung sollte insgesamt nicht länger als 20 Minuten dauern. Bitte achte auf die Einhaltung dieses Limits!

Aus: Gora, St.: Grundkurs Rhetorik. Stuttgart 1992, S. 48f.

M 3: Jugend und Religiosität – eine Religion ohne Institution? Ergebnisse einer umfassenden empirischen Bestandsaufnahme zum Thema „Jugend und Religion“

Die Frage nach dem Stellenwert von Religion im Kreis von Jugendlichen heute bestätigt die für die christlichen Kirchen wenig schmeichelhaften Befunde. Religion, insbesondere die christliche, wird als überholt und ohne größeren sozialen Einfluss erlebt, Tendenz fallend. Materialistische und konsumistische Interessen, innerweltliche Zufriedenheit und schlicht Zeitmangel werden dafür verantwortlich gemacht. Beschäftigung mit Religion wird zumeist als Ergebnis religiöser Erziehung im Elternhaus gesehen („man wird hineingeboren oder eben nicht“) – und die finde sich heute immer weniger. Am ehesten noch auf dem Land. In der Stadt dagegen ist Religion verpönt, geradezu „ein Tabuthema“, selbst wer sich dafür interessiert, hat Legitimationsprobleme – man ist bestenfalls „hintenrum gläubig“. Religiöse Bedürfnisse gelten als Zeichen von Schwäche, nur wer nicht stark genug ist, für sich selbst verantwortlich zu sein, sucht Halt im Glauben. Der aufgeklärte junge Mensch von heute durchschaut die Projektionen, bzw. die Funktion der Religion als „Opium des Volkes“ im Stil der Religionskritik des 19. Jahrhunderts (Feuerbach, Marx, Freud): Es sind die Schwachen, die Außenseiter, die Alten, die Armen und die Kranken, die hier Halt, Sicherheit und Schutz finden. „Etwas, an dem sie sich festklammern können“, diese Formulierung begegnet immer wieder und auch der Nachsatz „ich brauch's nicht“ („vielleicht, wenn ich mal alt bin“). Religion ist Privatsache: „Wenn Leute darin aufgehen, tolerier ich das, weil jeder schafft sich sein eigenes Weltbild“, ich will „meine eigene Religion, d. h. aus der Wahrheit der verschiedenen Religionen meine eigene Religion zusammenbauen“. [...] Analog dazu sehen sich die kirchennahen Jugendlichen in einer absoluten Minderheiten- oder sogar Außenseiterrolle und auch sie konstatieren einen starken Bedeutungsverlust der christlichen Religion. Immerhin registrieren sie eine neue Offenheit für Spiritualität: „Man merkt, dass die Leute suchen“. Nur enthält dieses Interesse nicht an vorderster, sondern an letzter Stelle die Frage nach Jesus. Gerade innerhalb der Kirchennahen wird den christlichen Kirchen die Verantwortung dafür angelastet. Sie haben versagt, weil sie keine lebendige Verkündigung, keine jugendspezifischen Angebote, zu wenig persönlich glaubwürdige Mitarbeiter, kaum (z. B. für die Jugendarbeit) geeignete Räume etc. anbieten. Schlechte Präsentation des Glaubens, institutionelle Erstarrung und banales „menschliches Miteinander“ als laxe Botschaft von Pastoren, die selbst keinen Glauben haben, sind Schuld daran, dass die eigentlich frohe Botschaft („Jesus liebt dich“) immer weniger verstanden wird und die religiös ansprechbaren Menschen sich den übernatürlichen Kräften, den Wahrsagern, Okkultisten etc. verschreiben. [...] Das christliche Gottesbild findet kaum noch Anhänger. Zu einer dezidiert atheistischen Haltung bekennen sich dennoch nur wenige. [...] Offenbar will man die Tür nicht ganz zuschlagen. [...] Sei es, weil Gott als Nothelfer ungebrochene Bedeutung zukommt. [...] Wenn nichts mehr hilft, wenn's hart auf hart kommt, „dann stürz' ich mich in den Glauben“: „Gott helf' mir“ wird gebetet und danach: „Danke, Gott“. [...] Die verbreiteten Zweifel an Gott, dem Allmächtigen und Allgegenwärtigen, knüpfen sich vor allem an die bekannte Theodizee-Problematik: „Wie kann Gott das zulassen?“
[...] Während das genuin christliche Gottesbild – Gott als oberste Autorität [...] am verblassen ist, gewinnt die Annahme „übersinnlicher Kräfte“ von „irgendetwas Überirdischen, Unbewussten [...] offenbar ebenso an Boden wie die pantheistische Lehre der Gleichsetzung von Gott und Natur, Gott und Leben. Gott [...] wird erkannt als „Teil von mir“: „auch im Gebet spreche ich eigentlich mit mir selber“.

Jesus spielt für das eigene Leben, für die eigenen Überzeugungen so gut wie keine Rolle. Er war „sicher nicht der Wundertäter, ... von wegen Händchen auflegen und so ... so simpel war das nicht“ – hat aber gleichwohl Außerordentliches, Erstaunliches geleistet, dem man den Respekt nicht versagen kann. Und zwar als: Wohltäter, Gerechter, Sozialrevolutionär, Heiler, Vorbild, Guru [...]. Mit den höheren Weihen als Sohn Gottes, mit den Wundergeschichten und der Rechtfertigungslehre macht er sich eher unglaubwürdig.

Kirche wird als weltliche Institution mit allen dazugehörigen negativen Eigenschaften (Hierarchie, Machtkämpfe, Intrigen, patriarchalische Strukturen, Korruption etc.) wahrgenommen. Verglichen wird Kirche als „Machtapparat“ mit den großen Parteien, dem Staat oder dem Finanzamt (!).

Dass überhaupt Religiosität und Kirche zwei Paar Stiefel sind, wird immer wieder betont. Man kann sehr wohl gläubig sein und das persönliche Gebet pflegen und dennoch nicht in die Kirche gehen. Für den echten, unverfälschten Bezug zu Gott kann die Kirche sogar eher von Schaden sein. [...] Weiter besteht weitgehend Einvernehmen darüber, dass sich sowohl die Mitgliedschaft, aber auch schon der bloße Kontakt zur Kirche nur durch die freie, selbständige Entscheidung jedes Einzelnen herstellen soll.

[...] Der christliche Glaube wird weiter ab- wenn nicht aussterben. [...] Was aber tritt [...] an die Stelle der christlichen Religion? Hier gibt es zwei große Trends: Entweder es wird die radikale Diesseitsorientierung – der Glaube an Wissenschaft und Technik, das Streben nach Geld, Ruhm und Amüsement, der Zeitmangel und der Konkurrenzdruck der Leistungsgesellschaft – als neue (Quasi-) Religion beschrieben. Oder man erwartet die fortschreitende Zersplitterung des religiösen Marktes in viele kleine Gruppen. Okkultisten, vorchristliche Kulte, Naturreligionen und östliche Philosophien werden an Einfluss gewinnen. Die rituelle Praxis wird wichtiger werden, die Bedeutung der jeweiligen Dogmatik zurückgehen. Vor allem die östlichen Religionen machen hier zukunftsweisende Angebote, denn die Menschen suchen „einen Weg, um mit sich selber klarzukommen ... und nicht nur: ich tue jetzt das und das und deshalb liebt mich Gott ... dieses Dienen, das ist nicht mehr zeitgemäß."
[...] Kommt kirchlichen Amtshandlungen auch in spiritueller Hinsicht kaum noch Bedeutung zu, so gibt es dennoch eine kirchliche Dienstleistung, die sich nach wie vor großer Beliebtheit erfreut: Die „Hochzeit in Weiß". [...] Frack und weißer Schleier sind ebenso unverzichtbar wie die feierliche Atmosphäre – als deren Lieferant man eben die Kirche braucht. Kirchliche Trauung oder Weihnachten sind auch im nächsten Jahrhundert noch denkbar: „Vielleicht gibt's dann nur noch Weihnachtseinkäufe – ohne christlichen Hintergrund."

Aus: Barz, H.: Postmoderne Religion. Die junge Generation in den alten Bundesländern. Opladen 1992, S. 117–119, 123–125, 159–162, 172–175.

M 4: Das Buch Rut – Rahmenerzählung (Maren Liede/Michael Ridder)

Elimelech, seine Frau Noomi und ihren beiden Söhnen Machlon und Kiljon lebten in dem kleinen Dorf Bethlehem in Israel – nicht zur Zeit Jesu, es war wohl ungefähr tausend Jahre früher. Sie besaßen dort ein kleines Stückchen Land und konnten gut davon leben – bis eines Tages der Regen ausblieb und eine große Hungersnot über das Land kam.
Um zu überleben, verpachteten sie ihre Felder und wanderten schweren Herzens in das fruchtbare Nachbarland Moab aus. Schon bald konnte die Familie ein großes Stück Land erwerben und bebauen. Auch gewannen sie bald Freunde und Bekannte unter den Einheimischen, so dass ihr Lebensmut zurückkehrte, wenn auch ihre Gedanken oft noch sehnsuchtsvoll nach Bethlehem wanderten.
Sie waren recht zufrieden ... bis zu dem Tag, an dem Elimelech ganz unerwartet starb.
Noomi blieb mit ihren beiden Söhnen allein zurück. Wie gut, dass Machlon und Kiljan da waren: Allein, ohne den Schutz und die tatkräftige Hilfe ihres Mannes hätte Noomi die viele Arbeit nicht schaffen können. Doch bald leuchtete neue Hoffnung auf, als die beiden Söhne nach dem Tod des Vaters zwei moabitische Frauen, Rut und Orpa heirateten, mit denen sie nun gemeinsam Hof und Feld bestellten. Zu Rut und Orpa hatte Noomi schnell über die viele gemeinsame Arbeit eine herzliche und fröhliche Beziehung.
Noomis Söhne waren allerdings oft sehr erschöpft von der Arbeit in der Hitze, so dass Noomi sich Sorgen um ihre Gesundheit machte. Mitten in der Erntezeit wurden beide, Machlon und Kiljon, schwer krank.
Einige Tage später stand Noomi am Grab ihrer beiden Söhne. Ihr Schmerz war unbeschreibbar.
Als sie am Abend in ihrem Bett lag, überdachte sie ihre Situation: In der Gesellschaft in Moab – aber auch in ihrer Heimat – war sie als Witwe ohne Söhne eine Frau ohne große Rechte. Das Land hier in Moab konnte sie nicht alleine bewirtschaften. Bald würde sie sehr arm sein. Sie würde auf das Wohlwollen der anderen im Dorf angewiesen sein.
Und Rut und Orpa? Auch sie waren nun Witwen. Sie waren doch noch so jung! Was sollte mit ihnen geschehen?
Wo würden sie Hoffnung auf eine lebenswerte Zukunft finden?

Die Entscheidungssituation der Noomi, Orpa und Rut

	Beweggründe für das Verbleiben in Moab	Beweggründe für die Zukunft in Israel
Noomi		
Rut und Orpa		

Ergebnis:

M 5: Josef auf seinem Weg mit Gott – (Gen 37 – 46,4)

1. Familiäre Situation:

Familienwohnsitz:	Kanaan
Familienvater:	Jakob
Jakobs Frauen:	Lea, Silpa, Rahel, Bilha
Lieblingsfrau:	Rahel, deren Söhne: Josef, Benjamin
Lieblingssohn:	Josef

2. Josef wird nach Ägypten verkauft – (Gen 37,3–4.18–20.23–33)
Arbeitsauftrag:
Beschreibt und beurteilt anhand der bisherigen Unterrichtsergebnisse in Partnerarbeit das Verhalten Josefs und das Verhalten der Brüder.

Verhalten der Brüder	Verhalten Josefs

Hausaufgabe (schriftlich im Heft):
1. Fasst die bislang dargestellten Inhalte der Josefserzählung zusammen.
2. Beschreibt in wenigen Sätzen das Verhältnis von Gott und Josef.

M 6: Schließt jede Tür vor mir (Songtext)

Joseph:
Schließt jede Tür vor mir, hasst mich und spottet mir, Tag und Nacht schlagt mich, es kümmert mich nicht.
Wenn mein Leben so wichtig wär', würd' ich fragen, kommt noch mehr?
Die Antwort, sie wiegt erst schwer nach dieser Welt.
Schließt jede Tür vor mir, nehmt, die ich lieb', von mir. Wir Kinder Israels sind niemals allein.
Tief in mir brennt ein Licht. Gibt es Frieden für mich? Denn mir ward verheißen, ein Land wird einst mein.
Kinder:
Schließt jede Tür vor mir, nehmt alle die Welt von mir, Gitter am Fenster, so fern ist das Licht.

Joseph:
Anstatt meines Namens gebt mir eine Zahl. Vergesst mich und lasst mich vergeh'n in der Qual.
Ich bin nicht wichtig, ich bin nur ein Mensch. Zerreißt meine Seele, zerstört mich total.
Wenn mein Leben so wichtig wär', würd' ich frage, kommt noch mehr?
Die Antwort, sie wiegt erst schwer nach dieser Welt.
Kinder:
Schließt jede Tür vor mir, nehmt, die ich lieb', von mir. Wir Kinder Israels sind niemals allein.
Alle:
Darauf können wir bau'n, uns'rer Zukunft vertrau'n.
Joseph:
Denn uns ward verheißen ein Land, so wird's sein.

__Andrea Middelberg_

Besuch des jüdischen Friedhofs in Drensteinfurt – Bericht über einen Unterrichtsgang

Jüdische Friedhöfe sind heute in vielen Orten die letzten Zeugen eines einst blühenden jüdischen Lebens und seiner brutalen Vernichtung in der Zeit des Nationalsozialismus.[1] Als derart wichtige Quellen sollten sie heutigen SchülerInnen zum tieferen Verständnis der jüdischen Tradition und ihrer Verwurzelung in der deutschen (Lokal-)Geschichte vor 1945 zugänglich gemacht werden.
Ein derartiger Versuch ist im pädagogischen Kontext des Konzeptes „Öffnung von Schule"[2] mit einem Religionskurs der 13. Jahrgangsstufe des Immanuel-Kant-Gymnasiums in Münster unternommen worden. Dieser Erkundungsgang soll im Folgenden vorgestellt und reflektiert werden, um die thematischen und methodische Chancen und Ziele aufzeigen zu können.

1. Zur Lerngruppe und Einbindung in den unterrichtlichen Zusammenhang

Bei der Lerngruppe handelte es sich um eine kleine, leistungshomogene Gruppe (10 SchülerInnen), die an historischen, ethischen und lebenskundlichen Fragen interessiert war und im Unterricht engagiert mitarbeitete. Die beiden für den Unterrichtsgang wichtigen Themenkomplexe „Judentum" und „Shoah" hatten die SchülerInnen in ihrer Schullaufbahn mehrmals mit unterschiedlichen Akzentsetzungen thematisiert. In der Oberstufe wurde zudem beim Übergang von der Christologie in die Ekklesiologie ausführlich die bleibende Verwiesenheit des Christentums auf das Judentum erarbeitet.
Die übergeordnete Thematik war den SchülerInnen also nicht fremd. Jedoch hatten sie bisher nur vermittelt durch Texte und Filme und nicht im eigenen Umfeld Spurensuche betrieben. Dem Vorhaben, Unterricht in einer Friedhofsbegehung konkret werden zu lassen, standen sie daher skeptisch und doch neugierig gegenüber.
Der Unterrichtsgang war konkret eingebunden in eine Unterrichtsreihe zum Verhalten der Kirche angesichts des Massenmordes an den Jüdinnen und Juden zur Zeit des Nationalsozialismus. Wichtige Aspekte hinsichtlich des Besuches des jüdischen Friedhofs waren die Vernichtung des jüdischen Lebens in Deutschland während der Shoah, das Wissen und mehrheitliche Schweigen der Kirche dazu, das mutige Engagement weniger ChristInnen für die Verfolgten sowie das Verhalten der Kirche nach 1945 und die Schwierigkeiten im Umgang mit dieser Schuldgeschichte. Exemplarisch wurde in diesem Zusammenhang Pius XII. und sein umstrittenes Verhalten kritisch analysiert und reflektiert. Hier sensibilisierte und motivierte neben historischen und aktuellen Quellen besonders eine Textpassage aus R. Hochhuts „Der Stellvertreter" die SchülerInnen für den anstehenden Unterrichtsgang.
Der Besuch des jüdischen Friedhofs in Drensteinfurt hatte nun die Funktion, das Abstrakte in der eigenen Umgebung konkret werden zu lassen, die Spuren der Geschichte zu erkennen. Insbesondere anhand der Grabsteine sollte konkret werden, was ein Leben zwischen Anpassung und Fremdheit zur Zeit der Jahrhundertwende bedeuten konnte, wie der nationalsozialistische Genozid dieses komplizierte gesellschaftliche Gefüge völlig vernichtet hat und wie schließlich die (christliche) Nachwelt mit diesem Erbe heute umgeht.

2. Zur Wahl des Drensteinfurter Friedhofs für einen Unterrichtsgang

Die Wahl des Drensteinfurter Friedhofs hatte mehrere Gründe. Um Geschichte im eigenen Umfeld konkret werden zu lassen, sollte der Friedhof in räumlicher Nähe zur Schule und zum Wohnort der SchülerInnen gelegen sein. Hier boten sich u. a. die jüdischen Friedhöfe in Münster und Drensteinfurt an. In Münster lehnte die jüdische Kultusgemeinde einen Besuch des bis heute für Bestattungen genutzten Friedhofs mit der Begründung ab, dass dadurch die Totenruhe gestört würde. Laut H. Strat-

[1] Vgl. Stratmann, H. / Birkmann, G. (u. a.): Jüdische Friedhöfe in Westfalen und Lippe, Düsseldorf 1987, 7.
[2] Bildungskommission NRW: Zukunft der Bildung – Schule der Zukunft. Denkschrift der Kommission „Zukunft der Bildung – Schule der Zukunft" beim Ministerpräsidenten des Landes Nordrhein-Westfalen, Neuwied 1995, 16,116.

mann / G. Birkmann scheint vor einigen Jahren ein Besuch noch möglich gewesen zu sein.[3] Die Argumentation der jüdischen Gemeinde ist verständlich und zu respektieren. Andererseits ist für ein so schwieriges Thema wie die Shoah der Wert einer konkreten Begegnung nicht zu unterschätzen; daher wurde weiter nach einer Besuchsmöglichkeit geforscht und in der kleinen Ortschaft Drensteinfurt gefunden.
Für den Drensteinfurter Friedhof sprach, dass zwei Schülerinnen direkt in Drensteinfurt, die Übrigen in benachbarten Gemeinde lebten, also der Lokalbezug tatsächlich gegeben war. Zwar erscheint der Friedhof mit seinen 26 stark verwitterten Grabsteinen auf den ersten Blick für einen Unterrichtsgang nicht sehr attraktiv zu sein. Doch auf diesem für eine westfälische Landgemeinde typischen Friedhof lassen sich mit ein wenig Wissen um die Bedeutung des Friedhofs im Judentum, um die Geschichte der Juden in Drensteinfurt und des Drensteinfurter Friedhofs erstaunliche Dinge entdecken. Auf der Grundlage einer sehr instruktiven Führung über den Friedhof durch Frau S. Omland vom Förderverein „Alte Synagoge" und ihr Buch „Zur Geschichte der Juden in Drensteinfurt"[4] konnte so der Beobachtungsbogen entwickelt werden.

3. Zur Konzeption des Beobachtungsbogens

Der Beobachtungsbogen (M 1) ist so angelegt, dass die SchülerInnen damit weitgehend allein den Friedhof erforschen können. Die Aufgaben und Fragen sind derart konzipiert, dass zunächst über einen einführenden Text Informationen und Denkanstöße gegeben werden, die dann am Konkreten zu überprüfen sind. Dabei wird zunächst die Anlage des Friedhofs in den Blick genommen, sodann können anhand einzelner Grabsteine Detailbeobachtungen gemacht werden und schließlich wird die heutige Gesamtkonzeption als Erbe der Geschichte nochmals thematisiert. So lassen sich am Ende auch die für einen ungeübten Beobachter, eine ungeübte Beobachterin vielleicht schweren ersten Fragen nach der Anlage des Friedhofs klären und der Beobachtungsgang ist in sich geschlossen.

4. Der Unterrichtsgang zum Drensteinfurter Friedhof – Durchführung

4.1 Die Friedhofsbegehung

Vor Ort erhielten die SchülerInnen zunächst eine kurze Einführung in die Geschichte der jüdischen Gemeinde in Drensteinfurt, bevor sie allein anhand des Beobachtungsbogens den Friedhof erkundeten. Die SchülerInnen haben – trotz unbeständiger Witterung – eine knappe Stunde intensiv auf dem Friedhof gearbeitet. Die wenigen eher weiterführenden Nachfragen ließen darauf schließen, dass sie mit dem Beobachtungsbogen gut zurechtkamen und sehr interessiert bei der Sache waren.

4.2 Gemeinsame Reflexion

Im Anschluss an den Besuch auf dem Friedhof erfolgte ein Erfahrungsaustausch. Um die wichtigsten Diskussionspunkte für alle festzuhalten, wurde eine Schülerin beauftragt, ein Protokoll zu führen.
Zu Beginn berichteten die SchülerInnen von ihren Erfahrungen. Aufgrund des Lokalbezuges dominierte dabei zunächst das Erstaunen darüber, dass so viele die Gegend kannten und der jüdische Friedhof doch unbekannt war. Davon ausgehend berichteten die SchülerInnen sehr ausführlich von ihren eigenen Versuchen, etwas über die Zeit des Nationalsozialismus von den Großeltern zu erfahren. Vorherrschendes Element aller Beiträge war eine große Frustration über die mangelnde Gesprächsbereitschaft der älteren Generation und über den ignoranten und arroganten gesellschaftlichen Umgang mit diesem Teil der deutschen Geschichte.
Hinsichtlich des Friedhofsbesuchs zeigten sich die SchülerInnen überrascht von der Fülle von Informationen, die sie erhalten hatten. Positiv hoben sie hervor, dass sie angeleitet durch den Beobachtungsbogen selbständig arbeiten konnten, und gaben daher dieser Arbeitsform gegenüber einer Führung eindeutig den Vorzug.

[3] Vgl. H. Stratmann / G. Birkmann, 108.
[4] Omland, S.: Zur Geschichte der Juden in Drensteinfurt 1811–1941, Warendorf 1997.

Um die gewonnenen Informationen zu sichern und wo nötig zu erläutern und zu erweitern, erfolgte eine Durchsicht der einzelnen Fragen des Beobachtungsbogens. Dabei erwies es sich als hilfreich, von den einzelnen Grabsteinen Fotokopien (s. exemplarisch M 2) vorliegen zu haben. Laut Rückmeldung der SchülerInnen waren die im Beobachtungsbogen gegebenen Informationen und die Aufgabenstellungen angemessen.

Über die einzelnen Aufgaben ergab sich nun ein vielfältiges und interessantes Gespräch. Immer wiederkehrender Gegenstand der Kritik und Empörung war der Umgang der deutschen Bevölkerung und der eigenen Familien nach 1945 mit dem belastenden Erbe der Shoah. Zugleich wurde das lückenhafte und zum Teil diffuse Wissen über das Judentum, über die Shoah, die Geschichte des Heimatortes und der eigenen Familie als Defizit beklagt. Ausgehend von dieser Bestandsaufnahme entwickelten die SchülerInnen völlig selbständig im Verlauf des Gesprächs Ideen für eine persönliche Weiterarbeit: Einige SchülerInnen wollen sich das Buch von Frau Omland besorgen, um sich weiter zu informieren und mit ihren Familien ins Gespräch zu kommen. Zwei Drensteinfurter Schülerinnen planen, über den Besuch des Friedhofs und einige Fragen, die in diesem Zusammenhang aufgeworfen worden sind (Ausrichtung der Gräber, fehlenden Gedenktafel für die Opfer des Holocaust, ...) einen Leserinnenbrief für die Lokalzeitung zu schreiben. Zudem haben die Schülerinnen und Schüler angeregt, sogar nach dem Abitur mit Interessierten das Jüdische Museum in Dorsten zu besuchen, um sich weitergehend zu informieren.

Den Besuch des Friedhofs und die daraus erwachsenen Ideen zur Weiterarbeit kennzeichneten die SchülerInnen als wichtige Bausteine heutiger (politischer) Bildung, damit „Auschwitz nicht noch einmal sei“ (Th.W. Adorno).

5. Resümee

Der Besuch des jüdischen Friedhofs in Drensteinfurt war für alle Beteiligten ein eindrückliches Erlebnis. Dies liegt – so auch die Einschätzung der SchülerInnen – wesentlich darin begründet, dass die Welt vor der eigenen Haustür zum Lernort wurde. Abschließend sollen daher folgende zwei Aspekte kurz thematisiert werden: zum einen – auf der eher praktischen Ebene – die Wahl des Friedhofs und die methodische Zugehensweise, zum anderen – hinsichtlich der pädagogischen Konzeption – die Bedeutung derartiger Unterrichtsgänge für die Bewusstseinsbildung von SchülerInnen.

Die Wahl des Friedhofs Drensteinfurt als einem jüdischen Friedhof im Lebensumfeld der SchülerInnen hat sich für diese Lerngruppe als richtig erwiesen. Die anfängliche Sorge, dass auf dem Friedhof zu wenig zu entdecken sei, erwies sich als unbegründet. Vielmehr waren die Schülerinnen und Schüler gerade sehr erstaunt darüber, dass dieser von den meisten übersehene Ort so viel zu sagen hat. Auch die Entscheidung, den Friedhof mit Hilfe eines Beobachtungsbogens zu erforschen, hat sich als sehr sinnvoll erwiesen. Die Schülerinnen und Schüler hatten so die Möglichkeit, eigene Entdeckungen zu machen und Verknüpfungen selber herzustellen.

Wesentlichen Anteil am Gelingen dieses Projektes hatten die SchülerInnen, die sehr interessiert und engagiert bei der Sache waren, wie nicht zuletzt die Ergebnisse der immerhin zweieinhalbstündigen Reflexion deutlich belegen. Zentrales Moment des Gesprächs war das Erkennen und Begreifen der fundamentalen Bedeutung derartiger Erinnerungsarbeit. Die Erfahrungen auf dem jüdischen Friedhof einerseits und die der Dialogverweigerung in den eigenen Familien andererseits lösten bei den SchülerInnen eine tiefe Betroffenheit aus, die sie intuitiv erfassen ließ: „Das Geheimnis der Erlösung heißt Erinnerung“ (E. Wiesel). Diese Erinnerungsarbeit scheint für die SchülerInnen mit dem Friedhofsbesuch nicht abgeschlossen zu sein, sondern weiter zu wirken, wie die thematisch weiterführenden Vorhaben zeigen (s. o.). Hier hat politische und religionsgeschichtliche Bewusstseinsbildung interaktiv, für alle erfahrbar und nachvollziehbar stattgefunden. Diesen Wert des Projektes haben auch die SchülerInnen erkannt, indem sie forderten, derartige Erkundungen fest in den Unterricht einzuplanen. Würde dies systematisch und aufeinander aufbauend und Bezug nehmend zu verschiedenen Aspekten erfolgen, könnten dies kleine Mosaiksteinchen hin zur Schule als „Haus des Lernens und Lebens“ sein.[5]

[5] Vgl. Bildungskommission NRW, 86f.

6. Abschließende Überlegungen hinsichtlich der Übertragbarkeit auf andere Lerngruppen und Lernorte

Hinsichtlich der Übertragbarkeit auf andere Lerngruppen und -orte haben die Erfahrungen dieses Erkundungsganges gezeigt, dass sich ein solches Unternehmen angemessen am besten mit einem Oberstufenkurs oder einer leistungsstarken 10. Klasse realisieren lässt, da für eine erfolgreiche Arbeit Kenntnisse der (lokal-)geschichtlichen Zusammenhänge, aber auch der jüdischen Traditionen notwendig sind.

Für Friedhofsbegehungen mit größeren Lerngruppen sollte die Größe des Friedhofes bedacht werden. Eventuell könnte es dann hilfreich sein, die Gruppe zu teilen und nacheinander je eine Teilgruppe den Friedhof und eine andere Stätte jüdischen Lebens (z. B. Synagoge) besuchen zu lassen.

Um Arbeitsmaterialien für den zu besuchenden Friedhof zusammenstellen zu können, empfiehlt es sich, die jeweilige jüdische Gemeinde und die lokale Gesellschaft für christlich-jüdische Zusammenarbeit sowie Publikationen zur Lokalgeschichte dieser Zeit, die es inzwischen von fast allen Ortschaften gibt, zu konsultieren. Auf jeden Fall gilt es zu klären, ob die jüdische Gemeinde, der der Friedhof gehört, mit einer Begehung einverstanden ist.

7. Schlüsselwissen

- Weitgehend eigenständige handlungsorientierte Erforschung eines Teils der Lokalgeschichte als Erinnerungsarbeit im eigenen Umfeld
- „Öffnung von Schule“, indem an einem außerschulischen Lernort historische und politische Bewusstseinsbildung angestoßen wird.

8. Materialien

M 1: Beobachtungsbogen zum jüdischen Friedhof in Drensteinfurt[6]

„In vielen Orten ist der [jüdische] Friedhof der letzte Zeuge eines einst blühenden jüdischen Lebens. Heute sind die Friedhöfe bis auf wenige Ausnahmen geschlossen und werden nicht mehr belegt. Im Land des Holocaust verwundert es nicht, dass es kaum noch Angehörige der Verstorbenen gibt, die das Grab ihrer Vorfahren besuchen könnten. Der fremde Besucher stößt bereits auf Schwierigkeiten, wenn er die Lage des jüdischen Friedhofs ausfindig machen will, da es höchst selten einen Hinweis im Stadtplan oder an der Straße gibt. Mancherorts sind es nur die älteren Einwohner, die noch wissen, wo der ‚Judenfriedhof', wie sie ihn nennen, liegt." [2; 7] Doch auch wenn der Friedhof gefunden wird, erscheint er wie eine fremde Welt, die sich nicht ohne weiteres erschließt. Dieser Beobachtungsbogen will am Beispiel des jüdischen Friedhofs Drensteinfurt eine Hilfestellung geben, die Sprache der steinernen Zeugen zu verstehen. Er ist so konzipiert, dass er einen möglichen Weg eines Besuchers/einer Besucherin von der Anreise über die ersten Eindrücke bis zur genaueren Betrachtung begleiten kann.

Hinweis: Für den jüdischen Friedhof gilt: „Der Ort, auf dem du stehst, ist heiliger Boden." (Ex 3,5). Entsprechend sollten sich alle Besucherinnen und Besucher verhalten; männliche Besucher werden zudem gebeten, wie beim Synagogenbesuch eine Kopfbedeckung tragen.

I. Zur Anlage des Friedhofs [1; 224]

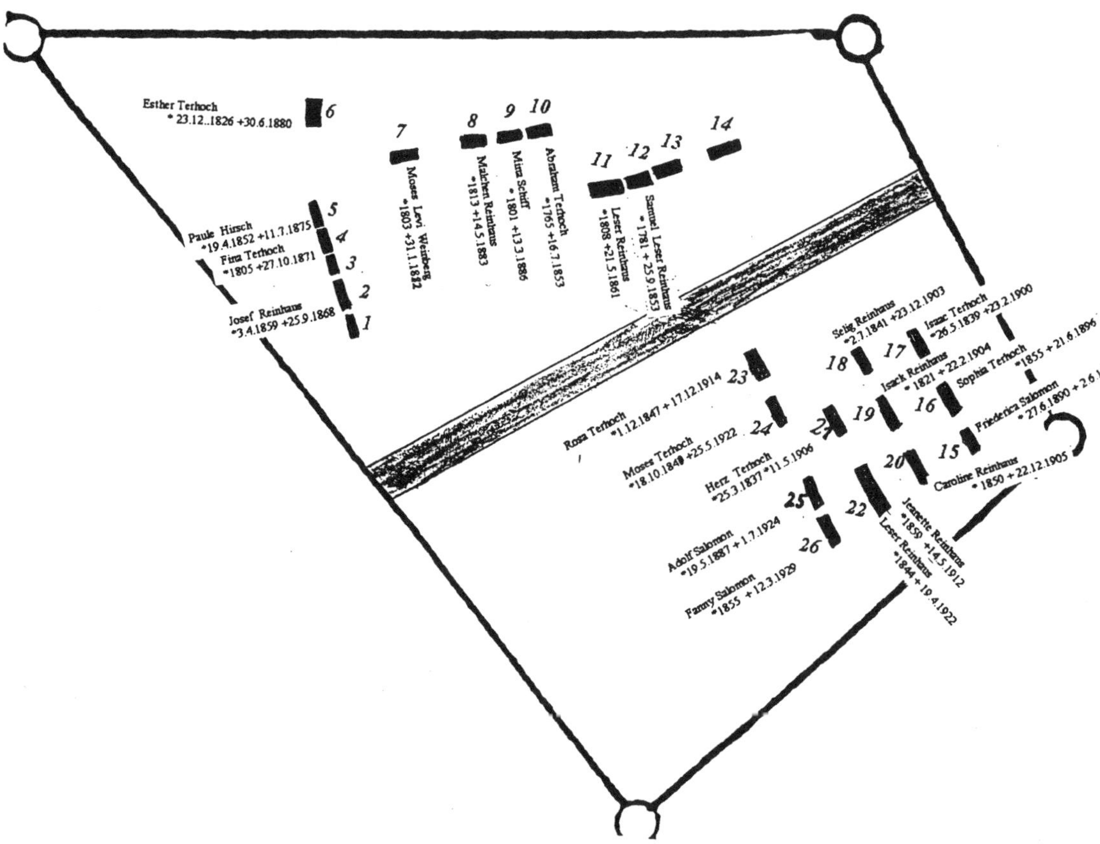

---

[6] Verwendete Literatur ist am Ende des Beobachtungsbogens genannt.

1. „Der Friedhof wird im Hebräischen ‚Beth Olam‘, die ewige Heimat oder ‚Beth Hachajim‘, Haus des Lebens genannt, denn er ist für die Menschen die letzte und ewige Heimstatt. Den Juden, die immer wieder aus den Ländern, in denen sie sich niedergelassen hatten, vertrieben wurden, bedeutete die Grabstätte der einzige Ort, an dem sie gewiß waren, für immer bleiben zu können. Bei der Benutzung des Friedhofs gilt es seine Würde zu bewahren, aber jede Art von Totenkult, wie z. B. die Grabpflege [Blumenschmuck; A. M.] oder die Friedhofsnutzung etwa durch den Grasschnitt zu vermeiden.“ [1; 94f] „Die Ehre, die man dem Verstorbenen erweist, soll sich nicht im Grabschmuck, sondern im Herzen der Angehörigen spiegeln. In dieses Bild des schlichten Totengedenkens fügt sich auch der Brauch, beim Besuch eines Grabes ein kleines Steinchen zum Gedenken auf dem Grabstein niederzulegen.“ [2; 9]

Levi Moses Weinberg Stein Nr. 7

- *Vergleiche mit christlichen Friedhöfen!*

2. Der jüdische Friedhof Drensteinfurts besteht mindestens seit 1826. Die jüdische Gemeinde bestattete hier bis 1939 ihre Toten. Die Lage des Friedhofs zur Ortschaft ist typisch. Hierfür gab es sowohl religiöse Gründe auf Seiten der jüdischen Gemeinde als auch gesellschaftliche auf Seiten der (christlichen) Umwelt.

- *Finde Argumente für beide Seiten!*

- *Der Ort hatte zuvor eine andere Bestimmung. Auskunft gibt die Gedenktafel am Eingang! Beachte auch die heutige Umgebung des Friedhofs!*

3. Der Drensteinfurter Friedhof ist durch einen Mittelweg deutlich zweigeteilt.
   - Der nördliche Teil (vom Eingang aus gesehen links) ist der ältere. Für die Zeit von 1826 bis 1893 sind hier *42 Bestattungen* verzeichnet.
   - Der südliche Teil des Grundstücks wurde erst 1891 von der jüdischen Gemeinde dazu gekauft, als aufgrund der angewachsenen Gemeinde ein größerer Friedhof notwendig wurde. Hier wurden noch *23 Gemeindemitglieder bestattet.*

- *Vergleiche dies mit den tatsächlich vorhandenen Grabsteinen! Versuche daraus Schlüsse zu ziehen!*

4. Um die Gleichheit aller Menschen im Tod zu dokumentieren, wurden die Toten nebeneinander in der Reihenfolge ihres Ablebens bestattet. Das heißt, die ältesten Gräber befinden sich gleich links neben dem Eingang, die jüngsten rechts vorn.

- *Untersuche anhand der schematischen Übersicht die Sterbedaten der auf dem älteren Teil des Friedhofs Bestatteten! Versuche das Ergebnis zu deuten!*

5. Auf einem jüdischen Friedhof sind die Gräber nach Osten ausgerichtet, d. h. die Toten werden so bestattet, dass sie mit den Füßen nach Osten, in Richtung Jerusalem liegen, die Grabsteine stehen am Kopfende der Gräber. Das Eingangstor zum Friedhof liegt dementsprechend auch im Osten.

- *Betrachte daraufhin den älteren Teil (vom Eingang aus gesehen links)! Überlege mögliche Gründe!*
  Versuche die Ergebnisse der Fragen 3–5 im Zusammenhang zu deuten!

II. Zu den Grabsteinen

6. „Es gibt keine Vorschriften für die Form des Denkmals, das oft den Grabsteinen auf christlichen Friedhöfen ähnelt. Auf den älteren Grabsteinen finden sich häufig hebräische Inschriften, die in der Regel nach einem festen Schema aufgebaut sind: Hier ruht N. N. / Sohn / Frau des N. N. Es folgt eine Eulogie [= Lobrede, A. M.] auf den Verstorbenen. Darauf folgen Sterbe- und Beerdigungsdatum und eine abgekürzt wiedergegebene Formel, die im 19. Jahrhundert meist aus dem Bibelvers 1. Samuel 25,29 bestand: ‚Ihre/seine Seele sei eingebunden in das Bündel des Lebens'." [1; 95]

- *Untersuche auf dieses Schema hin die Inschrift auf dem Grabstein von Malchen Rheinhaus (Grab Nr. 8)! Achte besonders auf die Tugenden und Verdienste, die ihr zugeschrieben werden!*
  Versuche die Schlussformel 1 Samuel 25,29 ת׳נ׳צ׳ב׳ה *auf dem Stein wieder zu finden!*

Hebräische Inschrift in deutscher Übersetzung: [1; 234]

„Hier wurde begraben
eine tüchtige Frau, die Zierde ihres Gatten
und ihres Sohnes. Redlich, rechtschaffen und lieblich
in ihren Taten. Den Armen und Elenden tat sie
ihre Hände auf, um Barmherzigkeit und Treue zu erweisen
all ihre Tage.
Das ist die Frau, Frau Merl'che, die Frau des Eliser,
geboren am 4. Av 669 (5.8.1799).
Ihre Seele sei eingebunden in das Bündel des Lebens."

- *Auf dem Friedhof findet sich noch ein ähnlich gestalteter Grabstein.*
  Versuche die Beziehung, die zwischen den beiden Verstorbenen bestand, herauszufinden!
  Vergleiche mit den Ergebnissen von Aufgabe 4!

Stein Nr. 8: Malchen Reinhaus, die Käuferin des Synagogengrundstücks

7. Die Grabinschriften können auch als Zeugnisse für die Assimilation der jüdischen Bürger Drensteinfurts gelesen werden: Die ältesten Grabsteine haben nur hebräische Inschriften. Mit fortschreitender Assimilation wird auch eine deutsche Inschrift angebracht, zunächst auf der Rückseite. Später wandert die deutsche Inschrift auf die Vorderseite. Auf einigen Grabsteinen findet sich schließlich nur noch eine deutsche Inschrift.

- *Alle beschriebenen Variationen lassen sich auf dem Friedhof finden! Nenne Beispiele!*

Viele Grabsteine tragen eine Doppelinschrift, so z. B. der Grabstein für Hertz Terhoch (Nr. 21):

Hebräische Inschrift in deutscher Übersetzung:

„Hier wurde begraben
ein frommer und rechtschaffener Mann, der Gott fürchtet,
Naftali, der Sohn des Pinchas,
er starb am Freitag, den 16. Ijjar (11.5.1906) und wurde begraben am Montag, den 19. Ijjar im Jahr 666 n.d.k.Z. (15.5.1906).
Seine Seele sei eingebunden in das Bündel des Lebens."

Deutsche Inschrift:

„Hier ruht
der verstorbene Onkel
Hertz Terhoch
geb. 11. Mai 1837
gest. 11. Mai 1906
Er ruhe in Frieden!"

- *Vergleiche die hebräische und die deutsche Inschrift!*
  Notiere mögliche Anfragen!

8. Ein weiteres Zeichen für die Assimilation der jüdischen Gemeinde in Drensteinfurt stellt die Gestaltung der Grabsteine dar. Sind die ältesten Grabsteine (z. B. 1–5) noch sehr schlicht gehalten, um die Gleichheit aller Menschen im Tod zu dokumentieren, so wurde in späteren Zeiten Größe und Ausgestaltung (Ornamente, Länge der Eulogie) der Grabsteine – wie in der christlichen Umwelt – auch Zeichen für den Wohlstand und die soziale Stellung des Verstorbenen.

- *Vergleiche daraufhin die Grabsteine von Malchen Rheinhaus (Nr. 8) und Moses Levi Weinberg (Nr. 7) oder die Grabsteine von Isaak Terhoch (Nr. 17) und seinem Halbbruder Herz Terhoch (Nr. 21)!*

9. „Im Laufe der Jahrhunderte bildet sich [im Judentum, A. M.] eine *Grabstein-Ornamentik* heraus, die unter Beachtung des biblischen Bilderverbots bei figürlichen Darstellungen äußerst zurückhaltend ist. Symbole wie der siebenarmige Leuchter, der Davidstern [...] oder die segnenden Priesterhände schmücken den oberen Teil des Steins." [2; 13]
Auf den noch vorhandenen Grabsteinen des Drensteinfurter Friedhofs sind solche Symbole kaum zu finden! Eine mögliche Erklärung dafür könnte sein, dass es sich um eine relativ junge und assimilierte Gemeinde handelte, die sich in ihre christliche Umgebung einpassen wollte.
Lediglich zwei traditionelle jüdische Symbole lassen sich noch zuordnen: *Granatäpfel* auf einem Grabstein auf dem älteren Teil des Friedhofs und eine *abgeknickte Rose* auf einem Stein auf dem neueren Teil des Friedhofs.

Stein Nr. 6: Esther Terhoch, die erste Ehefrau des Moses Terhoch

- *Versuche die beiden Symbole zu finden und zu deuten!*

10. „So wie sich die Drensteinfurter Juden mehr und mehr in ihrer Lebensweise an die christliche Umwelt anglichen, ließen sie auch für ihre verstorbenen Angehörigen Grabsteine nach der jeweils herrschenden Stilrichtung anfertigen."[1; 105] So finden sich auf vielen Grabsteinen die für die Zeit typischen Acanthusblätter (siehe z. B. Grabsteine 18, 19, 20). Besonders deutlich werden die wechselnden Stilrichtungen an den Grabsteinen von Jeanette und Leser Reinhaus (Nr. 22), Rosa Terhoch (Nr. 23), Moses Terhoch (Nr. 24) und Fanny Salomon (Nr. 26).

Rosa Terhoch geb. Humberg
Stein Nr. 23

- *Vergleiche den Stil der vier Grabsteine!*

11. „Während der Zeit des Nationalsozialismus wurde der Friedhof mehrmals in den Jahren 1936 und 1937 verwüstet. Die Besitzer der Gärten am Merscher Weg holten sich damals umgestürzte Grabsteine vom jüdischen Friedhof, um mit ihnen die Grabenböschung abzustützen und stahlen etliche Grabsteine." [1; 97]. Die Spuren dieser Grabschändungen sind bis heute sichtbar.

- *Untersuche daraufhin die Grabsteine von Selig Reinhaus (Nr. 18), Jeanette und Leser Reinhaus (Nr. 22) und Adolf Salomon (Nr. 25)!*

12. Der jüngste Grabstein (Stein Nr. 26 für Fanny Salomon) datiert aus dem Jahr 1929. Danach fanden noch zwei weitere Beisetzungen auf dem Friedhof statt: 1938 wurde hier Isidor Salomon begraben, 1939 Bertha Terhoch. Am ersten Jahrestag ihres Todes konnten für sie keine Grabsteine mehr errichtet werden. [vgl. 1;98]
Danach bleibt eine große leere Fläche.

- *„Europa [ist] durch die Nazis zum ‚Friedhof der Juden' geworden" (J. B. Metz)*
Vergegenwärtige dir vor diesem Hintergrund die große leere Fläche!

13. „Nach Zeitzeugenberichten zeigt sich der Friedhof noch in den fünfziger Jahren in einem wüsten Zustand. Wahrscheinlich sorgte die Stadtverwaltung Drensteinfurt erst nach 1956 für seine Instandsetzung. Es ist anzunehmen, daß nicht alle Grabsteine wieder an ihren früheren Platz und in der ursprünglichen Anordnung aufgestellt wurden, da es keinen Friedhofsplan gab und keiner der ehemaligen Drensteinfurter Juden um Auskunft gebeten wurde. Als der Landesrabbiner Emil Davidovic im Mai 1978 den jüdischen Friedhof besuchte, äußerte er sich befriedigt über den guten Pflegezustand, stellte aber zugleich fest, daß bei einem Grabstein die Inschriftentafel mit dem hebräischen Text auf dem Kopf stand. Daraufhin wurde die Tafel wiederum richtig eingesetzt. [Es handelt sich um den Grabstein von Rosa Terhoch, Stein Nr. 23. 1996 fiel diese Tafel wegen ungenügender Haftung aus dem Inschriftenfeld heraus und zerbrach in mehrere Teile; A. M.] Auf Antrag des Fördervereins ‚Alte Synagoge' ließ die Stadtverwaltung im Jahre 1989 den Friedhof erneut instandsetzen." [1; 98f].

- *Reflektiere den Umgang mit diesem Kapitel westfälischer Lokalgeschichte!*

Verwendete Literatur: [1] Omland, Sabine: Zur Geschichte der Juden in Drensteinfurt 1811–1941, Warendorf 1997. [2] Stratmann, Hartmut / Birkmann, Günter u. a.: Jüdische Friedhöfe in Westfalen und Lippe, Düsseldorf 1987. Fotos und Übersichtsplan sind entnommen aus [1].

M 2: Ausgewähltes Foto eines Grabsteins für die Reflexionsrunde [entnommen aus: Omland]

Stein Nr. 8: Malchen Reinhaus, die Käuferin des Synagogengrundstücks

__*Edith Verweyen-Hackmann*

Sehnsuchtsräume – Meditative Elemente im Religionsunterricht der gymnasialen Oberstufe

1. Meditative Elemente im Religionsunterricht

„Die Erschließung der religiösen Dimension der Wirklichkeit geschieht nicht nur in der kognitiven Auseinandersetzung und in der zielgerichteten Aktivität, sondern auch in einem Tun, das auf das Andere, den Anderen absichtslos gerichtet ist. Die Wirklichkeit des Religiösen erfordert, sie im Innern zu erfassen, ihrer inne zu werden. Meditation kann ein Weg sein, zu einer solchen Haltung zu gelangen. (...)
Meditation im eigentlichen Sinn des Begriffs ist unter den Bedingungen schulischen Religionsunterrichts wohl nicht zu betreiben, wohl aber eignen sich *meditative Elemente, Übungen der Sammlung, Einkehr und Stille.* – Die Durchführung solcher Übungen setzt die Bereitschaft der Unterrichtenden und der Lerngruppe voraus, sich darauf einzulassen. Sie ist keinesfalls zu erzwingen, wohl aber können Jugendliche schrittweise an sie herangeführt werden.“[1]
Dieses Zitat aus dem Lehrplan Kath. Religion für die gymnasiale Oberstufe in NRW begründet umfassend *Ort und Ziel meditativer Elemente* im Religionsunterricht:

- Die aus der Reformpädagogik bekannte Forderung nach einem *ganzheitlichen Lehren und Lernen* bedeutet konkret für den Religionsunterricht, möglichst vielfältige Fähigkeiten zu fördern, Welt und Leben differenziert wahrzunehmen, Weltdeutungen zu erfassen und kritisch zu werten. „Lernen mit allen Sinnen“ kann „Tore zur Welt“ und „Tore zur Innenwelt des Selbst“[2] öffnen.
- Wenn es letztlich v. a. elementare Beziehungsanfragen sind, die Schülerinnen und Schüler interessieren (K. E. Nipkow)[3], wie z. B.: „Woher kommt die Welt?“ – Beziehung mit dem Schöpfer; „Kann Gott widersinnigem Leid einen Sinn geben?“ – Gottesbeziehungen als Klage und Anklage, dann muss der Religionsunterricht, der den Gesamtsinn der Wirklichkeit unter den großen Verheißungen Gottes interpretiert, letztlich als *„Erschließung der Gottesbeziehung“*[4] verstanden werden. Denn es geht im Religionsunterricht nicht um Gott an sich, sondern um *Gott für uns.* Diese Perspektive impliziert biblisch begründete *Haltungen* und *Handlungen.*
- Unter M*editation* versteht man in der Literatur eine „durch entsprechende Übungen bewirkte oder angestrebte geistig – geistliche Sammlung“, die, „von körperlicher Entspannung und Haltung unterstützt, den Menschen zu seinem eigenen innersten Grund führen“[5] soll. Ziel jeder Meditation ist das „gesammelte, ruhige Bei-sich-selbst-Sein des Subjekts“[6], kurz: eine individuelle Selbstwahrnehmung in Abgrenzung etwa zur Liturgie als öffentlicher, sozialer und im ursprünglichen Sinn politischer Akt[7]. Noch deutlicher formuliert es Graf Drückheim: Er versteht unter Meditation *heute mehr als eine vertiefte Besinnung oder Betrachtung eines Bildes* oder *Wortes*. „Wir verstehen darunter eine Verwandlungsübung (...) des ganzen Menschen als Leib, Seele und Geist.“[8] Es dürfte somit deutlich geworden sein, dass *Meditation* unter den Bedingungen schulischen Religionsunterrichts nicht zu realisieren ist. Meditative Elemente mit z. B. „Übungen des Innehaltens, der Sammlung, der Konzentration und der meditativen Gestaltung“[9] hingegen können ihren berechtigten Ort im Religionsunterricht einnehmen.

---

[1] Zit. Katholische Religion. Sekundarstufe II Gymnasium/Gesamtschule. Richtlinien und Lehrpläne. Hrg. vom Ministerium für Schule und Weiterbildung, Wissenschaft und Forschung des Landes NRW, Frechen 1999, 37.
[2] Vgl. Grundlagenplan für den katholischen Religionsunterricht in der Grundschule, hrg. von der Zentralstelle Bildung der Deutschen Bischofskonferenz, Krefeld 1998, 66.
[3] Vgl. K. E. Nipkow, Erwachsenwerden ohne Gott? Gotteserfahrung im Lebenslauf, München 1987, Gütersloh [5]1997.
[4] Zit. nach A. Biesinger, Religionsunterricht als Erschließung der Gottesbeziehung, in: cpb 1/1999, 8–11.
[5] Art. „Meditation“ in: Brockhaus-Enzyklopädie 12. Bd., Wiesbaden 1971, 231, hier zit. nach: Liselotte M. Boden, Meditation und pädagogische Praxis – Methoden – Vorstufen – Modelle. München 1978, 15.
[6] Vgl. Art. „Meditation und Liturgie“, in: Impulse aus der Hauptabteilung Schule und Hochschule des Erzbistums Köln, Nr. 47, 3/1998, 21f.
[7] Ebd. 22
[8] Dürkheim, K. Graf: Meditation als Verwandlungsübung. In: Nachrichten aus Rütte 7/1994, zit. nach: Boden, a. a. O. 20.
[9] Vgl. Holger Spiekermann, Meditative Elemente im Religionsunterricht, in: BRU, Magazin für die Arbeit mit Berufsschülern. Heft 20/1994, 4.

- Meditative Elemente im Religionsunterricht können *Wege zur eigenen Mitte, zur Welt* und auch *zu Gott* werden und somit Zugänge zur Transzendenz eröffnen. „Wege zu solchen Erfahrungen können die bewußt verlangsamte Fühlungnahme von Gegenständen sein, Übungen des Riechens, Schmeckens, Tastens, Hörens und Sehens, das Versenken in Geräusche, die verzögerte Wahrnehmung von Texten und Bildern“[10]. Deutlich wird auch hier: Es geht im Religionsunterricht nicht etwa um ein Hinführen zur objektfreien Meditation, die den Zustand des allmählichen Leerwerdens von jeder Art von Gedanken und Vorstellungen anstrebt[11], sondern um bestimmte Medien für meditative Elemente im Rahmen schulischer Bedingungen.

Das vorliegende Beispiel versteht sich im o. g. Sinn: Es kann insgesamt als „geistliche Betrachtung“ im Religionsunterricht, aber auch etwa als „geistlicher Impuls in den Tag“ außerhalb des Unterrichts eingesetzt werden. Ebenso bieten sich die Bilder, die Musik, das Gedicht, die Schriftlesung und das Gebet auch als meditative *Einzelelemente* für den Religionsunterricht an.

2. Sehnsuchtsräume[12]

2.1 Musik

Jan Garbarek: Rites (aus: ders. Rites, Oslo 1998)

2.2 Einleitung

Ich möchte Ihnen einen Maler vorstellen, der sich mit Räumen – *metaphysischen Räumen* – beschäftigt hat, mit Licht und Leere, mit *Lebenssehnsucht* und *christlicher Verheißung*. Der Stuttgarter Maler *Ben Willikens*, u. a. durch eine Ausstellung im Franz-Hitze-Haus in Münster (1997) und aufgrund der Gestaltung des Chorbildes in St. Theresia in Münster (1999) bekannt, ist Professor für Malerei und Grafik an der Akademie der Bildenden Künste in München und z. Zt. dort auch Rektor.

Willikens sagt selber zu seinen Bildern: *„Der Künstler, der sein Handwerk versteht, liefert den Sinn nicht mit, denn er weiß, daß der Inhalt im Gefäß schnell schal wird. Dennoch ist er alles andere als ein Formalist, denn er träumt auf individuelle Weise kollektive Träume.“*[13]

2.3 Zu Ben Willikens: Raum 84

© VG Bild-Kunst, Bonn 1999

Ein Beispiel für seine kollektiven Träume sehen wir vor uns: Der Betrachter ist als Vollender der Bildaussage einbezogen und tritt so mit seiner ganz eigenen Vorbildung, Frömmigkeit und Sensibilität in einen Dialog mit dem Bild (farbige Abbildung siehe Umschlaginnenseite) ein.

---

[10] Zit.: Grundlagenplan, a. a. O., 68.

[11] Vgl. Boden, a. a. O., 19f.

[12] Die folgenden meditativen Elemente wurden im Rahmen der Jahrestagung für Religionslehrerinnen und -lehrer an Gymnasien im Bistum Münster im Februar 1999 vorgestellt.

[13] Ben Willikens, zit. nach Thomas Sternberg: Was ist das – Kunst? Nachdruck eines Vortrags Ben Willikens' auf dem Kunst-Symposion der Akademie der Diözese Rottenburg-Stuttgart, Münster 1997.

Der Betrachter steht an der Schwelle eines Raumes. Der Blick wird in die Tiefe hineingezogen. Durch Mauervorsprünge, Fenster und perspektivische Bodengestaltung werden weitere Räume erschlossen. Ziel sind die weißen Öffnungen, die noch einmal in einen neuen, nicht mehr einsehbaren Raum führen. Von Raum zu Raum wird es heller. Der Weg durch den Raum ist ein Weg zum Licht.
Ben Willikens schreibt dazu: *„Am Ende dieses Jahrhunderts stehen wir vor einer leer gefegten Weltbühne, der grauen Bühne einer bilderlosen Anstalt, in dem die Akteure verschwunden sind, hinein in ein labyrinthisches, unterirdisches Kanalsystem einer Medienwelt, einer zweiten Realität, wo eine gigantische Sintflut von Trivialbildern produziert wird (...) Die leer gefegte Weltbühne wird unterdes melancholisch von weißem Licht durchzogen, als gäbe es sie noch. Wir haben uns in eine Anstalt eingenistet, die Welt in eine Anstalt verwandelt, in der wir keine Akteure aus Fleisch und Blut mehr brauchen. Ein System, perfekt organisiert, regiert sich ohne sinnvollen Mittelpunkt.“*[14]
Die noch vorhandenen Farbpigmente geben einen gewissen Grad von Farbigkeit. Willikens spricht von der Asche, aus der sich das Bild der Welt erst langsam wieder aufbaut. Solche ästhetische Askese kann dem Auge gut tun, das sich heute an eine überbordende Farbigkeit und Grellheit gewöhnen muss, um so abgestumpft die tägliche optische Reizüberflutung aushalten zu können. So wird der Raum vor allem Ausdruck eines Lebensgefühls, der der Sehnsucht als Antwort auf den „Totalausverkauf der klassischen Moderne“ (Ben Willikens) Raum gibt.

2.4 Zu Ben Willikens: Raum 8

© VG Bild-Kunst, Bonn 1999

„Menschen sind auf diesen Bildern nicht zu sehen. Aber es sind keine menschenfeindlichen Räume. Eher *Sehnssuchtsräume,* auf die der Mensch zugeht, ohne sie schon erreicht zu haben. Unterwegssein zu solchen Räumen, das ist nicht Bedrohung, sondern *Verheißung* auch wenn die Räume nicht Erfüllung sind, sondern Erwartung. Erwartung, daß die Leere, die sich hier auftut, gefüllt wird. Erster Schritt zu solcher Erfüllung kann das Aushalten der Leere sein.“[15]
Die Leere auf den Bildern Ben Willikens' kann mich zum Leerwerden auffordern. All das, was mich besetzt hält an Wünschen und Plänen, kann ich angesichts dieser Bilder ausräumen. Ich habe möglicherweise die Erfahrung gemacht, dass jeder erfüllte Wunsch neue Wünsche nach sich zieht, jeder verwirklichte Plan neue Pläne. Meine Sehnsucht lässt sich durch das Vielerlei in meinem Leben nicht stillen.
Könnte solch ein Raum zum *Sehnsuchtsraum* werden, vor dem ich all das loslasse, was nicht zum äußersten Rand meiner *Sehnsucht* gehört und diese nicht stillen kann? So dass der leere Raum dem leerwerdenden Menschen Halt gibt?
Und wenn die Bühne des Lebens leer geworden ist, wenn ich meine Rollen, die ich spiele, abgelegt habe, Wünsche und Pläne den Spielraum nicht mehr einengen? Ob dann die große *Lebenssehnsucht* raumgreifen kann, die nicht mehr auf dieses oder jenes zielt, sondern auf Gott?
„Ben Willikens' Raumbilder konzentrieren sich auf das Inwe(ä)ndige. Sie können zum Zurücklassen des auswendigen Vielerlei anregen und das Zugehen auf das Inwe(ä)ndige erleichtern. Wie dynamisch es inwendig zugeht, lassen die Raumfolgen erkennen: Ich werde in immer lichtvollere Räume hinein-

[14] A. a. O.
[15] Zit. Werner Thissen: Mitten im Zeitenwirbel. Neues Jahrhundert – neue Besinnung. Kevelaer (Butzon & Bercker) 1999, 48–51; die vorliegenden Bilder sind in diesem Buch abgedruckt.

gezogen.“[16] Das Licht, das auf eine Platte fällt und dieser eigenes Strahlen gibt, wird zum zentralen Motiv einer religiös, einer christlich deutbaren Malerei, die nicht eindeutig, nicht aufdringlich, nicht illustrierend Hinweise gibt auf das *Geheimnis*, das wir Gott nennen.
Ein weiterer Aspekt: Zum Geheimnis der Raumbilder Ben Willikens` gehört ihre *Begrenzung*. Begrenzung in der Farbe auf Grau- und Weißtöne. Begrenzung in der Form auf einfache architektonische Stilmittel. Aber je strenger die Begrenzung, desto mehr Unendlichkeit. Wird der Raum so Spielraum für unsere *Sehnsucht* nach Unendlichkeit? Die Gefühle vor einem solchen Bild zwischen Leere und Hoffnung, zwischen Sehnsucht und Verheißung, greift *Rose Ausländer* in einem Gedicht auf:

Sag nicht
du bist fertig

Schatten
machen dich bang

Aber vergiß nicht
es gibt ja
das Licht!

2.5 Musik

Jan Garbarek: Vast plain, clouds (aus: ders., Rites, Oslo 1998)

2.6 Schriftlesung: Raum für meine Seele

Bei
Dir allein
kommt meine Seele zur Ruhe
von Dir
kommt meine Hoffnung

Ich will nicht mehr außen suchen
was ich mir in meinem Innern schenken lassen kann

Meine Unruhe werde ich überwinden
wenn ich wage die Stille auszuhalten
wenn ich lerne
einen neuen Umgang mir mir zu suchen

Im Dasein
im Ausruhen
im Genießen
im Entdecken meiner schöpferischen Fähigkeiten

So kann ich zur Ruhe kommen
hoffend mein Leben durch Dich vertiefen zu lassen

Jeden Tag neu

Nach Psalm 62; aus: Pierre Stutz, Du hast mir Raum geschaffen. Psalmengebete, Claudius Verlag München 1996, S. 74.

[16] Thissen, a. a. O.

2.7 Gebet: Das Ziel meiner Sehnsucht

Du bist, o Gott, die Unendlichkeit,
die allein ich in jeder Sehnsucht ersehne.
Dem Wissen um diese Unendlichkeit
kann ich mich nicht mehr nähern
als so weit,
dass ich weiß, du bist unendlich.
Je besser ich also erfasse,
mein Gott,
dass du unfasslich bist,
desto besser erreiche ich dich,
weil ich dem Ziel meiner Sehnsucht näher komme.
Was immer mir entgegentritt,
das dich als erfassbar zu beweisen bemüht ist,
verwerfe ich,
da es mich auf Irrwege führt.
Meine Sehnsucht,
in der du widerstrahlst,
führt mich zu dir,
weil sie das Endliche und Begrenzte verwirft.
In ihm vermag sie
keine Ruhe zu finden,
da sie von dir zu dir geführt wird.

Nikolaus von Kues (1401–1464)[17]

2.8 Musik

Jan Garbarek: Last rite (aus: ders., Rites, Oslo 1998)

---

[17] Zit. nach: Dieter Emeis, Kleine Theologie der Sehnsucht, in: Kat. Bl. 3/1997, S. 153.

__*Susanne Drees*

„Quiet Minutes" – Den Weg zur eigenen Mitte finden

Stille-Übungen im Religionsunterricht

1. Warum wir die Stille nötig haben – Spotlights

Wenn Stiftung Warentest und das Umweltbundesamt am 21.04.1999 bereits zum zweiten Mal einen „Lärmschutztag" unter dem Motto „Für die Ruhe – gegen Lärm" ausrufen ...
Wenn Hals-Nasen-Ohren-Ärzte in Zusammenarbeit mit dem Bundesgesundheitsamt als Reaktion auf die mehr als 16 Millionen hörgeschädigten Deutschen die kostspielige Kampagne „Gib acht auf dein Ohr" initiieren ...
Wenn wir Leistung nicht nur bei der Arbeit, sondern auch in unserer Freizeit zum beherrschenden Prinzip machen und kaum noch Raum für Ruhe, Muße und „süßes Nichtstun" bleibt ...
Wenn der „Ansturm" auf östliche Meditationspraktiken und Seminare zum Erlernen von Entspannungstechniken Ausdruck der Suche nach Sinn, Heil und Ganzheit, nach Ruhepolen im hektischen Alltag ist ...
Wenn (Religions-)Lehrerinnen und Lehrer in Fortbildungen verstärkt das Bedürfnis nach Strategien zur Bewältigung des Unterrichtsalltags äußern und nach Möglichkeiten suchen, auf die veränderte Schüler(-innen)schaft zu reagieren ...
Wenn die physischen und psychischen Auswirkungen von Technik- und Wissenschaftsorientierung auf den Menschen unübersehbar sind und Lärm zum Umweltschaden Nummer 1 avanciert ...
... *dann* lässt sich mit Antoine de Saint-Exupéry feststellen:
„Und ich erkannte, dass sie die Stille nötig hatten."[1]

Diesen Schluss zieht Saint-Exupérys Icherzähler in dem posthum veröffentlichten Werk *Die Stadt in der Wüste* (1951). Er folgert weiter: „Denn nur in der Stille kann die Wahrheit eines jeden Früchte ansetzen und Wurzeln schlagen." Weder bei Saint-Exupéry noch an dieser Stelle soll Stille als alleinige Lösung für die facettenreichen Problemfelder in Schule und Gesellschaft oder gar als neuste Entdeckung proklamiert werden. Vielmehr geht es um eine Wiederentdeckung der Stille im Lebensvollzug der Gesellschaft.
Stille im Alltag ist selten, Aufklärungsarbeit scheint vonnöten und – wie der Boom von Autogenem Training, Thai Chi und Meditationskursen belegt – gefragt. Jedoch: Selbst die Sensibilisierung für die Notwendigkeit stiller Orte und Zeiten im Alltag zieht nicht notwendigerweise die Umsetzung in die Praxis nach sich, wie das Beispiel vieler Menschen zeigt, die Mühe haben, erlernte Entspannungstechniken in den Alltag zu integrieren. Unerlässlich scheint eine Verzahnung von theoretischer Auseinandersetzung mit Stille und ihrer regelmäßigen Übung und Anwendung zu sein. Selbst wenn Stille-Übungen noch zu den unbekannten Unterrichtsverfahren zählen und keinen messbaren Lernzuwachs bringen, bietet sich die Schule – und hier insbesondere der Religionsunterricht (RU) – für eine regelmäßige Einübung des Umgangs mit Stille in besonderer Weise an.

2. Begriffsklärung und Definition: Was ist Stille?

Stille ist zu verstehen innerhalb der Trias von Ruhe, Stille und Schweigen, die im deutschen Sprachgebrauch als Synonyme gelten. Die drei Begriffe weisen Gemeinsamkeiten auf, können bei näherer Betrachtung aber voneinander abgegrenzt werden. Ruhe und das entsprechende Wortfeld von „Ausruhen" oder „ruhig sein" bezeichnen akustische Lautlosigkeit und einen Gegenpol zu Aktion und Aktivität, im Wesentlichen also eine Raum- und Leib-Erfahrung. Sie wird vielfach auf Wegen von körperlichen Entspannungstechniken gesucht wie beispielsweise Yoga, Atemübungen, Eutonie, Massagen oder Autogenem Training. Ziel dieser Techniken sind motorische Ruhe und ein entspannter Zustand von Körper und Geist als Ausgleich zu hektischer Betriebsamkeit im Alltag.

[1] Antoine de Saint-Exupéry. Die Stadt in der Wüste. Bad Salzig: Rauch, 1951. S. 78.

Eng verbunden – und ohne sie auch nicht möglich – ist die Ruhe mit der Stille, die im Gegensatz zu Lärm steht. Obwohl das subjektive Lärmempfinden sehr unterschiedlich ist, lässt sich generell ein hoher Lärmpegel in unserer Lebens- und Arbeitswelt feststellen. Lärm gilt als Kennzeichen, gar als bedrohlicher Umweltfaktor unserer Zeit. Der Religionspädagoge Hubertus Halbfas fragt deshalb kritisch: „Aber wo gibt es heute noch Stille? In der Schule macht der Lärm alles und alle kaputt. Die Straßen sind laut. In den Häusern geht nichts ohne Radio und Fernsehen. Wer will, kann mit Musik einschlafen und aufwachen.“[2]

Je mehr Lärm stille Räume bedroht, desto kostbarer werden Stille und Ruhe, desto mehr werden sie zu entscheidenden Momenten von Lebensqualität. Stille zeigt sich als ein Phänomen, das in unserer Gesellschaft nur durch bewusste Abkehr oder Umkehr für eine kurze Zeit möglich ist: „Stille wird zur Umweltfrage, erfordert eine Änderung der Umwelt, ein Sich-Entfernen oder Abschalten der Geräuschkulisse, bzw. eine Änderung der inneren Einstellung zur Lärmquelle, d.h. die Bereitschaft, vieles zu über-hören.“[3]

Zunehmend mehr Menschen wollen dem Lärm und seinen zerstörerischen Auswirkungen auf den Hörsinn und die innere Sinnerfahrung sowie die Kommunikationsfähigkeit entfliehen und suchen nach Entspannungstechniken und Ruheräumen – sind paradoxerweise jedoch zugleich oft nicht imstande, die Stille auszuhalten. Lärm fungiert gewissermaßen als Schutz vor der Stille und dient als Kompensationsmittel und Fluchtweg. Entsprechend heißt C. S. Lewis' *Dienstanweisung für einen Unterteufel,* der einen jungen Mann auf Abwege bringen soll: „Musik und Stille – wie hasse ich beides! (...) Lärm, die große Dynamik! Der hörbare Ausdruck alles Triumphierenden, Unbarmherzigen, Männlichen! Lärm, der uns allein schützt vor allen törichten Schwächeanfällen, vor zweifelnden Gewissensbissen, vor unmöglichen Wünschen!“[4]

Stille setzt die Ruhe voraus und ist ein sinnenhaftes Phänomen. Durch bewusstes Öffnen der Sinne wird die Welt wahrgenommen, durch das Verschließen der Ein- und Ausgangskanäle hingegen wird Konzentration auf innere Prozesse ermöglicht. Insofern ist Stille die „Mitte des Menschen“[5], ohne die der Mensch seine Menschlichkeit verliert.

Das Schweigen stellt einerseits einen Gegensatz zur Rede dar, andererseits ist es aber auch deren notwendige Ergänzung und macht durch Sprechpausen die Aneinanderkettung von Worten sinnvoll. Im Gegenzug bleibt das Schweigen jedoch ohne die Rede ebenso sinnlos weil stumm. In mystischer wie monastischer Tradition nimmt das Schweigen als bewusstes Vermeiden von Sprechen einen großen Stellenwert ein. Es geht „um die innere Haltung des Schweigens, um die Schweigsamkeit als Gespür für Gottes Gegenwart und als gesammeltes Ruhen in Gott“.[6]

Eine ähnliche Gleichung, die Halbfas für die Stille aufstellt, formuliert Max Picard: „Das Schweigen ist die Mitte des Menschen.“[7] Indem er diese Gleichung an anderer Stelle erweitert, bringt er das zerstörerische Paradoxon unserer Lebenswelt zum Ausdruck: „Das ist Schweigen heute: Lärm, der nicht funktioniert.“[8] Picard kritisiert, dass den für den Menschen zentralen Kategorien des Schweigens, der Ruhe und Stille geringe Bedeutung beigemessen wird und entsprechend nur dort verwirklicht wird, wo Alltagsbeschäftigungen und Technik es zufällig zulassen. In diesem Zusammenhang sind Stille, Ruhe und Schweigen über die oben genannten Definitionen hinaus auch Inbegriff des Gegenpols zu Aktivität, Betriebsamkeit und Hektik. Muße und Verlangsamung wären weitere Synonyme, die sich gleichermaßen dem Primat der Leistungsorientierung und Produktivität unserer Gesellschaft widersetzen.

3. Stille macht Schule! – Ein Plädoyer für Stille in Schule und Religionsunterricht

Ohne ein plakatives Bild zeichnen zu wollen, lassen sich Schulen heute als von hektischer Betriebsamkeit, Lärm und Unruhe gekennzeichnet beschreiben, deren räumliche Gestaltung zudem eher den Charakter einer Lernanstalt als den eines Lebensraumes hat. Schülerinnen und Schüler sind zunehmend Leistungsdruck und Konkurrenzdenken ausgesetzt, an Unterrichtsinhalten weniger interessiert

---

[2] Hubertus Halbfas. Der Sprung in den Brunnen: Eine Gebetsschule. Düsseldorf: Patmos, 1996. S. 20.
[3] Claudia Edith Kunz. Schweigen und Geist: biblische und patristische Studien zu einer Spiritualität des Schweigens. Freiburg: Herder, 1996. S. 28.
[4] C. S. Lewis. Dienstanweisung für einen Unterteufel. Freiburg: Herder, [3]1992. S. 96.
[5] Hubertus Halbfas. Der Sprung in den Brunnen. S. 20.
[6] Anselm Grün. Der Anspruch des Schweigens. Münsterschwarzach: Vier-Türme-Verlag, 1980. S. 28.
[7] Max Picard. Die Welt des Schweigens. Frankfurt: Fischer, 1959. S. 59.
[8] Ebd. S. 36.

als an Noten und Punkten zur Leistungsbewertung. Veränderte Lebens-, Umwelt- und Sozialisationsbedingungen beeinträchtigen die Ausgeglichenheit und Konzentrationsfähigkeit der Schülerinnen und Schüler.[9] Für den RU kommt verschärfend hinzu, dass die religiöse Situation der Heranwachsenden „in der heutigen ‚nachvolkskirchlichen‘ Zeit durch eine tief greifende Identitätskrise, durch einen radikalen Bruch mit der Überlieferungskontinuität der Familie wie der Kirche, durch einen radikalen Rückgang des Gottesdienstbesuches sowie durch eine relativ große Variationsbreite beim Thematisieren der Sinnfragen gekennzeichnet ist.“[10]
Dieses mit ansprechendem Unterricht aufzufangen, überfordert viele Religionslehrer und Religionslehrerinnen. Ihr Bedürfnis nach Hilfestellung zur Bewältigung des Unterrichtsalltags ist groß.[11] Methodenkompetenz allein scheint nicht zu genügen – vielmehr sind ein pädagogisches Schulprogramm und ein fundiertes didaktisches Konzept gefragt: „Eine Neubesinnung muss die Schule in ihrem Gesamtgefüge und pädagogischen Selbstverständnis thematisieren (...) und muss zugleich den Unterricht aus seiner einseitigen Betonung kognitiver Lernziele herausführen.“[12]
Mit seiner Didaktik der Stille bietet der Religionspädagoge Hubertus Halbfas in Anlehnung an Maria Montessori ein fächerübergreifendes Konzept an, das vor allem im RU als Ort für religiöse Fragen inhaltlich und methodisch realisierbar ist. Halbfas' Ausführungen zur Stille gelten „nicht nur [für] einzelne Menschen, die ihr Leben ernst nehmen, sondern auch für Schulen, also für reguläre alltägliche Unterrichts- und Erziehungssituationen, ungeachtet der Tatsache, dass die Stille seit langem kein Thema mehr für Schulpädagogen zu sein scheint.“[13]
Obwohl Halbfas seine Überlegungen hauptsächlich für die Grundschuldidaktik entworfen hat, betont er deren „grundlegend-didaktischen Zuschnitt“[14] und fordert die Übertragung auf andere schulische Ebenen. Auch die Religionspädagogin Barbara Ort hält meditatives Handeln im RU für einen adäquaten Zugang zu bestimmten Themen, der als eine spezifische Art der Kenntnisnahme Stabilität und Vertrauen in die eigenen Möglichkeiten fördert: „Auch Schüler der Sekundarstufe I und II sprechen auf diese Form der Wirklichkeitserfahrung an, besonders wenn sie die Übungen für sich als wohltuend und bereichernd erfahren.“[15]
Stille als Weg in die eigene Mitte ist ein herausragender Ort der Selbsterfahrung und – folgt man Paul Tillich – ein religiöses Thema, weil es den Menschen unbedingt angeht. Auch die (gesellschafts-)kritische Auseinandersetzung mit dem Spannungsverhältnis von Lärm und Stille und die Reflexion des eigenen Verhaltens sind Themen, die den Alltag der Schülerinnen und Schüler unmittelbar berühren. Wenn die wissenschaftliche Theologie dem Thema kaum Aufmerksamkeit schenkt, erscheint dies umso erstaunlicher, je deutlicher im Rahmen einer Theologie des Wortes Gottes und der Verkündigung „Sprachbarrieren“ und die Sprachlosigkeit von Glaube und Theologie erkennbar sind. Eine Rückbesinnung auf das Phänomen und die Bedeutung von Schweigen und Stille im Alltag steht an, zumal da durch die Begegnung mit östlicher Religiosität und Meditationspraxis die Stille gleichsam neu entdeckt wird. Es muss daher danach gefragt werden, welcher Stellenwert der Stille in der Schule und im Rahmen des RU zukommt bzw. zukommen sollte. Hier kann die Erfahrung von Stille dazu verhelfen, „Distanz und Abstand zur platten Diesseitigkeit oberflächlicher Realitätserfahrung zu gewinnen, umso empfindsamer für sich selbst und andere und Natur zu werden und sich dann vielleicht auch der religiösen Tiefendimension unserer Wirklichkeit wieder anzunähern“.[16]
In der jüdisch-christlichen Tradition ist Stille eine wesentliche Voraussetzung für einen Zugang zu Gott. So erfährt der Prophet Elija (1 Kön 19,11–13) Gott gerade nicht in den typischen alttestamentlichen Theophanie-Motiven Sturm, Erdbeben oder Feuer, sondern in der Stille, im leisen Säuseln. Elijas Gottesbegegnung geschieht in der absoluten Zurückgezogenheit in einer Höhle in der Wüste, wo sich Gott ihm als das Leiseste offenbart. Durch die Überbietung alttestamentlicher Theophanie-Motive

---

[9] Vgl. hierzu Gabriele Faust-Siehl, Eva-Maria Bauer et al. Mit Kindern Stille entdecken. Frankfurt: Diesterweg, ^{5}1995. S. 9–20.

[10] Fritz Weidmann. „Der Schüler“. In: Ders. (Hg.) Didaktik des Religionsunterrichts. Donauwörth: Auer, ^{6}1992. S. 139. Entsprechend kritisieren laut Weidmann Schülerinnen und Schüler am RU die abstrakte, binnenkirchliche Sprache, seine Lebens- und Weltfremdheit und seine Orientierung an Unterrichtsverfahren, die zu wenig Kreativität und Selbsttätigkeit fordern bzw. fördern.

[11] Vgl. Josef Jakobi, Edith Verweyen-Hackmann et al. „Umfrage zur religionspädagogischen Lehrerfortbildung mit allen Religionslehrerinnen und -lehrern im Bistum Münster“. In: Kirche und Schule, 98 (1996), 1–17.

[12] Hubertus Halbfas. Religionsunterricht in Sekundarschulen. Lehrerhandbuch 10. Düsseldorf: Patmos, 1997. S. 56.

[13] Hubertus Halbfas. Religionsunterricht in der Grundschule. Lehrerhandbuch 1. Düsseldorf: Patmos, ^{2}1987. S. 44.

[14] Hubertus Halbfas. Religionsunterricht in der Grundschule. Lehrerhandbuch 2. Düsseldorf: Patmos, 1984. S. 82.

[15] Barbara Ort. „Unterrichtsmethoden“. In: Fritz Weidmann (Hg.) Didaktik des Religionsunterrichts. S. 227.

[16] Wolfgang Esser, Susanne Kothen. Die Seele befreien. Spiritualität für Kinder. Ein Praxisbuch. München: Kösel, 1998. S. 49.

wird Gott nicht nur als machtvoll, sondern auch als sich mitteilender und sich sorgender Gott erfahrbar. Und Elija, der sich in der Stille als hörender und aufmerksamer Mensch erweist, erfährt dadurch Rettung vor Hoffnungslosigkeit und Tod.
In der biblischen Tradition steht Stille oft im Kontext von Frieden, erfülltem und sicherem Leben.[17] Vergleiche auch das Motiv der Ruhe am siebten Tag der Schöpfung, an dem Gott selbst nach der Erschaffung der Welt ruht. In und mit dieser Ruhe wird der Akt der Schöpfung vollendet: „Diese Ruhe Gottes ist nicht Übergangs- und Durchlaufstadium zu neuer Aktivität, sie dient nicht der Reproduktion, sondern sie erst vollendet das kreative, schöpferische Werk und ist somit Bestandteil von Kreativität. Erst in der Ruhe kommt die Arbeit zu ihrem Ziel; Arbeit ohne Ruhe bleibt unvollständig."[18]
Stille kann also ein Ort sein, an dem bewusst eine Gegenwelt aufgetan wird zur Aktivität und Betriebsamkeit des Alltags; ein Ort, an dem man sich „ausklinken" darf von jeglichem Drang oder Zwang zur Produktivität und Leistung.

4. Wie macht man's? – Fachdidaktische Hinweise zum Einsatz von Stille-Übungen

Eine inhaltliche Erarbeitung des Themas Stille ist zur Integration von Stille-Übungen nicht unbedingt erforderlich; innerhalb des RU kann das Thema jedoch in seiner Relevanz für Selbstfindung oder Spiritualität behandelt werden. Dies ermöglicht die Verknüpfung von Erfahrungen einerseits und abstrahierendem, logisch-begrifflichem, diskursivem Lernen andererseits und fördert dadurch Offenheit für religiöse Fragen, die sich rein rationalem und analytischem Denken entziehen.
Wichtig ist eine Unterrichtsgestaltung, die Stille ermöglicht, indem kognitiv-analytische Verfahren ergänzt werden durch das Konzept eines ganzheitlichen Unterrichts, der Lernen mit Kopf, Herz und Hand (Pestalozzi) fördert. „Wenn der christliche Glaube das Leben in seiner Vielfalt und Buntheit prägt, dann muss sich dies auch bei der Vermittlung dieses Glaubens widerspiegeln. Diese kann sich deshalb nicht auf die kognitive Dimension allein beschränken, sondern muss den ganzen Menschen mit seinem Körper und seinem Geist, mit seinen Sinnen und seiner Phantasie ernst nehmen und einbeziehen."[19]
Dieser Forderung kommen Stille-Übungen entgegen, die einen Lernbegriff, der ausschließlich abstrahierende, logisch-begriffliche, diskursive Erkenntnis umfasst, entgrenzen können. Ein erweiterter Lernbegriff erfordert, dass RU, wie alle anderen Fächer auch, unter Einsatz von ganzheitlichen und erfahrungsorientierten Methoden von den Kenntnissen und Erfahrungen der Schülerinnen und Schüler ausgeht und ggf. eigene Erfahrungen ermöglicht. Wenn Stille nur selten mit eigenen Erfahrungen gefüllt werden kann, ist es umso wichtiger, zunächst solche Erfahrungen zu stiften. Dies vermögen Stille-Übungen wie Phantasiereisen, Wahrnehmungs- und Entspannungsübungen, die Ganzheitlichkeit und Erfahrungsorientierung als durchgängige Unterrichtsprinzipien ermöglichen.
Im Rückgriff auf reformerische Ansätze der 20er-Jahre verstehen sich Stille-Übungen als Versuch, Schüler und Schülerinnen von der äußeren, sinnlich wahrnehmbaren Welt in die innere, sinnstiftende Welt zu führen. Letztlich „geht es nicht um Techniken zur Steigerung kognitiver Leistungen, sondern *um meditative Formen der Selbstfindung für Kinder und Jugendliche.* Nicht äußere Ruhe und Disziplinierung des Unterrichts sind das Ziel, sondern eine inwendige Sammlung, der eine ganz andere Geistesbeschäftigung zugrundeliegt."[20]
Der Begriff der Stille-*Übungen* weist darauf hin, dass es um das (regelmäßige) Einüben einer Grundhaltung zur Ausbildung menschlicher Reife und Persönlichkeit geht. Eine ruhigere Arbeitsatmosphäre und konzentrierteres Lernen sind zwar wünschenswerte Ergebnisse des Einsatzes von Stille-Übungen, aber nicht als ihre vorrangigen Ziele zu definieren. Wenn vielfach darauf verwiesen wird, dass Stille-Übungen die Wahrnehmung schärfen, der Phantasie Raum geben, neue Erfahrungsmöglichkeiten eröffnen und so ein breiteres Spektrum an Lernmöglichkeiten bieten, geht es letztlich um bessere Bewältigung des Alltags durch Einrichten und Nutzen von Ruheoasen.

---

[17] Vgl. Ps 131.2 und Jes 32, 14–17.
[18] Vgl. Gabriele Bußmann, Susanne Drees. „Quiet Minutes – Stille erfahren in der Schule". In: Kirche und Schule, 111 (1999), S. 4f.
[19] Ludwig Rendle. Ganzheitliche Methoden im Religionsunterricht. Ein Praxisbuch. München: Kösel, 1996. S. 7.
[20] Hubertus Halbfas. Lehrerhandbuch 10. S. 56. Vgl. ebenfalls: Gabriele Faust-Siehl. „Stille und Stilleübungen – Pädagogische Grundlagen einer Methode des Religionsunterrichts". In: Gottfried Adam, Rainer Lachmann (Hg.). Methodisches Kompendium für den Religionsunterricht. Göttingen: Vandenhoeck & Ruprecht, ^{2}1996. S. 367f.

Die Anleitungen zur praktischen Durchführung von Stille-Übungen sind vor allem für den Grundschulbereich reichlich; sie lassen sich mit wenig Mühe auf den Einsatz bei älteren Lerngruppen übertragen. Grundsätzlich gilt für die Durchführung von Stille-Übungen, dass eine positive und vertrauensvolle Beziehung zwischen Religionslehrern und -lehrerinnen und der Lerngruppe besteht. Darüber hinaus sind solche Übungen nur erfolgreich, wenn sie von den Lernenden freiwillig ausgeübt werden. Neben der nötigen positiven Atmosphäre auf der menschlichen Ebene muss auch die Gestaltung des Raumes dazu beitragen, ein angenehmes, ruhiges Klima zu schaffen. Ideal wäre hier ein Raum, der durch Teppichboden, Bilder und gemütliche Sitzmöglichkeiten einladend und motivierend wirkt und zudem über eine Musikanlage und Möglichkeiten zur Verdunklung verfügt. Aber auch ein Klassenraum lässt sich durch einige gestalterische Elemente zu einer Umgebung herrichten, in dem Lernen und Entspannen gleichermaßen möglich sind. Zu guter Letzt hängt das Gelingen der Stille-Übungen mit einem anschließenden Erfahrungsaustausch zusammen, der zur Veröffentlichung der Gedanken und Gefühle ermuntert, um durch den Austausch nicht nur Ich-Erfahrungen, sondern auch Du-Erfahrungen zu stiften. Für den Austausch der Eindrücke ist ein behutsamer Umgang unerlässlich, der die individuellen persönlichen Erfahrungen als solche respektiert. Das Kennenlernen, Erfahren und Ausdrücken des eigenen Bewusstseins kann der erste Schritt eines Lernprozesses sein, der dann über die Ebene der Bewusstseinserweiterung und -vertiefung letztlich zur Veränderung von Denken und Handeln führt. Gerade wenn RU heute mehr und mehr zum einzigen Ort wird, an dem Schülerinnen und Schüler mit Kirche und christlichem Glauben in Kontakt kommen, muss es dringendes Anliegen sein, ihnen einen ansprechenden Zugang zu religiösen Fragen zu ermöglichen.

Die Auswahl der nachfolgenden Übungen, Texte und Arbeitsvorschläge versteht sich als ein Angebot verschiedener Bausteine, die sich im Unterricht der Sekundarstufe I oder II in unterschiedlichen Schulformen bewährt haben. Zur Orientierung werden sie ergänzt durch Hinweise zu Zielen und Einsatzorten, durch Vorschläge zu Auswertung und Austausch oder weiterführende Anregungen. Mit der Zusammenstellung der Bausteine ist jedoch nicht intendiert, einen Steinbruch schneller Lückenfüller für Rand- oder Vertretungsstunden bereit zu stellen. Jede Übung benötigt eine Einbettung in einen angemessenen Rahmen, der zeitliche und räumliche Vorgaben ebenso berücksichtigt wie die konkreten Vorerfahrungen und die aktuelle Situation der Schülerinnen und Schüler. Ein Gespür für die Auswahl des richtigen Zeitpunkts einer Übung ist von gleichrangiger Wichtigkeit wie die oben angeführten allgemeinen Hinweise zum Einsatz von Stille-Übungen. Im Rahmen einer eigenen Unterrichtssequenz zur Stille können die durch die Übungen und narrativen Texte vermittelten Erfahrungen durch theoretische Reflexion ergänzt werden.[21]
Erfahrungsgemäß erleichtert es Schülerinnen und Schülern ebenso wie den Religionslehrerinnen und -lehrern den Einstieg, wenn kurze Übungen am Anfang einer Sequenz stehen. Es ist gut möglich, eine Übung ggf. in leichter Variation über mehrere Stunden wiederholt einzusetzen, damit sich alle Beteiligten langsam an die neue Situation von Stille in der Schule gewöhnen können. Jede Übung sollte vorher kurz erläutert werden und sich mit einer Einladung an alle Schülerinnen und Schüler verbinden. Der Freiwilligkeitscharakter sollte deutlich gemacht, jedoch nicht zu stark in den Vordergrund gestellt werden. Anfänglichem Zögern, Kichern oder Unbehagen der Schülerinnen und Schüler sollte man mit Verständnis und positiver Verstärkung begegnen nach dem Motto: „Es ist vielleicht noch etwas ungewohnt, aber ihr macht das schon ganz gut!". Eine regelmäßige Integration von Stille-Übungen führt meistens schnell dazu, dass sich Beginn, Sitzhaltung und Austauschphase schnell ritualisieren und dass die Lernenden selbst den Wunsch nach einer kurzen Entspannungsphase im (oder vom?) Unterricht formulieren.
Für das Gelingen von Stille-Übungen ist es erforderlich, ein einladendes Umfeld zu schaffen. Bereits wenige Mittel wie z. B. das Freiräumen der Tische, sanfte Verdunklung, ruhige Musik und ein Anfangssymbol (Klangschale, Triangel) können zu einer angenehmen Atmosphäre beitragen. Wahrnehmungs-, Atemübungen und Phantasiereisen können im Sitzen – im Stuhlkreis oder am Tisch, wobei der Kopf auf den verschränkten Armen auf dem Tisch ruht, durchgeführt werden. Wo es möglich ist, sollten längere Übungen im Liegen durchgeführt werden. Wesentlich ist jedoch auch die Art des Vortrags: Die Texte sollten langsam und mit Pausen mit einer ruhigen, festen Stimme gelesen werden. Es empfiehlt sich, vorher unbedingt zu üben, indem man den Text jemandem vorliest oder auf Kassette spricht. Anleitende Lehrerinnen und Lehrer sollten sich bewusst sein, dass es vorteilhaft, wenn nicht unumgänglich ist, selber Ruhe und Gelassenheit auszustrahlen.

[21] Vgl. z. B. die o. a. Verweise auf C. S. Lewis oder Max Picard.

Einen kleinen Vorschuss an Selbstvertrauen darf man sich zu Anfang ruhig gewähren, das macht erfahrungsgemäß den Einstieg in das unbekannte Terrain der Stille leichter ...

5. Bausteine für die Erfahrung von Stille im Unterricht

5.1 Hinführende Wahrnehmungsübung: „Wir hören auf die Stille“

Als eine Art „Türöffner“ lassen sich mit dieser Übung allererste Erfahrungen mit Stille-Übungen im Unterricht machen. Indem sich die Schülerinnen und Schüler auf Geräusche konzentrieren, diese ggf. erraten und anschließend aufschreiben, erhält die Übung einen eher spielerischen Charakter, der von der anfangs ungewohnten Situation ablenkt. Der Lehrer/die Lehrerin sollte den Ablauf der Übung detailliert erklären, den Freiwilligkeitscharakter unterstreichen und ggf. ablehnende Schülerinnen und Schüler anders beschäftigen.
Ziel: Erste Erfahrungen mit Stille innerhalb eines ungewohnten Kontextes machen, Vertrauen gewinnen in Übungsform und Klassengemeinschaft.

Ich lade dich ein, für einen Moment still zu werden.
Mach es dir bequem, leg deinen Kopf auf den Tisch
und probiere aus, welche Haltung für dich angenehm ist.
Achte darauf, dass ein Ohr frei liegt.
Wenn du magst, kannst du deine Augen schließen
und einen Moment ganz für dich allein sein.
Du bist jetzt ganz ruhig.
Du bist ganz ruhig und entspannt.

Genieße es, wenn es so ruhig und still ist. Höre genau hin, wie sich das anhört, wenn es still ist. Vielleicht kannst du immer noch etwas hören. Nimm die Geräusche wahr. Versuche, die Geräusche zu erkennen und merke sie dir. Ich lasse dir noch etwas Zeit, hinzuhören, dann werde ich dich sanft mit leiser Musik zurückholen.

(Stille – dann leise Musik zum „Wecken“)

Nimm dir noch einen Augenblick Zeit und schreibe dir auf, welche Geräusche du gehört hast und welche Gedanken und Gefühle dir beim Still-Sein gekommen sind.

5.2 Wahrnehmungsübung „Unsere Ohren – Türen an uns“

Diese Übung eignet sich als Einstieg in die Sequenz. Die Schülerinnen und Schüler können in ihrer Phantasie zu beliebigen, ggf. sogar kontrastreichen Orten geführt werden. Möglicherweise lässt sich die Übung auch mit einem anschließenden Rundgang zu den in der Phantasie besuchten Orten verbinden, damit die Eindrücke mit der Realität verglichen werden können.
Ziel: Sensibilisierung für und Bewusstmachung von Geräuschen und Lärmfaktoren der Umgebung. Der Lehrer/die Lehrerin erläutert kurz den Ablauf der Übung und spielt leise meditative Musik ein.

(Musik)

Ich lade dich ein, für einen Moment still zu werden.
Mach es dir bequem, leg deinen Kopf auf den Tisch und probiere aus, welche Haltung für dich angenehm ist. Achte darauf, dass ein Ohr frei liegt.
Lausche der Musik. –
Du bist jetzt ganz ruhig. Du bist ganz ruhig und entspannt.

Ich lade dich ein, für einen Moment alle Türen nach außen zu verschließen.

Verschließe als Erstes den Mund. Dein Atem geht ruhig und regelmäßig durch die Nase. Ein und aus, ein und aus. Du kannst den Mund schließen. Genieße die Ruhe, die entsteht, wenn du nicht sprechen musst.
Schließe auch die Augen, durch die du die Wirklichkeit sehend aufnimmst. Mach sie zu, gönne ihnen eine Pause und genieße die Ruhe.
Achte nun bewusst auf das, was deine Ohren hereinlassen. Konzentriere dich auf das Ohr, das frei liegt. Das Ohr ist eine Tür, durch die vieles hereinkommt. Mit deinem Ohr nimmst du die Musik auf und alle Geräusche im Klassenraum und draußen. Konzentriere dich auf das, was du hören kannst. Wenn ich jetzt die Musik ausschalte, kannst du noch mehr hören ... Stell dir vor, du bist ganz Ohr – du nimmst die Wirklichkeit nur über die Ohren wahr.

(Musik aus; Übung ggf. mit einer kurzen Abschlussformel hier beenden)

Ich möchte dich jetzt einladen, mit gespitzten Ohren eine Wanderung zu unternehmen. Stell dir vor, was du alles hören wirst: Du gehst von deinem Platz aus durch den Klassenraum zum Flur. Du nimmst dir Zeit, zu lauschen. Langsam gehst du den Flur entlang zur Pausenhalle, zum Eingang der Schule, aus der Schule heraus auf den Schulhof. Du gehst in Ruhe eine Runde über den Hof und lässt deine Ohren offen für alle Geräusche. Suche dir einen sicheren Platz und höre den Geräuschen zu. Langsam machst du dich auf den Rückweg zur Klasse. Während du über den Flur gehst, achtest du darauf, ob du nun andere Geräusche wahrnimmst. Jetzt bist du wieder angekommen im Raum, auf deinem Platz.

Lass deine Wahrnehmung noch einmal an dir vorüberziehen, was haben deine Ohren alles aufgenommen? Nimm dir noch einen Augenblick Zeit, genieße die Ruhe der Ohren. Atme tief durch und strecke dich. Du bist wieder ganz hier.
Bleib noch einen Moment für dich allein und schreibe in einer Tabelle auf, welche Geräusche du an welchen Orten wahrgenommen hast.

5.3 Phantasiereise „Ins Land der Stille zum ‚Wohlfühlort'"

Eine Übung für Gruppen, die schon ein wenig an Stille-Übungen gewöhnt sind.
Ziel: Entspannende Vorstellung eines fiktiven oder realen Ortes, an dem man sich wohl fühlt. Im anschließenden Austausch werden vermutlich viele Schülerinnen und Schüler ihren „Wohlfühlort" als still, leise und ruhig beschreiben. Die Lehrerin/der Lehrer erläutert kurz den Ablauf der Übung, betont Freiwilligkeitscharakter und spielt ggf. leise Musik ein, die den Schülerinnen und Schülern die Imagination erleichtern kann.

(Musik)

Ich lade dich ein zu einer Reise auf den Flügeln deiner Phantasie.
Mach es dir bequem, leg deinen Kopf auf den Tisch und probiere aus, welche Haltung für dich angenehm ist.
Lausche der Musik. –
Du bist jetzt ganz ruhig. Du bist ganz ruhig und entspannt.
Beobachte deinen Atem. Er geht ruhig und regelmäßig. Ein und aus, ein und aus.
Schließe die Augen, gönne ihnen eine Pause und genieße die Ruhe.
Konzentriere dich nun auf das, was du hören kannst.
Achte bewusst auf alle Geräusche im Klassenraum und draußen.

Auf den Flügeln deiner Phantasie kannst du nun diese Geräuschkulisse verlassen.
Du hast Zeit, dir einen Ort zu suchen, an dem du dich wohl fühlst.
In deiner Phantasie ist jeder Ort erreichbar. Wie auf einem fliegenden Teppich oder in einer Seifenblase kannst du dem Klassenraum entschwinden. Sacht wirst du getragen, ein leichter Wind pustet dich sanft durch die Luft. Schließlich siehst du ihn von weitem, deinen Wohlfühlort. Langsam kommst du ihm näher. Du schaust ihn dir genau an. –
Dort lässt du dich nieder. –

Mach es dir bequem an deinem Ort und genieße die Umgebung.
Du schaust dich um, nimmst ihn mit allen Sinnen wahr.
Seine Farben, sein Licht.
Du fühlst dich wohl dort.
Du achtest darauf, was dein Ohr aufnimmt.
Vielleicht kannst du auch etwas riechen, einen sanften, angenehmen Geruch.
Du hast Zeit und genießt deinen Wohlfühlort.

Du nimmst dir noch einen Augenblick Zeit, dann verabschiedest du dich von deinem Wohlfühlort. Du schwebst sanft zurück und kommst langsam wieder im Klassenzimmer an. Deine Bilder sind noch bei dir. Du kannst sie aufschreiben oder aufmalen oder leise deinem Nachbarn/deiner Nachbarin erzählen. Hol noch einmal tief Luft und beginne leise mit der Arbeit.

5.4 Geschichte „Die Erfahrung der Stille“

Die Geschichte ermöglicht einen *narrativen Zugang* zur Stille als Weg zur eigenen Mitte. Die Schülerinnen und Schüler können ggf. die Erfahrungen der Geschichte an einem Teich oder Brunnen nachspielen und -empfinden.
Hinweis: Zur schrittweisen Erschließung die Geschichte zunächst ohne die letzten beiden Zeilen (vor-)lesen.

Die Erfahrung der Stille
Zu einem einsamen Mönch kamen eines Tages Menschen. Sie fragten ihn: „Was für einen Sinn siehst du in deinem Leben der Stille?“
Der Mönch war eben beschäftigt mit dem Schöpfen von Wasser aus einer tiefen Zisterne. Er sprach zu seinen Besuchern: „Schaut in die Zisterne! Was seht ihr?“
Die Leute blickten in die tiefe Zisterne. „Wir sehen nichts!“
Nach einer kurzen Weile forderte der Einsiedler die Leute wieder auf: „Schaut in die Zisterne! Was seht ihr?“
Die Leute blickten wieder hinunter. „Ja, jetzt sehen wir uns selber!“
Der Mönch sprach: „Schaut, als ich vorhin Wasser schöpfte, war das Wasser unruhig.
Jetzt ist das Wasser ruhig. Das ist die Erfahrung der Stille: man sieht sich selber.“

Aus: Georg Bubolz, Ursula Tietz (Hg.). Spuren Gottes – Vom Unbedingten reden. © 1995 Patmos Verlag, Düsseldorf.

5.5 Körpererfahrung: Atemübung

Obwohl sich eine Atemübung nicht unbedingt als Stille-Übung versteht, ermöglicht sie jedoch über die bewusste Körpererfahrung eine „Auszeit“ für den Kopf. Am besten an geöffneten Fenstern oder im Freien, vielleicht auf einer Wiese, durchzuführen.
Ziel: Die Schülerinnen und Schüler erfahren ihren Körper und die wohl tuende Wirkung langsamen und bedächtigen Atmens und lernen so eine einfache Entspannungstechnik kennen.

Stell deine Füße in einer leichten Grätsche auf den Boden,
lass die Arme und Hände locker neben dem Körper hängen.
Richte deinen Körper auf, damit die Luft gut ein und ausströmen kann.
Schließe die Augen und konzentriere dich auf deine Atmung.
Achte darauf, wie dein Atem ein und ausströmt.

Atme tief ein, als ob du deinen ganzen Körper mit Luft füllen wolltest.
Halte den Atem an, bevor du ihn wieder ausströmen lässt.
Atme dreimal tief ein und aus. –

Führe nun die Ringfinger und die kleinen Finger beider Hände zusammen, so dass sich die Spitzen der Ringfinger und der kleinen Finger berühren.
Du atmest tief in den Bauch ein.
Achte darauf, wie die Luft tief in den Bauch geht, halte sie kurz an, und lass sie dann langsam wieder ausströmen.
Atme dreimal tief ein und aus.

Führe nun die Zeigefinger und Daumen beider Hände zusammen, so dass sich die Spitzen der Zeigefinger und der Daumen berühren.
Du atmest tief in die Brust ein.
Achte darauf, wie die Luft den Brustkorb erfüllt, halte sie kurz an und lass sie dann langsam wieder ausströmen.
Atme dreimal tief ein und aus.

Genieße es, wie die Luft in deinen Körper strömt, dich mit Energie füllt, und gib sie dann wieder ab.
Du bist ganz ruhig und entspannt.
Atme noch einmal tief ein und aus und öffne langsam wieder die Augen.
Strecke deine Arme aus, balle die Hände zu Fäusten und sei wieder ganz hier.

5.6 Naturale Meditation: Zitronenmeditation

Alle Schülerinnen und Schüler setzen sich in den Kreis (auf den Boden) und bekommen die Augen verbunden und eine Zitrone in die Hand gelegt mit der Aufforderung, diese einige Minuten lang kennen zu lernen. Wer seine Zitrone „kennt", hebt den Arm, die Zitronen werden von der Lehrerin/vom Lehrer mit den Namen der Schülerinnen und Schüler versehen und in die Mitte gelegt. Wenn alle Zitronen eingesammelt sind, versuchen die Schülerinnen und Schüler, tastend ihre Zitrone aus der Menge in der Mitte wieder zu finden. Wer glaubt, sie gefunden zu haben, hebt wiederum den Arm, damit der/die Lehrende überprüfen kann.
Ziel: Die Schülerinnen und Schüler machen die beeindruckende Erfahrung, dass eine eingehende Beschäftigung mit nur einem simplen Gegenstand lohnend sein kann. Die Überraschung, dass tatsächlich alle ihre Zitrone wieder finden, ist groß!

(Musik)

Du hast nun Zeit, die Zitrone in deiner Hand kennen zu lernen.
Eine Zitrone wie jede andere.
Nimm sie wahr in ihrer Beschaffenheit, ihrer Form, ihrem Duft.
Finde in Ruhe heraus, wie sich deine Zitrone anfühlt, was sie von anderen Zitronen unterscheidet und besonders macht.
Wenn du glaubst, deine Zitrone zu kennen, kannst du sie abgeben.
Anschließend hast du Gelegenheit, sie unter all den anderen Zitronen wieder zu finden.

5.7 Mandala malen

Mandalas sind symmetrische, auf eine Mitte hin konzentrierte Zeichnungen, die mit Filz-, Buntstiften oder Wachsmalkreiden ausgemalt werden können. Es ist auch möglich, ein Mandala in mehreren „Sitzungen" auszumalen oder es in Abschnitte zu gliedern und gemeinsam zu gestalten. Geübte entwerfen ihre Mandalas frei, so dass der Gestaltung keine Grenzen gesetzt sind. Die Schülerinnen und Schüler können beim ersten Malen darauf hingewiesen werden, dass sie sich möglichst leise verhalten und vor allem die anderen nicht stören. Jedoch auch ohne diesen Hinweis werden die Schülerinnen und Schüler erfahrungsgemäß während der Malphase von alleine leiser und ruhiger.
Ziel: Durch das lediglich von leiser Musik begleitete Malen von außen nach innen oder umgekehrt stellen sich Ruhe und Entspannung ein.
Vorlagen gibt es z. B. bei Christine Bellinghausen. *30 Mandalas zum Ausmalen und Kopieren.* München: Deutscher Katechetenverein e.V., 1994.

5.8 Vorschläge für meditative Musik

- Ludger Edelkötter. *Zeit für Ruhe*. Impulse Musikverlag, 1995.
- Hufeisen. *Flötenzauber*. Edel, 1994.
- Enrico Intra. *Geboren aus der Mitte des Schweigens. Instrumentalmusik nach gregorianischen Gesängen*. Kreuz Verlag, 1993.
- Daniel Kobialka. *Fragrances of a Dream*. Oreade Music, 1992.
- Arnd Stein. *Symphonie Vol. 2 und 3. Sanfte Musik zum Entspannen und Wohlfühlen*. Verlag für therapeutische Medien, 1993.

6. Rückblick und Ausblick

Stille-Übungen in der Schule sind mehr als nur ein neuer Trend, den sich Referendare und Referendarinnen für einen innovativen Unterricht ausdenken. Wenn es im Religionsunterricht um den Menschen geht, um seine Fragen, Bedürfnisse und Befindlichkeiten, dann hat Stille in der Schule ihren berechtigten Platz. Indem Stille zugelassen wird, werden existentialen Fragen nach Gott und Mensch und unserem Leben die Türen geöffnet. Als Element des ganzeitlichen Konzepts von Unterricht vermögen Stille-Übungen die Prämissen von handlungs- und erfahrungsorientiertem RU methodisch umzusetzen. Ein so gestalteter RU legitimiert sich durch den Stellenwert von Stille in jüdisch-christlicher Tradition einerseits und andererseits durch die Bedeutung von Stille als Raum des Rückzugs, der Un-Produktivität und der Gegenwelt zur Lebenshaltung unserer Gesellschaft; ein Raum, in dem die Tür zur eigenen Mitte wieder ein Stück aufgestoßen wird.
Noch verhindern Defizite an räumlicher Geborgenheit und Schulkultur die Entwicklung der Dimension der Stille und des Verweilens, der Muße und der zeitweisen Un-Produktivität. Der Stille im RU die Tür zu öffnen und so Impulse zu einem bewussteren und ganzheitlichen Leben zu setzen, kann dann (nur) der erste Schritt sein. Im Sinne des von der nordrhein-westfälischen Bildungskommission formulierten Konzepts von Schule als „Haus des Lernens", als „Lern- und Lebensraum" dürfen sich Schulen aufgerufen fühlen, der Stille zeitlichen und örtlichen Raum zu gewähren. Mut und Engagement, vielleicht eine zusätzliche Finanzspritze sind gefordert, damit Schule zu einem Ort werden kann, an dem man auch still sein kann, „an dem Zeit gegeben wird zum Wachsen" und „dessen Räume einladen zum Verweilen".[22]
Dass sich die Mühe lohnt, bestätigen die Rückmeldungen von Schülerinnen der Jahrgangsstufe 12 – das vielleicht ausdrucksstärkste Plädoyer für die Stille:

„Heutzutage gibt es für viele Menschen keine Stille mehr, und das Thema könnte eine Anregung sein, sie für sich persönlich zu suchen. Vielleicht wissen manche gar nicht, dass Mandala-Malen entspannen kann!"

„Auf jeden Fall sollte Stille im Unterricht ein Thema sein, besonders deswegen, weil es nicht mehr viel von der Stille gibt."

„Ich finde, dass Stille (und Meditation) unbedingt in den Schulunterricht gehören. Schon wegen der Erfahrung, die man macht. Nicht nur stumpfes Lernen, sondern einfach mal loslassen, sich ganz auf sich selbst konzentrieren können."

„Ich finde, Stille-Übungen sollten nicht nur im Reli-Unterricht gemacht werden. Meditationen und Phantasiereisen sind entspannend, besonders wenn man einen langen Tag hat und sich nicht mehr konzentrieren kann. Leider gehören diese Stille Übungen (noch) nicht zum Schulalltag."

7. Benutzte Literatur und Anregungen für die weitere Lektüre

Bellinghausen, Christine. 30 Mandalas zum Ausmalen und Kopieren. München: Deutscher Katechetenverein e.V., 1994.

[22] Ebd., S. 86.

Die Bibel. Einheitsübersetzung der Heiligen Schrift. Altes und Neues Testament. Aschaffenburg: Pattloch, 1980.

Bildungskommission Nordrhein-Westfalen (Hg.). Zukunft der Bildung – Schule der Zukunft: Denkschrift der Kommission „Zukunft der Bildung – Schule der Zukunft" beim Ministerpräsidenten des Landes Nordrhein-Westfalen. Neuwied: Luchterhand, 1995.

Britz, Bernhard und Stefan. „Sich der Stille öffnen. Stille-Übungen im Religionsunterricht". Materialbrief der Katechetischen Blätter, 3 (1996).

Bubolz, Georg, Ursula Tietz (Hg.). Spuren Gottes – Vom Unbedingten reden. Arbeitsbuch Religion Sekundarstufe II. Bd. 4. Düsseldorf: Patmos, 1995.

Bußmann, Gabriele, Susanne Drees. „Quiet Minutes – Stille erfahren in der Schule". In: Kirche und Schule, 111 (1999), S. 1–12.

Esser, Wolfgang, Susanne Kothen. Die Seele befreien. Spiritualität für Kinder. Ein Praxisbuch. München: Kösel, 1998.

Faust-Siehl, Gabriele, Eva-Maria Bauer et al. Mit Kindern Stille entdecken. Frankfurt: Diesterweg, ^{5}1995.

Faust-Siehl, Gabriele. „Stille und Stilleübungen – Pädagogische Grundlagen einer Methode des Religionsunterrichts". In: Gottfried Adam, Rainer Lachmann (Hg.). Methodisches Kompendium für den Religionsunterricht. Göttingen: Vandenhoeck & Ruprecht, ^{2}1996. S. 366–376.

Halbfas, Hubertus. Das dritte Auge. Religionsdidaktische Anstöße. Düsseldorf: Patmos, ^{7}1997.

Halbfas, Hubertus. Religionsunterricht in der Grundschule. Lehrerhandbücher 1 und 2. Düsseldorf: Patmos, ^{2}1987 und 1984.

Halbfas, Hubertus. Religionsunterricht in Sekundarschulen. Lehrerhandbuch 10. Düsseldorf: Patmos, 1997.

Hohenadel, Maria. „Meditative und erfahrungsorientierte Zugänge im Unterricht". In: Katholisches Schulkommissariat in Bayern (Hg.). Erzieherische und andere fächerübergreifende Anliegen im Lehrplan des Faches Katholische Religionslehre. Materialien für den Religionsunterricht an Gymnasien. München, 1996. S. 103–166.

Jakobi, Josef, Edith Verweyen et al. „Umfrage zur religionspädagogischen Lehrerfortbildung mit allen Religionslehrerinnen und -lehrern im Bistum Münster". In: Kirche und Schule, 98 (1996). S. 1–17.

Lewis, C.S. Dienstanweisung für einen Unterteufel. Freiburg, Basel, Wien: Herder, ^{3}1992.

Maschwitz, Gerda und Rüdiger. Gemeinsam Stille entdecken. Übungen für Kinder und Erwachsene. München: Kösel, 1995.

Maschwitz, Gerda und Rüdiger. Stille-Übungen mit Kindern. Ein Praxisbuch. München: Kösel, 1993.

Müller, Else. Auf der Silberlichtstraße des Mondes. Autogenes Training mit Märchen zum Entspannen und Träumen. Frankfurt: Fischer, 1985.

Müller, Else. Du spürst unter deinen Füßen das Gras. Autogenes Training in Phantasie- und Märchenreisen. Frankfurt: Fischer, 1983.

Müller, Else. Träumen auf der Mondschaukel. München: Kösel, ^{5}1994.

Ort, Barbara. „Unterrichtsmethoden". In: Fritz Weidmann (Hg.) Didaktik des Religionsunterrichts. Donauwörth: Auer, ^{6}1992. S. 217–227.

Picard, Max. Die Welt des Schweigens. Frankfurt/Main: Fischer, 1959.

Rendle, Ludwig, Ursula Heinemann et al. Ganzheitliche Methoden im Religionsunterricht. Ein Praxisbuch. München: Kösel, 1996.

Saint-Exupéry, Antoine de. Die Stadt in der Wüste. Bad Salzig: Rauch, 1951.

Teml, Helga und Hubert. Komm mit zum Regenbogen. Linz: Veritas, ^{2}1992.

Weidmann, Fritz. „Der Schüler". In: Ders. (Hg.). Didaktik des Religionsunterrichts. Donauwörth: Auer, ^{6}1992. S. 133–156.

Bernd Weber

Zum Menschenbild der Werbung – oder: „Marketing als Gottesdienst am Kunden"

Ein fächerverbindendes Unterrichtsprojekt

Ich bin kein Experte auf dem Gebiet der Werbung; ich mache mir keine Illusionen, dass ich in meiner eigenen Wahrnehmung, in Empfindungen und Urteilen ungeachtet der kritischen Perspektiven, die ich hier vorlegen werde, von Werbung beeinflusst bin.

1. Werbung als Thema des Religionsunterrichts

Da Werbung unseren Alltag bestimmt bzw. bestimmen kann – von den ersten Werbeblöcken im ‚Frühstücksfernsehen' oder ‚Guten-Morgen-Sendungen' der Lokalradiosender über die Beilagen und Anzeigen der Tageszeitungen, den Litfaßsäulen und Plakatwänden in Städten und Straßen, den Bushaltestellen und Bahnhöfen bis hin zu den ganztägigen Programmangeboten des Fernsehens, vor allem der Privatsender –, da Werbung eine eigene Industrie begründet, ungeheures Kapital verschlingt und somit offenkundig unersetzlich ist, zumal sie mit marktwirtschaftlichen Systemen unlöslich verbunden ist, da Werbung laufend Sinnversprechen anbietet, muss sie zwangsläufig Gegenstand des Religionsunterrichts (RU) sein, wenn dieser seinem Auftrag gerecht werden will, „... auf der Grundlage reflektierter Tradition nach dem Ganzen und nach dem Sinn des menschlichen Lebens und der Welt"[1] zu fragen. Wie dieses Fragen im Kontext der Werbung aussehen kann – dazu wird hier ein mögliches Angebot vorgelegt.
Bevor Beispiele von Werbung vorgestellt und im Blick auf den RU – gemäß dem neuen Lehrplan Sek II (NRW) zu dem möglichen Halbjahresthema, „Ich will frei sein!" – Das Problem der menschlichen Freiheit als eine zentrale anthropologisch-ethische Fragestellung *(Jahrgangsstufe 11/II; auch in den Jgst. 12/13 im Kontext der Gottesfrage relevant)* – entfaltet werden, wird der gesellschaftswissenschaftliche und theologische Horizont skizziert, in dem eine den fachspezifischen Aufgaben des RU gemäße Analyse von Aspekten des Menschenbildes der Werbung gesehen werden kann.[2] Zuvor ein Hinweis zum Begriff Menschenbild und zur Bedeutung von Menschenbildern.

2. Zur Relevanz von Menschenbildern

Menschenbilder charakterisieren ‚ideale Auffassungen' vom Wesen des Menschen, d. h. sie geben Antwort auf die Frage, was den Menschen zum Menschen macht. Von hier eine erste Feststellung: Sicher gibt es *das* Menschenbild der Werbung nicht, weil sich dieses im Prozess sozioökonomischen und politischen Wandels selbst verändert. Daher lächeln wir z. B. heute über die Werbung der fünfziger Jahre, nicht zuletzt über die dort vertretenen Rollenklischees, die freilich – nur anders – auch heute von Werbung angeboten und verbreitet werden. Dass Werbung Einfluss nimmt auf das, was als wertvoll und bedeutsam, erstrebenswert, lebenssteigernd und lebenserfüllend angesehen wird, scheint schon angesichts ihrer Omnipräsenz und der Milliarden, die für Werbung täglich ausgegeben werden, evident zu sein. Insofern nimmt Werbung Einfluss auf Menschenbilder, wie sie ihrerseits Ausdruck von Menschenbildern ist. Es gibt keine ökonomische, politische oder soziale Ordnungsvorstellung, keine Leitbilder des Menschseins ohne Menschenbilder.
‚Der Mensch ist des Menschen Wolf' und bedarf eines starken staatlichen Ordnungsgefüges, um friedlichen Umgang untereinander zu sichern, sagen Absolutismus, ‚moderner' politischer Konservatismus und in totalitärer Übersteigerung faschistische Ideologien des 20. Jahrhunderts. Der Mensch

[1] Zit. Der Religionsunterricht in der Schule, in:Gemeinsame Synode der Bistümer in der Bundesrepublik Deutschland, Bd. I, Freiburg 1976, S. 139.
[2] Eine fachübergreifende Perspektive ist hier schon immer gegeben, da RU in diesem Themenfeld auf Erkenntnisse und Einsichten der Sozialwissenschaften angewiesen ist; von daher bietet sich auch ein fächerverbindender Unterricht mit dem Fach Politik/Sozialwissenschaft an.

bedarf um seiner Befreiung willen der Führung einer um die ‚Gesetze der Geschichte' wissenden Partei, sagt(e) der Marxismus-Leninismus. ‚Der Mensch ist frei geboren, fähig zur individuellen Autonomie, zur individuellen und sozialen Verantwortung, zum aufrechten Gang', sagen in unterschiedlicher Akzentuierung liberaldemokratische Konzeptionen seit der Aufklärung, die das Verständnis des westlichen demokratischen Verfassungsstaates geprägt haben und prägen. Der Markt als Waren-Markt seit den hoch- und spätmittelalterlichen Städten war bekanntlich die früheste Form der modernen Öffentlichkeit; durch Überwindung der Eigenbedarfswirtschaft, durch Geldgebrauch und Eigentums- und Vertragsfreiheit hatte und hat das Marktprinzip wesentlichen Anteil an der bürgerlichen Emanzipation. Nur – und dies ist nicht nur im RU herauszustellen – eine soziale Marktwirtschaft „gründet (...) auf anthropologischen und ethischen Vorentscheidungen. Sie geht aus von einem Menschenbild, das Freiheit und persönliche Verantwortung wie Solidarität und soziale Verpflichtung beinhaltet (...)".[3] Dass dies so sein soll, sagt z. B. das Grundgesetz, Art 14,2: „Eigentum verpflichtet. Sein Gebrauch soll zugleich dem Wohle der Allgemeinheit dienen." „Insofern beruht die soziale Marktwirtschaft auf Voraussetzungen, welche sie selbst nicht herstellen und auch nicht garantieren kann, ohne die sie aber auf Dauer nicht lebensfähig ist."[4]

Diese Hinweise dürften die Relevanz von Menschenbildern ebenso verdeutlicht haben wie die der Frage nach Aspekten des Menschenbildes der Werbung. Dazu zunächst Impressionen und Analysen von, über und zur Werbung, insbesondere zu Perspektiven des Mensch-Seins, wie sie durch Werbung vermittelt werden. Anschließend werden theologische Perspektiven vorgestellt, die – so die hier vertretene Position – Gegenwelten zur ‚Welt' der Werbung erinnern und schützen und die Menschen stärken, wenn und soweit Theologie ihrer Sache treu bleibt, den biblischen Gottesglauben in seiner Bedeutung für Solidarität und Gerechtigkeit und damit für Mensch-Sein, für eine zukunftsfähige Gesellschaft zu erschließen.

3. Wie Werbung Menschen sieht – zum Menschenbild der Werbung

Werbung ist heute nicht nur in fortgeschrittenen Industriegesellschaften allgegenwärtig. „Es gibt keine Ruhe, keinen Fluchtweg, kein Sich-Verweigern mehr. An Hauswänden und auf Müllwagen, auf Flugzeugen und Flußkreuzern, auf Heißluftballons und Zeppelinen: Werbung. Auf Mützen, Schuhen, Hemden, Knöpfen, Taschen und Hosenbünden: Werbung. Fast alles ist heute gut genug, um mit Reklame bedruckt zu werden."[5] Und um der Reklame willen die werbefinanzierten Privatsender, die ganztägig rund um den Globus senden, um Werbung platzieren zu können. 243 Milliarden Dollar wurden 1995/96 gemäß der US-Zeitschrift Economist vom 8. Juni 1996 weltweit für Werbung ausgegeben. Der durchschnittliche Werbeanteil von Illustrierten umfasst nahezu ein Drittel der Seitenzahl; zu 80% finanzieren sie sich über Werbung.[6] *Das* Werbemedium ist aber das Fernsehen, das in Deutschland täglich 67% der Bevölkerung bei einer durchschnittlichen Nutzung von zweieinhalb Stunden erreicht. Dazu *Klaus Peter Schulz*, Verkaufsleiter Sat 1:

„Fernsehen ist Zielgruppenkommunikation. So verschieden die Menschen sind, so differenziert sind auch die Programmformate. Vollprogramme und Spartensender bieten mittlerweile eine Angebotsvielfalt, die es möglich macht, auch unterschiedlichste Zielgruppen mit ausreichendem *Werbedruck* anzusprechen. Fernsehen ist Markenkommunkation. Marken müssen erlebt werden. Dies geschieht jedoch nie losgelöst von den Sinnen, über die wir wahrnehmen. Fernsehen ist mehr als Sehen, es ist Hören, Fühlen, Bewegung. Und das Wichtigste: TV ist Emotion! Erst durch die Summe der Wahrnehmungen entstehen Markenbilder und Images, die sich positiv auf die Performance einer Marke auswirken können. Damit bietet TV selbst für die Kommunikation so genannter Low-Interest-Produkte das größte Spektrum an Möglichkeiten, Top-of-Mind bei den Verbrauchern zu werden. Was wüssten Deutschlands Hausfrauen über das ‚Verwöhnaroma' einer Krönung oder über die Alpenwelt der lila Milka-Kuh ohne das Fernsehen?"[7]

---

[3] Zit. ‚Für eine Zukunft in Solidarität und Gerechtigkeit', Wort des Rates der Ev. Kirche in Deutschland und der Dt. Bischofskonferenz zur wirtschaftlichen und sozialen Lage in Deutschland, Hannover/Bonn 1997, S. 39.

[4] Zit. ebd., S. 39.

[5] Zit. H. Seißler, Das Recht der ersten Macht – Reklame, Eine Polemik gegen die Maßlosigkeit der Werbung, in: W&V–Spezial, Ein Supplement von werben & verkaufen u. Süddt. Verlag, Beilage SZ, 1996, S. 37.

[6] Vgl. Materialbrief 1/97, Beiheft der Kat.Bl. 1997, S. 17.

[7] Zit. K. P. Schulz, Werbung im Fernsehen wirkt, in: W&V-Spezial, a. a. O., S. 29.

Wenn das ‚heilig‘ genannt werden kann, worauf Menschen hinarbeiten und -leben, was ihnen Befriedigung, Wohlsein, ja Glück verspricht, Heil-Sein, dann wird heute für Teile der Bevölkerung der ‚nördlichen‘ Welt und – weltweit gesehen der kapitalkräftigen Oberschichten – Konsum zum Konsumismus, zum ‚Religionssystem‘:
„Werbung zielt heute auf ein Kultbild, in dem der Befehl steckt, ein Ritual des Konsums zu vollziehen. Der Kunde soll nicht einfach nur kaufen und verbrauchen, sondern eine rituelle Handlung vollziehen. Seit es Kultmarken und Kultprodukte gibt (...), geht der Kunde vom passiven Konsum zur aktiven Devotion über. Der Konsum kann eine transzendente Erfahrung transportieren, d.h. das Konsumentenverhalten trägt gewisse Aspekte des Heiligen zur Schau. So entfaltet sich der Konsumismus als Religionssystem. Die Werbung schafft eine Welt, in der die Kunden in magische Beziehungen zu den Gütern treten. (...) Die Welt des Marketing und der Werbung ist heute also nicht mehr die Welt der Zwecke, Bedürfnisse und Rechnungen, sondern die Welt der Magie ...und (des) Fetischismus.“[8]
Norbert Bolz, Professor für Philosophie, Ästhetik und Medienwissenschaften, erläutert mit dieser Beschreibung seine These: *„Marketing ist Gottesdienst am Kunden“*. In Überflussgesellschaften mit zunehmender Marktsättigung – z. B. PKW, Fernsehen, Radio, Kleidung usw. – steht für ein Unternehmen nicht das Herstellen, sondern der Absatz der jeweils erzeugten Produkte im Zentrum unternehmerischer Entscheidungen und unternehmerischen Handelns. Mit *H. Meffert* kann Marketing definiert werden als „bewußt marktorientierte Führung des gesamten Unternehmens.“ Mit *E. Fromm* kann kritisch gesagt werden: „Die Wünsche des Konsumenten werden durch die Produzenten erzeugt.“[9]
Dabei ist die Wirkung von Werbung nicht die einer direkten Verführung zum Kauf eines bestimmten Produkts, sondern die Ansprache unserer Bedürfnisse: „‚Werbung ist die Lehre, daß es zum Leben mehr braucht als man verbrauchen kann und deren Didaktik‘. (...) Und so liegt die große Macht der Werbung darin, daß sie die Dinge ernst nimmt, die Menschen wirklich bewegen, also Freundschaft, Liebe, (Anerkennung), Sicherheit und Selbständigkeit. ‚Der Marketingexperte wird zum Verpackungskünstler des Zwischenmenschlichen‘“.[10] Daraus folgt die schon zitierte These: Die Ware braucht einen spirituellen Mehrwert, eine These, die mit der Definition ‚Marketing ist Gottesdienst am Kunden‘ korrespondiert. Konkret heißt dies: „Es wird heute sehr viel mehr Geist verkauft als die konkrete Qualität der Ware. Und zwar durch ein Versprechen, eine Verheißung, wie etwa in eine bestimmte Welt einzutreten, wenn man ein Produkt kauft. Oder daß man dann irgendeinem Clan angehört, irgendeinem Stamm. Wenn heute bestimmte Jugendliche ... bestimmte Turnschuhe kaufen, dann nicht weil diese Turnschuhe besser in der Qualität sind als andere Marken, sondern weil mit dieser bestimmten Marke ein Mythos verknüpft ist, eine große Geschichte ...“[11] Als Beispiel verweist *Bolz* auf die ‚NIKE-Town‘ in Chicago, „die Verwandlung eines Warenhauses in einen Tempel.“ „Dort zelebrieren gewisse Oberpriester diesen NIKE-Sportkult (...). Diese Hohepriester eines neuen Konsumkultes ziehen geradezu magisch nicht nur die Kids, sondern auch ihre Eltern an. Das heißt, man tut so, als ginge es hier gar nicht um Kaufen und Verkaufen, sondern als ginge es hier um das Zelebrieren eines Sportkults oder eines Lebensstilkult. Sehr erfolgreich suggeriert NIKE-Town, daß man hier lustwandelnd in sakrale Reiche eindringt, nicht also in irgendein Warenhaus geht.“ Die Konturen des Marktes der Zukunft beschreibt *Bolz* wie folgt: „Wer nicht dieses große spirituelle Mehrwertversprechen gibt, der wird auf dem Markt überhaupt keine Produkte mehr durchsetzen können.“
Ein *erstes Fazit* lautet somit: Der Mensch als Objekt der Manipulation, der Verführung – dies ist ein wesentlicher Aspekt des Menschenbildes der Werbung, wenn es gilt, mehr zu erwerben als man braucht, als man verbrauchen kann. Die zitierte Rede vom „ausreichenden Werbedruck“ spricht hier eine eindeutige Sprache. Gerade deshalb auch die Versprechen und Verheißungen, der schöne Schein, die implizite Selbstdefinition durch Haben.
„Die Motive in der Werbung repräsentieren also ein Menschenbild, das dem Ideal in der heutigen Gesellschaft entspricht: Gut aussehend, erfolgreich – sowohl in Beziehungen als auch in Geldsachen, unabhängig ... Die Produkte versprechen, dieses Ideal zu erreichen und bieten Hilfen an zur Bewältigung des Alltags, der in der Realität häufig von Minderwertigkeitsgefühlen, Streß, Krisen, Arbeitslosigkeit und Krankheit geprägt ist“[12]. Diese Realität wird durch Kaufen scheinbar transzendiert. Hier

[8] Zit. N. Bolz, 7 Thesen zum Marketing von morgen, in: W&V-Spezial, a. a. O.
[9] Belege vgl. Unterrichtsmaterialien.
[10] Zit. A. Gockel, Religiöse Motive in der populären Kultur (Werbung, Videoclips...) – eine religionspädagogische Herausforderung, Schriftl. Hausarbeit, masch. unveröffentl. Fassung, Paderborn 1997, S. 66f.
[11] Zit. N. Bolz,Wenn die Sehnsucht gekauft wird, Die Konsumwelt ergreift die Seelen. Ein unaufhaltsamer Trend? Fragen an den Trendanalytiker N. Bolz, in: Publik-Forum, Nr. 22, 1996, S. 32f., S. 32; die folgenden Zitate ebd.
[12] Zit. nach Materialbrief, a.a.O., S. 18; das folgende Zitat ebd., S. 19.

sind auch die Ansatzpunkte für religiöse Symbolik in der Werbung, die vom versprochenen ‚Paradies' über ‚Schutzengel' bis hin zur religiösen Sprache reicht: ‚Sündhaft schön, Himmlisch komfortabel' (*der neue ‚Fiesta'*). Oder: ‚Ein moralisches Angebot. Diesem Angebot können sie mit gutem Gewissen nachgeben' (*‚Fiesta Trend'*).
Ob diese Anspielungen, wie *Norbert Bolz* meint, Ausdruck dessen sind, dass das Leben „heute kein Werte-Korsett mehr, keinen Außenhalt in großen Ideen und Institutionen" hat, so dass Werbung, Marketing, „die Kunden als Bürger einer bedeutungsleeren Welt mit dem Heilsversprechen des Konsums ködert", in einer entzauberten Welt die ‚Konsumwelt' zum „Schauplatz der Verzauberung" macht und Bindung, religio, stiftet, aber Gott ausblendet, „um desto besser religiöse Gefühle bedienen zu können,"[13] sei dahingestellt. Hier wird vielmehr ein Trend zur Verdinglichung und Entfremdung des Menschen sichtbar, ein *weiteres zentrales Merkmal des Menschenbildes der Werbung*: Sinn-Versprechungen zu machen, die durch Waren prinzipiell nicht eingelöst werden können.
Deutlich werden Verdinglichung und Entfremdung etwa auch in der sog. Schockwerbung; z. B. die Frühjahrswerbekampagne des Modemachers Otto Kern (1994), eine Serie von 20 Bildern, die Themen der Bibel ‚zeitgemäß' – wie es heißt – interpretiert: „Unter dem Motto ‚Wir wünschen mit Jesus, daß die Frauen die Männer respektieren lernen', hat der Düsseldorfer Fotograf Horst Wackerbarth zwölf Models, bekleidet nur mit Kern-Jeans, a la Leonardo da Vinci um eine Tafel drapiert, in deren Mitte ein Hippie-Jesus das Brot segnet. (...) Der öffentliche Eklat ... dürfte genau das sein, was der ... Parfüm- und Blusenmacher gewollt hat." Eines der weiteren Fotos: „Ein Krippen-Idyll mit Ochse und Esel trägt den ... Titel: ‚Wir wünschen mit Jesus, Maria und Josef, daß es genügend Wohnungen für alle gibt'"[14] In diesem Kontext steht auch die Benetton-Kampagne, z. B. 1993 HIV-gestempelte Körperteile, die Kleidung eines gefallenen Serbokroaten (1994), wodurch Benetton zum weltweit bekanntesten Markennamen geworden ist. Verdinglichung und Entfremdung verwechseln Erotik mit Peep-Show. Verdinglichung und Entfremdung des Menschen als Ausdruck des Menschenbildes der Werbung kommen auch in der zurückgenommenen Werbung des Autoherstellers Nissan – ‚Die 10 Gebote' – zur Sprache: „Unter dieser Überschrift hatten Nissan-Händler (1997) in Hamburger Stadtmagazinen Automodelle mit verfremdeten Bibelsprüchen wie ‚Fahren ist seliger als laufen', ‚Und er nahm den Nissan und teilte ihn in 72 Raten ...' oder ‚Im Namen des Vaters, des Sohnes und der eiligen Familie' angepriesen".[15] Exemplarisch für Verdinglichung und Entfremdung, die mit einer Banalisierung einhergehen, sind auch die Filmtitel der Eigenproduktionen der deutschen Privatsender, die im Unterschied zu Kinofilmen optimal auf Werbeblöcke und damit auf den Verbraucher zugeschnitten werden. Darin wird auch erkennbar, wie diese Sender ihr Publikum sehen. Dass Theologie, die ihren Namen verdient, nur im Widerspruch zu diesen Aspekten des Menschenbildes der Werbung und der Unterhaltungsindustrie möglich ist, soll abschließend skizziert werden.

4. Theologische Perspektiven

Gegenüber der ‚Religio' der Werbung gilt es an eine Kurzdefinition von Religion zu erinnern, die meines Wissens von J. B. Metz stammt; sie lautet: ‚Unterbrechung'! Unterbrechung der alltäglichen, scheinbar selbstverständlichen Plausibilitäten der Produktion und Konsumtion, der Konkurrenz, der Selbstverwirklichung und Leistung. Auch dieser Unterbrechung geht es um Profilierung, ja, um öffentliche Aufmerksamkeit, um die Veränderung von Werthaltungen und Handlungsmuster. Maßstab dieses Verständnisses von Religion ist nicht ein allgemeiner, möglichst formaler, abstrakter und inhaltsleerer Religionsbegriff. Das Christentum mitsamt seiner Wurzel, dem Judentum, kann niemals von einem allgemeinen Religionsbegriff her Bedeutung, Lebenskraft und Zukunftsfähigkeit entfalten, sondern nur durch einen je neuen Rekurs auf die biblische Gotteserfahrung, die Geschichte Israels und das Evangelium Jesu Christi. Insofern ist die Kurzdefinition von Religion – Unterbrechung – mit einer theologischen Religionskritik unlösbar verbunden: „nicht ob einer Religion hat, sondern welche; nicht ob einer an Gott glaubt, sondern an welchen, und was dann Religion und Glaube bewirken, ob sie der Gerechtigkeit aufhelfen oder Ungerechtigkeit schaffen. Dieser Kritik ist jede Religion zu unterwerfen"[16] „Solche Fragen wären aber ganz falsch verstanden, wenn sie als der Versuch aufgefasst würden,

---

[13] Alle Zitate: N. Bolz, 7 Thesen zum Marketing, a. a. O., S. 42.
[14] Zit. DIE ZEIT, Nr.48, 1993.
[15] Zit. nach: FR vom 5.6.1997.
[16] Zit. Th.Ruster,Christliche Religion zwischen Gottesdienst und Götzendienst,in: rhs 39, 1996, H.1, S. 54–62, S. 56; die folgenden Zitate ebd., S. 56 u. S. 57.

das Christentum in seiner Wahrheit anderen Religionen gegenüberzustellen und es über sie zu erheben – wie es so oft unheilvoll geschehen ist". Es geht um eine permanente Selbstkorrektur des Christentums im Horizont biblischen Gottesglaubens. Damit geht es „... also nicht zuerst um den Gegensatz Gottesglaube/Gottesleugnung oder gar Religion/Unglaube. (...) Religion ist nicht an sich etwas Gutes, sondern sie muss immer daran gemessen werden, ob sie Gott oder den Götzen dient. Das zeigt sich daran, ob Gott für Befreiung, Gerechtigkeit und Friede in Anspruch genommen wird oder für Unfreiheit, ungerechte Herrschaft, Unmenschlichkeit. Die Folgen des Götzendienstes, die die Bibel beschreibt, sind: totalitäre politische Macht, Entsolidarisierung ..., Ausbeutung, Unterdrückung ..., Rechtsbeugung, Gewalt". „Sachlich geht es um den Gehalt der ersten drei Gebote: ‚Ich bin der Herr, dein Gott, der dich aus dem Ägypterlande, dem Sklavenhaus, herausgeführt hat. Du sollst keine anderen Götter haben als mich. Du sollst dir kein geschnitztes Bild machen. ... Du sollst dich nicht vor diesen Bildern niederwerfen. ... Du sollst den Namen Jahwes, deines Gottes, nicht mißbrauchen' (*Ex 20,2–4.7*). Jahwe stellt sich hier als Gott der Befreiung vor", der von Götzendienst befreit. „Götzen sind das Göttliche (die höchste Macht,das höchste Wesen) ...", das, worum alles geht, „in der Verfügung menschlicher Eigeninteressen."
Somit geht es Götzendienst immer um Macht über Menschen, an denen man sich bereichern will, die gegen ihr Wissen und Gewissen zu bestimmten Handlungen gedrängt werden sollen. Zu Götzen können eine Rasse, ein Volk, nationale Sicherheit, proletarische Revolution, aber auch Wirtschaftswachstum um jeden Preis, Marktvergötzung werden. Anders der biblische Gottesglaube, der von der Macht der Götzen befreit, weil er prinzipiell das Wohlsein aller, gerade das der Armen, der Entrechteten und Notleidenden in den Blick nimmt. Da „Gottes- und Nächstenliebe, Glaube und Ethos, Bekenntnis sowie Feier des Glaubens und Praxis der Gerechtigkeit nicht voneinander zu trennen sind, ... muß sich das Doppelgebot der Liebe auch in der strukturellen Dimension auswirken: in dem Ringen um den Aufbau einer Gesellschaft, die niemanden ausschließt und die Lebenschancen für alle sichert." „In der vorrangigen Option für die Armen als Leitmotiv gesellschaftlichen Handelns konkretisiert sich die Einheit von Gottes- und Nächstenliebe. In der Perspektive einer christlichen Ethik muß darum alles Handeln und Entscheiden in Gesellschaft, Politik und Wirtschaft an der Frage gemessen werden, inwiefern es die Armen betrifft, ihnen nützt und sie zu eigenverantwortlichem Handeln befähigt. Dabei zielt die biblische Option für die Armen darauf, Ausgrenzungen zu überwinden und alle am gesellschaftlichen Leben zu beteiligen. Sie hält an, die Perspektive der Menschen einzunehmen, die im Schatten des Wohlstands leben und weder sich selbst als gesellschaftliche Gruppe bemerkbar machen können noch eine Lobby haben. Sie lenkt den Blick auf die Empfindungen der Menschen, auf Kränkungen und Demütigungen von Benachteiligten, auf das Unzumutbare, das Menschenunwürdige, auf strukturelle Ungerechtigkeit. Sie verpflichtet die Wohlhabenden zum Teilen und zu wirkungsvollen Allianzen der Solidarität."[17] Mit diesem Zitat aus dem Wort des Rates der EKD und der Dt. Bischofskonferenz zur wirtschaftlichen und sozialen Lage in Deutschland (1997) kommt die für den christlichen Glauben zentrale Unterscheidung von Gottesdienst und Götzendienst treffend zur Sprache, eine Unterscheidung, die unmittelbar relevant ist für den Umgang und die Einschätzung von Werbung, die nur einen Zweck hat: Kapital zu vermehren.
Anlässlich eines Gespräches mit Vertretern der Kirche sagte ein Arbeitsdirektor der Hüls-AG (Veba-Konzern): „Wir sind doch in erster Linie dafür da, das Kapital zu bedienen." Der anwesende Marler Pfarrer, Ferdinand Kerstiens, kommentiert: „Was für eine entlarvende Wortwahl: Das Kapital muß bedient werden. Nicht etwa: Das Kapital muß den Menschen dienen. Hüls, die ..Menschen, die dort arbeiten, sollen dem Kapital dienen. Es wird nicht gefragt, ob die Arbeit und ihre Produkte dem Menschen dienen. Das ist in diesem Zusammenhang uninteressant. Das Kapital wird zum letzten Wert, also zum Götzen, der den Dienst der Menschen einfordert."[18]
Fazit: Der Glaube an den Gott der Bibel, schon die Reflexion über diesen Glauben – und darum geht es vorrangig im RU – erschließt Perspektiven der Wahrnehmung, die ‚Gegenwelten' zur Welt der Werbung eröffnen, die dem schönen Schein die Realität Notleidender entgegenstellen, nicht, um ihre Not zynisch auszubeuten, sondern zu wenden, ‚Gegenwelten', denen es um Umkehr und Veränderung gesellschaftlicher Wirklichkeit geht und niemals nur um deren jeweilige Bestätigung, wie in der Welt der Werbung, um Gerechtigkeit, Frieden und Bewahrung der Schöpfung. Dieser Horizont erschließt auch die Kraft zur Verteidigung von Hemmnissen, die der hemmungslosen wirtschaftlichen Entfesselung und der damit verbundenen Verdinglichung und Entfremdung des Menschen, der Ökonomisie-

[17] Zit. Für eine Zukunft in Solidarität, a. a. O. , S. 43 u. 44f.
[18] Zit. F. Kerstiens, in: Freckenhorster Kreis Informationen Nr. 92, 1997, S. 35–39, S. 37.

rung der Lebenswelt entgegenstehen: Anstand, Solidarität, Gerechtigkeit, Schutz der natürlichen Lebensgrundlagen. Diese Perspektive sichert die Legitimationsgrundlagen einer sozialen Marktwirtschaft, die diesen Namen verdient. Die Legitimationsgrundlage einer sozialen Marktwirtschaft ist nicht der Markt als solcher, nicht die freie und ungehemmte Kapitalvermehrung, sondern der demokratische Verfassungsstaat, dessen Legitimationsgrundlage die Menschenwürde und deren Sicherung darstellt. Ohne jüdische und christliche Tradition und ihre gegenwarts- und zukunftsfähige Weiterführung – dies ist ein Aspekt der Kirchenkritik, auf die hier nicht weiter eingegangen werden kann – sind die Menschenwürde in ihrer Unverfügbarkeit, sind die genannten Hemmnisse von Auszehrung und Auflösung bedroht. Ihren Schutz gewährt sicher nicht allein biblischer Gottesglaube, aber ohne diesen wird dieser auch nicht zu haben sein. So können wir uns im Aufzeigen dieser ‚Gegenwelten' zur ‚Welt der Werbung' gemeinsam mit Schülerinnen und Schülern verdeutlichen, welcher Verlust, welche Desensibilisierung und Entsolidarisierung mit dem Verschwinden des Gottesgedächtnisses einhergehen.

5. Didaktische Perspektiven

Aus der Fülle der Möglichkeiten, z. B. ‚*Das Paradies im Angebot?! – Sinnsuche im Konsum*' *oder:* ‚*Vom Umgang mit Religion in nachreligiöser Gesellschaft – Anspielungen auf religiöse Sprache, Inhalte und Symbole in der Werbung heute*', wird hier eine Kurssequenz mit Erweiterungsmöglichkeiten unter dem Thema ‚*Zum Menschenbild der Werbung – oder: Marketing als ‚Gottesdienst am Kunden*' vorgestellt, die den Aspekt direkter Anspielungen von ‚Religion in der Werbung' im Wesentlichen unberücksichtigt lässt. Es handelt sich um Elemente einer Sequenz, die im Kontext der Frage menschlicher Freiheit ebenso zur Sprache kommen kann wie im Zusammenhang der Frage nach der Existenz Gottes und der Bedeutung des Gottesglaubens (Sek II).
Eine fächerübergreifende Perspektive (politische, ökonomische, psychologische und theologische Aspekte) ist bei dieser Thematik immer schon gegeben. In besonderem Maße bietet sich daher eine Zusammenarbeit mit dem Fach Politik an. Im Falle eines fächerverbindenden Unterrichtsprojekts müsste diese Thematik in der Jahrgangsstufe 10 verortet werden, da in der Sek II der Idealfall einer zeitgleichen Teilnahme der Schülerinnen und Schüler einer Klasse im Religionsunterricht und im Fach Politik/Sozialwissenschaften nicht gegeben ist. Auch in der Jahrgangsstufe 10 ist zudem eine fächerverbindende Zusammenarbeit mit dem Fach Ev. Religionslehre (*problemlos möglich, da konfessionsspezifische Aspekte hier keine Rolle spielen*) erforderlich, um alle Schüler einer Klasse einbinden zu können (*die nicht am RU teilnehmenden Schüler können – vermittelt durch das Fach Politik – sicher zu einer zeitlich befristeten Mitarbeit im RU gewonnen werden*).
Organisatorisch ist hier ein zeitnah fächerverbindender Unterricht möglich, d. h. die Fachbeiträge folgen aufeinander. Abschließend wird ein Fazit unter Beteiligung aller Fachlehrerinnen und Fachlehrer erarbeitet. Die thematische Strukturierung folgt dem Vorschlag für die Sek II ; allerdings müssen die anliegenden Materialien im Blick auf die Jahrgangsstufe 10 in ihrer Komplexität reduziert werden.
In der Sek II ist eine fächerverbindende Zusammenarbeit nur im Rahmen eines 2-3tägigen Projekts möglich. In dieser Zeit wird der ‚normale Stundenplan' aufgehoben; selbstverständlich müssen dann weitere Projekte angeboten werden, um die gesamte Jahrgangsstufe ansprechen zu können. Die bei dem vorliegenden Vorschlag beteiligten Fächer (Politik/Sozialwissenschaften, Ev. und Kath. RU) stimmen vorab unter Berücksichtigung der Interessen der beteiligten Schüler Schwerpunkte ab.

Folgende *thematische Strukturierung* ist auf der Basis der angebotenen Materialien möglich:

1. Schwerpunkt: Politik/Sozialwissenschaften[19]
   - Kosten von Werbung, Modernisierung, Industrielle Massenproduktion (M 1.1–M 1.2)
   - Wie beeinflusst Werbung den Verbraucher – Konsumfreiheit oder Konsumzwang?; hier u. a.: Erkundung von Supermärkten (*arbeitsteilig* – M 2) / ‚Die geheimen Verführer' (M 3)
   - Formen von Marketingstrategien und ihre Wirkungsweise (M 4 – M 5)
   - Konsum als Erlebnis (M 6)
2. Schwerpunkt: Religionslehre
   - Menschenbilder in der Werbung – Exemplarische Analysen von Werbeanzeigen (M 7 – M 9)

[19] Für Hinweise und Materialien danke ich meinem Kollegen am Studienseminar für die Sek II, Münster, B. Waltermann, Fachleiter für Politik/Sozialwissenschaften.

- Fortführung: Erstellung von Collagen in arbeitsteiliger Gruppenarbeit
- Die Ware braucht einen „spirituellen Mehrwert“ – oder: Versprechungen der Werbung (zusätzlich zu M 9–11 und den Collagen: M 10)
- Gegenwelten zur Welt der Werbung-oder: Perspektiven aus dem Glauben an den Gott der Bibel (M 11)

3. Gemeinsame Abschlussveranstaltung

Mögliche Erweiterungen und weitere Materialien (M 12) – vgl. die Hinweise ebd.

Die Schülerinnen und Schüler sollen in diesem Zusammenhang einen ersten Eindruck von der Logik erfolgsorientierten Marketing-Handelns erschließen, die Menschen zum Objekt gezielter ‚Behandlung‘ macht, indem sie permanent Verheißungen und Versprechungen von Werbung ausgesetzt werden. Auf diese Weise wird die mutmaßlich positive Voreinstellung der Schüler gegenüber Werbung aufgebrochen und eine kritische Perspektive angebahnt, die Voraussetzung zur Identifizierung und Auseinandersetzung mit Menschenbildern der Werbung ist. Im Rahmen des gesellschaftskritischen Auftrages des RU – der auf die „Relativierung unberechtigter Absolutheitsansprüche“ hin angelegt ist, „auf Protest gegen Unstimmigkeiten und auf verändernde Taten“ und so Schüler vor der „Anpassung ... an die verwaltete Welt“ schützt[20] – geht es sodann zentral darum, ‚Gegenwelten‘ zur Welt der Werbung und Perspektiven der Wahrnehmung aus dem Glauben an den Gott der Bibel zu erschließen. Durch diese Konzeption der Sequenz wird Werbung mit ihren Interessen, ihren ‚Verheißungen‘ und Grenzen so weit reflektiert, dass Probleme deutlich werden dürften, insbesondere auch, welcher Verlust, welche Desensibilisierung und Entsolidarisierung mit dem Verschwinden des Gottesgedächtnisses einhergehen. Keineswegs geht es um bloße moralische Verurteilung von Werbung, die eh hilflos wäre. Indem Aspekte des sozioökonomischen und politischen Kontextes von Werbung erschlossen werden, kann einerseits deutlich werden, dass sie im Rahmen sozialer Marktwirtschaft erforderlich ist; andererseits kann gerade durch die theologischen Perspektiven die Frage eröffnet und erörtert werden, ob der aufgeklärte Konsument – wie der mehrfach zitierte Norbert Bolz meint – eine Utopie ist, die wir verabschieden müssen oder ob es nicht doch Chancen einer Repolitisierung und damit für eine selektive Produktion und Werbung gibt, die einer nachhaltigen, zukunftsfähigen wirtschaftlichen Entwicklung im Rahmen einer ökologisch-sozialen Marktwirtschaft entspricht. Dass staatliche bzw. transnationale Rahmengesetzgebung hier Chancen hat, kann am vergleichsweise banalen Beispiel der Einschränkung der Tabakwerbung aufgezeigt werden. Hier ist der politischen Phantasie und Kreativität der Schülerinnen und Schüler ebenso Raum zu geben wie in der Gestaltung von ‚Werbung‘, die z. B. für ‚Misereor‘ oder ‚Brot für die Welt‘ theologische Perspektiven aufnimmt und Gegenwelten zur rein kommerziellen Werbung entwickelt (*vgl. unter 6. die Hinweise zu Erweiterungsmöglichkeiten*).

6. Hinweise zu den Unterrichtsmaterialien

M1 Auf der Basis von Kapitalaufwendungen für Werbung (*M 1.1* Folienvorlage) wird folgende Problemstellung entwickelt: Tafel (TA): „Warum Millionenbeträge für Werbung?“ Die Schüler (S.) äußern Vermutungen, die im Laufe der ersten Sequenz überprüft werden. Anhand der Stichworte von *M 1.2* kann der ökonomische Kontext verdeutlicht werden. *M 1.3* bietet methodische Hinweise, die zur Analyse von Werbung insgesamt genutzt werden können.

M 2 bietet Hilfen zur arbeitsteiligen Erkundung von Supermärkten.

M 3 enthält Basisinformationen zur Beeinflussung der Verbraucher durch Werbung, die anhand von Beispielen von Werbung, die die S. mitbringen bzw. auswählen, einer ersten Überprüfung unterzogen werden können.

M 4 – M 5 erschließen Marketingstrategien und ihre Wirkungsweise: Der Mensch wird im Rahmen dieser Strategien zum Objekt gezielter ‚Behandlung‘.

M 6 erschließt Konsum als ‚Erlebnis‘ (innengeleiteter Konsum). Zunächst werden Verheißungen und Versprechungen von Werbung an Beispielen konkretisiert (vgl. Hinweise zu *M 3*) – eine Vertiefung erfolgt auf der Basis von *M 6*.

M 7 – M 9 Menschenbilder in der Werbung (I) – Exemplarische Analyse von Werbeanzeigen: Hier soll zunächst der Begriff ‚Menschenbild‘ konkretisiert werden; TA: „Menschenbilder charakterisieren ‚ideale‘ Auffassungen vom Wesen des Menschen, d.h. sie geben Antwort auf die Frage, was den Men-

[20] Zit. Der RU in der Schule, a. a. O., S. 135.

schen zum Menschen macht"; Erweiterung TA: Zum Menschenbild der Werbung. *M 7* (Vorlage für eine Folie) als stummer Impuls – die S. notieren in EA ihre Assoziationen und Stichworte zur Analyse – anschließend offenes UG zu den Erträgen (falls die S. den Aspekt *Ich* – vgl. *M 7* – nicht von sich aus ansprechen, kann folgender Impuls gesetzt werden: das ‚Ich' kennzeichnet die Person, die ‚Mitte' und Persönlichkeit eines Menschen!). Abschließend werden zentrale Aspekte der Analyse gesichert (TA), etwa: „Die Person eines Menschen – ‚Ich' – wird durch äußere Attribute wie Kleidung/Konsum bestimmt". Je nach Zeit Ergänzung durch *M 8 – M 9:* TA : „... durch Reichtum, Luxus, äußeren Schein" (M 8) – „Verdinglichung des Menschen/Sexualobjekt" (M 9).
Abschlussgespräch-TA: „Unterstelltes Bild des Adressaten/potentiellen Kunden : Konsum ist alles"

Erweiterung: Menschenbilder in der Werbung (II) – Erstellung von Collagen in arbeitsteiliger GA:
Im Rahmen dieser handlungsorientierten Form des RU erstellen die S. Collagen aus selbständig ausgewählten (individuelle Auswahl = vorber. Hausaufgabe – Zusammenstellung gemäß Absprache in Kleingruppen) Werbeanzeigen, die aus ihrer Sicht Menschenbilder im o.g. Sinn deutlich hervortreten lassen. Anschließend stellen sich die Gruppen (Sprecherin/Sprecher wählen) ihre Produkte, die nach Möglichkeit im Unterrichtsraum ausgestellt werden, sowie die darin Ausdruck findenden Erträge ihrer Analysen wechselseitig vor.
Anschließend werden die Erträge zu *M 6* (s.o.) wiederholt und auf der Basis der Collagen erweitert. Hier kann auch *M 10* einbezogen werden. Vor diesem Hintergrund können jetzt theologische Perspektiven erarbeitet und entfaltet werden: „In der Perspektive einer christlichen Ethik muß ... alles Handeln und Entscheiden in Gesellschaft, Politik und Wirtschaft an der Frage gemessen werden, inwiefern es die Armen betrifft, ihnen nützt und sie zu eigenverantwortlichem Handeln befähigt" – „Gegenwelten" zur Welt der Werbung; oder: Perspektiven der Wahrnehmung aus dem Glauben an den Gott der Bibel
Eingangsimpuls (als Folie): „Unser Bild der Welt ist ein Bild, das uns die Werbung, Hollywood und die TV-Serien vermitteln." (N. Bolz) – Spontanreaktionen der S. abwarten, evtl. folgende Anregung: Selbstverständlich könnte man diese These selbst diskutieren, unterstellt man für Untersuchungszwecke (bzw. als Trend) ihre Stimmigkeit, ergeben sich Probleme! Im Rahmen eines offenen UG wird von hier die Leitfrage/Problemstellung entwickelt: *Welche ‚Welten', welche Bereiche der Wirklichkeit werden von der Werbe-/Medien-/welt ausgeblendet?*
Die S. nehmen in PA Stellung zu dieser Frage. Sollte in diesem Kontext die sog. Schockwerbung, etwa die Benetton-Kampagne (Bilder, die einen Soldatenfriedhof [1990], eine Ölpest [1992], HIV-gestempelte Körperteile [1993], die Kleidung eines gefallenen Serbokroaten [1994], ferner Sterbende u. a. zeigen) angesprochen werden, ist zu fragen, inwieweit mit dieser Werbung der Anspruch sozialer und politischer Verantwortung wirklich eingelöst werden kann, solange die Firma Benetton nicht ihrerseits aus ihren Erträgen gezielt Mittel und Möglichkeiten zur Bekämpfung der Missstände einsetzt, durch die sie weltweit zum bekanntesten Markennamen geworden ist (die schlechten Nachrichten werden in die guten der Werbung hineinkopiert mit dem ‚spirituellen Mehrwertversprechen' (N. Bolz): wir sind ehrlich, wir zeigen, wie die Wirklichkeit wirklich ist!)
Grundsätzlich gilt jedoch: TA*:* „Dominant ist die Welt des schönen Scheins : Jugendlichkeit, Erfolg, Dynamik, Freizeit, Urlaub, Sonne, Süden usw." Für viele wird dies zur ‚Wirklichkeit schlechthin', zumindest zu dem, was allein erstrebenswert ist. Gegenüber dieser ‚Religion' mit ihren Heilsversprechen kann der Glaube an den Gott der Bibel andere Dimensionen der Wirklichkeit erschliessen! UG und Vertiefung auf der Basis von *M 11*, Sicherung der Erträge: TA: „Perspektive bibl. Gottesglaubens: Arme und Notleidende mit ihren Lebenswelten rücken in den Vordergrund, auch im Interesse der Veränderung gesell. Wirklichkeit (‚Gerechtigkeit – Frieden – Bewahrung der Schöpfung') – Entlarvung eines konsumistischen Menschenbildes (als Versuchung für nahezu alle stets gegenwärtig!)"
Eine biblische Fundierung ist z. B. auf der Basis von Jesaja 44,9–20 und Weisheit 13,10–19 möglich. Beide Texte zeigen, dass man Gott nicht benutzen kann; wo dies geschieht, ist nicht von dem Gott der Bibel sondern von selbst gemachten Götzen die Rede, von einem „Trugbild" (Jes 44,20). Gott, wenn er Gott ist, ist niemals verfügbar, sondern der schlechthin Unverfügbare (vgl. auch das Bilderverbot!).
Durch diese Konzeption der fächerverbindenden UR wird Werbung mit ihren Interessen, ihren ‚Verheißungen' und Grenzen so weit reflektiert, dass den Schülerinnen und Schülern Probleme deutlich werden dürften, insbesondere auch, welcher Verlust, welche Desensibilisierung und Entsolidarisierung mit dem Verschwinden des Gottesgedächtnisses einhergehen.

Erweiterungsmöglichkeiten:
Je nach Wahl der Erweiterung sollte die Sequenz gegenüber der vorgestellten Anlage umgestellt werden!
Auf der Basis von *M 12.1* kann die theologisch angeleitete Ideologiekritik vertieft werden: Die ‚Marketing-Charakterstruktur' des Menschen – sozialpsychologische Konsequenzen nach E. Fromm. Vgl. ders., Haben oder Sein, Die seelischen Grundlagen einer neuen Gesellschaft, 3. Aufl. München 1979, S. 141ff. (im Rahmen des 3. Hauptkapitels!) These: Der einzelne erlebt sich als ‚Ware', als ‚Tauschwert' auf dem Markt. „Der Mensch kümmert sich nicht mehr um sein Leben und sein Glück, sondern um seine Verkäuflichkeit." Dies führe zum Verlust jeglicher Ich-Identität. Von hier erklärt sich Fromm auch das hohe Maß an Anpassungsbereitschaft und die soziale („allgemeine Beziehungsunfähigkeit" des modernen Menschen) und ökologische Desensibilisierung der Menschen, die – obwohl sie alle Fakten kennen – weiterleben, als gäbe es diese Gefahren nicht. Fromm sieht hierin die Verkörperung einer manipulativen Intelligenz, die sich der Vernunft verweigert.
Gegen Fromm können Texte von U.Beck vorgelegt werden, der Eigensinn, ‚An-sich-denken' gerade als Voraussetzung eines Daseins für andere sieht.
Als Übergang zur theologischen Reflexion im engeren Sinne eignet sich auch Fromms These: „Die Religion des Industriezeitalters (= *die Welt des Habens, des Konsumismus, des Marketing-Charakters des Menschen*) ist mit echtem Christentum unvereinbar." (zit. ebd., S. 141)

Im Anschluss an die theologischen Perspektiven (vgl. *M 11* und die mögliche Vertiefung auf der Basis von *M 12.1*) ist folgende Erweiterung möglich: So weiter wie bislang, nur effizienter, oder: gibt es ‚vernünftigen Konsum' (E. Fromm)? (vgl. *M 12.2* und *M 12.3*) Nach einer Pro- und Contra-Diskussion auf der Basis der Thesen von E. Fromm und N. Bolz kann z. B. die Werbung für MISEREOR (Brich mit den Hungrigen dein Brot), BROT FÜR DIE WELT, MISSIO u. a. problematisiert werden (Werbung ist offen für alle Zwecke, kreative und intelligente Werbung kann auch zu einer anderen Wahrnehmung usw. führen).Hier zeigt sich, dass die Perspektive der Armen durchaus auch in Werbung als Ausdrucksmöglichkeit eingebracht werden kann, sobald nicht rein kommerzielle Interessen mit ihr verbunden sind. Hier könnte z. B. auch eine entsprechende Stellwand durch die SchülerInnen gestaltet werden, die die Verheißungen „normaler" Werbung mit der Perspektive einer Werbung für Misereor (u. a.) konfrontiert. Beispiele einer entsprechenden „Gegenwerbung" können auch selbständig entworfen werden.

Eine weitere Ergänzung ist im Blick auf Fragen des *Verbraucherschutzes* möglich: Staatliche (europa- bzw. weltweit – als Zielperspektive!) Rahmengesetzgebung (*vgl.* den vorgeschriebenen Aufdruck bei Tabakwaren: „Rauchen gefährdet die Gesundheit – Rauchen verursacht Krebs", das Werbeverbot in best. Medien u. a.) zeigt, dass die Macht der Werbung durchaus politisch reguliert werden kann, wenn sich ein entsprechendes Bewusstsein entwickelt hat und politisch mehrheitsfähig ist.
Darüberhinaus kann verdeutlicht werden, dass die Soziale Marktwirtschaft auf Voraussetzungen (Menschenbild/Grundwerte) beruht, „welche sie selbst nicht herstellen und auch nicht garantieren kann, ohne die sie aber auf Dauer nicht lebensfähig ist."[21] Genannt seien Vertragstreue, Respekt vor dem Eigentum, Rechtssicherheit u. a., die erst die für Marktwirtschaften erforderliche Erwartungssicherheit gewährleisten. Ihrerseits verweisen diese ethischen Grundlagen auf ein Verständnis von Menschenwürde, das seinerseits in einem unlösbaren historischen und kulturellen Zusammenhang mit der jüdischen und christlichen Glaubensaussage der Gottesebenbildlichkeit des Menschen steht.[22] „Die Gottesebenbildlichkeit verpflichtet dazu, jedem Menschen als Person zu begegnen und ... alle Lebenssituationen – auch die Arbeitswelt ... – so zu gestalten, daß jeder Mensch in ihnen als der, um dessentwillen sie so sind, wie sie sind, zur Geltung kommen kann. Die Grundrechte der Person – Freiheit, Gleichheit, Gerechtigkeit, Solidarität, Recht auf Selbstentfaltung und Glück – konkretisieren diese Handlungsanweisung und verweisen indirekt auf eine Instanz, die das im Recht Geforderte – die Achtung der Person im Mitmenschen – umfassend wahrmachen wird."[23]

---

[21] Zit. Für eine Zukunft ..., a. a. O., S. 39.
[22] Vgl. zu Art. 1, GG, D.Hesselberger, Das Grundgesetz, Kommentar für die polit. Bildung, Bonn 1996, S. 60.
[23] Zit. J. Werbick, Art. Person, in: Handbuch religionspäd. Grundbegriffe, Bd. 2, München 1986, S. 629.

7. Arbeitsmethoden der Schüler

- Auseinandersetzung mit visuellen Medien, hier: Wirkung von Werbung auf die Betrachter/Betrachterinnen (*vgl. M 1.3*)
- Methoden der Textanalyse und -interpretation
- Produktions- und handlungsorientierte Arbeitsformen, hier: Gestaltung von Collagen, Verfremden von Vorgegebenem u. a.
- Ideologiekritische Verfahren, hier: sozialwissenschaftliche und theologische Aufklärung über die ‚Religion des Marktes'– die keine universalisierbaren Interessen zum Ausdruck bringt – und Erschließung des kritischen Potentials des biblischen Gottesglaubens, der konsumistischen ‚Götzendienst' als solchen zu entlarven vermag, gerade weil die Perspektiven der Armen, Fremden u. a. eingebracht werden.

8. Materialien

M 1.1: Kosten für 30 Sekunden Werbung bei RTL (Stand 1993/94)

Einblendungen in folgende Sendungen:

120.000,– DM	Fußball-live-Übertragungen, ‚Traumhochzeit'
80.000,– DM	‚Notruf', ‚Columbo'
72.000,– DM	Spielfilme
53.000,– DM	‚Stern-TV' (nach 21.00 Uhr)
14.200,– DM	‚Gottschalk' (Spätprogramm, nach 22.30Uhr)

Quelle: Prisma, Wochenendmagazin der Tageszeitungen (Jan. 1994)

M 1.2:

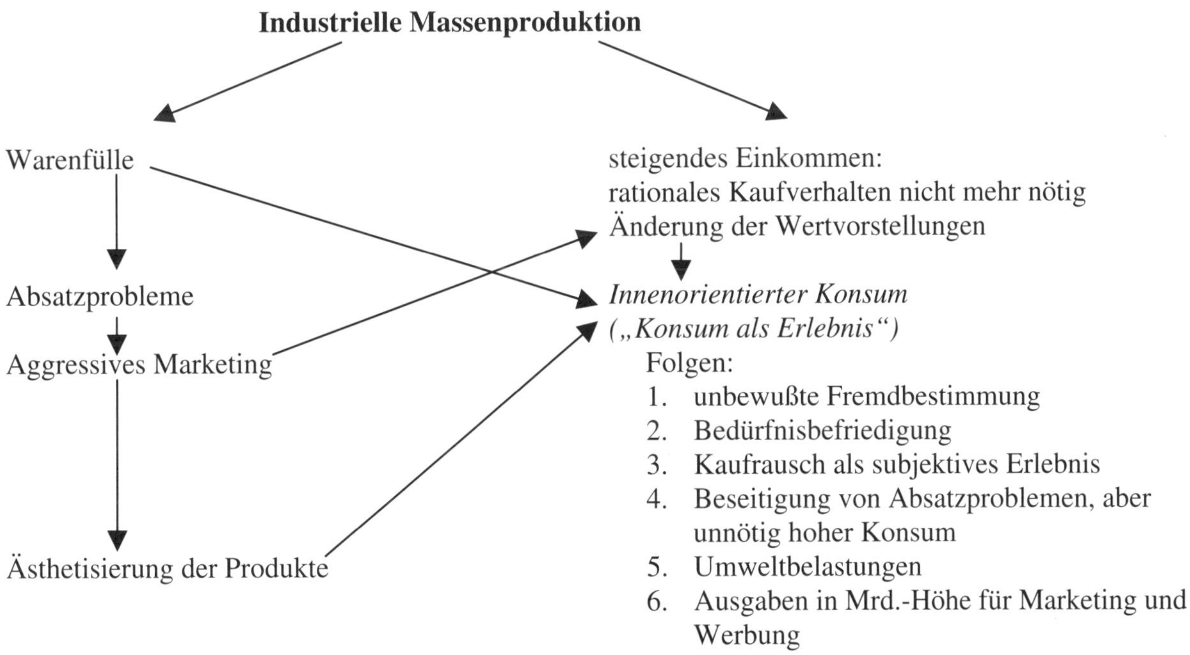

M 1.3: Hinweise zur Analyse von Werbung

„Zunächst sollte die Werbung in ihrer Wirkung auf die Betrachter/innen ohne Wertungen beschrieben werden. Dadurch kann deutlich werden, welche Gefühlsdimensionen Werbung anspricht.
– Was empfinde ich? Welche Gefühle habe ich? Welche Wünsche werden in mir wach?
Erst danach ist ein analysierendes Betrachten sinnvoll:

Was sehe (und höre) ich? – Wodurch wird Wirkung erzielt? Welche Bilder und Symbole werden verwendet? Welche Sprache? (Welche Kameraführung und Lichteffekte?) – Welches Produkt soll verkauft werden? Welche zusätzlichen Wünsche werden mit dem Kauf der Ware scheinbar befriedigt? Welche Adressaten/innen hat diese Werbung? (Geschlecht, Alter, Einkommen)"
Was macht Mensch-Sein dieser Werbung zufolge aus?

Quelle: alle Zitate: A. Kaupp, in: Materialbrief 1/97, Beiheft der Kat.Blätter 1997, S. 20; hier auch Hinweise zu Formen von Werbung, die direkte Anspielungen auf religiöse Symbole machen

M 2: Marketing-Instrumente in einem Supermarkt/Verkaufsstrategien im Supermarkt

Die Kombination der Marketinginstrumente (marketing-mix) zur wirkungsvollen Durchsetzung von Produzenten- bzw. Anbieterinteressen läßt sich untergliedern in die Bereiche: Produktpolitik, Distributionspolitik, Preis- und Konditionenpolitik und Kommunikationspolitik ... Innerhalb der Kommunikationspolitik ist die Verkaufsförderung (sales promotion) neben der Werbung sowie der Öffentlichkeitsarbeit (public relations) wichtiger Bestandteil dieser Konzeption. Die Verkaufsförderung beinhaltet sowohl personale. sachliche als auch organisatorische Hilfeleistungen seitens der Hersteller unter der Zielsetzung, die Schlagkraft der eigenen Absatzorgane und der Absatzmittler zu erhöhen. Hierzu gehört neben der Schulung des Verkaufspersonals insbesondere die Beratung des Handels bei Werbung und Verkauf.
Hier entwickelte und seit Jahren erprobte und bewährte Maßnahmen machen sich den Tatbestand zunutze, daß Menschen auf emotionale Reize mit innerer Erregung reagieren, die weitgehend automatisch, d. h. nicht willentlich erfolgt. Durch Darbietung emotionaler Reize in der Werbung, Produktgestaltung, Produktpräsentation im Laden werden Orientierungsreaktionen der Verbraucher hervorgerufen und deren Aufmerksamkeit auf ganz bestimmte Angebote gelenkt. Im Ergebnis führt das dazu, daß der Verbraucher, der zwar bestimmte Informationsbedürfnisse hat, abweichend von diesen vor allem solche Informationen aufnimmt und verarbeitet, die das Marketing durch Aufmerksamkeitslenkung für den Verbraucher interessant machen will. Auf diese Weise ist es möglich, Einstellungen zu verändern und die Kaufbereitschaft der Konsumenten zu steigern. (...) Die Maßnahmen des Marketing, die direkt im Laden ansetzen, haben das Ziel, den Verbraucher zu verführen, mehr Produkte zu kaufen als ursprünglich beabsichtigt, ihm aber gleichzeitig das Gefühl zu vermitteln, souverän in seinen Entscheidungen zu sein ...

Laufsteuerung:
Aus systematischen Untersuchungen, die das Verbraucherverhalten in Supermärkten problematisieren, wissen Anbieter, daß zwischen der Einkaufsdauer in Minuten und dem durchschnittlichen Einkaufsbetrag eine starke Abhängigkeit besteht: Je länger die Einkaufsdauer ist, desto höher wird auch der Einkaufsbetrag sein. Daher wird versucht, Kunden möglichst lange im Supermarkt zu halten. Dazu dienen quergestellte Regalaufbauten und ‚Stopper', die das Einkaufstempo mindern.
In anderen Studien wurden bei 80% der Supermarktkunden ein „wandbezogenes Verhalten" festgestellt (...). Die Anbieterkonsequenz: Besonders umsatzintensive Güter wie Obst und Gemüse, Frischfleisch, Wurst und Käse, Milchwaren u. a. werden in den Randzonen angeboten, während in den mittleren Gängen die Artikel untergebracht sind, die der Kunde zur Deckung des täglichen Bedarfs ohnehin benötigt wie Brot, Zucker, Kaffee, Mehl oder Waschmittel.
Daß der Verbraucher bei seinem Einkauf einem „Rechtsdrall" folgt, ist eine weitere Erkenntnis der Verkaufspsychologen, die von Anbietern zur Umsatzsteigerung genutzt wird. Besonders gewinnträchtige Produkte werden auf der rechten Seite plaziert, während auf der linken Seite Waren stehen, deren Gewinnspanne eher niedrig ist oder auch Waren, die der Käufer lebensnotwendig braucht.
Damit der Verbraucher in die „Tiefe des Ladens" gelangt und an möglichst vielen Abteilungen vorbeikommt, werden die Güter des täglichen Bedarfs so verstreut plaziert und des öfteren umsortiert, daß sie beim Einkauf erst im Laden gesucht werden müssen, was wiederum durch labyrinthartig angelegte Gänge erschwert wird. Bei seiner Suche nach den Waren, die er eigentlich ansteuern wollte, kommt der Kunde an Sonderangeboten oder an anderen, verlockend angebotenen Artikeln vorbei, die er dann oft impulsartig kauft.

Warenplazierung:
Innerhalb dieses Strategiebereiches ist es die oberste Regel für den Anbieter, seine Waren so zu plazieren, daß sie die Aufmerksamkeit des Kunden erregen und deshalb schneller gekauft werden. (...)
Zu den verkaufsträchtigsten Waren in Supermärkten gehören die Artikel, die in der Kassenzone angeboten werden. (...) Beim Warten wird der Blick des Kunden auf Objekte gelenkt, die er im direkten Zugriff nehmen und ‚wie beiläufig' in seinen Einkaufswagen legen kann (z. B. Zigaretten, Einwegfeuerzeuge, Zeitschriften ...). Für ungeduldige Kinder stehen Süßigkeiten ... bereit, die in deren Griffhöhe angebracht sind.
Auch die Regalbestückung ist keineswegs zufällig. In Untersuchungen wurde festgestellt, daß ein Produkt in Kniehöhe..plaziert 30mal pro Tag zu verkaufen ist, in Hüfthöhe ... 70mal, in Augenhöhe ... hingegen 100mal. Von daher ist aus Anbietersicht einleuchtend, daß besonders gewinnintensive Waren in Augen- und somit bequemer Griffhöhe angeboten ... werden. (...)

Visuelle Maßnahmen:
Diese Maßnahmen sollen im Kunden ein ‚Bekanntheitsgefühl' wachrufen, d. h. die bereits von der Werbung geschaffene positive Einstellung oder latente Erinnerung an das Produkt soll durch den Einsatz von Displays (Maßnahmen, um Produkte hervorzuheben) verstärkt und so der Kunde zum Kauf der Ware angeregt werden. Unter die Display-Werbung sind Plakate, Schilder, Verkaufsgondeln, Auslagen in hell erleuchteten Fenstern oder Regalen, Bodenaufsteller etc. zu fassen.
Wie wirksam durch die spezielle Gestaltung der Displays Kunden zum Kauf zu verführen sind, zeigen die Ergebnisse einer amerikanischen Untersuchung. Danach ziehen besonders die Farben ‚rot' und ‚gelb' auf Displays und Verpackungen die Blicke der Kunden auf die Produkte und scheinen sie geradezu zu ‚hypnotisieren' ...

Akustische Maßnahmen:
Um die Schaffung eines angenehmen und persönlichen Kaufklimas und somit auch eine Erhöhung der Aufenthaltsdauer in dem ... Supermarkt zu gewährleisten, werden leise und melodische Hintergrundmusiken gespielt. (...)

Bauliche Maßnahmen:
Hierunter lassen sich Maßnahmen fassen, die mit dem äußeren Aufbau und der inneren Gestaltung des Supermarktes zu tun haben. Ist der äußere Aufbau mit der Gestaltung großzügiger Parkmöglichkeiten, einer hellen, großflächigen Außenfassade und breiten Türen, die sich scheinbar magisch wie von selbst öffnen, schnell beschrieben, ist der innere Ausbau insbesondere bedingt durch das ‚shop in the shop system' abwechslungsreich, mitunter verwirrend. Hier handelt es sich um die Anwendung einer Mischform des ‚Bedienungs- und Selbstbedienungsprinzips', indem kleine Wareninseln gebildet werden, die dem Kunden das Gefühl vermitteln, jetzt in einem ‚Spezialladen' zu sein. (...)

Quelle: N. Kiesow, H. Schorlemmer, Soziale Marktwirtschaft: Wer steuert das Wirtschaftsgeschehen?, Hannover 1991, 39f.

M 3.1: ‚Die geheimen Verführer'

Auf der Suche nach einer gründlicheren Stellungnahme gegenüber ihren Marketingproblemen stießen die amerikanischen Werbefachleute auf einige ernste Fragen. Sie machten sich Gedanken, warum in aller Welt der Verbraucher so handelt, wie er handelt. Warum kauft er oder weigert er sich, bestimmte Erzeugnisse zu kaufen? In dem Bemühen, eine Richtschnur zu bekommen, wandten sie sich an psychologische Berater und (...) begannen über die verschiedenen Bewußtseinsebenen des Menschen zu reden. Von ihrem Blickwinkel aus gibt es drei für sie interessante Hauptebenen.
Die erste ist die bewußte, rationale Ebene, auf der die Leute wissen, was vor sich geht und imstande sind zu sagen, warum. Die zweite und tiefere Ebene heißt abwechselnd: vorbewußt oder unterbewußt. Sie umschließt jenen Bereich, in dem ein Mensch auf verschwommene Weise wissen mag, was innerhalb seines Fühlens, seiner Empfindungen und seiner Haltung vorgeht, aber nicht bereit wäre zu sagen, warum. Das ist die Ebene der Vorurteile, Annahmen, Ängste, Gefühlsaufwallungen und so weiter. Die dritte ist schließlich die Ebene, auf der wir uns unserer wahren Haltung und Gefühle nicht nur nicht bewußt sind, sondern auch, selbst wenn wir es könnten, nicht über sie sprechen würden. Die

Erforschung unserer Haltung auf dieser zweiten und dritten Ebene in bezug auf industrielle Erzeugnisse wurde bekannt als die neue Wissenschaft der Motivanalyse oder Motivforschung ...
Die zur Sondierung des Unterbewußten benutzten Techniken stammen größtenteils geradewegs aus den psycbiatrischen Kliniken. Wie Dr. Smith in seinem Buch über Motivation den Marketern riet, erreicht man die verschiedenen Bewußtseinsebenen auf verschiedenen Wegen ..."
Ein in der Tiefensondierung am häufigsten benutztes Verfahren ist das sogenannte „Tiefeninterview". (...) Diese Tiefeninterviews verlaufen sehr ähnlich den von den Psychiatern geführten Gesprächen (...) Der Psychologe, Psychiater oder welcher Sachverständige sonst den Test vornimmt, versucht den Verbraucher regelrecht mit Zufälligkeiten und Geduld in einen traumgleichen Zustand des Erzählens zu versetzen. Er oder sie soll, nach den Worten von Dr. Smith, dazu gebracht werden, geistesabwesend über alle „Vergnügen, Freuden, Begeisterungen, Ängste, Alpträume, Enttäuschungen und Befürchtungen" zu plaudern, die das Produkt in ihnen wieder aufleben läßt. (...) Dr. Smith erklärt: „(...) Auf diese Weise brachten wir sehr persönliche Erörterungen zustande über Abführmittel, Erkältungstabletten, Mittel gegen Körpergeruch, Schlankheitspräparate, Alkohol, sanitäre Binden und Heilmittel gegen Fußpilz. An der Tür oder im Wohnzimmer hätte der Befragte sich gesträubt, seine intimen Gewohnheiten mit einem Fremden zu erörtern." (...)
Auf der Suche nach besseren Ködern gingen die mit dem Unterbewußten arbeitenden Fachleute in verschiedenen Richtungen vor. Ein Gebiet, das sie in wahrhaft großzügiger Weise erkundeten, war die Formung von Leitbildern: ... Leitbilder ..., die bei der bloßen Erwähnung des Produktnamens vor unserem ‚inneren Auge' auftauchen sollten, sobald wir erst einmal entsprechend ‚abgerichtet' sein würden. Bei einer Auswahl unter (*im Wesentlichen gleichartigen B. Wb.*) Konkurrenzprodukten würden sie dementsprechend unser Handeln auslösen ...
David Ogilvys Werbefirma ersann für eine bekannte Hemdmarke ein höchst erfolgreiches, nicht die Vernunft ansprechendes Symbol – einen schnurrbärtigen Mann mit schwarzer Augenklappe. Bald wußte das Publikum, daß jeder Mann mit schwarzer Augenklappe ein Hathaway-Hemd tragen müsse. Um sein Vertrauen in die Macht der Bildersprache zu beweisen, ließ Mr. Ogilvy in Zeitschriften ... kostspielige ganzseitige, farbige Inserate erscheinen, die kein einziges Wort Text, nicht einmal das Wort Hathaway enthielten. Es wurde nichts als das Bild eines Mannes gezeigt. Er stand am Fernrohr einer Sternwarte und machte Notizen. Er hatte einen Schnurrbart. Er trug ein lebhaft kariertes Hemd. Und er hatte eine schwarze Augenklappe. Der Verkauf von Hathaway-Hemden blühte.

Q. V. Packard, Die geheimen Verführer, Der Griff nach dem Unbewußten in jedermann, 1957, S. 19–41 (Auszüge), zit. nach N. Kiesow, H. Schorlemmer, Soziale Marktwirtschaft: Wer steuert das Wirtschaftsgeschehen? Hannover 1991, S. 44ff.

M 3.2: Zur Wirkung von Werbung

„Was denkt der Mensch, wenn er Erdnüsse mümmelnd in die Glotze starrt und ein Werbespot in sein Hirn einsickert? Vor allem: Wird er am nächsten Tag seine Trägheit abschütteln und das angepriesene neue-wahnsinnige-einzigartige-spitzenmäßige Produkt aus dem Regal reißen? Die Frage treibt Marketing-Strategen ... in aller Welt um ..."
Siegfried Högl hat im Auftrag des Gesamtverbandes Werbeagenturen (GWA) diese Frage über zwei Jahre hinweg untersucht. Laut GWA-Vorstand ist auf diese Weise erstmals eine präzise Messung der Wirkung der Reklame im Vergleich zu allen anderen Instrumenten im Martketing-Mix möglich geworden. Das Fazit lautet: „Werbung ist das effektivste Marketing-Instrument ... Verdoppele ein Unternehmen die Werbeausgaben und schraube die PR-Qualität ebenfalls um 100 Prozent nach oben (gemessen unter anderem an der Erinnerungsfähigkeit beim Zuschauer), kann es seinen Marktanteil um 22 Prozent klettern lassen. Das ist die höchste Ausweitung, die die Studie ausweist."
Bei bekannten Marken mit eh schon hoher Werbepräsenz erhöht sich der Marktanteil bei Verdoppelung des Werbeetats allerdings nur um knapp vier Prozent.
Heinz Wiezorek, Aufsichtsratschef der Deutschlandzentrale von Coca Cola, bietet eine andere Interpretation an: „Wenn ein Konzern die Werbeinvestitionen, die an die Agenturen fließen, massiv senke, zugleich die Ausgaben für andere Formen der Verkaufsförderung ebenso wie die Werbequalität hochfahre, dann könne das eigene Kuchenstück auf Kosten der Wettbewerber um ein Drittel vergrößert werden ..."

Quelle: M. Flämig, Wenn die Werbebranche intensiv dem Sinn ihrer Existenz nachspürt, in: FR Nr. 151, 1997, S. 15.

M 4: Zur Logik rein erfolgsorientierten Handelns am Beispiel des Marketing

In *Überflußgesellschaften* mit zunehmender Marktsättigung (z. B. PKW,TV,Radio u. a.) steht für ein Unternehmen nicht das Herstellen, sondern das Absetzen der jeweils erzeugten Produkte im Zentrum der Entscheidungen und des Handelns. MARKETING als Teil der Betriebswirtschaftslehre sucht dem Rechnung zu tragen. Mit H.Meffert (Univ.MS) kann Marketing (M) definiert werden als „bewußt marktorientierte Führung des gesamten Unternehmens." M. soll Instrumente und Maßnahmen zur Beeinflussung von sozialer Wirklichkeit auffinden bzw. bereitsstellen. Die oberste Maxime lautet in diesem Kontext: Absatz- und Marktanteilssteigerung. Daher muß der Markt ‚gemacht' werden, d.h. Marktreaktionen (Käuferverhalten) müssen beeinflußt werden. Dabei geht es nicht primär um die Frage der qualitativen Verbesserung der Produkte, sondern darum, wie die Bedürfnisse des Käufers beeinflußt werden können. Ausgangspunkt ist die Erkenntnis, daß Käufer sich keineswegs nur rational verhalten. Sie lassen sich z. B. durch die Art der Verpackung, durch die Distributionsformen (wo soll das Produkt verkauft werden), durch Werbung und/oder persönlichen Verkauf (z. B.Versicherungen) beeinflussen. Produkte sollen z. B. so angeboten werden, daß sie der jeweiligen ‚Mode' entsprechen, mit einem bestimmten Prestigewert assoziiert werden usw. M. interessiert sich somit nicht für den Käufer ‚an sich', sondern nur unter dem Aspekt seiner optimalen Beeinflussung.
„Der Adressat ist nicht Subjekt, sondern nur Behandlungsobjekt des Marketing."

Quelle: W. Sander, Effizienz und Emanzipation, Prinzipien verantwortlichen Urteilens und Handelns, Opladen 1984, S. 65ff., Zitate ebd. S. 99.

M 5: Der Käufer: Vom Subjekt zum Behandlungsobjekt

„Von der Funktion und auch von der Struktur her sind die Adressatenmodelle des Marketing in keiner Weise geeignet, dem Subjektcharakter der Adressaten Rechnung zu tragen, geschweige denn zu unterstützen, da sie die Käufer nur als Dinge in einer Dingsprache erfassen: Der inneren Logik nach sind die Adressatenmodelle des Marketing so konzpiert, daß die unkontrollierte, aber beeinflußbare Variable ‚Käuferverhalten' mehr und mehr in eine abhängige Variable überführt werden kann. Für die Marketinglogik ist der Käufer *als Subjekt* nur eine Quelle von Störungen, Unberechenbarkeiten und Widrigkeiten, die die Funktion und Effektivität des Marketings beeinträchtigt. Das Adressatenkonzept des Marketing ist so angelegt, daß die ‚Schwächen des Käufers systematisch erfaßt werden und Ansatzpunkte für Marketingaktivitäten bilden, um durch dosierte kontrollierte Behandlung das gewünschte Endverhalten (Kauf) mit Verläßlichkeit zu erreichen. Relevanzgesichtspunkte für die Behandlung der Adressaten sind letztlich die berechenbare Durchsetzung von Unternehmensinteressen. Bedürfnisse des Adressaten sind – soweit sie überhaupt mit und in dieser Logik erfaßt werden können – Ausgangsdaten, an die die Marketingaktivitäten anknüpfen. Der Käufer wird durch die Sensoren der Marktforschung zu einem Objekt gezielter Behandlung (Behandlungsobjekt). Die Zukunft wird nur insoweit im Sinne des Subjektes gestaltet, als sie nicht mit den Interessen der Unternehmung kollidiert." „Ob Relationen zwischen Zielen und Mitteln und Situationen ... ‚gut' oder ‚schlecht' sind, kann innerhalb der Marketinglogik nicht beurteilt werden. Wertprobleme können nur in technischer Hinsicht bearbeitet werden (feststellen, durchrechnen und herstellen)."

Quelle: W. Sander, Effizienz und Emanzipation, a. a. O. S. 102.

M 6: ‚Innenorientierter Konsum'

(...) Kauft man eine Brille als Mittel, um besser zu sehen, ein Auto als fahrbaren Untersatz, Mehl als Lebensmittel usw. so handelt man außenorientiert. Der innenorientierte Konsument sucht eine Brille, mit der er sich schön fühlt, eine Auto, das ihn fasziniert, eine Mehlsorte mit der er etwas erleben kann: Erlebnismehl. Was uns heute noch absurd erscheint, kann morgen bereits selbstverständlich geworden sein. Jedes Produkt kann innenorientiert angeboten und nachgefragt werden; dem Mehl steht jene Umdeutung vielleicht nur noch bevor, die bei Brillen und Autos schon weit vorangeschritten ist. Innen ist das Subjekt. Redewendungen, die innenorientierten Konsum begründen, verweisen auf Prozesse, die sich im Subjekt ereignen: „Weil es mir Spaß macht", „weil es mir gefällt", „weil es gut zu mir paßt".

Beim außenorientierten Konsum wird die Qualität des Produktes unabhängig vom Konsumenten definiert. Es geht um objektive Eigenschaften von Produkten, so sehr diese Eigenschaften auch auf die Bedürfnisse des Subjekts bezogen sein mögen und so falsch sie der Konsument möglicherweise wahrnimmt. Ob ein Gebrauchtwagen „gut“ ist, könnte ein Experte meist besser feststellen als der außenorientierte Konsument selbst. Der innenorientierte Konsument, auf der Suche nach einem „Schönen“ Gebrauchtwagen, kann die Qualitätsprüfung an niemanden anderen delegieren. Er definiert die gewünschten Eigenschaften des Produkts unter Verweisung auf Reaktionen, die es bei ihm selbst auslöst. Viele Angebote werden fast ausschließlich aus innenorientierter Motivation nachgefragt: Fernseh- und Radioprogramme, Musikkonserven, Zeitschriften, Urlaubsreisen, modische Accessoires, Ausstellungen, Theater, Konzerte, Belletristik und vieles mehr. Bei anderen Produkten mischen sich außenorientierte und innenorientierte Komponenten, wobei die Bedeutung des innenorientierten Komplexes in den letzten Jahrzehnten gewachsen ist: Bekleidung, Fahrzeuge, Eigenheime, Möbel, Nahnungsmittel, um nur das Wichtigste zu nennen. Es fällt schwer noch irgendwelche Angebote ausfindig zu machen, deren Konsum überwiegend außenorientiert motiviert wäre – von Schuhcreme, Kochsalz, Blumendünger und ähnlichen Nebensächlichkeiten abgesehen, bleibt kaum etwas übrig. Doch der Prozess der Ästhetisierung, der Herrichtung von Produkten für Erlebnisse, geht ständig weiter. Produktentwicklungen der vergangenen Jahrzehnte zeigen, dass beispielsweise auch Glühbirnen, Streichholzschachteln, Büroklammern, Reißnägel oder Autoreifen ästhetisierbar sind.

Quelle: G. Schulze: Die Erlebnisgesellschaft, Kultursoziologie der Gegenwart. Campus Verlag GmbH, Frankfurt am Main 1993, S. 427f.

M 7: Karstadt

M 8: Pelz

M 9: Mann

M 10: Die Ware braucht einen ‚spirituellen Mehrwert' (N. Bolz)

„Es wird heute sehr viel mehr Geist verkauft als die konkrete Qualität der Ware. Und zwar durch ein Versprechen, eine Verheißung, wie etwa in eine bestimmte Welt einzutreten, wenn man ein Produkt kauft. Oder daß man dann irgendeinem Clan angehört, irgendeinem Stamm. Wenn heute bestimmte Jugendliche, Kids, bestimmte Turnschuhe kaufen, dann nicht, weil diese Turnschuhe besser in der Qualität sind als andere Marken, sondern weil mit dieser bestimmten Marke ein Mythos verknüpft ist, eine große Geschichte, eine Themenwelt. (...) Und diese Mythen – wie der Marlboro-Cowboy – laufen wirklich um die ganze Welt. Sie finden sie im afrikanischen Busch, in Wladiwostok oder in Feuerland. Es ist ein erstaunliches Phänomen, daß der Mythos einer Marke offenbar Weltsprache ist. Da gibt es offensichtlich eine Art umfassenden Zusammenschlusses der konsumierenden Welt. Diese Konsumwelt stellt maximal ein Drittel der gesamten Weltbevölkerung dar. (...)
Es gibt ein sehr berühmtes und wirklich eindrucksvolles Beispiel (für den spirituellen Mehrwert einer Ware): Die NIKE-Town in Chicago, die Verwandlung eines Warenhauses in einen Tempel. Dort zelebrieren gewisse Oberpriester diesen NIKE-Sportkult: Große Basketballspieler wie Michael Jordan oder Charles Barkley. Diese Hohepriester eines neuen Konsumkultes ziehen geradezu magisch nicht nur die Kids, sondern auch ihre Eltern an. Das heißt, man tut so, als ginge es hier gar nicht um Kaufen und Verkaufen, sondern als ginge es hier um das Zelebrieren eines Sportkults oder eines Lebensstilkults. Sehr erfolgreich suggeriert NIKE-Town, daß man hier lustwandelnd in sakrale Reiche eindringt, nicht also in irgendein Warenhaus geht. Daß man nebenbei kauft, ist ein angenehmer Nebeneffekt, aber man sieht hier sehr deutlich, daß man Kunden des 21.Jahrhunderts nicht mehr einfach nur mit Produkten ansprechen kann und mit Produktqualität. Das zeichnet sehr deutlich ab, wie die Konturen des Marktes in Zukunft verlaufen: Wer nicht gibt, der wird auf dem Markt überhaupt keine Produkte mehr durchsetzen können."

Quelle: N. Bolz, Wenn die Sehnsucht gekauft wird, Die Konsumwelt ergreift die Seelen. Ein unaufhaltsamer Trend? Fragen an den Trendanalytiker Norbert Bolz, in: Publik-Forum Nr.22, 1996, S. 32f.

M 11.1: Kriterien zur Beurteilung von ‚Religion' – oder: theologische Religionskritik

Einen eindeutigen und allgemeinverbindlichen Begriff von ‚Religion' gibt es nicht. Insofern kann auch Werbung, können auch ‚kultische Markenartikel' Funktionen von ‚Religion' (hier z. B. Einbindung in eine ‚Gemeinschaft', ‚Verheißungen', ‚Orientierungen' u. a.) übernehmen.

„Religion ist nicht an sich etwas Gutes, sondern sie muß immer daran gemessen werden, ob sie Gott oder den Götzen dient. Das zeigt sich daran, ob Gott für Befreiung, Gerechtigkeit und Friede in Anspruch genommen wird oder für Unfreiheit, ungerechte Herrschaft, Unmenschlichkeit. Die Folgen des Götzendienstes, die die Bibel beschreibt, sind: totalitäre politische Macht, Entsolidarisierung des Volkes, Ausbeutung, Unterdrückung, Etablierung einer Priesterkaste, Habgier, Lasterhaftigkeit, Gesetzlosigkeit, Rechtsbeugung, Gewalt. (...)

Sachlich geht es um den Gehalt der ersten drei Gebote: ‚Ich bin der Herr, dein Gott, der dich aus dem Ägypterlande, dem Sklavenhaus, herausgeführt hat. Du sollst keine anderen Götter haben als mich. Du sollst dir kein geschnitztes Bild machen ... Du sollst dich nicht vor diesen Bildern niederwerfen ... Du sollst den Namen Jahwes, deines Gottes, nicht mißbrauchen' (Ex 20,2-4.7). Jahwe stellt sich hier als Gott der Befreiung vor. Die Befreiung Israels erfolgte aus einem Land, dessen Herrscher sich als Gottessproß ausgab und die Macht der Götter für sich in Anspruch nahm. Von daher kommt die Wachsamkeit Israels gegen den Mißbrauch des Namens Gottes und das Verbot, Gott in irgend etwas dargestellt zu sehen, was es auf Erden gibt.

Was sind Götzen? Und wie unterscheidet sich Gott von ihnen? Der Versuch einer Antwort kann lauten: Götzen sind das Göttliche (die höchste Macht, das höchste Wesen) in der Verfügung menschlicher Eigeninteressen. (...)"

Quelle: zit. Thomas Ruster, Christliche Religion zwischen Gottesdienst und Götzendienst, in: rhs, 39, 1996, H.1, S. 54–62, hier S. 57.

M 11.2: Die vorrangige Option für die Armen als Perspektive christlichen Glaubens

Da „Gottes- und Nächstenliebe, Glaube und Ethos, Bekenntnis sowie Feier des Glaubens und Praxis der Gerechtigkeit nicht voneinander zu trennen sind, ... muß sich das Doppelgebot der Liebe auch in der strukturellen Dimension auswirken: in dem Ringen um den Aufbau einer Gesellschaft, die niemanden ausschließt und die Lebenschancen für alle sichert." „In der vorrangigen Option für die Armen als Leitmotiv gesellschaftlichen Handelns konkretisiert sich die Einheit von Gottes- und Nächstenliebe. In der Perspektive einer christlichen Ethik muß darum alles Handeln und Entscheiden in Gesellschaft, Politik und Wirtschaft an der Frage gemessen werden, inwiefern es die Armen betrifft, ihnen nützt und sie zu eigenverantwotlichem Handeln befähigt. Dabei zielt die biblische Option für die Armen darauf, Ausgrenzungen zu überwinden und alle am gesellschaftlichen Leben zu beteiligen. Sie hält an, die Perspektive der Menschen einzunehmen, die im Schatten des Wohlstands leben und weder sich selbst als gesellschaftliche Gruppe bemerkbar machen können noch eine Lobby haben. Sie lenkt den Blick auf die Empfindungen der Menschen, auf Kränkungen und Demütigungen von Benachteiligten, auf das Unzumutbare, das Menschenunwürdige, auf strukturelle Ungerechtigkeit. Sie verpflichtet die Wohlhabenden zum Teilen und zu wirkungsvollen Allianzen der Solidarität."

Quelle: zit.: Für eine Zukunft in Solidarität und Gerechtigkeit, Wort des Rates der EKD und der Dt.Bischofskonferenz zur wirtschaftl. und sozialen Lage in Deutschland, 1997, S. 43 u. S.44f.

M 12.1: Thomas Ruster, Gottesdienst und Götzendienst

„... Der Kampf zwischen Gottesdienst und Götzendienst ist zentral für die biblische Botschaft. Wo findet er heute statt ? Die Suche nach einer Antwort geht sicherlich in die Irre, wenn sie nur auf moderne ‚Ersatzreligionen' achtet, auf Jugendsekten, Esoterik usw. Das sind Randphänomene. Der Götzendienst ... braucht sich gar nicht ausdrücklich als Religion auszugeben. Er ist aber auf jeden Fall ein System, das die Menschen in seinem Bann hält, das fraglos akzeptiert wird, das die Macht in der Welt verteilt und legitimiert. Damit ist klar, wo wir ihn heute finden können: beim Markt und seinen Gesetzen, beim Geld als dem höchsten Wert, bei der Dominanz, den heute die Ökonomie über alle anderen Bereiche gewonnen hat.

Im Zeitalter der Globalisierung bedarf es keines Beweises mehr, wo die höchste, absolute und allgegenwärtige Macht in der Welt liegt. Die Politik kuscht vor ihr und ist zur Standort- oder Exportförderungspolitik verkommen, die sozialen Errungenschaften werden ihr geopfert, sie bestimmt das kulturelle und geistige Leben nicht weniger als das Zusammenleben. Diese Macht herrscht weltweit, wie es noch keine Weltreligion geschafft hat. Ihre Symbole, Werte und Regeln haben sich tief in die Herzen aller Menschen eingesenkt; man bringt ihr eine Frömmigkeit entgegen, auf die die angestammten Religionen nur neidisch sein können.
Welche Anstrengungen werden nicht unternommen, um an ihren Heilsverheißungen Anteil zu haben! Glück und Unglück. Wohlergehen und Armut, Leben und Tod von Millionen bestimmen sich nach den Regeln des Marktes. Und so kommt es nicht von ungefähr, daß er sich zunehmend mit typisch religiösen Formen umgibt. Schon finden wir Kultmarken und Konsumtempel und eine sakrale Architektur rund um die Zentren des Geldes, man spricht von den ‚neuen Göttern des Marktes' ..., wir vollziehen getreulich die Riten des Hochfestes dieser Konsumreligion, des Weihnachtsfestes, wir finden aber auch, was in keiner Religion fehlen darf, nämlich die Bereitschaft, Opfer zu bringen Verkehrsopfer, Tieropfer, Pflanzenopfer, Luftopfer, ja ganze Landstriche, Flüsse und Meere werden der Macht des Marktes hingeopfert ...
Wo bleibt angesichts der allesbeherrschenden Macht des Marktes, der auch die Christen fraglos huldigen, ihre ‚kritische Zeitgenossenschaft' und ihr ‚solidarisches Zeugnis der Hoffnung"? ...
Die grundlegende Aufgabe der Kirche ist die Verkündigung des Glaubens an Gott. Nun ist aber heute auf unerhörte Weise fraglich geworden, wer oder was Gott ist. Etwas anderes als der Gott der Bibel hat sich an die Stelle Gottes geschoben, das Geld und der Markt. Darum ist ein Streit um das Gottesverständnis angesagt, und in diesen Streit müssen Christen eingreifen. Was heute, in den Zeiten, in denen das Christentum nicht mehr die herrschende Religion ist, neu geleistet werden muß, ist die *Unterscheidung im Gottesverständnis.* Es ist klar, daß sie nicht auf dem Boden der traditionellen Gottesprädikate durchgeführt werden kann – Allmacht, Allgegenwart, Allwirksamkeit usw. – denn diese Prädikate kommen auch dem Gott zu, der das Geld ist. Erst im Proprium des christlichen Gottesbegriffs werden wir auf das Unterscheidungsmerkmal stoßen, und da finden wir – gut paulinisch – die Vergebung der Sünden ...
Was bedeutet es, aus der Botschaft der Vergebung zu leben? Es bedeutet, an die Fülle der Gnade zu glauben. mit der Gott unserer Schwachheit aufhilft. Die Poesie der Bibel ist voll von Bildern dieser göttlichen Fülle, seiner Schönheit, seinem Glanz ...; er rächt die Schuld bis ins dritte und vierte Geschlecht, aber erweist seine Gnade bis ins tausendste, er schmückt die Lilien herrlicher als Salomo, er erbaut das neue Jerusalem aus Gold und Edelsteinen. Gott sorgt dafür, daß alle genug zum Leben haben; dafür hat er Israel das Gesetz gegeben. Das Gegenteil von Fülle ist der Mangel, die Knappheit. Sünde, Mord und Totschlag entstehen, wo sich welche um knappe Güter streiten ... Wo Mangel oder das Bewußtsein des Mangels herrschen, da will der eine dem anderen was wegnehmen und auf seine Kosten leben ...
Das Grunddogma der Religion des Marktes ist die Behauptung der Knappheit. Der Markt ist nichts anderes als der Kampf um die Verteilung knapper Güter. Und wo sie nicht wirklich knapp sind, da werden sie künstlich verknappt, damit der Markt funktionieren kann ...
Glauben wir an die Fülle, daran, daß alle genug haben können – an Lebensmitteln, an Lebensraum, an Bestätigung, an Liebe – dann werden wir frei von der Gewalt der Mächte und können anders handeln ...

Quelle: Th. Ruster, Wie kann die Kirche in der pluralistischen Gesellschaft dialogisch, solidarisch und missionarisch sein?... in: Unser sozialer Dienst, H.1, 1998, S. 9ff. (Auszüge!)

M 12.2: Norbert Bolz, Der aufgeklärte Konsument – eine Utopie

„Deutlich erkennbar ist allerdings, daß die Träume, die Utopien von einem rationalen, aufgeklärten Menschen, der vernünftig kalkuliert, was er auf dem Markt einkauft, ausgeträumt sind. Daß wir uns mit dem Sachverhalt vertraut machen müssen, daß im Menschen Kräfte wirken, die nicht rational kontrollierbar sind. Daß Menschen nicht nur Bedürfnisse haben, sondern auch Wünsche, Begehren, daß es Unbewußtes gibt und daß Menschen die Sehnsucht nach Orientierung haben, nach Sinn, nach Ritualen und nach Kulten.

Unsere offizielle Kultur sieht diesen Sachverhalten mehr oder minder ohnmächtig entgegen. Weil sie immer noch in der Ideologie der Aufklärung befangen ist. Wir müssen aus diesem Traum erwachen. Die Konsumenten jedenfalls sind schon längst aus diesem Traum erwacht."

Die angesprochene Sehnsucht wird Bolz zufolge von „kultischen Markenartikeln" befriedigt: „Wer nicht dieses große spirituelle Mehrwertversprechen gibt, der wird auf dem Markt überhaupt keine Produkte mehr durchsetzen können." „Gegenüber dieser Macht der Wirklichkeit, die von den Medien ausgeht, gibt es eigentlich keine Korrekturmöglichkeit."

Quelle: zit. N. Bolz, Wenn die Sehnsucht gekauft wird, in: Publik-Forum Nr. 22, 1996, S. 32–33. N. Bolz ist Professor für Philosophie,Kommunikationsforscher und Trendanalytiker an der Univ. Essen.

M 12.3: Erich Fromm, Konsumverhalten – selektive Produktion – Werbung

„Bürokratische Kontrolle, die den Kosum gewaltsam drosselt, würde die Menschen nur noch konsumwütiger machen. Zu vernünftigem Konsum kann es nur kommen, wenn immer mehr Menschen ihr Konsumverhalten und ihren Lebensstil ändern *wollen.* (...)
Das Bedürfnis nach Geschwindigkeit und Neuheit, das nur durch Konsum befriedigt werden kann, (ist) Ausdruck der Ruhelosigkeit und der inneren Flucht vor sich selbst. Ein immer wieder erhobener Einwand gegen den Gedanken selektiven Konsums (und selektiver Produktion) nach dem Prinzip ‚Was dient dem menschlichen Wohl-Sein?' ist der, daß der Verbraucher in der freien Marktwirtschaft ohnehin genau das bekommt, was er will ... Dieses Argument basiert auf der Annahme, daß die Verbraucher nur Dinge wünschen, die zuträglich für sie sind – was offenkundig nicht stimmt (in bezug auf Drogen oder ... Zigaretten würde das wohl auch niemand behaupten). Der wesentliche Aspekt, den dieses Argument völlig außer Acht läßt, ist der, daß die Wünsche des Konsumenten durch den Produzenten erzeugt werden. Trotz der miteinander konkurrierenden Marken und Firmen bewirkt die Werbung insgesamt eine Steigerung des Konsumverlangens. Durch ihre Werbung unterstützen alle Firmen im Grunde einander gegenseitig, weil sie die Kauflust generell anheizen. (...) Darüber hinaus beeinflußt die Industrie den Geschmack, indem sie Güter *nicht* produziert, die dem Menschen zuträglicher, aber weniger profitabel wären."

Quelle: zit. E. Fromm, Haben oder Sein, Die seelischen Grundlagen einer neuen Gesellschaft, München 1979, S. 169–171 (Auszüge). E.Fromm (1900–1980), Psychoanalytiker und Sozialphilosoph, war in den 20er Jahren Mitarbeiter des Frankfurter Instituts für Sozialforschung, 1933 Emigration in die Schweiz, dann in die USA. Erfolgreichste Buchveröffentlichungen in Deutschland : ‚Haben oder Sein' (1976), ‚Die Kunst des Liebens' (1971).

__Edith Verweyen-Hackmann/Bernd Weber

Aufbau der Methodenkompetenz bei den Lernenden im Religionsunterricht

1. Einleitende Überlegungen

„Seit der neue Kultusminister die ‚andere Schule' befohlen hatte, war vor allem der Begriff ‚Projekt' wichtig. Statt Unterrichtsstunden fanden nur noch Projekte statt, und zwar interdisziplinär. Dem Kultusminister war nämlich aufgefallen, dass alles mit allem irgendwie zusammenhing und dass man die großen Zusammenhänge des Lebens nicht einfach ‚zerfächern' durfte. Das Zerfächern musste aufhören. Statt dessen kam es darauf an, durch geeignete Projekte die großen Zusammenhänge des Lebens sichtbar zu machen."[1]

Was der Referendar Wolfgang Ringler im Roman von E. Nordhofen „Die Mädchen, der Lehrer und der liebe Gott" über fächervernetzendes Arbeiten im Rahmen der Projektmethode exemplarisch konstatiert, gilt hier für die weiteren im Folgenden aufgeführten Arbeitsmethoden bei den Lernenden in gleicher Weise. Denn diese Methoden fordern zwingend fächerverbindende Kooperation, da es sich nicht um spezifische Methoden für den Religionsunterricht handelt, sondern sie haben für alle Fächer besonders in der Sekundarstufe II Gültigkeit.

Zunächst wird die grundsätzliche Frage nach dem Aufbau der Methodenkompetenz der Schülerinnen und Schüler allgemein geklärt. Anschließend werden zu einzelnen Arbeitsmethoden Hinweise für die *Lehrenden* gegeben. In einem weiteren Schritt sollen Arbeitsmethoden bei den *Lernenden* im Religionsunterricht vorgestellt werden. Methodenkompetenz der Lernenden umfasst die

1. elementaren *Lern- und Arbeitstechniken* (z. B. Lesetechniken, Strukturieren, Protokollieren, Heftgestaltung, Arbeitsplanung),
2. elementaren *Gesprächs- und Kooperationstechniken* (z. B. freies Reden – Kurzvortrag, Stichwortmethoden, Fragetechniken, Präsentationsmethoden/Visualisierungen, Gesprächsführung, Diskussion, Debatte) und
3. *Makromethoden* (z. B. Gruppenarbeit/Gruppenpuzzel, Planspiel, Projektmethode/Expertenbefragung/Literaturrecherche, Schülerreferat, Facharbeit).

2. Methodenkompetenz der Schülerinnen und Schüler – was heißt das?

In Anlehnung an Klippert kann man die Arbeitsmethoden bei den Lernenden in „Makromethoden" und „Mikromethoden" unterscheiden.[2] Unter Makromethoden versteht man relativ komplexe Methoden, die mit größerem arbeitsorganisatorischem Aufwand verbunden sind (z. B. Gruppenarbeit, Planspiel, Projektmethoden, Schülerreferat, Facharbeit). „Mikromethoden" umfassen elementare Lern- und Arbeitstechniken (Lesetechniken, Strukturieren, Protokollieren, Heftgestaltung, Arbeitsplanung etc.) und elementare Gesprächs- und Kooperationstechniken (z. B. freies Reden, Stichwortmethoden, Fragetechniken). Zu beachten ist, dass die Beherrschung der „Makromethoden" entscheidend davon abhängt, ob Schülerinnen und Schüler die „Mikromethoden" selbstständig anwenden können. In der Sekundarstufe II stellt sich natürlich die Frage, ob diese „Mikromethoden" in der Sekundarstufe I ausreichend eingeübt wurden.

Hierzu könnten die Lehrenden

- z. B. ihren Schülern/Schülerinnen das Methodische an ihrem Vorgehen erläutern;
- die folgenden Arbeitstechniken direkt zum Thema einer Unterrichtsstunde machen, sie üben und mehrfach wiederholen;
- den Schülerinnen/Schülern den methodischen Aufbau von Unterrichtsmaterialien erläutern;
- die Schülerinnen/Schüler bewusst lehren, mehrere verschiedene Arbeitstechniken auszuprobieren und ihre Effektivität zu vergleichen;
- den Schülerinnen/Schülern planmäßig Lehreraufgaben übertragen und sie zur methodisch-ansprechenden Gestaltung anhalten. *(nach H. Meyer)*

---

[1] Aus dem Roman von Eckhard Nordhofen: Die Mädchen, der Lehrer und der liebe Gott, Stuttgart 1998, S. 167f.

[2] Vgl. Klippert, S. 34f.

3. Hinweise für die Lehrenden zu einzelnen Arbeitsmethoden der Lernenden

Bezugspunkt für die folgenden Erläuterungen und Hilfen für die Hand der Lehrenden sind die unter 4. abgedruckten Arbeitsmethoden bei den Lernenden.

3.1 Kurzvortrag/freies Reden

Unter Kurzvortrag ist hier die mündliche Äußerung eines Schülers (im Folgenden wird aus Raumgründen diese Form gewählt) gemeint, der zusammenhängend ein Thema in den Kurs einbringt. Der Schüler hat die Möglichkeit, einen im Umfang genau begrenzten Stoff selbstständig zu erarbeiten und in den Unterricht einzubringen. Grundsätzlich sind drei Varianten des Kurzvortrages denkbar:
1. Vorlesen eines vollständig ausgearbeiteten Referats
2. Vortrag mit Hilfe stichwortartiger Aufzeichnungen
   (dies ist die häufigste und von Schülern bevorzugteste Form)
3. Freier Vortrag ohne Unterlagen und Hilfsmittel

Hier noch einige Tipps zur Durchführung:
- Wichtig ist es, dass Schüler auch den Vortragsstil üben. Ebenso muss die Rezeption eines Referates (Mitschreiben, Notizen für Gesprächspunkte erstellen) im Kurs geübt werden.
- Der Lehrer sollte das Referat oder wenigstens die Gliederung möglichst schon am Vortag in Händen haben, um mit dem Schüler/der Schülerin noch offene Fragen zu besprechen.
- Der Schüler muss für die Vorbereitung hinreichend Zeit haben. Dies setzt eine genaue Unterrichtsplanung über größere Zeiträume hinweg voraus.
- Allgemeine Kriterien für die Beurteilung können sein: sachliche und formale Stimmigkeit, Selbstständigkeit, Argumentationsfähigkeit.

Matrix zur Bewertung eines Kurzvortrages:

KRITERIEN	erfüllt	teilw. erfüllt	nicht erfüllt
1. Einfachheit und Verständlichkeit			
2. Übersichtliche Gliederung und Ordnung			
3. nicht zu weitschweifig – nicht zu knapp			
4. lebendig, anregend, humorvoll			

Aus: H. Meyer, Unterrichtsmethoden, Bd. II, 1987, S. 296–299.

3.2 Präsentationsmethoden

Die folgenden Präsentationsmethoden beziehen sich ausschließlich auf Visualisierungen. Es ist natürlich auch denkbar, Texte in Form eines Rollenspiels zu präsentieren bzw. zu initiieren.
In den Präsentationsmethoden geht es darum, die Schüler möglichst häufig eigene Strukturen und sonstige visuelle Grundmuster entwickeln zu lassen, damit sie eigene gedankliche Verknüpfungen und Verankerungen bilden können. Schüler kommen somit in die Rolle des aktiven Visualisierers und Präsentators. Visualisierungen können z. B. auf großformatigen Plakaten, Wandzeitungen, Folien oder an der Tafel geschehen. Ebenso könnten Schüler Tafelbilder zu Unterrichtsthemen entwickeln. Derartige graphische und bildliche Umsetzungen können auch in Form von so genannten „mind maps" erfolgen: Von einem Schlüsselbegriff aus, der in die Mitte eines Blattes geschrieben wird, assoziiert der Schüler fünf oder weitere Hauptäste, die sich wiederum verzweigen. Diese Assoziationen können helfen, um ein Brainstorming in Gang zu setzen, um das, was einem einfällt, zu strukturieren. In der Praxis bieten sich für Visualisierungen Partner- oder Kleingruppenarbeit an. Aber auch für den Kursvortrag oder das Schülerreferat sind die Präsentationsmethoden im Hinblick auf den Lernerfolg entscheidend.

3.3 Diskussion/Streitgespräch

Ziel dieser (Einstiegs-) Methode ist es, dass Schüler zu einem begründeten Abwägen von Vor- und Nachteilen bestimmter Positionen gelangen. Daher muss sich das Gesprächsthema für eine Pro-Contra-Diskussion eignen, d. h. es muss möglich sein, mehrere deutlich konträre Positionen zu formulieren. Das bloße Interesse einer Lerngruppe reicht nicht aus, da z. B. die endlose Reproduktion von Vorurteilen vermieden werden soll. Weitere Lernziele können sein: die Empathiefähigkeit, die kommunikative Kompetenz und die Toleranz der Schüler zu fördern. Im Gegensatz zum (zeit-) aufwendigen Rollenspiel, geht es hier um die rein verbale Ausgestaltung einer Vorlage!

3.4 Debatte

Die Debatte unterscheidet sich vom Streitgespräch durch mehr Regeln.
Ziel ist es, dass Schüler lernen, einen Konsens herzustellen bzw. einen Dissenz auszuhalten. Darüber hinaus können sie lernen, ihre Interessen verbal zu verteidigen und zu koalieren. Eine Debatte wird in der Regel nicht länger als eine Stunde dauern.

3.5 Projektmethode

Projektarbeit ist Lernen durch planvolles *Handeln (zit. Niehl/Thömmes).* Sie ist gekennzeichnet durch eine selbstbestimmte und selbsttätige Auseinandersetzung der Schülerinnen/Schüler mit Sachen und Problemen. Ein Projekt zeichnet sich dadurch aus, dass eine Arbeitsgruppe ein vorgegebenes oder ein selbst gewähltes Arbeitsvorhaben schrittweise plant, organisiert, durchführt und auswertet. Der Lehrer übernimmt dabei die Rolle eines Beraters, Anregers und Helfers. Projektorientierter Unterricht ist anwendungsbezogen, kurzphasig, kompakt, produktorientiert. Er kann im Fach selbst oder fächerverbindend stattfinden. Die Veranstaltungsform des fächerverbindenden Projektunterrichts soll den Schülern die Möglichkeit geben, erlernte Arbeitsmethoden aus unterschiedlichen Fachbereichen selbstständig auf ein komplexes Problem zu beziehen und ein Problem aus der Perspektive mehrerer Fächer zu sehen. Projektorientierter Unterricht bietet in besonderer Weise Möglichkeiten zur Teamarbeit.

3.6 Schülerreferat

Eine Unterrichtsstunde, in der ein Schülerreferat gehalten werden soll, muss gründlich vorbereitet werden. Denn das Referat soll und muss ein vollwertiger Ersatz für die sonst vom Lehrer durchgeführte Darstellung eines Sinn-, Sach- oder Problemzusammenhangs sein. Es sollte die Mitschüler belehren und mit den mit dem Schüler besprochenen Kriterien Anhaltspunkte für die Benotung geben (vgl. Bewertungsmatrix für Schülerreferate). Bezüglich der Vorgehensweise hier einige Anregungen:

- Der Schüler sollte das von ihm zu bearbeitende Thema selbst auswählen können oder wenigstens einen Spielraum bei der Konkretisierung des Themas haben.
- Jedes Schülerreferat setzt Vorbesprechungen voraus: In jedem Fall sollte der Schüler in das vorgesehene Referatsthema eingeführt werden; in einem zweiten Schritt könnte der Lehrer sich über den Fortgang der Arbeit informieren und die didaktisch-methodische Gestaltung der Referat-Stunde vorbereiten.
- Vor der Referat-Stunde sollte mit dem Schüler/der Schülerin noch geklärt werden, welche zusätzlichen Medien er benötigt, um das Thema zu illustrieren (Tafel/OHP/ Bildmaterial/Thesenpapier).
- In jedem Fall sollte der Lehrer das vom Schüler verfasste Referat vorher gelesen haben, um evtl. notwendige Kürzungen oder Ergänzungen vornehmen zu können.
- Im Referat müssten Fremd- und Fachwörter, die den anderen Schüler unbekannt sein dürften, erklärt werden.

Bewertungsmatrix für Schülerreferate:

	3	2	1	0
Vortragsform	freie Rede, formvollendet	flüssiger Vortrag, aber manuskriptabhängig	durchgehend manuskriptabhängig	völliges, z. T. fehlerhaftes Ablesen
Aufbau a) Vortrag b) schriftliche Kurzfassung	Zwingend klarer Aufbau und Gliederung	Aufbau und Gliederung gut, mit kleineren Mängeln	Gesichtspunkte nur gereiht, größere Gliederungsmängel	Gesichtspunkte unvollständig, die wesentlichen Aspekte fehlen
sachliche Richtigkeit	in der Darstellung und Analyse der Zusammenhänge überzeugend	Fakten und Zusammenhänge ohne Fehler dargestellt	Fakten i. O., aber keine Zusammenhänge	Lücken in der Darstellung
Eigene Aktivität	sehr gutes Hintergrundwissen, durch 3 beantwortete Kontrollfragen geprüft	Deutliche eigene Aktivität durch 2 Kontrollfragen geprüft	kaum eigenständige Aktivität erkennbar, 1 Kontrollfrage beantwortet	kein eigenständig erarbeitetes Hintergrundwissen feststellbar
Veranschaulichung	Überzeugend und ausgewogen; anschaulich durch Folie, Bilder, Schemata usw.	Deutliches Bemühen um anschauliche Gestaltung	Außer dem Vortrag nur noch ein weiteres Medium	Keine Veranschaulichung über den Vortrag hi naus

Aus: Will Lütgert: Leistungsrückmeldung, Anforderungen, Innovation, Probleme. In: Pädagogik 3 (1999), S. 49.

3.7 Facharbeit

Die Facharbeit ist eine umfangreichere schriftliche Hausarbeit und selbstständig zu verfassen. Sie dient insbesondere zur Förderung des selbstständigen wissenschaftspropädeutischen Arbeitens. Facharbeiten haben den Schwierigkeitsgrad einer Klausur und einen Umfang von ca. 8 bis 12 DIN-A4-Seiten. In der Jahrgangsstufe 12 wird nach Festlegung durch die Schule eine Klausur durch eine Facharbeit ersetzt. Sie kann die Klausur für den ganzen Kurs oder für einzelne Schüler ersetzen (vgl. Lehrplan Sek. II Gymnasium/Gesamtschule Katholische Religion NRW). Schüler sollen die Möglichkeit haben, Themen selbstständig zu finden und zu formulieren. Dabei ist aber darauf zu achten, dass sie das Thema z. B. im Hinblick auf den Umfang auch bearbeiten können. Andererseits sollte ihnen auch die Möglichkeit entzogen werden, fertige Arbeiten aus dem Internet herunterzuladen. Die Facharbeit unterscheidet sich vom Schülerreferat durch eine Vertiefung von Thematik und methodischer Reflexion als auch durch einen höheren Anspruch an die sprachliche und formale Verarbeitung (zum kleinen Einmaleins wissenschaftlichen Arbeitens siehe Schülerreferat). Für die Durchführung von Facharbeiten sind folgende Voraussetzungen erforderlich:

- Die Schüler müssen die erforderlichen fachlichen und methodischen Fähigkeiten zur Bewältigung der genannten Aufgaben im Unterricht erworben haben (d. h. z. B. selbstständige Themenfindung/-formulierung; Zeitplanung, Planung des Arbeitsprozesses; Arbeitsmethoden; Möglichkeiten der Informationsbeschaffung; Nutzung des Rechners als Arbeitsmittel).
- Inhaltliche, sprachliche und formale Beurteilungskriterien sollten den Schülern vorher bekannt sein.
- Während der Planung und Gestaltung dieses Arbeitsprozesses muss der Schüler von den Lehrenden intensiv beraten werden (z. B. bei Auswahl und Beschaffung von Materialien; Hilfestellung geben, wenn der Abschluss der Arbeit gefährdet erscheint; Anleitung für ggf. erforderliche Überarbeitungsprozesse; abschließende Reflexion des Arbeitsprozesses und seiner Ergebnisse).

In den Schulen gibt es verschiedene Möglichkeiten zur Vorbereitung der Schülerinnen/Schüler auf die Facharbeit.

- Erarbeitung eines Leitfadens für die Abfassung von Facharbeiten mit konkreten Beispielen durch die Lehrenden für die Hand des Schülers.
- Vorbereitende Workshops.

- Einführungskurse in die Nutzung von Rechner und Internet.
- Methodenkurs.
- Vorbereitende Facharbeit etwa in der Jahrgangsstufe 11.

Zu Beurteilungskriterien vgl. unten unter 4.3.4.

4. Arbeitsmethoden bei den Lernenden im Religionsunterricht – Bausteine

Die folgenden Bausteine zu den Arbeitsmethoden der Lernenden sind so konzipiert, dass sie als primären Adressaten Schülerinnen/Schüler (etwa ab Klasse 10) ansprechen. Daher eignen sie sich auch als Kopiervorlage für die Hand des Schülers („Checkliste“). Die Ausführungen zu den einzelnen Methoden bzw. Arbeitsformen (z. B. Gruppenarbeit) erheben keinen Anspruch auf Originalität und sind keineswegs nur spezifisch für den Religionsunterricht, ungeachtet einzelner exemplarischer Verdeutlichungen für dieses Fach!

4.1 Elementare Lern- und Arbeitstechniken

4.1.1 Lesetechniken

1. Schnelles Lesen
Für nahezu alle Unterrichtsfächer ist das Lesen von Texten von zentraler Bedeutung. Dies gilt ebenso für den Religionsunterricht, der ohne die Bibel, ohne literarische Texte und Sachtexte (theologische, philosophische, sozialwissenschaftliche u. a.) nicht denkbar ist. Für einen ersten Zugang – hier vor allem zu Sachtexten – ist *schnelles Lesen* hilfreich.
Dieses muss geübt werden. Hier ein paar *Tipps:*
1. Verschaffe dir einen ersten Überblick zu dem Text durch konzentriertes, schnelles Lesen!
2. Achte auf Überschriften, Hervorhebungen oder fett gedruckte Wörter!
3. Versuche, sinntragende Worte herauszufinden, die den gedanklichen Zusammenhang angeben!
4. Du kannst ruhig von Absatz zu Absatz springen, um die zentralen Aussagen in einem ersten Zugriff zu erfassen!
5. Bei Ganzschriften (Bücher oder längere Aufsätze z. B.) lies zuerst das Inhaltsverzeichnis, die Einführung und das Schlusskapitel bzw. die Überschriften, die ersten und letzten Seiten. So erfährst du in einem ersten Zugriff, worum es in dem Text geht und welche Perspektiven er anbietet.
6. Bei längeren Texten, z. B. Büchern, die dir nicht gehören, kannst du mittels Folien und einer auswaschbaren Folienbeschriftung Markierungen vornehmen!

2. Systematisches Lesen
Das Lesen von Texten ist mehr als ein oberflächliches Abtasten von Wörtern und Sätzen. Verstehen setzt gründliches, *systematisches Lesen* voraus. Als erster Zugang gilt auch hier:
1. Überschriften, Hervorhebungen usw. oder Inhaltsverzeichnis, Einleitung und Schluss ermöglichen eine erste Vorstellung von Inhalt und Aufbau eines Textes.
2. In einem zweiten Schritt überlege, um welche Aussagen, um welche Probleme und Lösungsmöglichkeiten es in dem Text geht. Was interessiert dich an den Aussagen des Textes besonders?
3. Anschließend wird der Text vor dem Hintergrund des so gewonnenen Überblicks gründlich gelesen. Hilfreich sind Markierungen (nur Schlüsselaussagen markieren – nur so ist dies eine Hilfe zur schnellen Übersicht und Wiederholung), Fragezeichen und sonstige Randnotizen.
4. Nach jedem Sinnabschnitt (Druckabsätze sind nicht unbedingt identisch mit Sinnabschnitten!) erstelle eine kurze gedankliche oder schriftliche Zusammenfassung!
5. Zum Schluss wiederhole nochmals gedanklich oder schriftlich die wichtigsten Aussagen und Informationen des Textes! Hier kann man sich auch selbst einen zusammenfassenden Vortrag zu den Aussagen des Textes, den hier aufgeworfenen Fragen, Problemen und Antwortversuchen halten!

Auf der Grundlage eines derart systematischen Lesens kann die weitere Textarbeit erfolgen (vgl. *Texte analysieren und verstehen*).

4.1.2 Texte analysieren und verstehen

- *Lektüre des Textes:* Erstes Lesen in Einzelarbeit oder Hören des Textes
- Spontanassoziationen notieren; von hier gegebenenfalls erste Hypothesen zum Textverständnis: worum geht es?
- Falls der Text zunächst vorgetragen wurde: Erstlektüre
- Unklare Begriffe hervorheben (z. B. Markierung, Linie usw. oder schriftlich auf einem gesonderten Blatt festhalten).
- Sinnabschnitte des Textes bestimmen. Schon beim ersten Lesen können z. B. mit einem Bleistift erste Sinnabschnitte des Textes gekennzeichnet werden (wo beginnt etwas Neues?) Sinnabschnitte sind nicht unbedingt mit den vom Druckbild vorgegebenen Abschnitten identisch!
- Definition/Erläuterung der unklaren Begriffe, z. B. mittels Fremdwörterbuch, Lexika
- *Wiederholtes Lesen*
- *Textwiedergabe mit eigenen Worten*
- Vor diesem Hintergrund erfolgt die genaue Analyse: Bestimmung der Textart (z. B. Sachtext, literarischer Text)
- *Textbeschreibung:* Bei Sachtexten geht es um den Aufbau des Textes (Einleitung usw.) und den Argumentationsgang; bei literarischen Texten: Form, sprachlich-stilistische Mittel, Handlung, Personen, Raum und Zeit u. a.
- *Textdeutung/-interpretation.* Die zentrale Frage lautet vor dem Hintergrund der bisherigen Schritte. Was sagt der Text? Hat sich die erste Hypothese zur Aussage des Textes bestätigt? Ergänzend zur textimmanenten Deutung können textexterne (-übergreifende) Aspekte herangezogen werden: – In welchem historisch-gesellschaftlichen Kontext ist der Text entstanden? – Wer ist der Autor, die Autorin? – Stellung in ihrer Zeit? – Intentionen in diesem Kontext? – Bedeutung der Thematik zur Entstehungszeit? – An welche Adressaten ist der Text ursprünglich gerichtet? – Vor diesem Hintergrund: Inwieweit bin ich als Leser, als Leserin schon durch die Wirkungsgeschichte des Textes beeinflusst? Inwieweit ist meine Textrezeption von hier schon geprägt?

Grundsätzlich gilt: als Leser und Rezipient eines Textes kann ich die eigene Sicht und Wahrnehmung, ‚den Horizont', in dem ich stehe, niemals gänzlich so aufheben, dass ich z. B. einen biblischen Text oder einen beliebigen historischen Text so lese und verstehe, wie die ursprünglichen Adressaten des jeweiligen Textes *(hermeneutischer Zirkel).* Insofern ist die Bedeutung, die ein Text gewinnt, stets auch abhängig vom Fragehorizont des jeweiligen Lesers.
Textbeurteilung: Erörterung, Bewertung, Stellungnahme; z. B. bei argumentativen Sachtexten: – Welche Argumente überzeugen? – Welche sind anfechtbar? – Lässt der Text dem Leser Distanz und Freiheit zum eigenständigen Urteil? – Enthält der Text ideologische Aussagen (Aussagen, die als verallgemeinerungsfähig bzw. allgemeingültig ausgegeben werden, in Wirklichkeit aber nur ein partielles politisches, soziales usw. Interesse zum Ausdruck bringen)? *„Bei literarischen Texten* (... z. B.) – das Wirklichkeitsverständnis, das Bild vom Menschen und von der Gesellschaft, die Auffassung von der Natur, die Vorstellung vom Transzendenten usw. – Handlungsweisen, Eigenschaften und Wertmaßstäbe von Personen des Textes, wie sie durch Reden und Handeln offen oder verschleiert zutage treten" *(zit. G. Röckel).* Vor diesem Hintergrund: eine persönliche Stellungnahme abgeben!
Textanwendung: Neben dieser analytischen Umgangsweise mit Texten gibt es Formen der Textanwendung und des kreativen Umgangs mit Texten: Hier „wird der gegebene Text Anlass und Modell für neue sprachliche Gestaltungen. Aktualisierungen, Anti-Erzählungen, Fortsetzungen, perspektivische Nacherzählungen, Umformungen in eine andere Textgattung, Erweiterung des Textes oder Kürzungen, aber auch bildliche Gestaltungen des Textes gehören hierher" *(zit. F. W. Niehl)*

4.1.3 Protokollieren

Das Anfertigen eines Protokolls dient dem Erlernen studienvorbereitender Arbeitstechniken. Allgemein wird zwischen Verlaufs- und Ergebnisprotokoll unterschieden.
Verlaufsprotokoll: enthält alle wichtigen Gesprächsbeiträge zur Lösung der in der Stunde erörterten Frage- bzw. Problemstellung. Auch die Medien (Texte, Bilder, Karikaturen usw.) kurz vorstellen. Aus dieser Protokollform wird der in der Stunde entwickelte Untersuchungs- und Gedankengang in seinen Einzelheiten deutlich und für die Mitschüler als Hörer bzw. Leser des Protokolls nachvollziehbar.

Ergebnisprotokoll: keine Einzelbeiträge protokollieren; nur die Ergebnisse einer Stunde *(um welches Problem ging es, wie wurde es bearbeitet und welche vorläufigen Antworten bzw. Ergebnisse wurden erzielt?)* vorstellen!
Beide Protokollformen zeigen in unterschiedlicher Form den ‚roten Faden‘ des Unterrichts auf.
Achtung: Wer ein Protokoll anfertigt, muss das Unterrichtsgeschehen konzentriert verfolgen und eine entsprechende *Mitschrift* anfertigen. Zuhause sind die Beiträge des Lern- und Lehrgeschehens zu ordnen und zu gewichten. Achte auf eine für alle Beteiligten (Mitschüler und Lehrerin/Lehrer) hör- und lesbare Form. Dann erfassen deine Mitschüler auch durch das von dir erstellte und vorgetragene Protokoll den ‚roten Faden‘ des Unterrichtsgeschehens. Die Lehrenden erhalten Rückmeldungen über das Erreichte bzw. darüber, an welcher Stelle z. B. eine weitere Präzisierung erforderlich ist.
Protokolle sind nur sinnvoll, wenn sie jeweils auch vor der Klasse/dem Kurs vorgetragen und besprochen werden. Anschließend sollten die so verarbeiteten Protokolle allen Schülern ausgehändigt werden. Dann können sie als Grundlage einer Wiederholung oder zur Klausurvorbereitung genutzt werden.

4.1.4 Heftführung/Schülerarbeitsheft

„Wenn auf klare Einrahmungen, auf übersichtliche Platzaufteilung, auf eingeprägte Überschriften, auf hilfreiche Absätze sowie auf unterstützende grafische Elemente und Illustrationen geachtet wird, dann kommt das nicht nur der Optik zugute, sondern auch der Motivation und dem Behaltenseffekt beim Leser“ *(H. Klippert).*

- Der wichtigste Leser bist du als Schülerin/als Schüler selbst! Bei Arbeitsheften, die für ein bestimmtes Unterrichtsfach – hier Religion – genutzt werden, handelt es sich um dein Übungs-, Notiz-, Aufgaben- und Arbeitsheft in einem, dem zwecks Wiederholungen und Klausurvorbereitungen (Sek. II) eine entscheidende Rolle zukommt.
- Sinnvollerweise sollte man das DIN-A4-Format wählen, weil so die diesem Format entsprechenden Arbeitsblätter eingeklebt oder – bei Heftern/Ordnern – eingelegt werden können.
- Die Kopfleisten deines Heftes sollten die Bezeichnung der jeweiligen Unterrichtseinheiten und das Datum enthalten. Auch die Arbeitsblätter können der Übersicht halber nummeriert werden.
- Wo ein Bezug zum Schulbuch/Unterrichtswerk besteht, notiere Kapitel und Seitenzahl!
- Tafelbilder, Tabellen usw. übertrage übersichtlich und sorgfältig!
- Um Tafelbilder auch nach längerer Zeit noch verstehen und erläutern zu können, ist es wichtig, die jeweiligen Tafelbilder mit ergänzenden Erklärungen zu erweitern. Voraussetzung ist selbstverständlich eine leserliche Schrift, das saubere Anfertigen von Skizzen, Bildern, Zeichnungen, Grafiken.
- Überlege, wo du z. B. ein Religionslexikon zu Rate ziehst, um deine Aufzeichnungen zu ergänzen!
- Auch eine eigenständige visuelle Gestaltung kann eine große Hilfe sein, z. B. eigene, farbig gestaltete Strukturen und Grundmuster, die deine eigenen gedanklichen Verknüpfungen zum Ausdruck bringen.
- Auf diese Weise ist die selbsttätige Heftführung und -gestaltung ein Weg zur Selbstständigkeit.

4.1.5 Arbeitsplanung

Der durchdachte und somit sinnvolle Umgang mit der verfügbaren Arbeitszeit muss gelernt werden. Arbeit kennzeichnet ja ein Handeln, das durch *Zweckmäßigkeit, Zielgerichtetheit* und *Planmäßigkeit* bestimmt ist. Diese Gegebenheiten sind nicht selbstverständlich.

Zweckmäßigkeit:
- Dein Arbeitsplatz sollte ausreichend belüftet und belichtet sein.
- Du solltest deinen Arbeitsplatz immer wieder aufräumen, um nicht unnötig abgelenkt zu werden!
- Konzentriertes Lernen erfordert Ruhe; zeitgleiches Musik-Hören oder Fernsehen sind daher nicht angebracht!
- Die erforderlichen Arbeitsmittel (Papier, Stifte, Textmaker, entsprechende Bücher usw.) solltest du dir passsend zurechtlegen!

- Duden, Fremdwörterbuch und Lexika (z. B. Jugendlexika, Nachschlagewerke wie dtv-Atlas zur Weltgeschichte, zur Philosophie, zur Baukunst usw.) und die Bibel (nutze verschiedene Übersetzungen, z. B. ‚Bibel – Einheitsübersetzung'), ‚Bibel – Gute Nachricht für dich'; diese Bibelausgaben sind preisgünstiger als Taschenbücher!) sollten in erreichbarer Nähe im Regal stehen, um stets zur Hand zu sein.
- Deine Hefte und Ordner solltest du nach Fächern ablegen, ebenso die entsprechenden Schulbücher, um unnötige Sucharbeit zu vermeiden!

Zielgerichtetheit:
Realistische Ziele setzen, sonst bleiben sie unerreichbar, z. B.:
- Was will ich erreichen?
- Was kann ich schon?
- Welche Stärken kann ich gezielt ausbauen?
- Wo habe ich Schwierigkeiten?
- Welche Aufgaben muss ich heute erledigen?
- Prioritäten setzen: was ist am wichtigsten? Was kann auch morgen noch bearbeitet werden?
- Beginne mit den leichteren Aufgaben, um dich auf die Arbeit mit Erfolg einzustimmen!
- Schiebe die schwierigen Aufgaben nicht an das Ende deiner Arbeitszeit!

Um die Ziele erreichen zu können, ist eine schriftliche Planung sinnvoll, die auch der Selbstkontrolle dient!

Planmäßigkeit:
Wie gehe ich mit meiner Zeit um? Um diese optimal zu nutzen, gib dir in regelmäßigen Abständen selbst Rechenschaft über deinen Umgang mit der Zeit! Von welchen ‚Zeitdieben' lässt du dich in besonderer Weise ablenken: Telefon, Besucher, Musikhören, Fernsehen usw.?
- Nicht unter Termindruck arbeiten!
- Um Termindruck zu vermeiden, plane deine Arbeit schriftlich eine Woche im Voraus!
- Erstelle einen entsprechenden Arbeitsplan; dieser verschafft einen Überblick, erleichtert die Prioritätensetzung und ermöglicht eine angemessene Zeiteinteilung!
- Bei deiner Zeitplanung beachte auch notwendige Phasen der Entspannung und der Muße! So sollten z. B. die Hausaufgaben nicht unmittelbar nach dem Mittagessen bearbeitet werden!
- Passe diesen Arbeitsplan deiner persönlichen Leistungskurve an (wann kann ich am besten konzentriert arbeiten?)!

Zum Schluss nach ein paar Tipps:
- Bearbeite deine Hausaufgaben zu möglichst festen Zeiten (Gewohnheiten ausbilden)!
- Schriftliches und mündliches Lernen sollten im Wechsel erfolgen (Vermeiden von Eintönigkeit)!
- Kurzpausen einlegen!
- Neben der Wochenplanung bedarf die Klausurvorbereitung einer längeren Zeitplanung. Trage die Klausurtermine in deinen Terminkalender ein!
- Bereite dich nicht zu spät vor! Am Morgen vor der Klausur sollte man nicht mehr wiederholen! So vermeidet man unnötige Angst.
- Am besten bereitest du dich zuerst allein vor und tauscht dich anschließend mit Mitschülern in einer Arbeitsgruppe aus! Stellt euch wechselseitig kleine Übungsaufgaben und sprecht ausführlich über den Gegenstandsbereich der Arbeit!

4.2 Elementare Gesprächs- und Kooperationstechniken

4.2.1 Kurzvortrag/freies Reden

1. Sammle und lese aufmerksam alle Unterlagen des Kurzvortrags.
2. Überlege eine notwendige Auswahl: Wo liegen die Schwerpunkte?
3. Erstelle eine Gliederung!
4. Welche Fachbegriffe sind notwendig, was kannst du besser in deiner eigenen Sprache sagen?
5. Unterstütze die Präsentation von Informationen mit visuellen Hilfen, z. B. durch eine stichwortartige Stütze oder Gliederung als Thesenpapier, auf Folie oder an der Tafel.

6. Denke daran, dass ein freier Vortrag lebendiger ist als bloßes Ablesen.
7. Teile die Zeit ein (maximal 20 Minuten).

10 Regeln für die Durchführung eines Kurzvortrags :
1. Erstmal tief einatmen, die Luft etwa 4 Sekunden anhalten und dann langsam ausatmen. Das beruhigt.
2. Festen Stand suchen und Körperhaltung straffen. (Wohin mit den Händen?)
3. Die Zuhörer in aller Ruhe anschauen und den Blick langsam schweifen lassen. (Ich bin hier der Experte!)
4. Das Thema nennen und den Aufbau des Vortrages überblickshaft erläutern (Überblick vermitteln)
5. Die Zuhörer mit einem interessanten Einstieg hellhörig machen und für den Vortrag gewinnen (sie z. B. direkt ansprechen)
6. Frei und lebendig reden und argumentieren, damit niemand einschläft (Mimik und Gestik einsetzen)
7. Die Rede so gestalten, dass die Zuhörer sich angesprochen fühlen (lebensnahe Beispiele und Anregungen, rhetorische Fragen)
8. Stimme und Tonlage so variieren, dass die Ausführungen unterstrichen werden (Der Ton macht die Musik)
9. Ruhig mal kleine Pausen lassen und Wiederholungen einfügen, das macht die Rede eindringlicher (Zuhörer brauchen Zeit zum Verschnaufen und zum Nachdenken)
10. Am Ende einen guten „Abgang" sichern, denn der letzte Eindruck bleibt auf jeden Fall haften (knappe Zusammenfassung am Schluss des Vortrags)

Nach: H. Klippert, Kommunikationstraining, Weinheim/Basel 1995, S. 183-185 (i.A.).

Beispiele für mögliche Kurzvortragsthemen im Religionsunterricht:
- Kirchenbau als „steingewordene Theologie" (z. B. Romantik, Gotik usw. am Beispiel einer Kirche deines Schulortes)
- Zur Umsetzung der Reformen des II. Vaticanum in unserem Bistum (unserer Pfarrei etc.)
- Christliche Solidarität mit den Armen – das Beispiel der Eine-Welt-Gruppe der Pfarrei

4.2.2 Präsentationsmethoden/Visualisierungen

1. Denke daran, dass die Mitschülerinnen/-schüler normalerweise ungefähr 70% ihrer Informationen über die Augen und nur etwa 30% mittels der Ohren aufnehmen.
2. Überlege bei jeder Entscheidung für oder gegen ein Medium, inwieweit es hilft, Informationen an die Mitschülerinnen/Mitschüler zu bringen.
3. Benutze visuelle Informationen wie z. B. Diagramme, Tabellen, Modelle, Skizzen, um mündliche Informationen zu unterstützen oder zu ersetzen und um Gedankengänge zu strukturieren.
4. Bei dem Einsatz von Folien mittels eines Overhead-Projektors ist Folgendes zu beachten:
   - Achte beim Anfertigen der Folie auf graphische Hervorhebungen und Skizzen, die sich besonders gut einprägen.
   - Verzichte auf ausführliche Texte auf der Folie.
   - Verwende bei der Gestaltung der Folie unterschiedliche Farben.
   - Steuere die Aufmerksamkeit der Mitschülerinnen/Mitschüler durch das schrittweise Präsentieren der auf der Folie enthaltenen Informationen, z. B. in dem du mit einem Blatt Papier den Teil der Folie abdeckst, der noch nicht benötigt wird oder im Overlay-Verfahren (mehrere Folien mit einzelnen Informationen werden übereinander gelegt, so dass sich am Schluss ein Gesamtbild ergibt).
   - Setze dich bei der Präsentation seitlich zum Projektor und schaue deine Mitschülerinnen/Mitschüler an.
   - Bitte am Ende der Präsentation um Fragen, Kritik und ergänzende Erläuterungen.
5. Verwende Video-bzw. Audiomaterialien nur dann, wenn sie das zu bearbeitende Thema veranschaulichen und verdeutlichen helfen.

6. Wenn du die Tafel benutzt, bedenke, dass das Schreiben an der Tafel zeitaufwendig ist und der Blickkontakt mit den Mitschülerinnen/Mitschülern verloren geht.
7. Bereite zur Unterstützung des Vortrags ein Thesenpapier vor.

Beispiele für Präsentationsmethoden im Religionsunterricht:
Die in diesem Band vorgestellten Methoden weisen zahlreiche Beispiele für gelungene Visualisierungen im Religionsunterricht auf .

4.2.3 Diskussion/Streitgespräch

1. Arbeitsauftrag: Vertrete in einer simulierten Situation die von dir übernommene Sprechrolle!
2. Es gibt verschiedene Rollen. Folgende genau festgelegte formale Regeln des Gesprächsverlaufs musst du beachten:
   - Der *Gesprächsleiter* achtet darauf, dass die vereinbarten Regeln eingehalten werden. Er führt eine Rednerliste und erteilt den Gesprächsteilnehmern das Wort.
   - Der *Befürworter* oder der *Gegner* (mehrfach zu besetzen) sitzt optisch und räumlich getrennt und vertritt die jeweilige Position. Befürworter und Gegner lassen sich gegenseitig ausreden und vermeiden persönliche Diffamierungen des Gesprächsgegners.
   - Der *Beobachter* (mehrfach zu besetzen) hält sich an den genau definierten Beobachtungsauftrag, um die nach dem Streitgespräch stattfindende Auswertung zu strukturieren.
3. Denke während des Streitgesprächs daran, dass du nur eine „Rolle" spielst!

Beispiele für Streitgespräche im Religionsunterricht:
- Gegenstandsbereich „Kirchengeschichte": Der Ablass-Streit im Kontext der Reformation Martin Luthers
- Gegenstandsbereich „AT/NT/Kirche und ihr Glaube": Kann der Glaube an den Gott der Bibel vernünftig verantwortet werden? Ein Streitgespräch zwischen Christen und Atheisten
- Gegenstandsbereich „Christliche Ethik": Die Abtreibungspille „Mifegyne" / Die Organtransplantation – Pro und Contra
- Gegenstandsbereich „Kirche": „Die Kirche muss sich ständig reformieren!" Ein Streitgespräch zur Zukunft der Kirche

4.2.4 Debatte

1. Form und Ablauf einer Debatte lassen sich aus den Geschäftsordnungen politischer Entscheidungsgremien übernehmen.
2. Es gibt eine klare Entscheidungsalternative, der als *Antrag* zur Abstimmung gestellt wird.
3. Ziel der Debatte ist die Annahme, Ablehnung oder Modifizierung des Antrags.
4. Folgende Rollen müssen besetzt werden:
5. Der *Vorsitzende* eröffnet die Sitzung und fordert den 1./2./3. etc. *Antragsteller* auf, seinen Antrag zu stellen. Anschließend fordert er die *Opponenten* (mehrfach zu besetzen) zur Gegenrede auf. Am Ende der Debatte lässt der Vorsitzende über den oder die Anträge abstimmen und gibt das Abstimmungsergebnis bekannt. Außerdem sind die Rollen des *Protokollführers* und die der *Vertreter der Öffentlichkeit* zu besetzen, die in der Debatte ihre Positionen zum Ausdruck bringen sollten.
6. Im Anschluss an die Debatte sollten alle Beteiligten nach Ursachen für den Dissenz/Konsens und ggf. nach Ansätzen zur Überwindung der Kontroversen suchen.

Beispiel für Debatten im Religionsunterricht:
- Gegenstandsbereich „Kirchengeschichte": Martin Luther vor dem Reichstag in Worms (Antrag der Gegner M. Luthers: Reichsacht über Martin Luther; M. Luthers Verteidigungsrede; Öffentlichkeit: Anhänger und Gegner Luthers).

4.3 Makromethoden

4.3.1 Gruppenarbeit

Sicher ist dir diese Form der Zusammenarbeit schon aus dem Religionsunterricht und anderer Fächer bekannt. Gruppen von 4–6 Schülerinnen und Schüler bearbeiten eine bestimmte Aufgabe (z. B. arbeitsgleich: die Gottesfrage bei einem bestimmten Theologen; arbeitsteilig: die Gottesfrage in verschiedenen theologischen Konzepten, oder: Erstellen einer Collage, eines Handlungablaufes, etwa eine Erzählung der Bibel in ein Rollenspiel übertragen und vorführen usw.). Vorteilhaft ist gerade im Religionsunterricht die Möglichkeit, sich zu existentiellen Fragen z. B. der Gottesfrage persönlich austauschen zu können, was in der Gruppe viel leichter ist als im Gespräch vor der ganzen Klasse oder der Kursgruppe. Gruppenarbeit fördert so eure Aktivität und Mitarbeit sowie eure Kooperationsbereitschaft und -fähigkeit. Vor allem ist sie ein Übungsfeld für soziales Lernen: zuhören, ausreden lassen, argumentieren, gemeinsam eine Lösung finden usw.

Gruppenbildung:
Wenn ihr häufig im Gruppenunterricht zusammenarbeitet, werden sich relativ feste Gruppen bilden, die nicht immer neu zusammengesetzt werden und sich zusammenfinden müssen. Eine derart freie Gruppenbildung – Freundschafts- bzw. Sympathiegruppen – ist durchaus wünschenswert. Allerdings solltet ihr akzeptieren, wenn eure Lehrerin, euer Lehrer z. B. ‚Spezialisten‘ auf mehrere Gruppen verteilt, damit sich in etwa leistungsgleiche Teams bilden oder darauf achtet, dass alle Schülerinnen und Schüler in die Gruppen einbezogen werden. Noch besser ist es, wenn ihr selbst darauf achtet, dass niemand isoliert bleibt!

Spielregeln:
- „Du bist erstens für dich und zweitens für deine Gruppe verantwortlich."
- „Wenn dich etwas stört, sage es den anderen Gruppenmitgliedern deutlich und verständlich. Hör dir aber auch in Ruhe an, was die anderen dir zu sagen haben" (*zit. H. Meyer)*
- Warte ab, bis alle Mitglieder der Gruppe einen bestimmten Informationsstand erreicht haben.
- „Jeder muß die Möglichkeit haben, sein Votum abzugeben. Zuhören und Ausredenlassen gehören ebenso dazu wie Nachfragen und konstruktiv Kritisieren" *(zit. H. Gudjons)*
- Wählt eine Gruppensprecherin bzw. einen Gruppensprecher, die/der die Gesprächsführung regelt und darauf achtet, dass alle Gruppenmitglieder mitarbeiten.
- Versucht Konflikte in der Gruppe möglichst selbst zu lösen!
- Achtet auf die Zeit! Wenn ihr glaubt, dass die vereinbarte Zeit nicht reicht oder dass ihr nicht fertig werdet, teilt dies der Lehrerin/dem Lehrer rechtzeitig mit.
- Sorgt dafür, dass eure Arbeitsergebnisse festgehalten und von eurer Sprecherin/eurem Sprecher vorgetragen bzw. erläutert werden (z. B. Wandzeitung, Folie usw.)

4.3.2 Projektmethode

Wenn das Projektthema feststeht, kann man sich an folgenden *Projektschritten* orientieren:
1. Ideen zur Themenbearbeitung sammeln (Brainstorming veranstalten). (Unter anderem: Wie lautet die Fragestellung bzw. das Problem? Welche Ziele werden angestrebt? Wie und mit welchen Mitteln können wir arbeiten? Welche Prioritäten müssen wir setzen?)
2. Konkrete Arbeitsaufgaben in der Gesamtgruppe verbindlich vereinbaren.
3. Verantwortliche Arbeitsgruppen für die einzelnen Aufgaben bilden.
4. Produktorientiertes Arbeiten und/oder Forschen in der Gruppe.
5. Detaillierte Zeit- und Arbeitsplanung in der jeweiligen Kleingruppe.
6. Projektergebnisse aufbereiten bzw. kleine Ausstellung vorbereiten (Präsentation der Ergebnisse)
7. Reflexion des Projektsverlauf und des Arbeitsprozesses der Gruppe (Wie haben wir unsere Ziele erreicht? Was hat mir gut gefallen? Worüber bin ich unzufrieden? Wie war das Miteinander in der Gruppe? Was könnte beim nächsten Projekt besser gemacht werden?)
8. Schlussfolgerungen und Vorschläge für ein nächstes Projekt austauschen.
9. Präsentation der Projektergebnisse in der Öffentlichkeit (z. B. mit Schülern, Eltern, Kursgruppen etc.)

4.3.3 Literaturrecherche

Die Literaturrecherche kann entweder über das Internet oder/und eine Bibliothek (z. B. Schulbibliothek, Stadtbücherei, öffentliche Bibliotheken, „Handbibliothek" zu Hause) erfolgen.
Jede Bibliothek verfügt in der Regel über einen Verfasserkatalog und über einen Schlagwortkatalog. Zu jedem Buch gibt es eine Karteikarte mit näheren Angaben zum Thema, Verfasser, Verlag, Erscheinungsjahr und zum Standort des Buches in der Bibliothek. Schlagwortkataloge eignen sich vorzüglich zum Auffinden noch nicht bekannter Autoren, die etwas zum anstehenden Thema zu sagen haben.
Viele Bibliotheken verfügen auch über computergestützte Datenbanken: Hier wird man mit recht gut selbsterklärenden Bildschirmoberflächen bei der Suche nach bestimmten Themen geführt. Bei der Literatursuche gilt grundsätzlich: Von der Gesamtübersicht zur Einzelfragestellung. Dabei sollten drei Orientierungsschritte beachtet werden:
1. Schritt: Die Fragestellung umreißen
Mit Hilfe enzyklopädischer Lexika (siehe Titel unten) können über die Stichwortartikel bzw. Personennamen weitere Stichwörter/Informationen über das jeweilige Fachgebiet gesammelt werden, Querverweisen kann nachgegangen werden.
2. Schritt: Das Umfeld erkunden/erste Vertiefung
Mit Hilfe eines Fachlexikons/Lehrbuchs kann ein vertiefender Einblick in den Problemzusammenhang gewonnen werden. Die Sammlung weiterer Stichworte und Namen erleichtert die weitere Suche ebenso wie eine genaue Formulierung der Fragestellung.
3. Schritt: Welche Sorte von Literatur?
Welche Art von Informationen sollen eigentlich gesucht werden. Interessieren eher Grundlagen oder aktuelle Probleme? Geht es mehr um Erklärungen, Beurteilungen oder empirische Erhebungen und Daten?

Einige Literaturhinweise:

Allgemeine Nachschlagewerke:
- Brockhaus: Die Enzyklopädie. 24 Bände, 20., neu bearbeitete Auflage 1996
- Der Brockhaus in einem Band. 8., neu bearbeitete Auflage 1998
- Der Taschenbrockhaus (512 Seiten, preiswerte Ausgabe für kompetente Erstinformationen zu wichtigen Sachgebieten).
- Der Brockhaus Multimedial. 2 CD-Roms (über 66.000 Artikel mit 140.000 Stichwörtern)
- Der Kompaktbrockhaus Multimedial. (ca. 55.000 Stichwörter)
- Der Jugendbrockhaus in drei Bänden. 3., neu bearbeitete Auflage 1996
- Das Goldmann-Lexikon mit CD-Rom in 24 Bänden (ca. 150.000 Stichwörter)
- Meyers Enzyklopädisches Lexikon in 25 Bänden
- Meyers Taschenlexikon in 12 Bänden.1. Auflage 1996 (preiswerte Gesamtausgabe besonders geeignet für Schülerinnen und Schüler)
- Meyers großes Taschenlexikon in 24 Bänden, 6., neu bearbeitete Auflage 1998
- Das neue dtv-Lexikon in 20 Bänden, aktualisierte Neuausgabe 1999

Nachschlagewerke zu verschiedenen Themen:
- Der Literaturbrockhaus. Grundlegend überarbeitete und erweiterte Taschenbuchausgabe 1985, 8 Bände
- Der Kunstbrockhaus (Taschenausgabe), 10 Bände
- Deutsche Literatur in Schlaglichtern. Meyers-Lexikonverlag (516 Seiten)
- Lexikon der Kunst. Kassette mit 7 Bänden (dtv)
- Musikgeschichte in Daten. Von Gerhard Dietel. (dtv)
- Wörterbuch Biologie. Von Gertrud Scherf. (dtv)

Nachschlagewerke für den Religionsunterricht:
- Kleines Stuttgarter Bibellexikon. Überarbeitete Neuauflage Stuttgart 1999 (Kath. Bibelwerk)
- Who's who in der Bibel. Von Peter Calvocoressi. (dtv)
- Kleines theologisches Wörterbuch. Von Karl Rahner/Herbert Vorgrimler, Freiburg [10]1976 (Herder Bücherei 557)
- Wörterbuch Kirchengeschichte: Von Georg Denzler und Karl Andresen (dtv)

- Lexikon der Heiligen. Von Erhard Gorys. (dtv)
- Wörterbuch christlicher Ethik in 94 Artikel mit Literaturangaben. Hrsg. von Bernhard Stoeckle. Freiburg 1983 (Herder-Bücherei 533)
- Ilsetraut Ix/Rüdiger Kaldewey, Was in Religion Sache ist. Lern- und Lebenswissen, Düsseldorf (Patmos) 1998
- Georg Bubolz, Religionslexikon, Berlin (Cornelsen) 1996
- Peter Kliemann, Glauben ist menschlich. Argumente für die Torheit vom gekreuzigten Gott, Stuttgart, (Calwer Taschenbibliothek) ^{6}1996

4.3.4 Expertenbefragung

Wenn bei einem Thema viele Fragen offen bleiben, die nur ein Experte beantworten kann, kann es sich anbieten, einen Fachmann/eine Fachfrau in den Unterricht einzuladen. Er/sie sollte kein Referat halten, sondern auf konkrete von Schülern/Schülerinnen vorbereitete Fragen Antwort geben. Dieses Gespräch kann z. B. im Rahmen der *Projektarbeit* vorbereitet werden. Ein Schüler/eine Schülerin (oder eine Gruppe) könnte die Moderation des Gesprächs übernehmen. Die Mitschüler sollten ermutigt werden, Fragen zu stellen. In einer sich anschließenden Auswertung wird die Expertenbefragung aufgearbeitet und reflektiert. Die Befragung kann ebenfalls dokumentiert und somit für die Weiterarbeit genutzt werden. Der Experte sollte gezielt ausgesucht werden. In einem Vorgespräch sollten anstehende Fragekomplexe geklärt werden (z. B. wenn sie sich im Rahmen eines Referats als Experten zu einem bestimmten Thema ausgezeichnet haben). Dabei gilt es, bestimmte *Fragetechniken* zu entwickeln (z. B. sich der unterschiedlichen Reichweite von Wissens-, Verständnis- und Wertfragen bewusst zu sein, themenzentrierte Fragen zu entwickeln, so genannte W-Fragen zum Thema zu notieren (wie z. B. Weshalb? Warum? Woher? Wann? etc.). Mögliche Experten für Themen *im Religionsunterricht* könnten sein: Geistliche, Ordensmitglieder, Suchtberater, Jugend-arbeiter, Journalisten, Redakteur der Kirchenzeitung etc.

4.3.5 Schülerreferat

Themenfindung und -formulierung:
Nach Auffassung der „Themenzentrierten Interaktion“ (TZI) von Ruth Cohn setzt produktive Gruppen- bzw. Sacharbeit die gleichwertige Berücksichtigung, d. h. die dynamische Balance zwischen drei Aspekten (Ich – Wir – Sache) und als Vierten dem „Globe“, dem Umfeld der an der Handlung Beteiligten, voraus (siehe Schema).

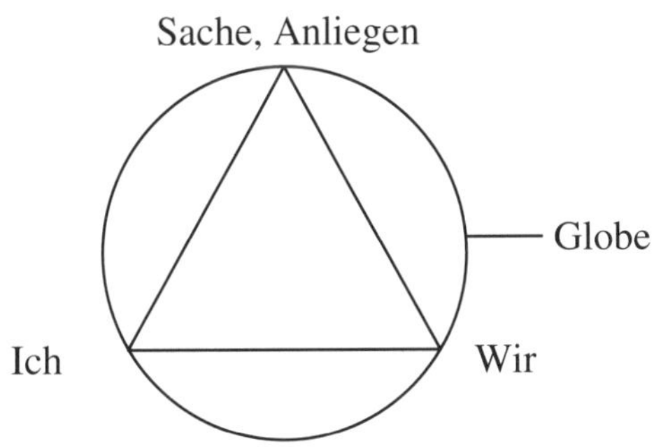

Für die Themenfindung bedeutet das: Stelle einen Bezug zum Thema her unter folgenden Aspekten:
1. „Ich-Aspekt:“
   - Was interessiert mich besonders?
   - Was weiß ich schon darüber?
   - Was möchte ich klären, untersuchen, lernen?
2. „Es-(Sach)-Aspekt“:
   - Worum geht es?
   - Welche Bedeutung kommt der Sache zu?
   - Welche Kenntnisse sollte man darüber haben?
   - In welchem Zusamenhang steht dieses Thema mit dem Kursthema?

3. „Wir-Aspekt“:
   - Was könnte für die anderen wichtig bzw. interessant sein?
   - Was wissen sie schon darüber, woran kann ich anknüpfen?[3]

Das gewählte Thema sollte sich deutlich von einem Inhaltsbereich oder Sachgebiet abgrenzen; es müsste auf den näher zu untersuchenden Teilaspekt eingegrenzt werden.
Was ist das Ergebnis der Arbeit? Welches Ziel, welche Absicht verfolgst du mit der Arbeit? Reicht es, den Sachverhalt darzustellen oder ist es notwendig, seine Ursachen zu deuten, einzuordnen, das Problem aufzuzeigen, Lösungen anzudeuten?
Die Themenfindung ist also das Ergebnis eines notwendigen vorausgegangenen Klärungsprozesses, in welchem der Verfasser/die Verfasserin seine/ihren Bezug zum Thema und sein/ihr mit der Arbeit verbundenes Erkenntnisinteresse deutlich macht. Mit der *Formulierung eines Themas* soll der Leser/der Zuhörer nicht nur informiert werden, es sollte auch ein Interesse an dem Thema geweckt werden. Daher folgende Tipps:

- Das Thema muss leicht verständlich, klar und präzise formuliert werden.
- Es darf nicht zu eng, aber auch nicht zu weit gefasst sein.
- Das Thema muss so formuliert sein, dass der Zuhörer/der Leser gewonnen wird, sich mit den vorgestellten Problemen/Fragen zu beschäftigen.
- Manchmal eignet sich als Themenformulierung eine Frage, die jedoch nicht mit ja oder nein beantwortet werden kann.
- Das Thema sollte so formuliert sein, dass seine Bearbeitung im vorgegebenen Rahmen bleibt (z. B. innerhalb der zur Verfügung stehenden Zeit, max. Seitenumfang etc.).

Literaturrecherche und -auswertung:
(Hierzu siehe auch oben unter 4.3.2.)

- Lese und bewertet kritisch die Literatur zum Thema. Orientiere dich dabei an den o. g. Fragen.
- Exzerpiere wichtige Aussagen aus der Literatur: Vermeide dabei vollständige Sätze. Unterscheide zwischen „Kernaussagen“ und „Hintergrundinformationen“. Suche nach Schlüsselbegriffen, die als Leitfaden dienen könnten. Wähle Material aus, das sich zur Präsentation der Arbeitsergebnisse eignet.
- Notiere Fragen, die du noch zum Thema hast, oder Fragen, die sich für eine Diskussion eignen.

Gliederung/Inhaltsverzeichnis/Strukturierung:
Schon während der Literaturauswertung solltest du eine Gliederung für die Präsentation der Arbeitsergebnisse bzw. ein Inhaltsverzeichnis entwickeln.

1. Einleitung
   - Beginne mit einem überraschenden Ergebnis, einer lustigen oder exotischen, aber themenbezogenen Anekdote, die sich aus deiner Beschäftigung mit dem Thema ergeben.
   - Nenne die wichtigsten Zielsetzungen deines Referats.
   - Stelle themenbezogene, aber überraschende Fragen, die nach überraschenden Antworten verlangen.
2. Hauptteil
   - Organisiere und strukturiere die Informationen so, dass der Leser bzw. der Zuhörer gut folgen kann.
   - Nutze dazu Strukturen, die du in den zugrunde liegenden Texten vorfindest (z. B. Inhaltsverzeichnisse, Kapitelüberschriften etc.).
   - Beachte die Stringenz deines eigenen Argumentationsgangs und der angemessenen sowie korrekten Verwendung (zitieren) der berücksichtigten Literatur.
3. Schluss
   - Wiederhole kurz die wichtigsten Ergebnisse deiner Arbeit.
   - Gebe deine persönlichen Einschätzungen dazu.
   - Nenne Fragen, die auch dir nach intensiver Beschäftigung mit dem Thema noch geblieben sind.
   - Mache Rückverweise zur Einleitung.

[3] Vgl. Lernbox Friedrich Jahresheft 1997.

Zitierweise/Quellenangaben:
Zitate können in wörtlicher („...“) oder indirekter Rede verwendet werden. Dabei ist jedesmal die exakte Quelle zu nennen.
Beispiel: „Solidarität, Toleranz und Respekt vor dem Nächsten lassen sich nicht auf Kommando lernen. Ganz im Gegensatz zu ihrem schlechten Ruf beweisen junge Menschen tagtäglich ihr Engagement für diese Gesellschaft.“[1.)]
[1.)] Zit. nach: Kampmann-Grünewald, Andreas (Vorsitzender des BDKJ), in: Publik Forum Nr. 22, 21. November 1997, S. 13.
Bei wiederholter Benutzung derselben Quellen:[2.)] Zit nach: Kampmann-Grünewald, a. a. O., S. ... (am angegebenen Ort).
Bei Benutzung derselben Quelle in unmittelbarer Folge: [3.)] ebd. S. ... (eben da).

Medieneinsatz:
Hierzu siehe oben unter *Präsentationsmethoden*.

Literaturverzeichnis:
Das Literaturverzeichnis befindet sich am Ende des Referats; die einzelnen Titel werden den Autoren entsprechend alphabetisch geordnet.
Buchtitel: Autor (Familienname/Vorname): Titel der Veröffentlichung (evtl. mit Untertitel), Erscheinungsort, Auflagenhöhe, Erscheinungsjahr, ggf. Seitenangabe; *Beispiel: Nordhofen, Eckhard: Die Mädchen, der Lehrer und der liebe Gott. Roman. Stuttgart (Reclam jun.) 1998, S. ...*
Aufsätze in Sammelbänden: Autor: Titel der Veröffentlichung, in: Titel des Sammelbandes, hg. von … (Autor), Erscheinungsort, Erscheinungsjahr, Seitenzahl; *Beispiel: Vorgrimler, Herbert: Eschatologie/Gericht, in: Neues Handbuch theologischer Grundbegriffe, hrg. von Peter Eicher, München 1991, Bd. 1, S. 384–395*
Aufsätze in Zeitschriften: Autor: Titel der Veröffentlichung, in: ... (Name der Zeitschrift), Nummer, Jahrgang der Zeitschrift, Seitenangaben zum Aufsatz; *Beispiel: Tück, Hans Joachim: Sport als Liturgie, in: Religionsunterricht an höheren Schulen, Heft 5, 1997 (40. Jahrgang), S. 280–290*

Erstellen eines Thesenpapiers:
Das Thesenpapier kann sich in der Gliederung bzw. im Inhaltsverzeichnis widerspiegeln. Es hat die Funktion, eine Diskussion in Gang zu bringen und die Zuhörerinnen/Zuhörer zur Stellungnahme anzuregen. Inhaltlich konzentriert sich das Thesenpapier auf ein Thema bzw. ein Problem und zeigt die wesentlichen und kontroversen Aspekte hierzu auf. Es kann aber auch die Funktion haben, die wichtigsten Ergebnisse des Referats zusammenzufassen. Dann sollte es erst am Ende der Präsentation ausgeteilt werden. Zum Argumentationsaufbau des Thesenpapiers:
Einleitung: Interessant für die Zuhörerinnen/Zuhörer ist das, was an der eigenen Stellungnahme zum Thema das Besondere, das Neue, das Überraschende, das andere Aspekte Berücksichtigende und zum Widerspruch Reizende ist.
- Was steht zur Diskussion?
- Welche Bedeutung bzw. Relevanz hat das Thema?
- Was ist das Problem?
- Welche Bewertung erfährt das Problem von anderer Seite?
- Wie bewerte ich das Thema bzw. Problem?
- Warum lohnt es sich, meinem Argumentationsplan zu folgen?

Hauptteil: Es werden die Kernthesen der favorisierten Positionen in zugespitzter Form dargelegt. Dabei wird auf die Elemente verwiesen, die die Plausibilität dieser Kernthesen erhöhen, z. B.: empirische Fakten und Theorien; zuverlässige und nachprüfbare Quellen. Es folgen jetzt mögliche Einwände gegen die vorgetragene Position, mit denen sich der Vortragende kritisch auseinander setzen sollte (z. B. Hinweis auf gegenteilige empirische Fakten und unzulängliche theoretische Absicherung).
Schluss: Er sollte auf die theoretischen und faktischen Konsequenzen der favorisierten Position hinweisen.

Beispiele für mögliche Referatsthemen im Religionsunterricht:
- Gegenstandsbereich „Kirche/Kirchengeschichte“: „Es gibt nicht mehr Juden und Griechen, nicht Sklaven und Freie, nicht Mann und Frau, denn ihr seid alle einer in Christus Jesus“ (Gal 3,28) –

Der Weg der frühen Kirche als ‚Kontrastgesellschaft‘[4] (u. a. Taufformel Gal 3,36–28; Zur Entstehung der ersten christlichen Gemeinden [Apg 4,20]; Konfliktlösung durch das sog. ‚Apostelkonzil‘; Zur Stellung von Sklaven in christlichen Gemeinden [Phlm]; Zur Gleichberechtigung von Mann und Frau in der frühen Kirche; Beispiel der Gemeinde von Korinth [1 Kor 1,26–31]; Antichristliche Vorurteile im Römischen Reich [1. und 2. Jhdt.])
- Gegenstandsbereich „Die Theodizeefrage – Angesichts des Leidens an Gott glauben?“: Hiobs Ringen mit Gott (Das Buch Hiob)
- Gegenstandsbereich „Glauben und Wissen als spezifische Zugänge der Wirklichkeit“: Der Konflikt um Galileo Galilei (1564–1642). Belastung des Verhältnisses zwischen Naturwissenschaft und Glaube[5]
- Gegenstandsbereich „Der Mensch – Geschöpf und Ebenbild Gottes“: „Lasst uns den Menschen machen“. Ethische Urteilsbildung in der Reproduktionsmedizin[6] / Ökologische Konsequenzen des Schöpfungsglaubens
- Gegenstandsbereich „Das Bekenntnis zu Jesus dem Christus im Neuen Testament“: Messias – Gottessohn – Menschensohn. Der Anspruch des historischen Jesus und die Frage nach der expliziten Christologie
- Gegenstandsbereich „Historische Fragen nach Jesus“: Der Konflikt um Jesus in Jerusalem (u. a. Bedeutung des Jerusalemer Tempels; der letzte Tag Jesu)[7]
- Gegenstandsbereich „Kirche und ihr Glaube“: Gottes Dreieinigkeit – ein Widerspruch zu dem Bekenntnis des einen und einzigen Gottes?

4.3.6 Facharbeit

Vgl. oben unter 4.3.5 *Schülerreferat* unter anderem Themenfindung/Formulierung; Gliederung/Inhaltsverzeichnis/Strukturierung; Zitierweise/Quellenangaben/Literaturverzeichnis; vgl. oben unter 4.3.3 *Literaturrecherche*; vgl. oben unter 4.1.6 *Arbeitsplanung*.
Eine Facharbeit ist eine umfangreichere schriftliche Hausarbeit und selbstständig zu verfassen. Sie soll im Textteil einen Umfang von 8 bis 12 DIN-A4-Seiten, maschinenschriftlich, nicht unterschreiten und möglichst auch nicht überschreiten. Die Facharbeit besteht aus:
- Titelblatt mit Thema, Name, Schul-, Kurs- und Schuljahresangabe
- Inhaltsverzeichnis
- Textteil mit Einleitung als Entwicklung der Fragestellung, Hauptteil mit untergliedernden Zwischenüberschriften und Schlussteil als Zusammenfassung der Ergebnisse
- Literaturverzeichnis
- ggf. Anhang mit fachspezifischen Dokumentationen (z. B. Materialien, Tabellen, Tonaufnahmen etc.)
- ggf. eine Dokumentation des Arbeitsprozesses (z. B. Gliederungsentwürfe, die auch Probleme, Schwierigkeiten und Umwege aufführen).

Schülerinnen/Schüler sollen bei der Anfertigung von Facharbeiten besonders folgende Aufgaben beachten:
- Selbstständige Themensuche/-findung
- Planung und Durchführung eines komplexen Arbeits- und Darstellungsvorhabens
- Zielgerichtete Nutzung von Methoden und Techniken der Informationsbeschaffung
- Strukturierung und Auswertung der Informationen und Materialien
- Angemessene schriftliche Darstellung
- Beherrschung des kleinen Einmaleins wissenschaftlichen Arbeitens

[4] Materialien hierzu für die Hand des Schülers/der Schülerin u. a. in: Edith Verweyen-Hackmann/Bernd Weber: „Wahres Christentum ist, seinem Stifter folgen ...“ Kirchengeschichte als kritische Erinnerung. In: religionsunterricht konkret Bd. 1, Kevelaer (Butzon & Bercker) 1997, S. 22.

[5] Materialien hier für die Hand der Schülerin/des Schülers u. a.: Werner Bickel/Wolfgang Schulte: Gentechnologie und Reproduktionsmedizin. Herausforderung zum Dialog zwischen Naturwissenschaft und Theologie; In: religionsunterricht konkret Bd. 3, Kevelaer (Butzon & Bercker) 1998, S. 72, 83–86.

[6] Vgl. ebd. S. 10–53.

[7] Materialien hierzu für die Hand des Schülers/der Schülerin u. a.: Edith Breit: Jesus der Nazarener, München 1995, bes. S. 84, Gerhard Lohfink: Der letzte Tag Jesu. Die Ereignisse der Passion. Freiburg (Herder) 1987.

Beurteilungsfragen an eine Facharbeit:
(Die Abschnitte sind nach ansteigender Bedeutung geordnet, die einzelnen Fragen nicht.)

1. Formales
   - Ist die Arbeit vollständig?
   - Findet sich hinter dem Textteil ein Katalog sinnvoller Anmerkungen?
   - Sind die Zitate exakt wiedergegeben, mit genauer Quellenangabe?
   - Ist ein Literaturverzeichnis vorhanden mit Angaben zur in der Arbeit benutzten Sekundarliteratur, ggf. zur Primärliteratur?
   - Wie steht es mit der sprachlichen Richtigkeit (Rechtschreibung, Zeichensetzung, Grammatik) und dem sprachlichen Ausdruck (Satzbau, Wortwahl)?
   - Wie ist der äußere Eindruck, das Schriftbild, sind die typographischen Vereinbarungen eingehalten (Einband, Seitenspiel, Seitenangabe, gliedernde Abschnitte und Überschriften)?
2. Inhaltliche Darstellungsweise
   - Ist die Arbeit themengerecht und logisch gegliedert?
   - Werden Thesen sorgfältig begründet, sind die einzelnen Schritte schlüssig aufeinander bezogen?
   - Ist die Gesamtdarstellung in sich stringent?
   - Ist ein durchgängiger Themenbezug gegeben?
3. Wissenschaftliche Arbeitsweise
   - Sind die notwendigen fachlichen Begriffe bekannt? Werden die Begriffe klar definiert und eindeutig verwendet?
   - Werden die notwendigen fachlichen Methoden beherrscht und kritisch benutzt?
   - In welchem Maße hat sich die Verfasserin bzw. der Verfasser um die Beschaffung von Informationen und Sekundärliteratur bemüht?
   - Wie wird mit der Sekundärliteratur umgegangen (nur zitierend oder auch kritisch)?
   - Wird gewissenhaft unterschieden zwischen Faktendarstellung, Referat der Positionen anderer und der eigenen Meinung?
   - Wird das Bemühen um Sachlichkeit und wissenschaftliche Distanz deutlich (auch in der Sprache)?
   - Wird ein persönliches Engagement der Verfasserin bzw. des Verfassers in der Sache am Thema erkennbar?
4. Ertrag der Arbeit
   - Wie ist das Verhältnis von Fragestellung, Material und Ergebnissen zu einander?
   - Wie reichhaltig ist die Arbeit gedanklich?
   - Kommt die Verfasserin bzw. der Verfasser zu vertieften, abstrahierenden, selbstständigen und kritischen Einsichten?

Zit. nach: Empfehlungen und Hinweise zur Facharbeit in der gymnasialen Oberstufe, hrsg. vom MSWWF NRW Düsseldorf 1999.

Beispiele für mögliche Facharbeitsthemen im Religionsunterricht:

- Interpretation einer Quelle unter genauer Berücksichtigung ihres Sitzes im Leben (Auszug aus einem theologischen Sachtext, einer lehramtlichen Äußerung, einer Predigt, einem Dokument).
- Porträit einer geschichtlichen oder lebenden Persönlichkeit bzw. einer Bewegung aus christlicher Sicht.
- Jesus im Spiegel von Literatur und Kunst oder von Nachrichtenmagazinen und Illustrierten (zit.: Lehrplankommission S II NRW).

5. Literaturhinweise

Der Beitrag basiert im Wesentlichen auf der folgenden Literatur:

Friedrich Jahresheft 1997. Lernbox: Tips und Anregungen für Schülerinnen und Schüler zum Selberlernen. Entwickelt und verfasst von einem Autorenteam aus dem Oberstufenkolleg Bielefeld.

Greving, J./L: Paradies, Unterrichts-Einstiege. Ein Studien- und Praxisbuch. Berlin 1996

Grom, B., Methoden für den Religionsunterricht, Jugendarbeit und Erwachsenenbildung, Düsseldorf 1976.

Gudjons, H., Didaktik zum Anfassen, Bad Heilbrunn 1997.
Jendorff, B., Religion unterrichten – aber wie? Vorschläge für die Praxis, München 1992.
Kliemann, Peter, Impulse und Methoden. Anregungen für die Praxis des Religionsunterrichts. Stuttgart (Calver) 1997.
Klippert, Heinz, Methoden-Training. Übungsbausteine für den Unterricht. Weinheim/Basel (Beltz-Verlag) ^{7}1998.
Kurz, H., Methoden für den Religionsunterricht. Arbeitsformen und Beispiele, München ^{3}1992.
Meyer, Hilbert: Unterrichtsmethoden II: Praxisband. Berlin ^{8}1997.
Niehl, Franz W./Thömmes, Arthur: 212, Methoden für den Religionsunterricht. München (Kösel) 1998.
Niehl, Franz W., Umgang mit Texten, in: Handbuch religionspädagogischer Grundbegriffe, Bd. 2, München 1986, S. 527–529.
Röckel, G., Umgang mit dem Medium ‚Text‘, in: rhs 34, 1991, H. 5, S. 306–311, ders., vgl. den Beitrag zur Texterschließung in dem vorliegenden Buch.

_Johannes Kaiser

Der Beitrag von Religion und Religionsunterricht zum Schulprogramm

1. Anmerkungen zur inhaltlichen Bestimmung des Schulprogrammes

In vielen Bundesländern hat in den letzten Jahren der Begriff „Schulprogramm" wieder neu Einzug in die Schulen gehalten. Schulpraktische Arbeit und wissenschaftliche Begleitung haben diesen Begriff inzwischen geschärft und weiter entwickelt. Die Schulministerin des Landes Nordrhein-Westfalen, Gabriele Behler, umschreibt ihn so: „Im Rahmen der erweiterten Gestaltungsfreiheit der Schule stellt das Schulprogramm das grundlegende Konzept pädagogischer Zielvorstellungen und Maßnahmen dar und ist zugleich Instrument der Schulentwicklung und damit der Entwicklung und Sicherung der Qualität schulischer Arbeit."[1]

In dieser Beschreibung des Begriffs „Schulprogramm" sind einige Vorgaben und Folgerungen enthalten, auf die im Folgenden in gebotener Kürze hingewiesen wird:

Die erweiterte Gestaltungsfreiheit der Schule besagt, dass der Einzelschule ein viel stärkeres Gewicht als in der Vergangenheit zukommt. Die ausschließlich hierarchisch und „top-down" geregelte Zuständigkeit, in der der Einzelschule alles, was sie zu tun und zu lassen hatte, vorgeschrieben wurde, wird zunehmend abgelöst durch Entscheidungsspielräume der Einzelschule im organisatorischen, personellen, finanziellen und curricularen Bereich. Von einer völligen Autonomie der öffentlichen Schulen kann natürlich keine Rede sein. Allein schon die notwendige Vergleichbarkeit schulischer Leistungen und Abschlüsse verlangt staatliche Rahmenvorgaben, etwa durch obligatorische Regelungen in Richtlinien und Lehrplänen. Wenn es auch in den westlichen Bundesländern nie eine „Einheitsschule" gegeben hat, so war doch sehr vieles an den Schulen – je nach Schulform – einheitlich geregelt. Den jeweiligen Besonderheiten etwa in der biographischen oder soziokulturellen Herkunft der Schülerinnen und Schüler, der spezifischen Situation einer Schule oder der in ihr Lebenden soll durch erweiterte Gestaltungsfreiheit mehr Rechnung getragen werden. Die spezielle Ausformung staatlicher Vorgaben im Hinblick auf die konkrete Situation ist von daher Aufgabe jeder einzelnen Schule. Diese Aufgabe hat in den letzten Jahren an den Schulen einen intensiven Schulentwicklungsprozess aller am Schulleben Beteiligten in Gang gesetzt.

Auf vieles Bewährte können die Schulen bei der Formulierung ihres Schulprogrammes zurückgreifen. (Sicherlich gibt es aber auch Widerstände bei denen, die lediglich die Mehrbelastung, die durch diese Aufgabe im Einzelfall gegeben ist, sehen und wenig Vertrauen in die schrittweise Weiterentwicklung der Schule durch die eingeleiteten Entwicklungsprozesse haben). Andererseits hat ein solcher Schulentwicklungsprozess, der Schulleben und Unterricht umfasst, auch eine starke Entlastungsfunktion für den einzelnen Unterrichtenden und eine deutliche Orientierungsfunktion für die interessierte Öffentlichkeit. Dies belegen bereits viele positive Beispiele.

Typische Elemente eines Schulprogramms sind etwa: „Leitbild einer Schule, pädagogische Grundorientierung, Erziehungskonsens, schulinterne Konzepte und Vereinbarungen für schulische Arbeitsfelder (z. B. schuleigene Lehrpläne, Konzepte für fächerübergreifendes Lernen, Konzepte zum Bereich ‚Lernen des Lernens', Vereinbarungen zur Leistungsbewertung, Akzente im Bereich der Erziehungsarbeit, Konzepte für Bereiche des Schullebens); mittelfristige Ziele für die Entwicklung der schulischen Arbeit; Fortbildungsplanung; Evaluationsplanung."[2]

Es versteht sich von selbst, dass ein solches Programm nicht am grünen Tisch einer Schule entstehen kann, sondern die intensive Diskussion aller am Schulleben Beteiligten – insbesondere der Lehrerinnen und Lehrer – erfordert. Diese Arbeit allein an eine Redaktionsgruppe zu delegieren wäre ein völliges Missverständnis. Der Diskussionsprozess in der Schule, das gemeinsame Suchen nach inhaltlichen Schwerpunkten und nach Möglichkeiten für die Umsetzung, das schließlich in Beschlüssen mündet, ist zentrales Anliegen. Die Dokumentation der Ergebnisse ist wichtig, kann aber erst am Ende stehen. Dabei kann vom Verständnis des Prozesscharakters her Schulprogrammarbeit nie zu Ende sein. Es werden jeweils „nur" Zwischenergebnisse erzielt, die von Zeit zu Zeit überprüft und ggfls. korrigiert oder ergänzt werden müssen.

---

[1] „Schulprogramm – eine Handreichung" S. 4; Frechen 1998, S. 4.

[2] Vgl. „Schulprogramm eine Handreichung" S. 14.

Zudem ist zu bedenken, dass schulische Arbeit primär im Unterricht geleistet wird. Alles, was in der Schule geschieht, geht vom Unterricht aus und führt zu ihm zurück. Das bedeutet, dass alle grundsätzlichen Überlegungen zur Aufgabe und zu den Zielen auch der Einzelschule, die in Schulprogrammen formuliert werden, letztlich im Unterricht konkretisiert und umgesetzt werden müssen. Dabei umfasst „Unterricht" sicher mehr als nur den Fachunterricht im 45 Minutentakt.

2. Anmerkungen zu der Aufgabe von Religion und Religionsunterricht in der Schule

In unserer pluralistischen Gesellschaft hat *Religion* keinen selbstverständlichen und unangefochtenen Platz mehr. Oft scheint sie Privatsache zu sein („Jeder soll nach seiner Fasson selig werden"). Religion in der Ausprägung der christlichen Kirchen hat unseren Kulturraum geprägt und – unbeschadet vieler negativer Erscheinungsformen – zur Entwicklung unserer Gesellschaft einen unbestrittenen großen Beitrag geleistet.
Religion als Kulturträgerin, aber auch als aktuelles Sinnangebot für den Menschen hat auch heute einen Platz an den Schulen. Dies ergibt sich – unabhängig von verschiedenen Verfassungsartikeln des Bundes und der Länder – auch aus dem Selbstverständnis des Bildungs- und Erziehungsauftrages der Schule. Dem werden etwa die derzeit gültigen Richtlinien für die Sekundarstufe I des Gymnasiums in NRW gerecht, wenn sie formulieren: „Die Schule soll Schülerinnen und Schüler ermutigen, Fragen nach dem Sinn der eigenen Existenz zu stellen und ihre persönlichen Vorstellungen dazu ernst zu nehmen. Die Beschäftigung mit der eigenen Religion sowie Dialog und Auseinandersetzung mit anderen Religionen und Weltanschauungen gehören daher zu den grundlegenden Aufgaben der Schule."[3]
Ähnlich formulieren dies auch die neuen Richtlinien für die gymnasiale Oberstufe in NRW aus dem Jahre 1999. Diese Forderung der Richtlinien gilt für alle Fächer, nicht nur für den Religionsunterricht, d. h. also für die Schule in ihrer Gesamtheit. Religion wird so in das Bildungsverständnis der Schule positiv einbezogen. Religion steht nicht zur Disposition. Inwieweit Religion allerdings eher nur historisch und analytisch betrachtet wird oder inwieweit das aktuelle Sinnangebot der christlichen Religion bzw. der christlichen Kirchen im Leben einer Schule eine aktive Rolle spielt, hängt sehr vom Schulprogramm der einzelnen Schule ab bzw. von der Umsetzung des Schulprogramms in Unterricht und Schulleben. Dies geschieht nicht von selbst. Hier bedarf es des unermüdlichen Einsatzes christlicher Lehrerinnen und Lehrer, entsprechender Eltern und engagierter Schülerinnen und Schüler.
Religionsunterricht als ordentliches Lehrfach in der Schule hat teil am Bildungs- und Erziehungsauftrag der Schule. Religionsunterricht wird in dem Bewusstsein erteilt, dass der christliche Glaube auf unverwechselbare Weise daran mitwirkt, dass Schülerinnen und Schüler zur mündigen Gestaltung des Lebens in einer demokratisch verfassten Gesellschaft fähig werden.[4]
Die öffentliche Schule setzt religiöse Überzeugungen und Werte nicht voraus. Diese werden aber im Religionsunterricht als Angebot vermittelt, um den Schülerinnen und Schülern eine freie und verantwortungsvolle Entscheidung in fundamentalen Lebensfragen zu ermöglichen.
Wichtige Fragen der Schülerinnen und Schüler werden im Religionsunterricht thematisiert und Antwortangebote auf der Basis des christlichen Glaubens gemacht. Dieses korrelative Gefüge von christlicher Glaubensüberlieferung und heutiger Lebenserfahrung leistet einen spezifischen Beitrag zum Auftrag der Schule, die Person des Schülers und seine gesellschaftliche Verantwortung zu stärken. Der Religionsunterricht ist Garant dafür, dass die auch von Schülerinnen und Schülern selbst – angesichts der unübersehbaren Fülle von Wertangeboten – geforderten Orientierungshilfen gegeben werden.
Religionsunterricht hilft mit, dass nicht alle Werte als gleich gültig angesehen werden, weil bei Schülerinnen und Schülern dann schnell eine Gleichgültigkeit provoziert wird. Unter Berücksichtigung der altersspezifischen Voraussetzungen verzichtet der Religionsunterricht zwar ebenso wenig wie andere Fächer auf eine systematische, grundlegende fachliche Bildung, aber er vermittelt diese nicht umfassend, sondern exemplarisch. Somit leistet der Religionsunterricht einen unverzichtbaren Beitrag zur erneut in den Blick geratenen Verbesserung der Qualität schulischer Arbeit, die umfassender zu verstehen ist als lediglich „nur" als Effizienzsteigerung, die in Zensuren messbar ist. Dies deutlich zu machen, ist auch Aufgabe eines Schulprogramms.
Dabei stellen katholische und evangelische Religionslehre zwei eigenständige Fächer dar, die vor dem Hintergrund ihres je eigenen Selbstverständnisses Unterschiede zwischen den Konfessionen nicht

---

[3] Richtlininen und Lehrpläne Sekundarstufe I Gymnasium, S. 14, Frechen 1993.
[4] Vgl. Lehrplan kath. Religionslehre für die gymnasiale Oberstufe in NRW, S. 5; Frechen 1999.

verwischen, Gemeinsamkeiten aber intensiv fördern. Damit bieten beide Fächer auch im Raum der Schule ein Abbild gesellschaftlicher Wirklichkeit, mit der die Schüler auch außerhalb der Schule vielfach konfrontiert werden. „Ökumenische Offenheit" und „Einheit in der Verschiedenheit" sind zwei Leitorientierungen, die das Bemühen beider Fächer umschreiben, einen Beitrag dazu zu leisten, die konfessionelle Trennung Schritt für Schritt zu überwinden. Dieses Bemühen kann theologische und kirchenpolitische Regelungen nicht vorwegnehmen sowie staatliche / kirchliche Vorgaben nicht außer Kraft setzen, aber es kann einen Bewusstseinsbildungsprozess fördern, der Unterschiede nicht leugnet, aber dennoch Gemeinsamkeiten fördert. Die Lehrpläne beider Fächer bieten dazu viele Möglichkeiten und können im speziellen Zuschnitt eines schulinternen Curriculums den Beitrag des Religionsunterrichtes zum Schulprogramm schulnah – auch als Beispiel für schulische Kooperation – darlegen.

3. Anregungen für den Beitrag von Religion und Religionsunterricht zum Schulprogramm

In den bisherigen Darlegungen sind schon explizit und implizit etliche Hinweise zum speziellen Beitrag von Religion und Religionsunterricht bzgl. der Gestaltung eines Schulprogramms enthalten.
Die spezielle Bedeutung von Religion für die generelle Aufgabe der Schule, Hilfen zur persönlichen Entfaltung in sozialer Verantwortlichkeit zugeben, kann etwa in der Präambel eines Schulprogramms erwähnt werden. Ausführlicher und nachhaltiger kann dies aber auch bei der Darlegung eines Erziehungskonzeptes der Schule und eines pädagogischen Konsenses dargelegt werden. Viele der inzwischen vorliegenden Schulprogramme widmen der religiösen Erziehung einen eigenen Abschnitt. Hier werden z. B. Aussagen über Bedeutung und Stellenwert der religiösen Dimension im Schulleben gemacht.
Hingewiesen wird darin auch darauf, dass etwa religiöse Veranstaltungen unser kulturelles Gedächtnis sichern helfen, denn jüdisch-christliche Grundlagen unserer Kultur tragen wesentlich zur Grundbildung junger Menschen bei.
Die schöpfungsmäßige Begründung für solidarisches Handeln von Christen wird vielfach mit dem Hinweis auf Gott, der alle geschaffen hat, verbunden.
Toleranz gegenüber der Überzeugung Anderer bei gleichzeitiger Intensivierung der Reflexion eigener Grundüberzeugungen findet sich ebenfalls in etlichen Schulprogrammen.
Einige Schulen stellen ihr Schulprogramm unter ein Leitmotiv, das etwa vom Schulnamen (Franziskusschule, Roncallischule, Edith-Stein-Schule) abgeleitet wird oder aber andere christlich motivierte Impulse enthält (z. B. Gerechtigkeit, Frieden, Bewahrung der Schöpfung).
Im Rahmen der Förderung von sozialem Engagement werden etwa von Religionslehrern angestoßene Aktivitäten aufgenommen: Eine-Welt-Projekte; soziales Praktikum; Nachhilfeunterricht; Hausaufgabenbetreuung; Streitschlichtermodell. Unter dem Namen „Religions-AG" bieten einige Schulen vertiefte Auseinandersetzung mit Spezialfragen im Projektgewand an („Religiöses Brauchtum in unserer Region"; „Religiöse Bau-Kunst in unserer Stadt"; „Vorbereitung von Schulgottesdiensten" u. a.).
Einige Schulen pflegen den Brauch regelmäßiger sog. „Schulgespräche", in denen grundsätzliche Fragen der Erziehungs- und Bildungsarbeit, aber auch gesellschaftlich relevante Themen von Eltern-, Schüler- und Lehrerschaft erörtert werden. Dabei werden öfter Wertefragen thematisiert; die Kirchenspaltung als Ärgernis; Bioethik u. a.
Im Gegensatz zum öffentlichen Bekanntheitsgrad erfreuen sich die von beiden Kirchen gemeinsam für die Schulen angebotenen religiösen Schulwochen sehr großer Beliebtheit. Die Nachfrage übersteigt das Angebot bei weitem.
Auch Tage religiöser Orientierung in den Jahrgangsstufen 9, 10, 12 oder 13 sind an vielen Schulen fester Bestandteil des Schulprogramms.
Die Pflege religiösen Brauchtums findet sich nicht nur in den Schulprogrammen von Grundschulen. Auch in weiterführenden Schulen haben Feste im Kontext von St. Martin, St. Nikolaus, Weihnachten oder Ostern einen festen Platz für einzelne Jahrgänge, Schulstufen oder die gesamt Schulgemeinde.
An verschiedenen Fixpunkten des Jahres werden in einer 1. Schulstunde unterschiedlich häufig Schulgottesdienste in der Form von Andachten, Wortgottesdiensten und/oder Eucharistiefeiern angeboten, die meist von Religionsklassen vorbereitet werden. (Es gibt aber auch Schulen, an denen nur je ein Gottesdienst zu Beginn der Stufe 5 und beim Abitur stattfindet. Manche Schulen, an denen Gottesdienste stattfinden, erwähnen diese nicht in ihrem Schulprogramm, weil es schlicht vergessen wurde oder weil deren Noch-Existenz an der Schule umstritten ist.) – An einigen Schulen werden in der Ad-

vents- und/oder Fastenzeit auch sog. „Frühschichten“ (Meditationsangebote) mit anschließendem Frühstück angeboten.

Einige Schulprogramme zeigen im Zusammenhang mit der Darstellung von Projektarbeit auch Beispiele, an denen u. a. der Religionsunterricht beteiligt ist (z. B. Sucht- und Drogenproblematik; Untersuchung des Einflusses eines großen Klosters auf die Region u. a.)

Im Rahmen von fächerverbindendem Unterricht in der Sekundarstufe I beteiligt sich der Religionsunterricht gemeinsam mit anderen Fächern häufiger an Themen wie „Sucht und Gesundheit“ (Jg. 5, 7); „Sexualerziehung“ (Jg. 6); „Geschichte der Klöster im Mittelalter“ (Jg. 8); „Zeitungsprojekt“ (Jg. 8); „Sexualität“ (Jg. 9); „Nationalsozialismus / Faschismus“ (Jg. 10).

Andere Schulprogramme weisen hinsichtlich des Beitrags des Religionsunterrichts auf, wie auch im Religionsunterricht allgemeine methodische Ziele (z. B. Streitkultur entwickeln; Texte fachgerecht bearbeiten können; Referat erstellen und halten können) verfolgt werden. Vereinzelt beteiligt sich der Religionsunterricht auch an neuen Formen des Lernens („Lernen lernen“ oder Freiarbeit).

Hinsichtlich des fachlich angebundenen Beitrags des Religionsunterrichts im engeren Sinne zum Schulprogramm ist in den stärker grundsätzlichen Ausführungen schon auf ein Beispiel für schulische Kooperation hingewiesen worden: die Zusammenarbeit zwischen katholischer und evangelischer Religionslehre. Dieses fächerverbindende Lernen von zwei teilidentischen eigenständigen Fächern findet in verschiedenen Formen und auf verschiedenen Ebenen statt:

- Einmal weisen fast alle Schulprogramme gemeinsam tagende Fachkonferenzen beider Fächer aus.
- In ihnen werden auch curriculare Abstimmungen bzgl. des schulinternen Lehrplans, der Leistungsmessung und methodischer Innovationen getroffen.
- Es gibt identische Unterrichtsreihen, die parallel durchgeführt und ausgewertet werden (z. B. zum Thema Islam in der Stufe 6).
- Es gibt die zeitlich begrenzte Teilnahme am Unterricht der anderen Konfession (z. B. gemeinsamer Unterricht bei dem Thema „Reformation, Kirchenstreit und Ökumene“ in der Stufe 8).
- Es gibt in etlichen Schulen die erlassmäßig geregelte Teilnahme am Unterricht der anderen Konfession in der Stufe 13, wenn in der eigenen Konfession zu wenig Schüler den Kurs angewählt haben, weil die Pflichtbindung am Ende der Stufe 12 in Nordrhein-Westfalen aufhört. (In einem der vorliegenden Schulprogramme wird *prinzipiell* ausgeschlossen, dass katholische und/oder evangelische Religionslehre als Abiturfach gewählt werden darf. Dies ist erlasswidrig und muss durch die Schulaufsicht korrigiert werden!)

Einige Schulprogramme weisen als Strukturprinzip auch allgemeine Lernziele für die Sekundarstufen I bzw. II aus und zeigen auf, wie diese allgemeinen Ziele durch die einzelnen Fächer inhaltlich konkretisiert werden.

Grundsätzlich und abschließend möchte ich nochmals darauf hinweisen, dass durch die Verankerung von Beiträgen der Religion bzw. des Religionsunterrichtes im Schulprogramm dieser wichtige Bereich in der Schule öffentlich gemacht wird. Dadurch wird auch die wichtige und schwierige Arbeit, die Religionslehrerinnen und Religionslehrer heute leisten, stärker bewusst gemacht.

Ein in den schulischen Gremien diskutierter und beschlossener pädagogischer Konsens, in dem der hier dargestellte Beitrag von Religion und Religionsunterricht dokumentiert ist, kann für die Bedeutung von Religion in der Schule und die Zukunft des schulischen Religionsunterrichtes nicht hoch genug eingeschätzt werden. Dies erfordert aber den aktiven Einsatz der Religionslehrerinnen und Religionslehrer sowie vieler anderer Christen in der Schule. Nicht nur für Eltern, sondern auch für alle, die in der Schule als Lehrer oder Schüler Verantwortung tragen, kann einer der Beschlüsse des Diözesanforums im Bistum Münster „Mit einer Hoffnung unterwegs“ Ansporn sein, sich in der Schulprogrammarbeit ihrer Schule als Christen zu engagieren. Dort heißt es u. a.: „Im Blick auf die grundsätzlich Bedeutung und die allgemeinen Aufgaben im Bereich von Erziehung und Bildung ist es erforderlich,

- dass sich die Christen unseres Bistums in wichtigen Fragen von Erziehung Bildung in der öffentlichen Diskussion engagiert zu Wort melden, christlich-ethische Standpunkte überzeugend vertreten und diese in den Erziehungs- und Bildungsauftrag von Schule einbinden;
- dass die Elternarbeit in Schule und Gemeinde gezielt gefördert und unterstützt wird (z. B. in Klassenpflegschaften, Arbeitsgemeinschaften, Runden Tischen etwa zu Themen über Erziehungsziele, Werte, Normen, Erzieherverhalten) ...
- dass Eltern/Erziehungsberechtigte gezielt Hilfe erfahren, um ihre Mitwirkungsrechte und -möglichkeiten bei der Entwicklung qualitativ guter Schulprogramme sowie bei der Gestaltung eines erziehungswirksamen Unterricht engagiert wahrnehmen zu können (s. z. B. Einflussnahme bei

der Konzeption schuleigener Lehrpläne hinsichtlich der Berücksichtigung erziehungs- und bildungsrelevanter Lerninhalte und bei der Auseinandersetzung mit ethischen Erziehungsgrundsätzen) …“[5]

Hartmut von Hentig wünscht sich, dass die Schule angesichts veränderter Bedingungen neu gedacht wird. In der Konsequenz dieses Wunsches sollten Religion und Religionsunterricht – angesichts der neuen Diskussion über geschärfte Profile der Einzelschule mit Hilfe von Schulprogrammen – die Chance zur Mitgestaltung engagiert und kompetent nutzen, zum Wohle der Kinder und Jugendlichen.

[5] Diözesanforum Münster, Kommission 3; S. 27, 32; Münster 1998.

Autorinnen und Autoren

Susanne Drees, Studienrätin für Kath. Religionslehre und Englisch am Berufskolleg Ahlen

Manfred Gerwing, Prof. Dr., Dozent am Institut für Lehrerfortbildung in Mühlheim mit den Schwerpunkten Systematische Theologie und Religionspädagogik, Lehrtätigkeit für Dogmatik und Dogmengeschichte an der Ruhr-Universität Bochum

Andreas Höing, Studienrat für Kath. Religionslehre und Mathematik

Johannes Kaiser, Leitender Regierungsschuldirektor, Fachdezernent für Kath. Religionslehre an Gymnasien und Gesamtschulen (S II) bei der Bezirksregierung Münster, hier auch für die Schulprogrammentwicklung an Gymnasien verantwortlich

Paul Ley, Studiendirektor a. D. für Kath. Religionslehre, Griechisch und Latein, u. a. als Fachleiter und Fachberater bei der Bezirksregierung Düsseldorf, tätig

Gudrun Lohkemper-Sobiech, Dr., Studienrätin für Kath. Religionslehre am Freiherrr-vom-Stein-Kolleg in Werne, psychodramatische und bibliodramatische Ausbildung

Andrea Middelberg, Studienrätin für Kath. Religionslehre und Biologie

Gerhard Röckel, Studiendirektor für Kath. Religionslehre und Deutsch, Fachleiter für Kath. Religionslehre am Studienseminar für die Sekundarstufe II in Hamm, Mitglied der Lehrplankommission für KR (SII) in NRW, Fachberater bei der Bezirksregierung Arnsberg

Anke Roß, Studienrätin für Kath. Religionslehre und Biologie, zurzeit an der Realschule Haltern tätig

Kirsten Sicking, Studienrätin für Kath. Religionslehre und Deutsch am Gymnasium Maria-Veen

Edith Verweyen-Hackmann, Studiendirektorin für Kath. Religionslehre und Französisch, Referentin für Religionspädagogik an Gymnasien im Bistum Münster, verantwortliche Redakteurin der religionspädagogischen Zeitschrift „Kirche und Schule"

Bernd Weber, Dr., Studiendirektor für Kath. Religionslehre, Geschichte und Pädagogik, Fachleiter am Studienseminar für die Sekundarstufe II in Münster, Fachberater für Kath. Religionslehre bei der Bezirksregierung Münster